Windows 10 für Senioren

von Jörg Rieger und Markus Menschhorn

Vierfarben

Sie haben Fragen, Wünsche oder Anregungen zum Buch? Gerne sind wir für Sie da:

Anmerkungen zum Inhalt des Buches: isabella.bleissem@vierfarben.de
Bestellungen und Reklamationen: service@vierfarben.de
Rezensions- und Schulungsexemplare: hendrik.wevers@vierfarben.de

An diesem Buch haben viele mitgewirkt, insbesondere:

Lektorat Isabella Bleissem
Korrektorat Marita Böhm, München
Herstellung Kamelia Brendel
Typografie und Layout Christine Netzker
Einbandgestaltung Eva Schmücker
Coverbild iStockphoto: 157480019 © peepo, iStockphoto: 5256977 © Hougaard-Malan
Satz Christine Netzker
Druck und Bindung Media-Print Informationstechnologie GmbH, Paderborn

Gesetzt wurde dieses Buch aus der ITC Charter (11,5 pt/17 pt) in Adobe InDesign. Und gedruckt wurde es auf chlorfrei gebleichtem Offsetpapier (90 g/m²). Hergestellt in Deutschland.

Bibliografische Information der Deutschen Nationalbibliothek
Die Deutsche Nationalbibliothek verzeichnet diese Publikation in der Deutschen Nationalbibliografie; detaillierte bibliografische Daten sind im Internet über http://dnb.d-nb.de abrufbar.

ISBN 978-3-8421-0233-0

1. Auflage 2017

Vierfarben ist eine Marke der Rheinwerk Verlag GmbH
Rheinwerkallee 4, 53227 Bonn
www.vierfarben.de

Der Verlagsname Vierfarben spielt an auf den Vierfarbdruck, eine Technik zur Erstellung farbiger Bücher. Der Name steht für die Kunst, die Dinge einfach zu machen, um aus dem Einfachen das Ganze lebendig zur Anschauung zu bringen.

Liebe Leserin, lieber Leser,

mit ein wenig Lebenserfahrung weiß man: Oft ist es am schwierigsten, die Dinge einfach und verständlich zu machen. Dazu muss ein Experte sein Wissen und angebliche Selbstverständlichkeiten gedanklich aufgeben und sich ganz auf seine Schüler bzw. Leser einstellen.

Das ist den Autoren Jörg Rieger und Markus Menschhorn in diesem Buch zu Windows 10 denke ich mit einer gehörigen Portion Einfühlungsvermögen besonders gut gelungen. Privat mit den Sorgen und Nöten ihrer Großeltern am Computer bestens vertraut, helfen die beiden auch Ihnen über die typischen Stolpersteine am Anfang hinweg und bringen Ihnen von der Pike auf nahe, dass der Computer Spaß macht, wenn man nur weiß, wie er so »tickt«.

Unser Autorenduo schaut Ihnen in diesem Kurs mit vielen praktischen Übungen sozusagen immer über die Schulter – wenn Sie Windows 10 zum allerersten Mal starten, wenn Sie Ihren ersten Brief damit schreiben, eine Verbindung zum Internet herstellen und eine E-Mail-Adresse anlegen. Sie zeigen Ihnen ganz genau, wie Sie Fotos auf den Computer übertragen und für ein hübsches Erinnerungsalbum oder auch eine Diashow bearbeiten, Musik hören, mit Skype videotelefonieren, Nachrichten und das Wetter abrufen, Ihr Adressbuch akkurat halten und Dateien ordentlich ablegen und ausdrucken. Und da man sich die vielen neuen Schritte nicht alle auf einmal merken kann, gibt es am Seitenrand hilfreiche Zusammenfassungen auf einen Blick.

Dieses Buch wurde mit größter Sorgfalt geschrieben und hergestellt. Sollten Sie dennoch einmal einen Fehler finden oder inhaltliche Anregungen haben, freue ich mich, wenn Sie mit mir in Kontakt treten. Für Kritik bin ich dabei ebenso offen wie für lobende Worte. Doch nun wünsche ich Ihnen viel Freude und Erfolg bei ihren nützlichen wie unterhaltsamen Aktivitäten in Windows 10!

Ihre Isabella Bleissem
Lektorat Vierfarben

isabella.bleissem@vierfarben.de

Inhalt

W

KAPITEL 1

Bevor wir den Computer starten

Als Einsteiger in die Computerwelt neigt man dazu, sich jedes Detail zu notieren, um später ja alles nachvollziehen zu können. Wenn Sie schon ein wenig Computerluft geschnuppert und versucht haben, Ihrem Enkel bei seinen Erklärungen zu folgen, wissen Sie, wovon wir sprechen. Allerdings – stures Auswendiglernen ist beim »Computern« der falsche Zugang. Natürlich geben wir im Buch Schritt-für-Schritt-Anleitungen, wie Sie schnell zum Ziel kommen. Allerdings sollen diese Anleitungen auch motivieren, Gelerntes auf andere Bereiche am Computer zu übertragen. Wenn Sie alle Schritte nur auswendig lernen, wird das mit der Zeit zu einem unüberschaubaren Hochschulstudium. Daher ist es wichtig, den Computer und die Vorgänge zu verstehen. Dann werden Sie an vielen Stellen gar nicht mehr groß nachdenken, sondern ganz intuitiv das Richtige tun. Es verhält sich ganz wie beim Autofahren – es wäre fatal, wenn Sie bei jedem Vorfahrtsschild aufs Neue Ihre Theorieunterlagen studieren müssten, nur weil das Schild dieses Mal vor einem Baum in einer Seitenstraße und nicht an einer breiten Hauptstraße angebracht ist.

Oder nehmen wir das Beispiel Backen her – hier wissen Sie, dass für einen feinen Hefezopf Hefe unabdingbar ist.

Ist sie nicht drin, wird das Gebäck später im Backofen eine eher traurige Figur machen. Das gilt aber natürlich nicht nur für einen Hefezopf, sondern alle Arten von Gebäck, die Hefe benötigen. Auch das wissen Sie natürlich und müssen es nicht jedes Mal im Kochbuch nachschlagen. Und genau das wollen wir Ihnen zu Beginn ans Herz legen und mit diesem Buch vermitteln.

Bevor wir den Computer starten und mit Windows 10 so richtig loslegen, muss ein wenig »Theorie« gepaukt werden. Dabei werden wir Ihnen nahebringen, wie ein Computer eigentlich funktioniert und »denkt«.

PC ist die Abkürzung für engl. *Personal Computer* und meint den ganz »normalen« Computer für zu Hause.

Der Computer – Ihre ganz persönliche »Firma«

Was kann eigentlich ein Computer, und wie funktioniert er überhaupt? Keine Sorge, das lässt sich auch ganz ohne Fachchinesisch und am Bild erklären. Und schon wird das Mysterium »PC« entzaubert.

Sie sind der Chef am Computer – Sie haben das Sagen und erteilen mit Ihren Aktionen Befehle.

Die wichtigste Regel in Bezug auf Ihren neuen Computer lautet: Sie sind der Boss und nicht umgekehrt. Vielleicht nimmt man das nicht unbedingt an, wenn man hört, was leidgeplagte Computerbesitzer oftmals berichten. Doch der Computer macht letztlich nur das, was Sie ihm durch »Befehle« mitteilen.

Der englische Begriff für Schreibtisch ist *Desktop*. So nennt man auch die Arbeitsoberfläche beim Windows-Computer.

Wie es sich für einen richtigen Chef gehört, besitzen Sie natürlich einen Schreibtisch. Dieser heißt auf Ihrem Computer *Desktop* oder *Windows-Desktop*. Das ist die Schaltzentrale Ihrer Macht. Von hier aus starten Sie alle Aktionen am Computer, egal, ob Sie später ins Internet gehen, einen Brief schreiben, Fotos sortieren oder Musik hören möchten. Der Startknopf links unten auf Ihrem Bildschirm ruft, wenn man so will, Ihre Mitarbeiter herbei

Vom Desktop aus lenken Sie alle Aktionen – per Knopfdruck.

Windows 10, Ihr Betriebsleiter

Die Apps und Programme, Ihre Mitarbeiter

bzw. öffnet die Schublade Ihres Schreibtischs, in der sich eine Reihe von Arbeitsmitteln befindet. Die Oberfläche für diesen Schreibtisch können Sie in weiten Teilen nach Ihrem Geschmack einrichten und dort natürlich auch einzelne Dinge aus Ihrer Schublade ablegen, die Sie sehr häufig benötigen.

Wie auch in einer Firma steht man als Chef vielen Angestellten und Mitarbeitern mit eigenen Tätigkeitsfeldern vor. Und Ihr Computer ist hier ganz klassisch organisiert. Der erste Ansprechpartner ist daher Ihr Betriebsleiter, dem alle Angestellten unterstehen, und dieser heißt Windows 10. Er sorgt dafür, dass Ihr Geschäft reibungslos funktioniert, und organisiert alles, was am Computer zu tun ist. Sprich, alle Aufgaben werden zunächst in Windows 10 angegangen. Die Aufgabe des Betriebsleiters¸ in der Welt des Computers *Betriebssystem* genannt, besteht darin, die Angestellten auf Trab zu halten; diese werden am Computer *Apps* (abgeleitet von *Applikation*, d. h. Anwendung) oder *Programm* genannt. Möchten Sie also einen Brief schreiben, schubsen Sie den Betriebsleiter an, er möge den Angestellten für Schreibarbeiten herbeiholen. Und schon können Sie Ihren Brief schreiben oder sogar mit Ihrem Betriebsleiter sprechen.

Apps sind also Ihre Angestellten, die sich um verschiedene Aufgaben kümmern. Jede App ist für ihren eigenen Tätigkeitsbereich zuständig und arbeitet zumeist unabhängig von anderen Apps.

Wie in jeder Firma sind Sie sogar in der Lage, fristlose Kündigungen auszusprechen, wenn die Dienste eines Angestellten nicht mehr benötigt werden. Sollten Sie eine App auf Ihrem Computer aufgespielt haben, die nicht mehr benötigt wird, ist diese schnell entfernt – und im Falle eines Falles auch wieder schnell aufgespielt. Sie sehen: Ihr virtueller Betrieb ist im Vergleich zu einer »echten« Firma doch deutlich pflegeleichter – keine Abmahnung, keine Kündigungsfrist, keine Abfindung.

Ihre Firma besitzt neben vielen Angestellten auch ein großes Aktenarchiv, die *Festplatte*. Auf dieses haben alle Mitarbeiter Zugriff, aber Sie als Chef geben in aller Regel vor, was wo abgelegt wird. Ihre Schriftstücke liegen z. B. im Ordner *Dokumente*. Wie bei einem »echten« Aktenordner wird es unübersichtlich, wenn Sie alles hintereinander ablegen. Mit Unterteilungen, den Unterordnern, wird es daher viel überschaubarer. Also beispielsweise »Private Briefe«, »Mietsachen«, »Versicherung« ...

Die Festplatte beherbergt das Betriebssystem mit allen Programmen, aber auch Ihre persönlichen Dateien.

Einen unschlagbaren Vorteil gibt es in Ihrem digitalen Archiv – die Suchfunktion stöbert auch im letzten Winkel, hat sogar die meisten Inhalte der Schriftstücke im Hinterkopf und findet blitzschnell die gewünschten Daten.

Ihr Datenarchiv verfügt über eine Suchfunktion.

Ihr Datenarchiv ist bei jedem modernen Computer richtig groß und bietet Platz für Tausende Bilder, Dokumente, Tabellen und Videos. Sie werden es wahrscheinlich nicht schaffen, die Festplatte komplett zu füllen. Und falls doch, gibt es immer noch die Möglichkeit, eine *externe Festplatte* anzuschließen und den Speicherplatz zu erweitern.

Mit einer externen Festplatte kann der Speicherplatz erweitert werden.

Allerdings können auch Ihre Mitarbeiter mit einer Krankmeldung ankommen. Und das betrifft sogar den so loyalen Betriebsleiter. Es kann passieren, dass er ein »Virus« auf-

Krankenstand – Viren auf dem Computer

Vorbeugung ist die beste Maßnahme!

schnappt, der auch im Computerbereich fachmännisch so bezeichnet wird. Diese digitalen Krankheitserreger können sowohl die Programme als auch Windows 10 befallen. Die Ursachen sind vielfältig und werden später genauer besprochen. Ebenso vielfältig können die Auswirkungen der Viren am Computer sein – von kleinen Störungen im Betrieb bis hin zum »Totalausfall« ist alles möglich. Die gute Nachricht ist allerdings – mit wenigen Handgriffen und dem richtigen »Präventionsprogramm« halten Sie Mitarbeiter und Betriebsleiter fit und gesund. Und im Falle einer firmenübergreifenden Epidemie ist auch nicht alles verloren. Die richtige Medizin sorgt für eine baldige Genesung.

Betriebsspionage – von außen ausgespäht

Phishing ist ein Kunstwort aus Password + Fishing = Passwort-Angeln.

Das gilt auch für die Betriebsspionage. Tatsächlich ist dieses Übel mittlerweile weitaus häufiger verbreitet als Viren am Computer. Hauptsächlich über das Internet versuchen hier Kriminelle, Ihnen die »Firmengeheimnisse« zu entlocken. Sei es, dass man Ihre Bankverbindung, Ihre Passwörter oder andere persönliche Daten klauen möchte. Dass sich jemand für Ihre Briefe und Fotos interessiert, ist hingegen eher unwahrscheinlich. Für die Betriebsspionage am Computer gibt es einen Begriff, den Sie vielleicht schon einmal in den Nachrichten gehört haben: *Phishing*. Praktischerweise kann man sich hier mit einer firmeninternen Abwehrabteilung, die sich auch um die Mitarbeitergesundheit kümmert, gut dagegen schützen.

Welcher Computer darf es sein? – Vom Kleinunternehmen bis zur Aktiengesellschaft

Ein Windows-Computer ist nicht gleich ein Windows-Computer. Sie werden beim Studium verschiedener Angebote in der Zeitung sicherlich bemerkt haben, dass es hier ganz unterschiedliche Modelle gibt. Wir können an dieser Stelle keine Kaufempfehlung geben, das ist bei dem hektischen technischen Wandel und den zahllosen verschiedenen Ausstattungen schlicht unmöglich. Trotzdem werden wir Ihnen einen kleinen Einblick geben, welche Arten von Windows-Computern es gibt und welcher vielleicht für Sie der richtige ist, sollten Sie noch vor einer Kaufentscheidung stehen. Für alle Computer gilt: Es gibt unzählige Hersteller am Markt. Tatsächlich kommen fast jeden Monat neue Varianten dazu. Keine Sorge, auch uns als Computerprofis fällt es schwer, hier den Überblick zu behalten. Wenn Sie noch keinen Computer besitzen, lassen Sie sich am besten im Fachgeschäft beraten, welches Gerät für Ihre Bedürfnisse das richtige ist. Denn tatsächlich gibt es hier, um bei unserem Firmenvergleich aus dem vorherigen Abschnitt zu bleiben, von der Hinterhofklitsche bis zum Glaspalast wirklich alles zu kaufen. Und wie beim Autokauf können Sie noch jede Menge Zusatzausstattung dazupacken. Damit der Computerkauf aber nicht zum Hochschulstudium wird: Sagen Sie dem Händler, was Sie damit machen möchten, und Sie werden sicher das passende Gerät präsentiert bekommen. Das muss auch gar nicht teuer sein; für die meisten Aktivitäten reicht ein gutes Einsteigergerät völlig aus. Teure Geräte sind meist nur dann notwendig, wenn man anspruchsvolle Spiele spielen möchte, die mittler-

Ein Computer aus den 80er-Jahren – tatsächlich schon richtig museumsreif

weile schon Spielfilmqualität haben und daher auch ganz viel Leistung brauchen.

Der klassische *Desktop-PC* ist seit Jahrzehnten bekannt und wird in dieser Form nach wie vor gerne gekauft. Natürlich haben sich Optik und Ausstattung im Laufe der Jahre gewaltig verändert. Zu Beginn (im Foto auf Seite 17 einer der ersten IBM-PCs von 1981) waren das tatsächlich bessere Schreibmaschinen mit winzigen Bildschirmen, die keineswegs hübsch anzuschauen waren. Heutzutage sind die Windows-Computer meist eine echte Zierde für jeden Schreibtisch und können weitaus mehr, als nur Briefe zu schreiben.

Ein Desktop-Computer besteht immer aus folgenden Teilen:

- dem eigentlichen Computer, meist in einem hochstehenden Gehäuse (*Tower*) untergebracht
- dem Bildschirm (in verschiedenen Größen)
- der Tastatur und der Computermaus (zur Eingabe und Steuerung)

Der Desktop-PC:

Tower + Bildschirm + Tastatur und Computermaus

(Bild: Lenovo)

Der Desktop-Computer ist der preiswerteste Einstieg in die Computerwelt. Das liegt vor allem daran, dass die einzelnen Bauteile vom Fachmarkt frei kombiniert und damit sehr attraktive Angebote geschnürt werden können. Zudem passen in das große Gehäuse der Computer ganz normale Standardbauteile, die in der Herstellung deutlich günstiger sind als Bauteile für kompakte Computer.

Der klassische Desktop-PC ist der preiswerteste Einstieg in die Computerwelt und ideal, wenn man Platz am Schreibtisch hat.

Das *Notebook*, auch als *Laptop* bezeichnet, ist ein portabler Computer, der aufgrund seiner kompakten Maße nur wenig Platz auf dem Schreibtisch einnimmt. Zudem ist er mit einem Handgriff ganz flach zusammengeklappt. Tastatur und Bildschirm hängen hier zusammen, eine Computermaus kann man anschließen, was aber nicht notwendig ist. Die Notebooks haben vor der Tastatur eine berührungssensitive Fläche, ein sog. *Touchpad*, auf dem man per Finger den Mauszeiger hin und her bewegen kann.

Das Notebook:

Der Mauszeiger wird beim Notebook über das Touchpad, eine berührungssensitive Fläche vor der Tastatur, gesteuert (1).

(Bild: Lenovo)

MERKE

Bei einem Notebook empfehlen sich ein spiegelungsfreier Bildschirm und eine Bildschirmgröße von mindestens 14 Zoll.

Dank eingebautem Akku kann man das Notebook auch mehrere Stunden ganz ohne Stromanschluss benutzen –

wie lange man damit im Liegestuhl im Garten verbringen kann, ist von Modell zu Modell unterschiedlich, vier bis fünf Stunden schafft aber eigentlich jedes Notebook. Auch hier gibt es unzählige Modelle, eine Beratung im Fachhandel ist also sinnvoll. Bestehen Sie jedoch in jedem Fall auf einem entspiegelten Bildschirm und einer Bildschirmgröße von mindestens 14 Zoll Bildschirmdiagonale, sonst brauchen Sie eine Lupe, und unter schlechten Lichtbedingungen spiegelt sich die ganze Umgebung im Bildschirm.

Das Tablet:

- besteht hauptsächlich aus einem berührungsempfindlichen Display (Touchscreen),
- wird über Fingergesten, spezielle Tablet-Stifte oder eine virtuelle Bildschirmtastatur gesteuert
- ist leicht und transportabel

Windows 10 läuft auch auf sog. Tablet-Computern bzw. kurz: *Tablets*. Hier wurden Tastatur und Maus komplett weggelassen. Ein Tablet besteht daher eigentlich nur aus einem Bildschirm, auch *Monitor* oder engl. *Display* genannt. Dieses ist berührungsempfindlich (daher engl. *Touchscreen* genannt), Eingaben erfolgen direkt am Display mit dem Finger oder speziellen Tablet-Stiften; auch die Tastatur wird auf einem Teil dieses Displays – als sog. *virtuelle Tastatur* oder *Bildschirmtastatur* – eingeblendet, sollte dies erforderlich sein. Wenn Sie ein Smartphone besitzen, können Sie sich das Tablet tatsächlich als stark vergrößertes und leistungsfähigeres Mobiltelefon vorstellen.

(Bild: Microsoft)

Mit einem Tablet mit Windows 10 können Sie alles machen, was Sie auch mit einem Desktop-Computer oder Notebook tun können. Allerdings sind die Tablet-Computer darauf ausgelegt, möglichst leicht zu sein und somit nicht unbedingt blitzschnell. Daher ist der Platz für Ihre Bilder und Dokumente und auch die Geschwindigkeit Ihrer »Mitarbeiter« eingeschränkt. Dafür passt ein Tablet in jede Tasche und hat meist eine extrem hohe Akkulaufzeit. Und im Bett kann man das Tablet sogar dazu nutzen, noch schnell die neuesten Nachrichten zu lesen, Videos zu schauen oder im Lieblingsbuch zu schmökern. Schreibarbeiten sind auf der Bildschirmtastatur nicht ganz so komfortabel zu erledigen. Allerdings besteht die Möglichkeit, nachträglich noch eine zusätzliche Tastatur für das Tablet zu erwerben, auf der man »ganz normal« tippen kann.

Die »Zwischendinger« – sog. Convertibles:

bestehen aus einem berührungsempfindlichen Display (Touchscreen) und einer abnehmbaren Tastatur.

Der Computermarkt ist in Bewegung, und die Hersteller haben erkannt, dass viele Anwender gerne die Vorteile von einem leistungsfähigen Notebook mit denen eines Tablets kombiniert haben möchten. Daher gibt es mittlerweile Notebooks mit einem berührungssensitiven Display wie bei einem Tablet und einer mit wenigen Handgriffen an- und abmontierten Tastatur – sog. *Convertibles*.

Beim Surface Book von Microsoft kann man die Tastatur nicht nur komplett entfernen, sondern auch einfach nach hinten umklappen. *(Bild: Microsoft)*

So kann diese Art von Gerät tagsüber am Schreibtisch stehen und für Schreibarbeiten herhalten, am Abend einfach ohne Tastatur mit ins Bett oder auf das Sofa genommen werden. So praktisch diese Geräte sind, so teuer sind sie leider auch in der Anschaffung. Allerdings sind die Vorteile auch unschlagbar. Sollten Sie sich für ein solches Gerät interessieren – sie laufen ebenfalls unter der Bezeichnung *Notebook*. Fragen Sie im Zweifelsfall im Fachgeschäft nach, und erwähnen Sie, dass die Tastatur abnehmbar und der Bildschirm ein Touchscreen sein soll.

Sicher und ohne Sorge am Computer

In den Medien hört man immer wieder, dass Kriminelle gerade über das Internet versuchen, an persönliche Daten zu kommen. Was früher der vermeintliche Teppichhändler an der Haustür war, kommt heute ganz frech über das Mail-Postfach oder versteckt sich in dunklen Ecken im Internet. Es wäre aber falsch, aus diesem Grund auf die zahlreichen Vorteile des Internets zu verzichten. Man muss hier nur ein paar Regeln beachten, und dann ist man wirklich sicher unterwegs. Mal ehrlich – auch im Straßenverkehr schauen Sie nach links und rechts, bevor Sie über die Straße gehen. Das ist ganz selbstverständlich. Und mit der gleichen Selbstverständlichkeit kann man auch die kleinen Sicherheitsregeln am Computer befolgen. Dann kann Ihren persönlichen Daten gar nichts passieren. Und Sie können munter Online-Banking betreiben, mit Freunden und Verwandten kommunizieren, E-Mails schreiben und die nächste Flusskreuzfahrt online buchen.

ACHTUNG!

Um sicher im Internet unterwegs zu sein, gilt es ein paar Regeln zu beachten. Erfahren Sie dazu alles Notwendige in Kapitel 4, »Das Internet entdecken«, ab Seite 111.

Es gibt immer einen Weg zurück

Die größte Sorge, wenn man die ersten Schritte am Computer macht, ist sicher die, etwas falsch und damit unwiederbringlich das Gerät funktionsunfähig zu machen, die gut sortierte Fotosammlung oder Briefe zu verlieren oder, oder …

Hier sagen wir ganz klar: Es gibt immer ein Zurück am Computer. Dass Sie es schaffen, Ihre wichtigen Dokumente tatsächlich unwiederbringlich zu löschen, ist so gut wie unmöglich. Auch Apps und Programme, Sie erinnern sich, Ihre Angestellten, sind notfalls mit ein paar Handgriffen durch arbeitswilligere Gesellen ersetzt. Daher: Freuen Sie sich jetzt auf die folgenden Seiten mit praktischen Anleitungen, die Ihnen die faszinierenden Möglichkeiten des Computers mit Windows 10 Schritt für Schritt nahebringen. Zuvor aber gibt es ein paar grundlegende Infos zur Computerbedienung. Wer hier schon über ausreichend Erfahrung verfügt, kann gleich mit Kapitel 2, »Den Computer mit Windows 10 starten«, ab Seite 33 weitermachen.

MERKE

Nichts am Computer ist unwiderruflich. In der Randspalte in diesem Buch finden Sie immer wieder Hinweise, was im Fall der Fälle zu tun ist.

Den Computer mit Maus, Tastatur, Touchpad und Touchscreen bedienen

Ihrem Computer müssen Sie natürlich mitteilen, was Sie von ihm wollen. Hierzu gibt es, wie oben ausgeführt, mehrere Möglichkeiten: die Tastatur, die Computermaus, das Touchpad (am Notebook) und den Touchscreen (beim Tablet oder Convertible).

Auch ein Tablet, das auf den ersten Blick gar keine Tastatur hat, besitzt diese bekannte Möglichkeit zum Schreiben. Hier wird bei Bedarf eine digitale Tastatur auf dem Bildschirm eingeblendet, wo dann auch getippt wird.

Die Bildschirmtastatur ist eine virtuelle Tastatur, die auf dem Bildschirm selbst eingeblendet wird.

MERKE

Die Tastatur wird häufig auch *Keyboard* genannt, das ist die englische Bezeichnung.

Das Bedienprinzip ist bei jeder Tastatur identisch: Der Druck auf einen Buchstaben, eine Ziffer, ein Symbol löst am Computer eine Aktion aus. Im Schreibprogramm können Sie damit also einfach locker und leger den nächsten Brief verfassen. Auch bei der Eingabe von Passwörtern oder Ähnlichem kommt das sog. *Keyboard* zum Einsatz.

ACHTUNG!

Anders als bei der Schreibmaschine löst ein Tastendruck ohne gestartetes Programm in aller Regel gar keine Aktion aus.

Einfach loszutippen, ohne eine App gestartet zu haben, wird den Computer zu überhaupt nichts veranlassen, außer unwirsche Signaltöne von sich zu geben. Trotzdem vorab die wichtigsten Funktionen im Überblick, damit Sie hier im Fall der Fälle immer mal wieder nachschauen können:

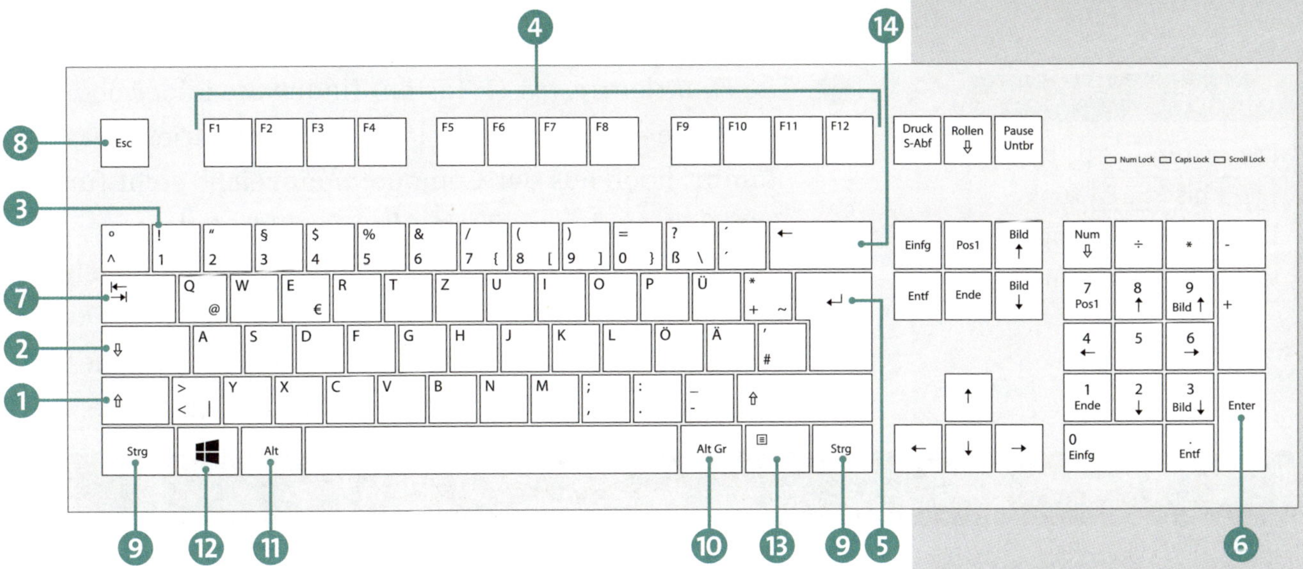

Den größten Platz auf der Tastatur nehmen die Buchstaben und Zahlen ein. Erstaunlicherweise hat sich hier in den letzten 100 Jahren die Anordnung nicht verändert. Standardmäßig werden alle Buchstaben kleingeschrieben, wenn Sie losschreiben. Halten Sie jedoch die sog. *Shift-Taste* [⇧] (1) gedrückt und drücken dann einen Buchstaben, wird dieser großgeschrieben. Dauerhaft GROSSGESCHRIEBEN wird, wenn Sie die Taste darüber, die Feststell-Taste (engl. auch *Caps Lock* genannt) [⇩] (2), drücken. Ein erneuter Druck wechselt zur Kleinschreibung zurück.

Bei den Tasten mit Ziffern hat das Groß- und Kleinschreiben auch eine Wirkung – statt Ziffern werden jene Symbole erzeugt, die klein über den jeweiligen Zahlen stehen (3), wie z.B. ! oder %.

Es gibt aber einige Tasten, die ganz ohne gestartetes Programm funktionieren und absolut sinnvoll sind. Wir stellen sie nun kurz vor. Wie Sie diese nutzen, erfahren Sie im Buch immer dann, wenn sie benötigt werden.

MERKE

Einen einzelnen Buchstaben großschreiben durch gleichzeitiges Drücken von [⇧], die Großschreibung dauerhaft aktivieren mit [⇩].

MERKE

Die Tasten Esc und F1 bis F12 funktionieren unabhängig von den Programmen.

4 Die *Funktionstasten* (F-Tasten) finden Sie in der oberen Reihe – Sie sind von F1 bis F12 nummeriert. Das stammt noch aus der Computersteinzeit, F steht für Funktion, und diese Tasten konnten frei belegt werden. Heute sind diese F-Tasten meist mit Symbolen versehen, und man kann Computerfunktionen direkt ausführen. Typisch sind hier Lautstärke, Helligkeit des Bildschirms, Start und Stopp von Musikwiedergabe.

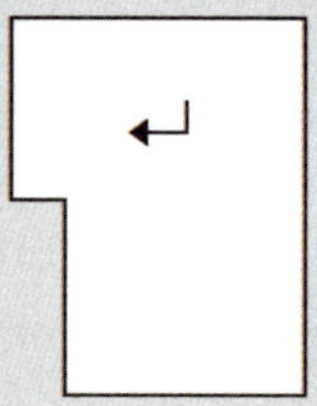

Return- oder auch Eingabe-Taste: bestätigt Eingaben und erzeugt einen Zeilenumbruch.

5 Die größte Taste auf Ihrer Tastatur ist die *Return-Taste* (gerne auch als Enter-Taste, zu Deutsch also Eingabe-Taste, bezeichnet). Sie ist jedoch nicht identisch mit der Taste **Enter** (siehe 6 in der Abbildung auf Seite 25), die Sie rechts im sog. *Nummernblock* der Tastatur finden. Dass es für ↵ verschiedene Bezeichnungen gibt, hat historische Gründe. In jedem Fall ist diese Taste dafür gedacht, Eingaben am Computer zu bestätigen oder beim Schreiben von Texten einen neuen Zeilenumbruch bzw. einen neuen Absatz zu erzeugen. Return bedeutet also »Rückkehr« zum Zeilenanfang.

7 Links außen befindet sich die Tab-Taste. Diese findet in Schreibprogrammen Verwendung und wird dazu benutzt, einen Tabulator zu setzen, Texte also beispielsweise für eine Auflistung einzurücken.

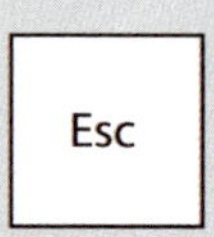

8 Die Escape-Taste Esc finden Sie immer ganz links oben an Ihrer Tastatur. Der englische Begriff *Escape* bedeutet »Flucht« – und tatsächlich brechen Sie mit dieser Taste aktive Vorgänge am Computer ab, also beispielsweise einen Kopiervorgang.

9 Die Strg-Taste, auf manchen Tasten auch CTRL-Taste genannt, ist für die Profis gedacht. Sie wird immer mit anderen Tasten gemeinsam verwendet und ist für sog. *Tastenkürzel* zuständig. Unter Windows 10 kann man damit ordentlich Mausklicks sparen, muss dann aber auch die Tastenkombinationen auswendig können. Strg finden Sie aus Komfortgründen gleich zweimal auf der Tastatur und hat rechts wie links die identische Funktion.

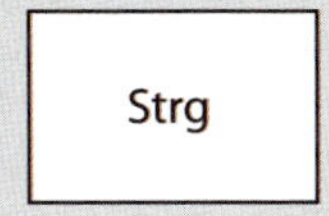

10 Die AltGr-Taste rechts unten ist ebenfalls immer in Kombination mit anderen Tasten in Gebrauch. Mithilfe dieser Taste können Sie weitere Sonderzeichen schreiben. So wie bei ⇧ kann man mit AltGr jene Zeichen darstellen, die ganz klein neben einigen Ziffern der Zahlenreihe (z. B. die geschweifte Klammer { bei der Zahl 7) abgebildet sind. Auch auf einigen Tasten mit Zeichen wie + oder < finden Sie eine solche Zusatzbelegung der Taste, aber auch bei den Buchstaben Q und E. So wird das @-Zeichen, das man für Mails benötigt, mit gedrückter Taste AltGr und dem Buchstaben Q erzeugt.

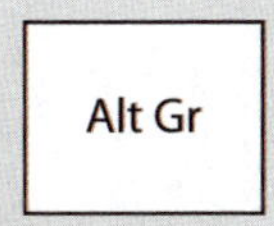

ACHTUNG!

Auch wenn die beiden Alt-Tasten fast gleich aussehen: Nur mit AltGr auf der rechten Seite können Sie Sonderzeichen wie z. B. das @-Zeichen schreiben.

11 Die Alt-Taste auf der linken Seite kann keine Sonderzeichen darstellen. Sie dient nur, ähnlich wie Strg, der Verwendung in Tastenkombinationen.

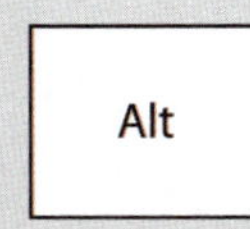

12 Schließlich die Windows-Taste, die eine einzige Funktion hat: Sie ruft das Startmenü auf, egal, was Sie gerade am Computer machen.

13 Die Kontextmenü-Taste ist bei manchen Notebooks und einigen Tastaturen auf Höhe der Windows-Taste rechts zusätzlich zu finden. Sie hat lediglich eine Funktion: Sie ersetzt in vielen Fällen die rechte Maustaste, mit der man ein sog. *Kontextmenü* aufrufen kann, das Sie im Verlauf des Buches noch kennenlernen.

⑭ Die Backspace-Taste (Rück-Taste) löscht Ihre Texteingaben rückwärts, pro Betätigung jeweils um einen Buchstaben nach links.

Die Computermaus, meist kurz *Maus* genannt, ist Ihr verlängerter Arm in den Computer. Hiermit steuern Sie beispielsweise den Zeigepfeil, den sog. *Mauszeiger*, markieren Text oder verschieben Objekte auf dem Bildschirm. Es gibt sehr viele verschiedene Computermäuse, sowohl optisch als auch funktional.

Mit der Maus bewegen Sie den Mauszeiger auf dem Bildschirm und vieles andere mehr.

Eine »ganz normale« Maus hat zumindest immer zwei Tasten, eine linke ① und eine rechte ② sowie ein *Scrollrad* ③ in der Mitte. Das Scrollrad dient zum komfortablen Blättern in langen Dokumenten oder auf Internetseiten. Die Maus wird von Ihnen mit jener Hand bedient, mit der Sie auch schreiben. Wie bei der Tastatur erfolgt der Anschluss mit einem USB-Kabel oder ganz ohne Wirrwarr per Funk.

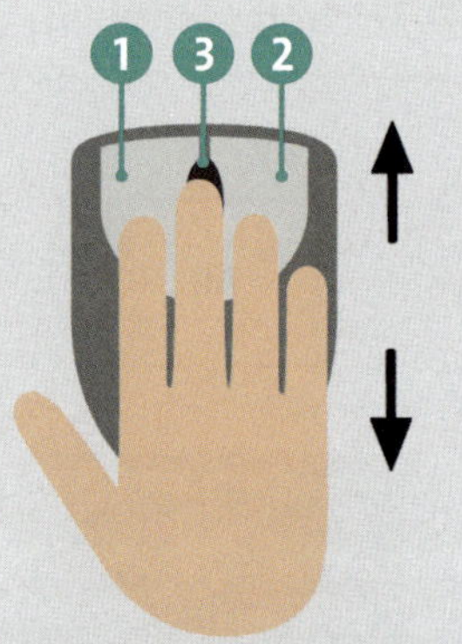

Mit dem Scrollrad können Sie durch längere Seiten blättern.

Der linke Mausklick mit dem Zeigefinger ist für alles zuständig, was man auswählt, anklickt, startet. Egal, ob Textmarkierung, Klick auf das Startmenü oder eine Schaltfläche: Mit dem linken Mausklick tätigt man eine Aktion und gibt den Befehl: »Mach was!« Je nach Einsatzgebiet wird dieser Befehl mit einem einfachen Mausklick ④ oder einem doppelten Mausklick ⑤ ausgeführt. Der doppelte Mausklick wird durch zweimaliges kurz aufeinanderfolgendes Drücken der linken Maustaste erzeugt. Die Logik dahinter, wann welcher Klick zum Einsatz kommt, ist nicht immer wirklich logisch. Wir weisen im Buch daher immer darauf hin.

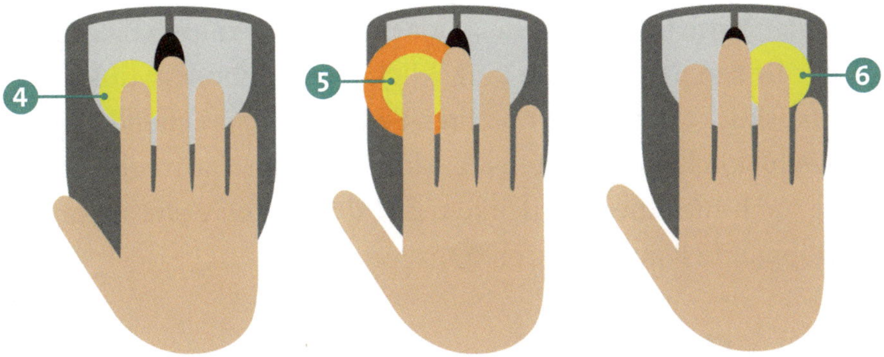

Der rechte Mausklick 6 kommt seltener zum Einsatz. Meistens öffnet er zusätzliche Funktionen, die auf den ersten Blick nicht eingeblendet werden, z. B. ein zusätzliches Menüfenster, auch *Kontextmenü* genannt. Einen »doppelten« rechten Mausklick gibt es nicht.

Jedes Notebook hat unter der Tastatur noch eine kleine Fläche, die auf Berührung reagiert. Das sog. *Touchpad* ersetzt die Computermaus und bietet deren Komfort auf kleiner Fläche. Den Mauszeiger bewegen Sie hier, indem Sie auf dieser Fläche mit dem Zeigefinger mit leichtem Druck hin und her fahren.

TIPP: Volle Fäche nutzen

Sollte das Touchpad »zu Ende« sein, Sie aber mit dem Mauszeiger noch lange nicht am Ziel, dann nehmen Sie den Finger hoch und setzen einfach an anderer Stelle am Touchpad neu an.

Zu Recht fragen Sie sich nun, wo hier die Maustasten versteckt sind. Nun, diese sind tatsächlich »versteckt« und befinden sich im unteren Viertel des Touchpads. Dieses ist

MERKE

Mit dem linken Mausklick (auch Linksklick genannt) werden ganz allgemein Aktionen und Befehle am Computer bestätigt.

Immer wenn Sie doppelt statt einfach klicken müssen, weisen wir Sie hier im Buch darauf hin.

MERKE

Der rechte Mausklick (auch Rechtsklick genannt) eröffnet zusätzliche Funktionen in Programmen.

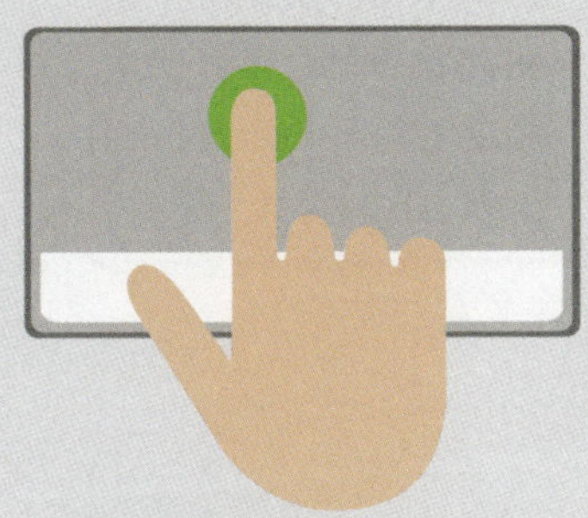

Durch Bewegen des Zeigefingers auf dem Touchpad steuern Sie den Mauszeiger auf dem Bildschirm.

Es geht auch ohne Maus: Linksklick, Rechtsklick und doppelter Linksklick sind auch auf dem Touchpad möglich.

in der Mitte unterteilt, und mit dem Daumen führen Sie auf der linken Seite ① den Linksklick (entspricht dem linken Mausklick) und auf der rechten Seite ② entsprechend den Rechtsklick (den rechten Mausklick) durch. Natürlich gibt es auch hier die Möglichkeit, auf der linken Seite einen Doppelklick auszuführen ③.

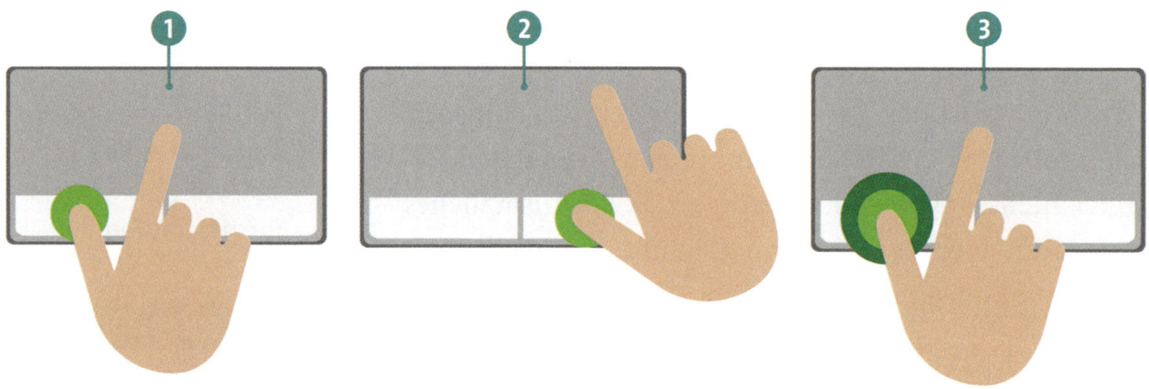

MERKE

Der linke und der rechte Mausklick werden auf dem Touchscreen mit einem einfachen bzw. einem längeren Fingertipp ausgelöst.

Ein Tablet hat erst mal keine Tastatur oder Maus, hier passiert alles auf dem Bildschirm selbst. Haben Sie vielleicht bereits ein Smartphone, dann dürfte Ihnen die Bedienung bereits geläufig sein. Ansonsten ist die grundlegende Steuerung am Tablet eigentlich deutlich logischer als mit der Maus. Sie tippen Elemente direkt mit dem Finger an, um sie auszuwählen. Doppelt angetippt, wird eine Aktion ausgeführt (doppelter Mausklick) ①. Länger angetippt, erhält man für ein Objekt erweiterte Möglichkeiten (rechter Mausklick) ②.

Beim Tablet wird auf dem Touchscreen selbst getippt.

Bitte haben Sie Verständnis, dass wir im Buch zumeist die gängige Version des »Mausklicks« erwähnen werden. Aber so wissen Sie, was am Tablet alternativ zu tun ist. Wir empfehlen übrigens, dass Sie sich als Tablet-Besitzer für zu Hause noch eine externe Tastatur und Maus zulegen. Sie werden im Laufe des Buches feststellen, dass viele Dinge mit diesen beiden Werkzeugen deutlich komfortabler zu bewerkstelligen sind. Die Bedienung per Finger ist beispielsweise bei der Fotoretusche oder dem Schreiben eines Textes zu umständlich.

KAPITEL 2

Den Computer mit Windows 10 starten

Jetzt geht es daran, Ihren Computer startklar zu machen. Um bei dem im vorangegangenen Kapitel erstellten Vergleich zu einem Unternehmen zu bleiben: Jetzt wird der Teppichboden verlegt, die Möbel werden eingeräumt, und das Türschild wird angebracht. Was im wahren Leben verschiedene Unternehmen erledigen, ist am Computer Ihnen allein überlassen. Daher heißt es nun, das Gerät einzuschalten.

Je nach Computermodell versteckt sich der Einschaltknopf durchaus an verschiedenen Orten. Beim Desktop-Computer aber findet er sich meist zentral, vorne am Gehäuse (1). Beim tragbaren Computer, dem Notebook, finden Sie ihn normalerweise links oben. Ist das bei Ihnen nicht der Fall, gehen Sie entweder selbst auf die Suche, oder Sie schlagen in der Kurzanleitung nach, die jedem Gerät beiliegen sollte. Bei Tablets und den sog. Convertibles ist der Einschaltknopf meist an der Seite oder oben zu finden und wird durch längeres Drücken aktiviert. In allen Fällen wird etwas auf dem Bildschirm passieren, wenn das Einschalten erfolgreich war.

Beim Desktop-Computer finden Sie den Einschaltknopf meist gleich vorne am Gehäuse.

Der allererste Start von Windows 10

Haben Sie Ihren Computer brandneu erworben, wird beim ersten Einschalten Windows zunächst vorbereitet. Das kann, je nach System, etwas Zeit in Anspruch nehmen. Haben Sie den Computer von Bekannten übernommen, dann kann es sein, dass dieser Vorgang nicht notwendig ist und Windows direkt startet – überspringen Sie dann einfach die folgenden Seiten.

Für alle anderen gilt: Windows muss beim ersten Start noch einiges sortieren und einrichten. Das kann einen kleinen Moment dauern, die grundlegenden Dinge sind aber schnell erledigt.

MERKE

Wir starten mit der Einrichtung eines lokalen Benutzerkontos auf Ihrem Computer. Dafür ist – anders als beim Microsoft-Konto – keine Internetverbindung erforderlich.

Vorab noch ein Hinweis für alle, die sich schon ein wenig auskennen: Im Folgenden zeigen wir Ihnen, wie Sie ein sog. *lokales Benutzerkonto* anlegen, ganz ohne Verbindung zu Microsoft. Eine Internetverbindung ist dafür ebenso wenig erforderlich wie eine E-Mail-Adresse. In Kapitel 4, »Das Internet entdecken«, ab Seite 111 zeigen wir Ihnen aber natürlich noch, wie Sie ins Internet kommen, und im Abschnitt »Ein E-Mail-Konto einrichten« ab Seite 225 lernen Sie nicht nur, wie Sie eine eigene E-Mail-Adresse erhalten, sondern auch, wie Sie dabei zugleich das sog. *Microsoft-Konto* anlegen, das in Windows häufig auch benötigt wird, um alle Services von Microsoft zu nutzen. Lassen Sie uns aber jetzt loslegen.

Sprache des Computers auswählen

1. In der ersten Abfrage geht es um die Sprache. Windows 10 erkennt normalerweise, welche Sprache Sie nutzen möchten. Daher ist bei Ihnen also **Deutsch** (1) bereits hellblau markiert.

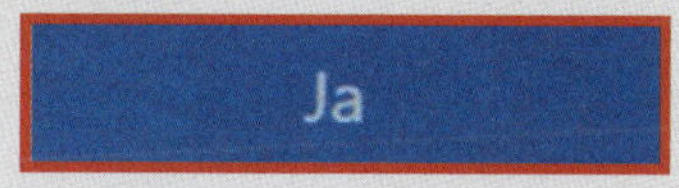

Bewegen Sie den Mauszeiger auf die Schaltfläche **Ja** 2, und klicken Sie darauf. Auf dem Touchpad am Notebook fahren Sie mit dem Finger in Richtung dieser Schaltfläche und betätigen dann ebenfalls einmal die linke Taste. Sollte am Touchpad keine Taste sichtbar sein, drücken Sie einfach in den linken unteren Bereich. Am Tablet tippen Sie mit dem Finger einmal kurz auf **Ja**.

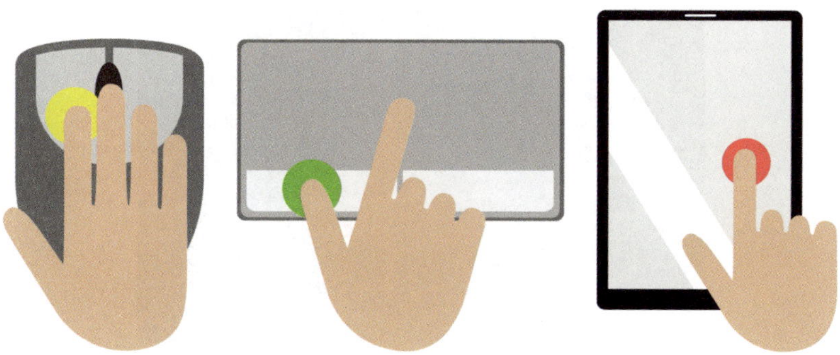

2. Jetzt stellt sich die Sprachassistentin *Cortana* vor, vorausgesetzt, Ihr Computer kann Töne über Lautsprecher ausgeben. Bei Tablets und Notebooks, aber auch den meisten Desktop-Computern ist das der Fall. Cortana wird Sie im Rahmen des Installationsprozesses zusätzlich mit Hinweisen unterstützen. Sie müssen hier nichts tun, der nächste Bildschirm wird automatisch geladen.

Cortana stellt sich vor

Region auswählen

3. Hier müssen Sie angeben, in welcher Region Sie sich befinden. Windows benötigt diese Informationen, um beispielsweise die Uhrzeit richtig einstellen zu können.

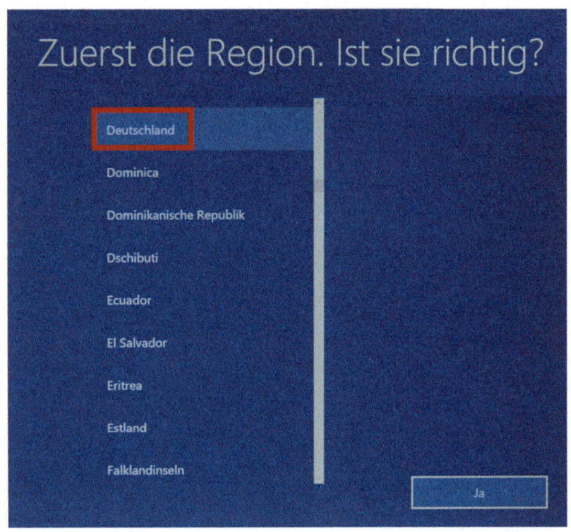

Auch hier hat Windows im Idealfall schon **Deutschland** ausgewählt. Auch bei Ihnen? Dann positionieren Sie den Mauszeiger erneut auf **Ja** im Bildschirm rechts unten und klicken darauf. Fahren Sie dann nach Schritt 5 fort.

WAS TUN?

Bei Ihnen ist ein anderes Land ausgewählt? Dann fahren Sie mit Schritt 4 fort.

4. Um eine andere Region zu wählen, müssen Sie unter Umständen in der alphabetisch sortierten Liste herauf- oder herunterfahren, weil das gewünschte Land nicht angezeigt wird. Diesen Vorgang nennt man *Scrollen* (auf Deutsch *Blät-*

tern). Wenn man am Computer mit Maus, Touchpad oder Tablet eine Liste durchblättern möchte, ist auf Folgendes zu achten: Positionieren Sie den Mauszeiger auf jenem Feld, in dem Sie scrollen wollen. Drehen Sie das Scrollrad Ihrer Maus in Ihre Richtung, blättern Sie damit in Ihrer Liste am Bildschirm nach unten. Drehen Sie das Scrollrad zurück, weg von Ihnen, blättern Sie die Liste wieder nach oben. Am Touchpad des Notebooks geht das *Scrollen* in beide Richtungen elegant mit Zeige- und Mittelfinger gleichzeitig. Streichen Sie mit diesen Fingern zu sich, um nach unten zu blättern, und von sich weg, um nach oben zu blättern. Am Touchscreen setzen Sie den Zeigefinger in die Liste und fahren auf dem Bildschirm nach oben oder unten.

MERKE

Beim »Scrollen« drehen Sie das Rad an der Maus nach vorne oder zurück. Das bewirkt, dass der Inhalt eines Fensters nach oben oder nach unten rutscht.

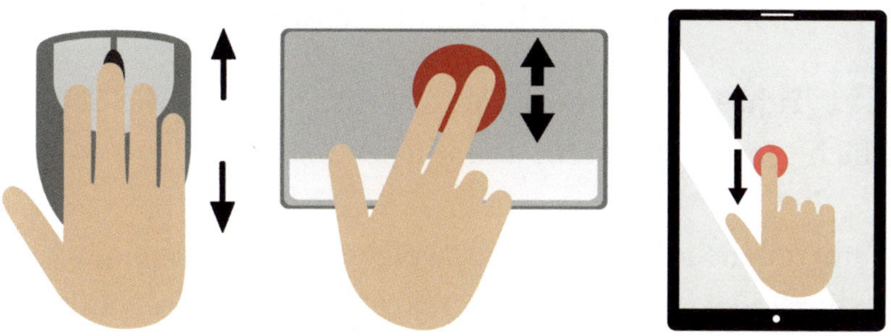

Scrollen per Scrollrad, auf dem Touchpad und dem Touchscreen

Scrollen mit der Bildlaufleiste

Viele solcher Auswahlfelder (auch *Dialog* genannt) und Programmfenster verfügen über einen sog. *Scrollbalken* – zu Deutsch: eine Bildlaufleiste, die beim Zeigen mit der Maus auf den Bildschirm- bzw. Fensterrand (seitlich oder auch unten) eingeblendet wird. Entweder klicken Sie mit der Maus auf die schraffierte Fläche (3 auf Seite 38) und fahren bei gedrückter Maustaste mit der Maus nach oben und unten, oder Sie nutzen die Pfeile oben bzw. unten 4. Hier ist alles ganz logisch – ein linker Mausklick auf den nach oben zeigenden Pfeil führt auch nach oben, derjenige auf den unteren Pfeil entsprechend nach unten.

MERKE

Mit der Bildlaufleiste (dem *Scrollbalken*) bewegen Sie sich durch Inhalte, die auf dem Bildschirm »keinen Platz« finden und erst durch Ihre Bewegung nach oben oder unten zum Vorschein kommen.

In unserem konkreten Fall: Scrollen Sie die Liste so lange hinauf oder hinunter, bis **Deutschland** 5 erscheint, und klicken Sie einmal darauf. Das Land ist nun blau unterlegt.

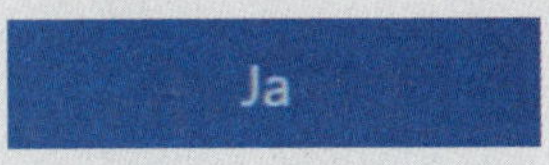

5. Fahren Sie nun mit dem Mauszeiger auf die Schaltfläche **Ja** rechts unten, und klicken Sie darauf.

Tastaturlayout auswählen

ACHTUNG!

Die Tastatur am Computer ist von Land zu Land unterschiedlich, beispielsweise gibt es auf der englischen Tastatur kein Ä, Ö oder Ü. Außerdem sind die Buchstaben Y und Z vertauscht.

Jetzt teilen Sie Windows mit, welche Tastatur Sie benutzen. In der Regel ist schon die korrekte Variante ausgewählt 6. Möchten Sie eine andere Tastatur benutzen, wählen Sie auf dieselbe Weise, wie in Schritt 4 und 5 zum Wechsel der Region beschrieben, ein anderes *Tastaturlayout* aus. Lassen Sie sich nicht irritieren, dass hier drei verschiedene deutsche Tastaturen zur Auswahl stehen. Die IBM-Variante 7 ist schon seit Jahren antiquiert; sollten Sie in der Schweiz leben, wählen Sie per Mausklick natürlich auch **Deutsch (Schweiz)** 8. Bestätigen Sie Ihre Auswahl wieder mit einem Klick auf die Schaltfläche **Ja**.

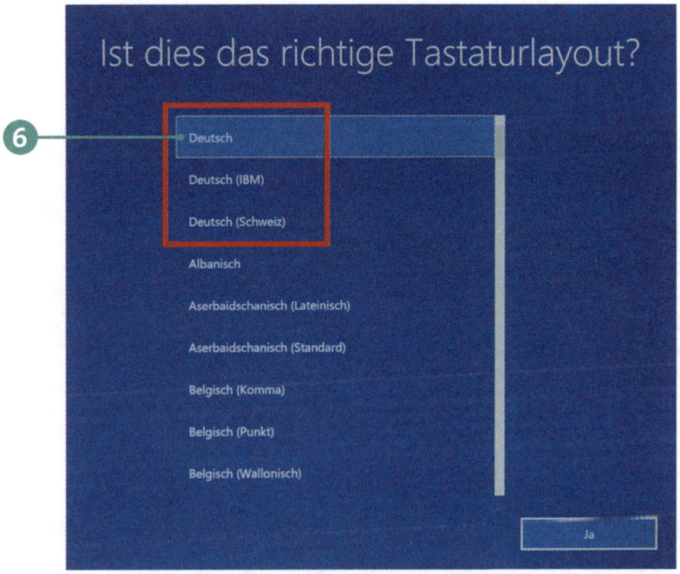

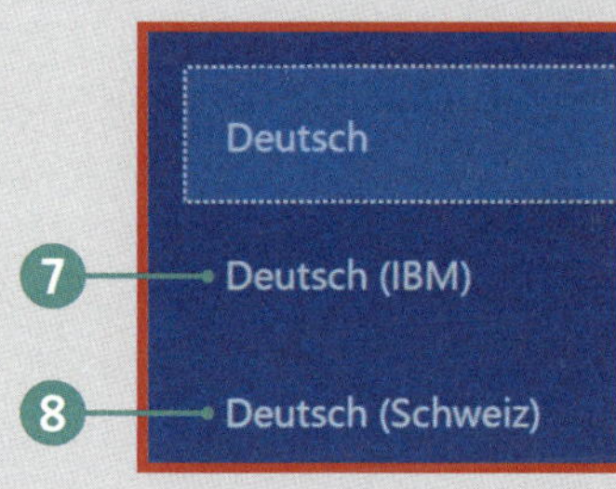

6. Die Frage nach einem zweiten Tastaturlayout ist nur dann relevant, wenn Sie noch eine zweite Tastatur aus einem anderen Land angeschlossen haben. Klicken Sie hier also direkt auf **Überspringen** 9.

Lizenzvertrag annehmen

Im folgenden Bildschirm gibt es rechtliche Informationen. Dabei handelt es sich um übliche Vertragsbedingungen, mit denen sich Microsoft sein Betriebssystem Windows 10 für alle möglichen und unmöglichen Sachen absichert. Letztlich kann man das Schriftstück mit dem Umfang quasi eines Taschenbuches mit den Geschäftsbedingungen vergleichen, die letztlich sogar der Supermarkt um die Ecke hat (und Sie sicher auch noch nie durchgelesen haben). Um weiterzukommen, klicken Sie also getrost auf **Annehmen** ⑩.

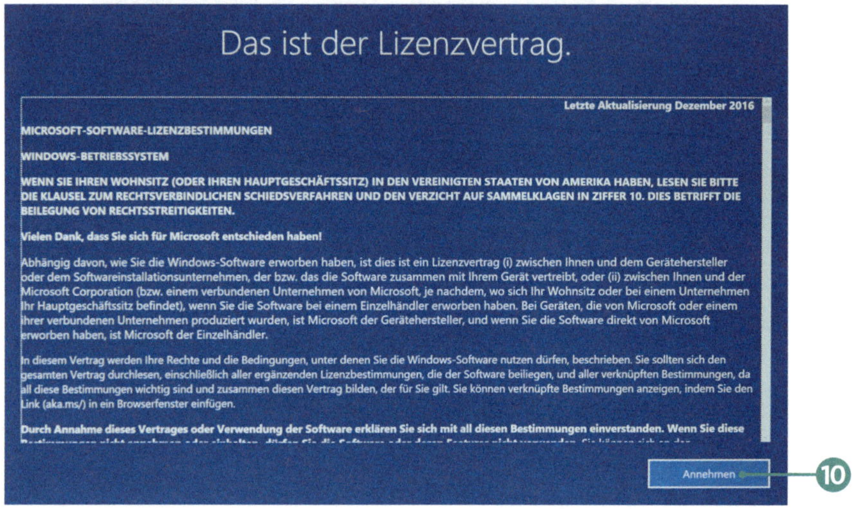

7. Windows möchte nun ins Internet. Folglich werden Ihnen einige kabellose Netzwerke in der Umgebung zur Auswahl angeboten. An dieser Stelle wollen wir aber *nicht ins Internet* – sonst werden wir direkt gezwungen, uns auch bei Microsoft mit einem Konto anzumelden. Daher klicken Sie auf **Schritt jetzt überspringen** ⑪ links unten.

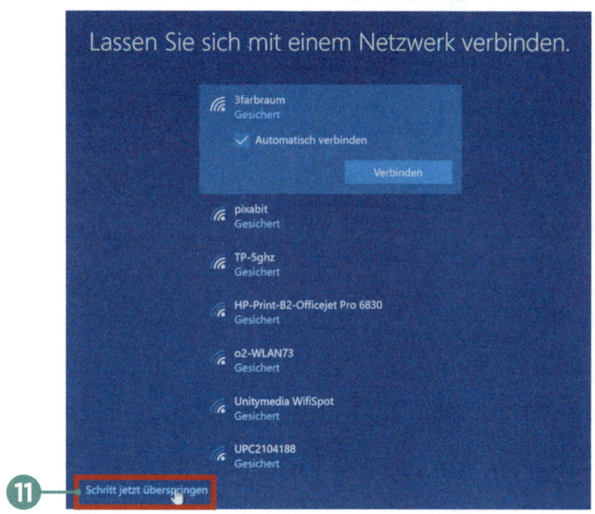

ACHTUNG!

Ist Ihr Computer über ein Kabel bereits mit dem Internet verbunden, bekommen Sie diese Anzeige nicht zu sehen. Microsoft leitet Sie stattdessen direkt zur Anmeldung mit einem Microsoft-Konto. Klicken Sie hier links unten auf **Offlinekonto**, um mit dem Anlegen eines lokalen Benutzerkontos ab Seite 42 fortzufahren.

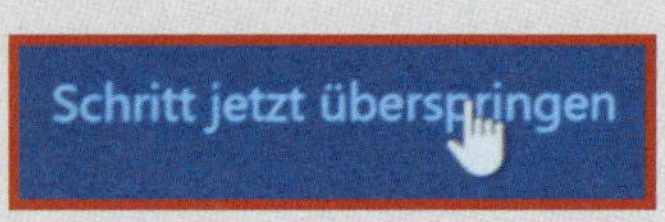

Schon wieder also dieses *Microsoft-Konto*. Wer nun doch schon einmal gerne wissen möchte, was das eigentlich ist, kann vor der Einrichtung des lokalen Benutzerkontos ab Seite 42 nun ein kleines Päuschen einlegen und folgenden Abschnitt lesen.

Das Microsoft-Konto – es geht auch ohne

Bei Ihrer Arbeit am Computer mit Windows 10 wird Ihnen das Microsoft-Konto noch öfter begegnen, vor allem wenn Sie die Apps von Windows 10 nutzen und mit dem Internet verbunden sind. Doch was hat es damit auf sich, und warum ist es Microsoft so wichtig, dass Sie sich hierüber am Computer anmelden?

Mit diesem Konto bietet Ihnen Microsoft die Möglichkeit, sich für alle Services des Unternehmens anzumelden, eine Internetverbindung vorausgesetzt. Damit haben Sie Zugang zu einem eigenen E-Mail-Konto, können im App-Store einkaufen, Kontakte erstellen und viele Anwendungen am Computer auf Ihre Bedürfnisse anpassen. Sprich, ein Microsoft-Konto bietet viele Vorteile. Allerdings sammelt das Unternehmen Microsoft auf diese Weise auch munter Daten und nutzt diese beispielsweise dazu, Ihnen passende Werbung anzubieten.

MERKE

Das Microsoft-Konto wird in Windows häufig benötigt – zum Start legen wir aber ohne diesen Service los. Der Vorteil unseres Vorgehens: Mit dem lokalen Benutzerkonto als Basis nutzen Sie das Microsoft-Konto nur im Bedarfsfall.

Für komfortables Arbeiten in Windows 10 wird man früher oder später um solch ein Microsoft-Konto nicht herumkommen. Für die ersten Schritte mit Windows 10 und zum Nutzen aller Basisfunktionen genügt aber ein sog. lokales Benutzerkonto – »lokal«, weil es sich auf Ihren Computer beschränkt und dafür keine Verbindung zum Internet notwendig ist. Wenn Sie also noch keine Internetverbindung eingerichtet haben, können Sie das Microsoft-Konto zum jetzigen Zeitpunkt ohnedies noch gar nicht anlegen. Das ist aber jederzeit nachträglich möglich. Der Vorteil: Wenn Sie es nicht gleich bei der Einrichtung erstellen, sondern nur im Zusammenhang mit bestimmten Diensten und Programmen, die Sie nutzen möchten, haben Sie eine bessere Kontrolle über die Daten, die Sie an Microsoft preisgeben. Daher zeigen wir Ihnen jetzt den Weg, wie Sie sich ohne ein Microsoft-Konto anmelden.

Das lokale Benutzerkonto einrichten

Im Folgenden richten wir nun also das lokale Benutzerkonto ein.

1. Im Bildschirm **Von wem wird dieser PC genutzt?** teilen Sie Windows Ihren Namen für das Benutzerkonto am Computer mit. Das kann Ihr eigener Name sein, aber auch ein Fantasiename ist möglich. Tippen Sie auf der Tastatur den Namen in das Feld **Name** (1) ein. Am Tablet wird die Tastatur am Bildschirm eingeblendet, sowie Sie mit dem Finger in das weiße Feld tippen, und Sie können dann losschreiben. Klicken Sie dann auf die **Weiter**-Schaltfläche (2).

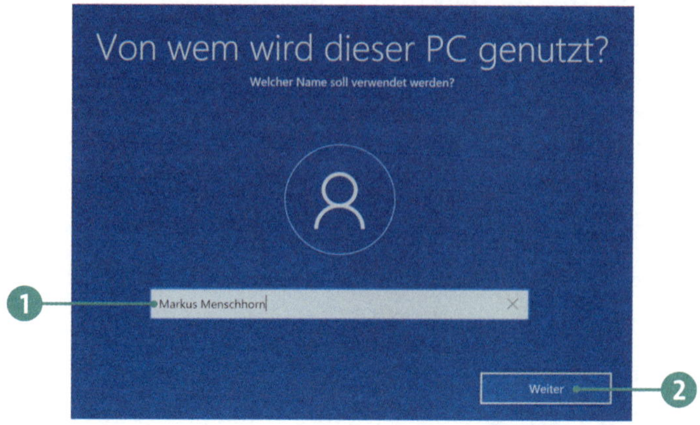

MERKE

Im Folgenden richten Sie das lokale Benutzerkonto, das sog. *Offlinekonto*, für Ihren Computer ein. Überlegen Sie sich gut, was Sie dort als Name und Kennwort vergeben, denn diese werden Sie bei Ihrer täglichen Arbeit am Computer benötigen.

WAS TUN?

Wenn Sie sich vertippt haben, nutzen Sie einfach die Löschen-Taste [←]. Pro Betätigung löscht sie einen Buchstaben.

2. Im nächsten Bildschirm geben Sie Ihr Kennwort ein **3**. Damit schützen Sie Ihren Computer vor unbefugtem Zugriff. Das Kennwort wird immer beim Start des Computers und zudem immer dann abgefragt, wenn Sie mehrere Minuten nichts am Computer gemacht haben. Wählen Sie es nach Wunsch. Es muss nicht zu kompliziert sein, aber es darf gerne kreativer als »12345« sein. Sicherheit wird hier wirklich großgeschrieben, daher wird das Kennwort auch automatisch verdeckt, hier also in Punkten dargestellt.

Kennwort erstellen

ACHTUNG!

Wie Sie ein sicheres Kennwort erstellen, lesen Sie im Abschnitt »Ein E-Mail-Konto einrichten« auf Seite 229.

Sind Sie sich nicht sicher, ob Sie es auf diese Weise auch richtig eingeben, tippen Sie auf das Augensymbol **4** rechts – dann wird es ganz normal dargestellt. Dieses Symbol erscheint erst nach der Eingabe des ersten Buchstabens. Klicken Sie auf **Weiter**.

Ein Klick auf das Augensymbol **4** zeigt statt der Punkte Ihre tatsächliche Eingabe.

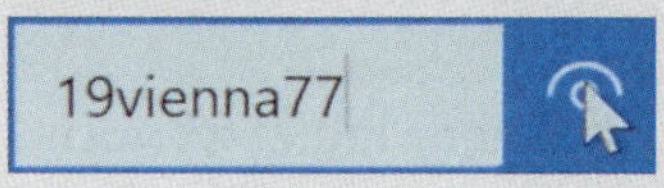

3. Jetzt müssen Sie das Kennwort im Dialog **Kennwort bestätigen** erneut eintippen (**5** auf Seite 44), und zwar bitte genauso wie im vorangehenden Schritt. Das dient der Kontrolle, dass Sie sich bei der ersten Eingabe nicht vertippt haben. Bestätigen Sie auch diese Eingabe mit einem Klick auf die Schaltfläche **Weiter**.

Haben Sie das Kennwort falsch eingetippt, wird dies direkt angezeigt:

4. Das ist aber gar nicht schlimm, Windows bittet Sie einfach nochmals um die Eingabe eines neuen Kennworts.

5. Der **Kennworthinweis** muss zusätzlich ausgefüllt werden. Das ist eine Gedächtnisbrücke, mit der Ihnen Windows 10 auf die Sprünge hilft, falls Sie das Kennwort nicht mehr wissen. Das können auch mehrere Wörter sein wie »mein erstes Autokennzeichen«. Tippen Sie den Hinweis einfach in das weiße Feld ein. Sie haben alles ausgefüllt? Wunderbar, dann klicken die Maus- und Touchpad-Nutzer nun auf **Weiter**. Was dann passiert, lesen Sie im folgenden Kasten.

WAS TUN?

Auf dem Tablet ist noch die Bildschirmtastatur zu sehen? Schließen Sie diese mit einem Fingertipp auf das **X**-Symbol, dann ist auch hier der Weg für **Weiter** freigegeben.

Windows Hello – der PC ganz ohne Kennwörter

Direkt im Anschluss an die Einrichtung Ihres Benutzerkontos werden einige von Ihnen ggf. von einem freundlichen Gesicht begrüßt. *Windows Hello*, die Möglichkeit, sich statt mit einem langen Kennwort mittels Fingerabdrucksensor oder Gesichtserkennung anzumelden, erscheint aber nicht an jedem Computer. Nur Tablets oder Computer mit angeschlossener Webcam können diese Funktion nutzen.

Bitte recht freundlich: Windows Hello analysiert Ihr Gesicht.

Cortana weiß eine Menge

Weiter geht es mit der Einrichtung. Keine Sorge, wir haben es bald geschafft. Jetzt hüpft ein Punkt auf dem Bildschirm. Diesen Punkt (1) werden Sie in Windows bald wiedersehen – er stellt Cortana, die »persönliche Assistentin«, dar. Letztlich ist es ein intelligentes Eingabesystem, das versucht, Ihre Anfragen zu verstehen. Über Cortana können Sie Programme starten, Dokumente suchen oder die aktuelle Wassertemperatur in Teneriffa herausfinden. Vorausgesetzt, Sie haben Internet. Ohne Internet bleibt Cortana relativ ahnungslos, da es keine Informationen aus der großen Wissensdatenbank des Internets ziehen kann.

MERKE

Cortana ist eine Funktion in Windows 10, die vielfältige Informationen bereithält. Sie durchsucht Ihren Computer nach Dokumenten und Programmen oder liefert Ratschläge aus dem Internet.

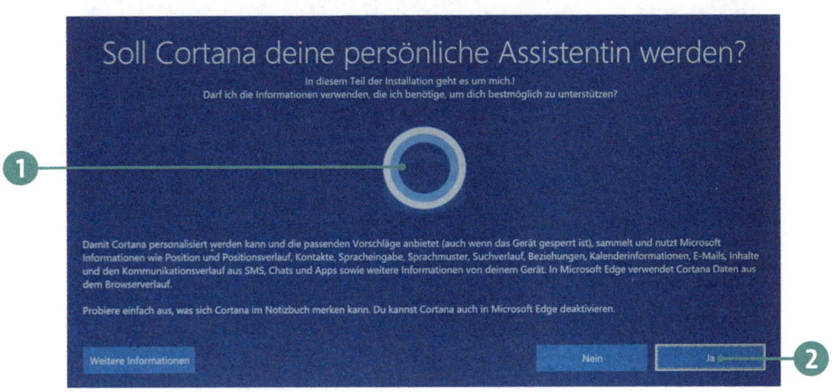

Auch hier sind Sie am »Drücker« – mit **Ja** (2 auf Seite 45) wird sie aktiviert. Es spricht aber nichts dagegen, diesen feinen Service zu verwenden.

Datenschutzeinstellungen

Abschließend geht es noch um den Datenschutz. Hier wird man regelrecht mit Informationen überflutet. Vieles werden wir im Laufe des Buches noch kennenlernen, zum Start ist das wirklich etwas zu viel des Guten. Daher unser schneller Tipp:

1. Ziehen Sie mit gedrückter Maustaste den Schieberegler **Vollständig** 1 unter **Diagnose** 2 nach links, um die Übermittlung sämtlicher Daten zu unterbinden.

2. Ziehen Sie bei **Relevante Werbeanzeigen** 3 den Regler **Aktiviert** 4 ebenfalls nach links, um von unnötiger Werbung verschont zu bleiben.

3. Nun genügt ein Klick auf **Annehmen**, um nach einigen wenigen Minuten mit Windows 10 starten zu können.

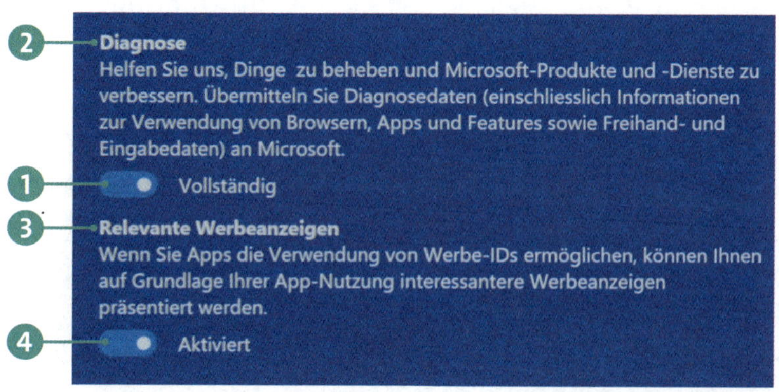

Der Sperrbildschirm – der Pförtner für Ihr Windows

Nach der allerersten Einrichtung werden Sie direkt auf die Startoberfläche von Windows 10 geleitet, die Sie im nächsten Abschnitt kennenlernen. Das ist allerdings nicht üblich, denn eigentlich präsentiert sich Windows nach dem Einschalten Ihres Computers mit dem *Anmeldebildschirm*, in dem Sie Ihr Kennwort eingeben (siehe die Abbildung auf Seite 48 unten).

Immer wenn Sie eine Pause bei Ihrer Arbeit einlegen und der Computer oder das Tablet dann in den sog. *Standby-Betrieb* bzw. *Energiesparmodus* wechselt, begegnet Ihnen der *Sperrbildschirm*, auf dem Sie nur ein Hintergrundbild und Datum und Uhrzeit sehen. Mit einem Mausklick darauf oder durch Betätigen einer Taste auf der Tastatur heben Sie die Sperrung auf: Es erscheint wieder der Anmeldebildschirm mit Ihrem Benutzernamen und einem Feld zur Eingabe Ihres Kennwortes. Anschließend landen Sie wieder auf der Startoberfläche von Windows. Wer übrigens die Gesichtserkennung mittels Windows Hello eingerichtet hat (siehe dazu den Kasten »Windows Hello – der PC ganz ohne Kennwörter« auf Seite 44), gelangt auch ohne Eingabe eines Kennwortes dorthin.

Das Hin und Her mag lästig erscheinen, doch der Sperrbildschirm soll verhindern, dass sich jemand unbefugt an Ihrem Computer zu schaffen machen kann.

Sperrbildschirm überwinden und Kennwortfeld im Anmeldebildschirm aufrufen: Mausklick auf den Bildschirm, Taste auf der Tastatur drücken oder auf dem Tablet einen Fingerwisch nach oben ausführen

Sperrbildschirm klingt unschön, ist aber bei Windows wirklich hübsch anzusehen. Mit jedem Einschalten wird ein neues Motiv als Hintergrund präsentiert. Auf der vorigen Seite sehen Sie ein paar der unzähligen Bilder, die wirklich eher Lust auf Urlaub machen denn auf Arbeit am Computer.

Am Tablet bringt ein Fingerwisch nach oben den Anmeldedialog zum Vorschein, am Notebook oder Desktop-Computer genügt dafür ein Druck auf das Touchpad, ein Klick mit der linken Maustaste oder auch einfach das Betätigen einer beliebigen Taste auf Ihrer Tastatur. Es erscheint nun Ihr bei der Einrichtung von Windows festgelegter Benutzername 1.

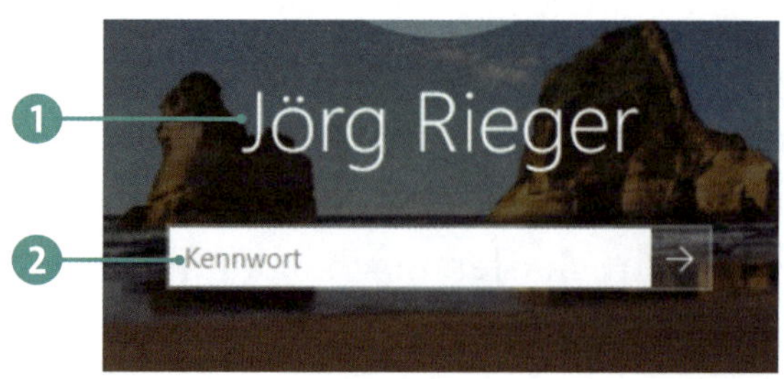

In das Feld **Kennwort** 2 tippen Sie mit der Tastatur Ihr Kennwort ein, das Sie ebenfalls bei der Computereinrichtung vergeben haben. Achten Sie auf Groß- und Kleinschreibung. Hier gibt Windows 10 sogar einen Hinweis, wenn die Taste zur dauerhaften Großschreibung [⇩] aktiviert ist (**FESTSTELLTASTE ist aktiviert**) 3, was natürlich zu unerwünschten Ergebnissen bei der Eingabe führen würde.

Nach Eingabe Ihres Kennwortes drücken Sie die Taste [↵] oder klicken auf den Pfeil 4 – Windows wird nun den Blick auf seine Oberfläche freigeben, und der Computer ist damit startklar und eingeschaltet.

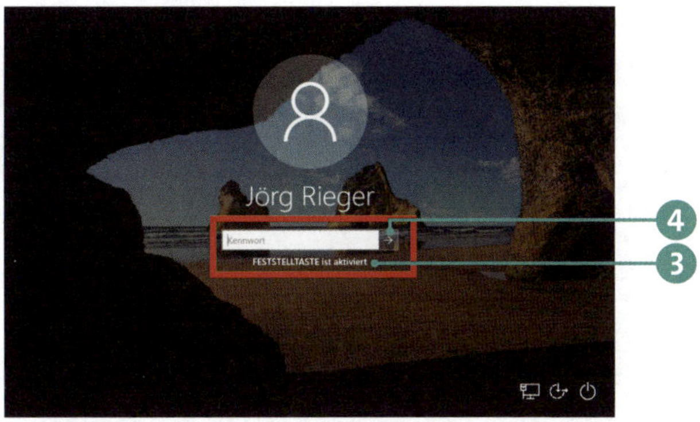

Windows 10 entdecken – Desktop und Startmenü

Ist Windows 10 erst einmal gestartet, präsentiert es sich hübsch aufgeräumt. Der Windows-Desktop (was übersetzt »Schreibtisch« bedeutet) zeigt sich mit einem dunkelblauen Motiv und ist bis auf den Papierkorb (1 auf Seite 50) komplett leer. Der Desktop bleibt immer im Hintergrund stehen und hat erst einmal keine wirkliche Funktionalität. Sehen Sie ihn einfach als »Tapete«.

WAS TUN?

Bei Ihnen erscheint die Fehlermeldung »Feststelltaste ist aktiviert«? Betätigen Sie einfach die Taste [⇩], die damit wieder deaktiviert ist.

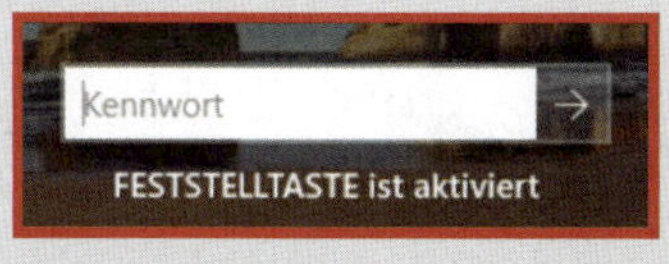

MERKE

Der Windows-Desktop, kurz auch nur *Desktop* genannt, ist immer im Hintergrund sichtbar.

Andere Ansicht am Tablet

Auf den folgenden Seiten arbeiten wir mit der Ansicht, wie man sie auf Notebooks oder Desktop-Computern hat. Gerade bei kleineren Tablets gibt es zur besseren Bedienung per Finger aber einen *Tablet-Modus*. Der offensichtlichste Unterschied besteht darin, dass das Startmenü, das Sie auf Seite 51 sehen, dort viel größer, nämlich über den gesamten Bildschirm hinweg dargestellt und auch direkt geöffnet ist (siehe Seite 52). Die restliche Funktionsweise ist nahezu identisch mit der hier vorgestellten. Wir haben uns daher dazu entschieden, nur bei Abweichungen einen entsprechenden Hinweis zu geben.

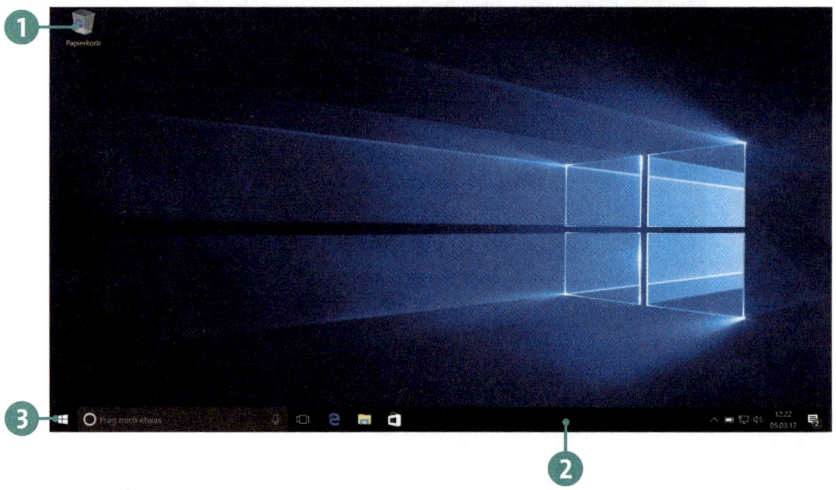

Die untere Leiste, die sog. *Taskleiste* 2, ist Ihr wichtigstes Steuerelement. Von dort aus steuern Sie so gut wie sämtliche Aktionen an Ihrem Computer. Ganz links außen sitzt das Windows-Symbol ⊞ 3, das Ihnen den Weg in das Startmenü öffnet. Das klappt mit der Maus genauso wie auf einem Touchscreen:

- Sie fahren mit dem Mauszeiger auf das Windows-Symbol ⊞ und drücken einmal auf die linke Maustaste.

Auch die Windows-Taste auf Ihrer Tastatur öffnet das Startmenü.

- Wenn Sie einen Computer mit Touchscreen besitzen, drücken Sie mit dem Finger einmal kurz auf das Windows-Symbol.
- Alternativ finden Sie auf Ihrer Tastatur unten links eine eigene Taste. Drücken Sie darauf.

In allen drei Fällen präsentiert sich der Bildschirm wie in der folgenden Abbildung – das Startmenü von Windows 10 wurde erfolgreich geöffnet.

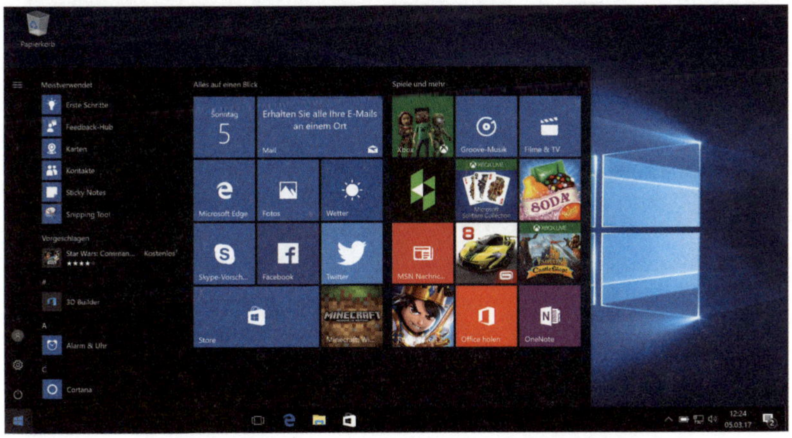

Wenn Sie das Symbol oder die Taste erneut betätigen, verschwindet das Startmenü wieder.

Bei Tablet-Anwendern hingegen ist, wie im Kasten »Andere Ansicht am Tablet« auf Seite 50 beschrieben, das Startmenü immer eingeblendet, wenngleich hier nicht alle Bereiche direkt sichtbar sind. Standardmäßig werden zunächst nur die Kacheln angezeigt – wo sich die restlichen Dinge verbergen, zeigen wir später.

MERKE

Ob nun per Bildschirmsymbol oder Windows-Taste – damit blenden Sie das Startmenü nicht nur ein, sondern auch genauso wieder aus.

Beim Tablet erscheint das Startmenü in der Vollbildansicht.

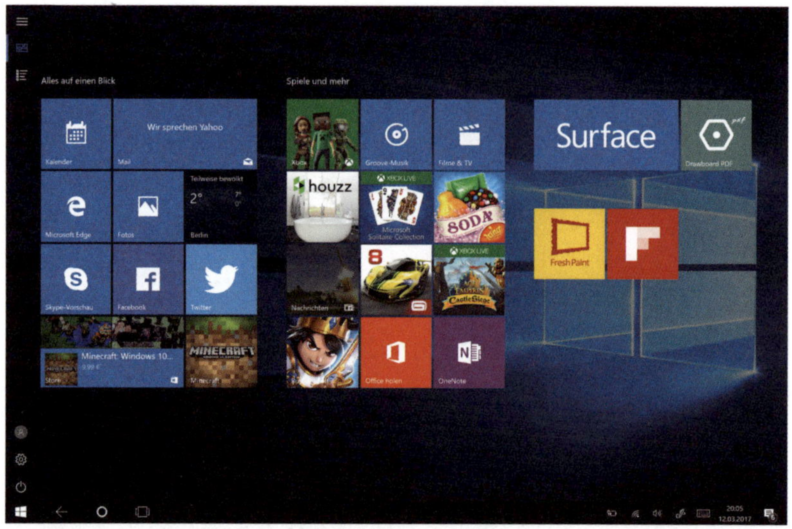

Das Startmenü ist das Herzstück von Windows 10

Vom Startmenü aus werden alle Aktivitäten am Computer gesteuert und alle Programme gestartet, um für Sie tätig zu werden. Auch Einstellungen rund um Windows 10 und sogar das Abschalten des Computers werden über das Startmenü erledigt.

MERKE

Um Energie zu sparen, schaltet Windows 10 nach einigen Minuten ohne Aktivität Ihren Computer automatisch auf Standby – der Sperrbildschirm erscheint. Per Druck auf den Einschaltknopf Ihres Notebooks oder auch auf eine beliebige Taste Ihrer Tastatur ist er aber nach der Eingabe Ihres Kennwortes sofort wieder startklar.

Praktische Übung im Startmenü – den Computer abschalten

Ganz praktisch machen wir die ersten Schritte im Startmenü damit, den Computer komplett abzuschalten – denn auch das klappt mithilfe des Startmenüs. Grundsätzlich geht Ihr Computer oder Ihr Tablet nach wenigen Minuten Inaktivität direkt in den Energiesparmodus, den Stand-by-Betrieb. Der Bildschirm wird dann schwarz. Mit einem Druck auf den Einschaltknopf ist das Windows-System in Sekundenschnelle wieder startklar, da es ja nur »geschlafen« hat. Sie müssen den Computer tagsüber daher nicht unbedingt komplett ausschalten, der Stromverbrauch im Standby-Betrieb ist zu vernachlässigen. Trotzdem ist das komplette Abschalten des Geräts sinnvoll, denn damit löscht man das Kurzzeitgedächtnis von Windows, und das System läuft dauerhaft stabil. Das Abschalten nennt man auch »Herunterfahren«, und das klappt folgendermaßen:

Herunterfahren

1. Öffnen Sie das Startmenü mit einem linken Mausklick auf das Windows-Symbol 1, so wie im vorigen Abschnitt gezeigt.

2. Klicken Sie in der sog. *Schnellstartleiste* des geöffneten Startmenüs ganz am linken Rand auf den Ein/Aus-Schalter 2.

3. Aus den nun in einem kleinen Dialogfenster eingeblendeten drei Möglichkeiten wählen Sie mit einem weiteren Klick **Herunterfahren** 3 aus. Der Computer wird ohne weitere Rückfrage abgeschaltet, also heruntergefahren.

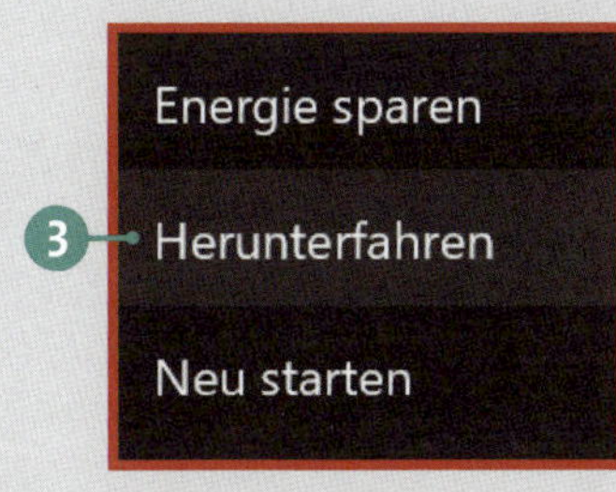

Eventuell noch geöffnete Programme im Hintergrund werden automatisch beendet.

Keine Sorge: Sollten Sie einmal bei Ihrer späteren Arbeit am Computer beispielsweise ein Textdokument noch nicht gespeichert haben, wird Windows dies natürlich bemerken und Sie vor dem Abschalten darum bitten, es zu sichern.

Neben dem Herunterfahren stehen Ihnen unter Windows 10 noch zwei weitere Funktionen zur Verfügung. Diese erreichen Sie ebenfalls über den Ein/Aus-Schalter im Startmenü:

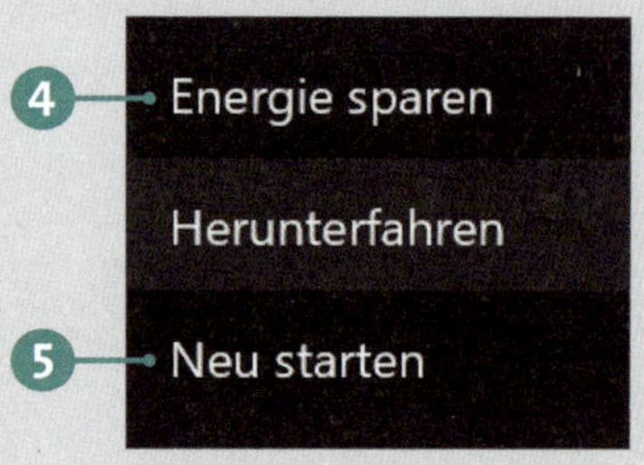

4 **Energie sparen**: Der Computer wird nicht komplett ausgeschaltet, sondern »schlafen gelegt«. Ganz ähnlich wie beim Fernseher oder der Stereoanlage verbraucht der Computer mit abgeschaltetem Display kaum noch Strom, wird aber mit einem Tastendruck auf Ihrer Tastatur oder einem Druck auf den Einschaltknopf am Tablet ganz schnell wieder startklar – die Eingabe Ihres Kennwortes ist dann aber trotzdem erforderlich.

5 **Neu starten**: Diese Funktion wird selten benötigt. Im Falle, dass ein Programm aber nicht mehr richtig funktioniert, ist ein Neustart tatsächlich eine gute Lösung. Der Computer wird hierbei komplett heruntergefahren, aber direkt danach wieder neu gestartet. manchmal werden Sie auch von Windows 10 aufgefordert, den Computer neu zu starten.

Das Startmenü im Überblick

Bevor wir weiterschauen, was das Startmenü alles kann, erläutern wir kurz die Elemente und Begrifflichkeiten im Überblick.

Ganz links sehen Sie oberhalb des Windows-Logos zum Öffnen und Schließen des Startmenüs einen Bereich mit vier Symbolen, die sog. *Schnellstartleiste* des Startmenüs ①. Über die Schaltfläche ☰ ② mit der Bedeutung **Start** ganz oben blenden Sie die exakte Bezeichnung auch der drei Symbole in der Leiste unten ein oder eben auch wieder aus. Probieren Sie es ruhig einmal aus, dann sehen Sie ganz genau, was passiert. Über diese Schaltflächen unten haben Sie Zugriff auf Ihr Benutzerkonto am Computer ③, können weiterführende Einstellungen in Windows vornehmen ④ und, wie bereits gezeigt, den Computer u. a. abschalten (herunterfahren) ⑤.

Rechts neben der Schnellstartleiste befindet sich eine Liste mit allen Apps bzw. Programmen, die sich auf Ihrem Computer befinden ⑥. Sie ist ganz oben mit **Meistverwendet** ⑦ überschrieben. Hier sind all jene Programme und Apps aufgelistet, die von Ihnen häufig verwendet werden. Das heißt, dieser Bereich ist flexibel und ändert sich je nachdem, was Sie am Computer gemacht haben.

Im Tablet-Modus wechseln Sie links oben im Startmenü in die Bereiche **Angeheftete Kacheln** und **Alle Apps**. Den Bereich **Meistverwendet** gibt es hier nicht. Die Schaltfläche **Start** mit den drei Balken ist nur dazu gedacht, die Beschriftungen ein- und auszublenden.

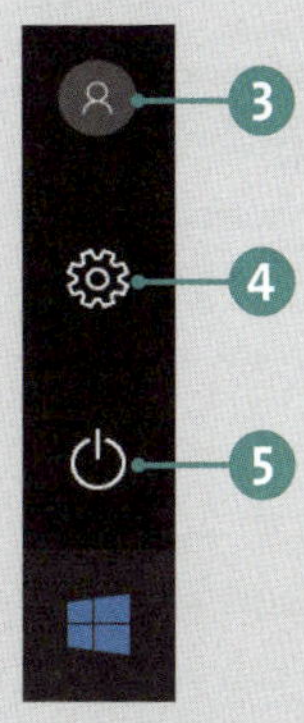

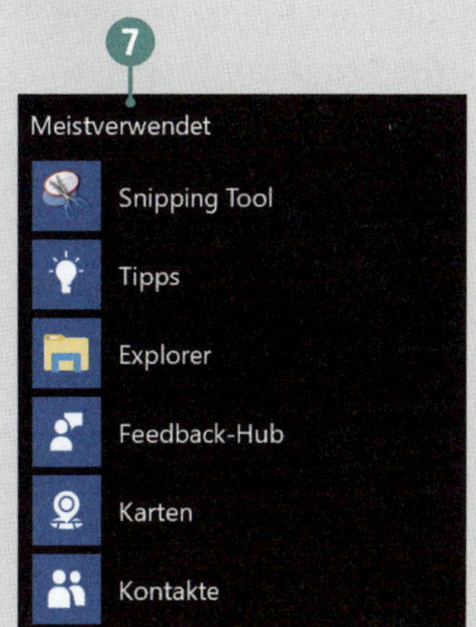

MERKE

App ist die Kurzform von engl. *Application*. Das bedeutet übersetzt Anwendung bzw. Programm.

MERKE

Die sog. Kacheln im Startmenü beinhalten Apps von Windows 10, aber auch Programme, die Sie selbst auf dem Computer installiert und dort als Kachel abgelegt haben.

MERKE

Hinter jedem Schriftzug und jeder Kachel steht eine App bzw. ein Programm, das mit einem Klick oder Fingertipp geöffnet werden kann. Dennoch: Die Kacheln sind nur Symbole, nicht die Programme selbst! Also, keine Sorge beim späteren Aufräumen.

Direkt darunter finden Sie eine alphabetische Auflistung aller am Computer installierten Programme (6 auf Seite 55). Mithilfe der Bildlaufleiste, die beim Zeigen mit der Maus eingeblendet wird, scrollen Sie durch diese Liste. Wenn Sie nicht mehr genau wissen, wie das funktioniert, lesen Sie erneut den Kasten »Scrollen mit der Bildlaufleiste« auf Seite 37.

Rechts von dieser Liste mit allen Apps und Programmen finden Sie den größten Bereich des Startmenüs, den sog. Kachelbereich. Hier hat Windows 10 bereits ein wenig vorsortiert. So finden Sie die Kategorien **Alles auf einen Blick** 8 und **Spiele und mehr** 9 (siehe die Abbildung auf der vorigen Seite). Diese Vorsortierung ist glücklicherweise nicht in Stein gemeißelt. Wie Sie selbst Kacheln im Startmenü anbringen bzw. löschen, zeigen wir Ihnen in Kapitel 11, »Windows 10 anpassen«, ab Seite 327. Vor allem der zuletzt genannte Bereich **Spiele und mehr** ist fast ausschließlich eine Werbeplattform von Microsoft und eine »wilde« Sammlung von Programmen auf dem Computer oder auch Werbehinweisen für Spiele. Unter uns gesagt: Diesen Bereich braucht kein Mensch. Wie Sie ihn künftig komplett ausblenden oder mit für Sie sinnvollen Dingen ausstatten, zeigen wir Ihnen wie gesagt später.

Ob nun Liste oder Kachel – ein Mausklick oder ein Fingertipp auf einen der Einträge bzw. eine der Kacheln reicht, und schon wird das dahinterstehende Programm geöffnet. Dabei ist es wichtig, gleich zu Anfang zu verstehen, dass dies nur optische Schaltflächen sind. Wenn Sie solch eine Kachel entfernen, ist damit keineswegs das Programm vom Computer entfernt!

Ein Programm über das Startmenü starten

Das Startmenü dient natürlich in erster Linie dazu, Programme zu starten. Das probieren wir daher beispielhaft mit der App *WordPad* aus. Das ist Ihre digitale Schreibmaschine in Windows 10, die wir Ihnen im folgenden Kapitel ab Seite 79 ausführlich vorstellen.

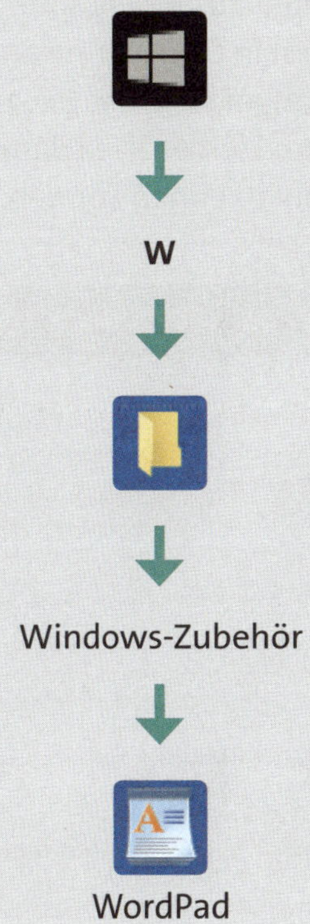

1. Rufen Sie das Startmenü wie vorhin beschrieben auf. Am einfachsten durch Betätigen der Taste [Windows-Taste] auf Ihrer Tastatur oder durch einen Klick auf das Startmenü-Symbol [Startmenü-Symbol] links unten in der Taskleiste.

2. Jetzt positionieren Sie den Mauszeiger über jenem Bereich des Startmenüs, in dem die Apps alphabetisch sortiert sind. Scrollen Sie bis zum Buchstaben **W** (1), indem Sie das Scrollrad an Ihrer Maus betätigen oder indem Sie den nun eingeblendeten Scrollbalken (die Bildlaufleiste) nutzen. Als kleine Gemeinheit ist hier WordPad nicht direkt zu sehen, sondern hat sich im Ordner **Windows-Zubehör** (2) versteckt.

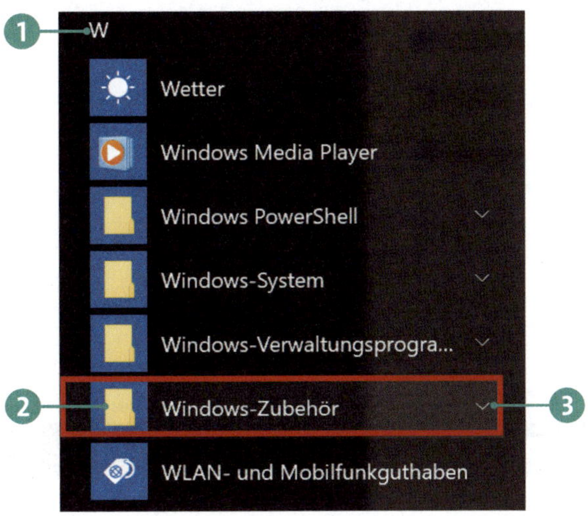

MERKE

Manche Programme im Startmenü sind nicht direkt zu finden, sondern in Ordnern zusammengefasst, was Sie an dem kleinen Pfeil daneben erkennen können.

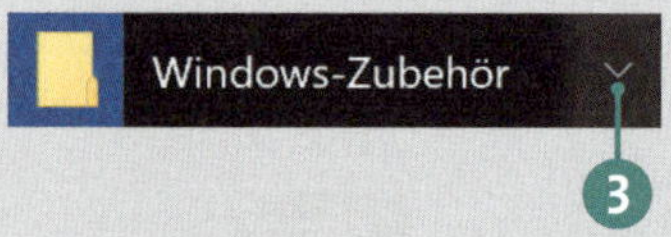

3. Mit einem Klick auf die Ordner-Bezeichnung oder den Pfeil daneben ③ wird der Ordner geöffnet, und es werden weitere Programme angezeigt, ganz zum Schluss auch die App **WordPad** ④, die Sie wie immer durch Scrollen bzw. über die Bildlaufleiste rechts ⑤ erreichen.

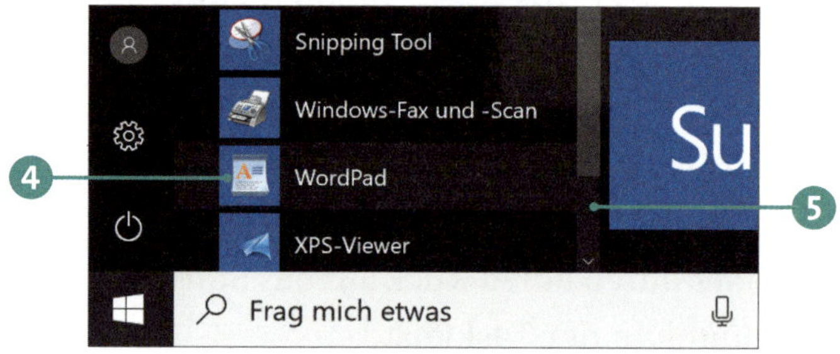

4. Klicken Sie **WordPad** ④ einmal mit der linken Maustaste an, Tablet-Anwender drücken etwas beherzter mit dem Finger darauf, und WordPad wird geöffnet.

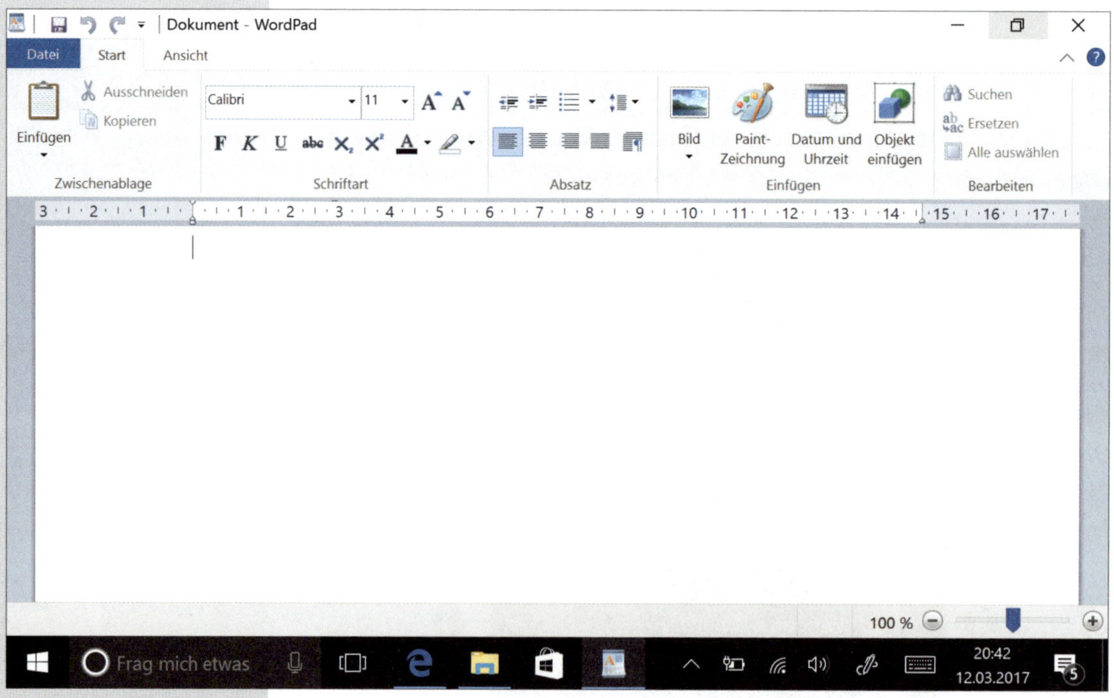

Ein Programm beenden oder schließen

WordPad ist nun startklar – wie Sie hier Briefe schreiben können, erfahren Sie im folgenden Kapitel. Wir wollen das Programm an dieser Stelle einfach wieder schließen oder beenden; beide Begrifflichkeiten sind korrekt und werden bei Windows verwendet. Ganz exakt: Ein Programm wird *beendet* und ein Programmfenster *geschlossen*. So gehen Sie vor – und diese Vorgehensweise gilt für sämtliche Programme in Windows 10. In diesem Falle gibt es, wie so oft an Ihrem Computer, zwei Wege, die zum Ziel führen. Beide sind korrekt, und es lohnt sich, beide zu beherrschen. Probieren Sie daher beides aus:

1. Rechts oben in WordPad sehen Sie drei Symbole. Mit einem Klick auf das **X** (1) rechts außen wird WordPad sofort geschlossen, und der blaue Windows-Desktop erscheint. Was die anderen Symbole bedeuten? Neugierige schlagen das ab Seite 60 nach.

2. So, jetzt bitte nochmals WordPad aus dem Startmenü starten, damit wir Methode 2 anwenden können. Dieses Mal klicken Sie links einmal in das **Datei**-Menü (2) und wählen mit einem weiteren Klick **Beenden** (3). Auch damit beendet man WordPad und nach dem gleichen Prinzip alle anderen Programme am Computer.

Das Programmfenster im Griff

Wir haben gerade das erste Programm bzw. die erste App geöffnet und geschlossen. Beide Begriffe werden mittlerweile unter Windows 10 gleichbedeutend verwendet.

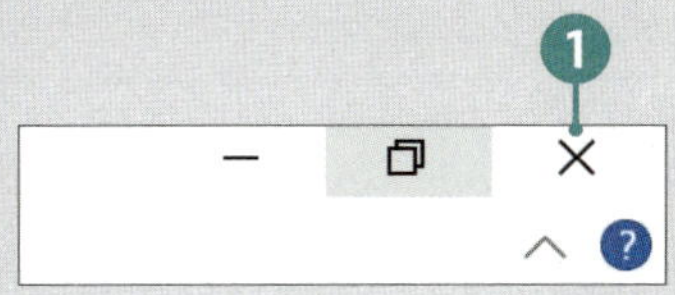

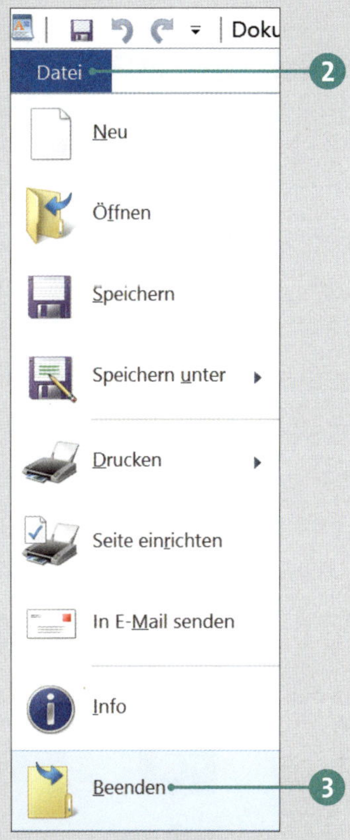

MERKE

Über das **Datei**-Menü und den Befehl **Beenden** oder mithilfe des **X**-Symbols rechts oben beenden Sie in Windows jedes Programm oder schließen jedes Programmfenster.

App oder Programm – worin liegt eigentlich der Unterschied?

App und Programm bezeichnen im Grunde dasselbe. Davon unterschieden wird aber eine klassische Windows-Anwendung, wie etwa *Microsoft Word*, die Sie nachträglich auf Ihrem Computer installieren, nicht aber über den sog. *Windows Store* (siehe auch den Abschnitt »Eine kostenlose App aus dem Windows Store installieren« ab Seite 302) beziehen können. Im Unterschied zur App ist diese Anwendung (verwirrenderweise auch Programm genannt) nicht primär für die Bedienung auf einem Touchscreen gedacht.

Jedes Programmfenster besitzt die gleichen Bedienelemente, um es zu vergrößern, zu verkleinern, zu schließen oder in der Größe anzupassen. Dieses Wissen ist im täglichen Arbeiten mit Windows 10 einfach notwendig. Ein wenig »Trockenschwimmkurs« sozusagen ...

Die erste Lektion: Programmfenster minimieren, verkleinern bzw. maximieren und schließen:

1. Starten Sie die WordPad-App über das Startmenü – wie das funktioniert, wissen Sie ja bereits.

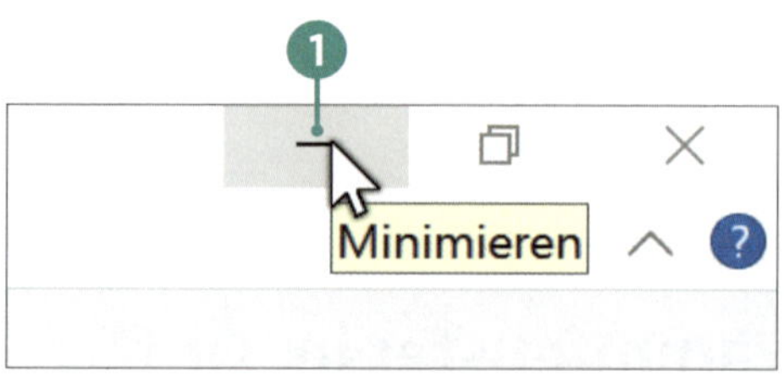

2. Rechts oben im Programmfenster sehen Sie drei Symbole. Klicken Sie mit der linken Maustaste auf das Symbol mit dem Strich 1 – und schon verschwindet WordPad vom Bildschirm (bzw., genauer gesagt, vom Desktop). Dieses

Symbol steht für die Funktion **Minimieren**. Es ist allerdings nicht komplett beendet worden, sondern nur in der Taskleiste vorübergehend »geparkt« 2. Der blaue Strich unter dem Symbol zeigt zudem an, dass das Programm im Hintergrund geöffnet ist.

3. Klicken Sie jetzt auf das WordPad-Symbol in der Taskleiste, wird das Programm wieder vergrößert am Bildschirm dargestellt.

4. Das nächste Symbol in der kleinen Leiste rechts oben hat eine Doppelfunktion. Nimmt Ihr Programmfenster den kompletten Bildschirm ein, sehen Sie das Symbol für die sog. **Verkleinern**-Funktion 3.

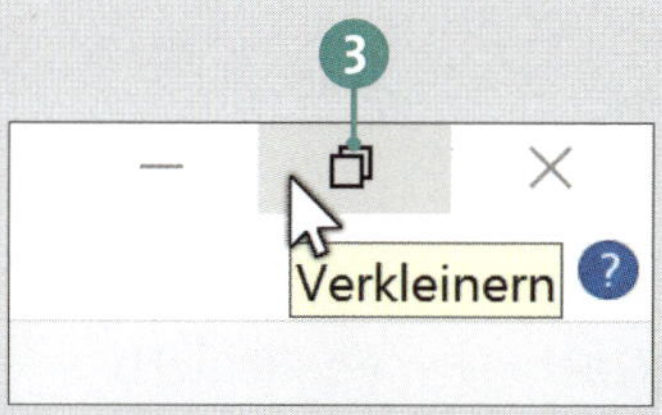

Vor dem Verkleinern

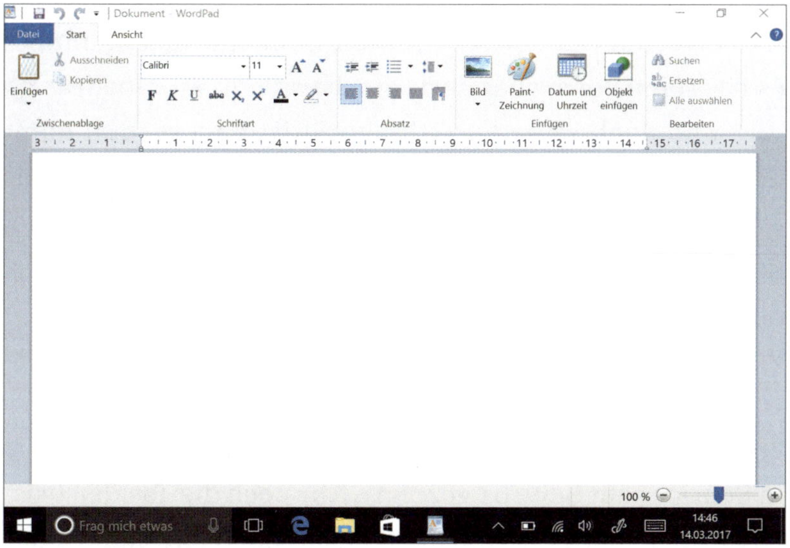

ACHTUNG!

Sollte das Symbol bei Ihnen anders aussehen, schauen Sie bitte bei Schritt 6 auf Seite 62 weiter!

5. Fahren Sie mit dem Mauszeiger auf dieses Symbol, und klicken Sie mit der linken Maustaste darauf. WordPad ist nun auf Ihrem Bildschirm deutlich kleiner dargestellt und gibt den Blick auf den Windows-Desktop dahinter frei. Diesen Vorgang nennt man *Verkleinern des Programmfensters*.

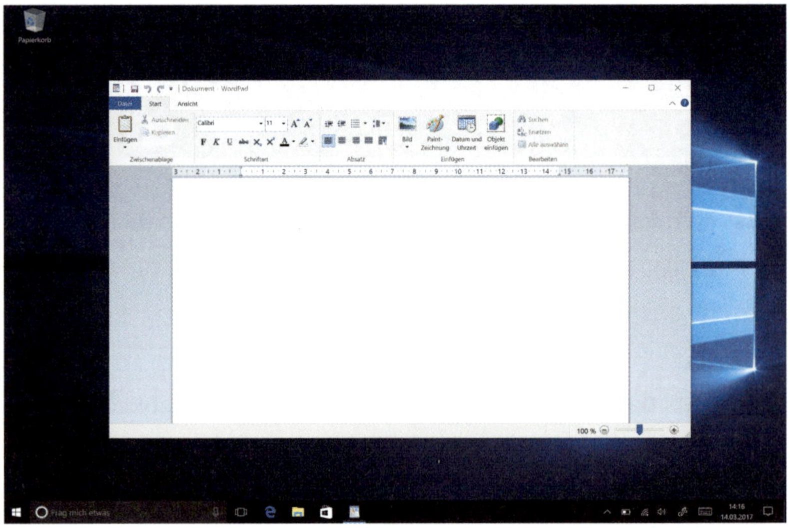

Nach dem Verkleinern

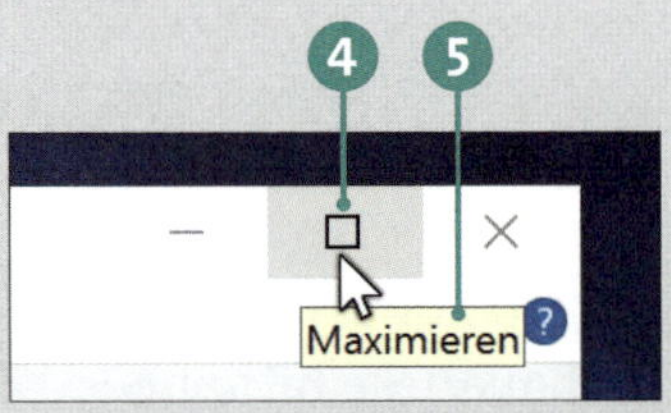

MERKE

Wenn Sie nicht wissen, welche Funktion sich hinter einem Symbol oder einer Schaltfläche verbirgt, parken Sie den Mauszeiger darauf, und es wird direkt ein kleiner Hinweis, der sog. *Tooltip*, angezeigt.

6. Werfen Sie einen erneuten Blick auf das Symbol – es hat seine Form geändert, erscheint nun als Quadrat 4 ☐, und auch seine Funktionalität ist anders, nun nämlich **Maximieren** – Sie erhalten den Hinweis 5 übrigens immer dann, wenn Sie den Mauszeiger auf dem Symbol kurz ohne Bewegung stehen lassen. Das nennt sich *Tooltip*, also übersetzt »Werkzeug-Hinweis«, und funktioniert in Windows mit fast jedem Symbol. Klicken Sie das **Maximieren**-Symbol nun an – das WordPad-Fenster nimmt dann wieder den kompletten Raum auf dem Bildschirm ein (wie in Schritt 4 auf Seite 61 gezeigt). Nur noch die Taskleiste ist zusätzlich zu sehen, und auch das Symbol hat sich wieder in **Verkleinern** verwandelt ⧉.

7. Die Schaltfläche ganz rechts außen am oberen Fensterrand haben wir vorhin schon kennengelernt. Das **X** schließt per linkem Mausklick das Programmfenster sofort. Probieren Sie es gerne nochmals aus. Fahren Sie mit der Maus auf das **X** 6, es wird rot eingefärbt, und per Klick wird WordPad komplett beendet und ist auch in der Taskleiste nicht mehr sichtbar.

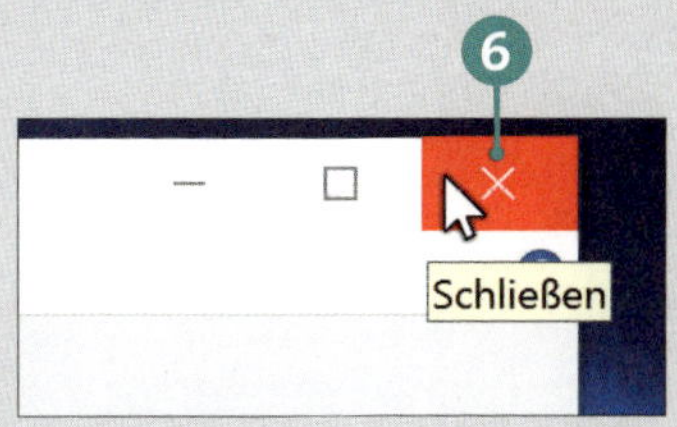

Zusätzlich ist es möglich, ein Programm auch ganz nach Wunsch in der Größe anzupassen. Das trainieren wir nun ebenfalls.

1. Starten Sie erneut das Programm WordPad aus dem Startmenü.

2. Sorgen Sie dafür, dass das Programm nicht den gesamten Bildschirm einnimmt, indem Sie ggf. auf das **Verkleinern**-Symbol ⧉ rechts oben klicken. Steht hier dieses Symbol ☐, sind Sie bereits startklar.

3. Bewegen Sie den Mauszeiger auf die kleine geriffelte Fläche 1 am unteren rechten Rand des Programmfensters von WordPad. Sie sehen, dass sich zusätzlich der Mauszeiger verändert 2. Er nimmt nun die Gestalt eines Doppelpfeils an.

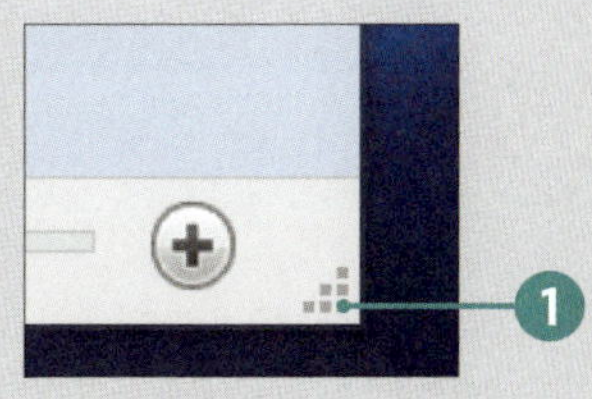

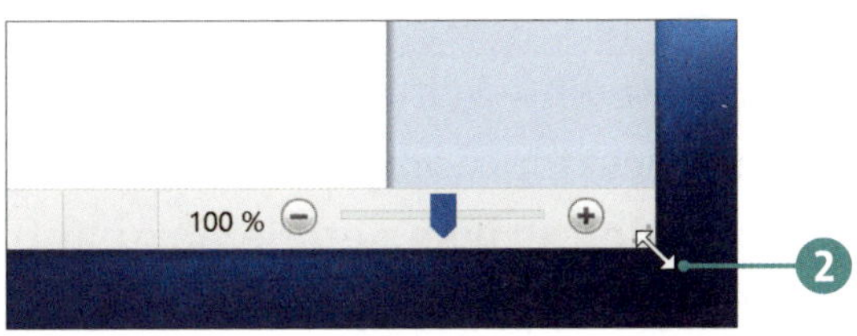

Hier müssen wir für Computermaus, Touchpad und Touchscreen unterschiedlich weitermachen.

4. **Mit der Maus:** Halten Sie die linke Maustaste gedrückt, und fahren Sie nach oben – das Fenster wird verkleinert. Lassen Sie dann die Maus los. Wiederholen Sie Schritt 3, und ziehen Sie nun aber mit gedrückter linker Maustaste nach unten – das Fenster wird wieder vergrößert.

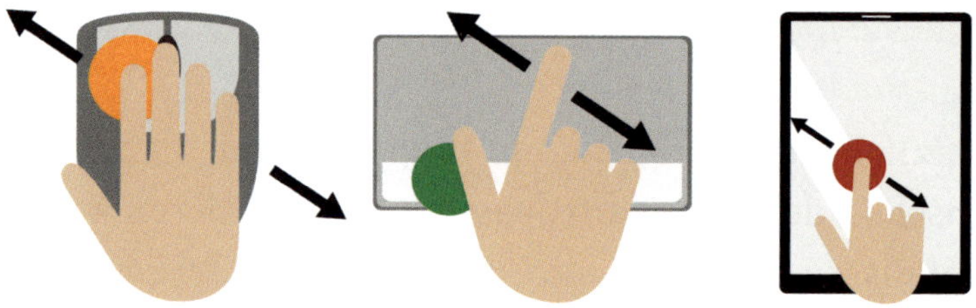

5. **Mit dem Touchpad:** Mit dem Zeigefinger den Mauszeiger auf die Riffelfläche (1 auf Seite 63) platzieren. Nun den Daumen auf der linken Touchpad-Taste gedrückt halten und dann mit dem Zeigefinger den Doppelpfeil (2 auf Seite 63) bewegen.

6. **Am Touchscreen:** Drücken Sie auf die Stelle mit dem Riffel (1 auf Seite 63) am WordPad-Fenster, und bewegen Sie den weiterhin gedrückten Zeigefinger hin und her, um die Fenstergröße zu ändern.

Cortana – das intelligente Eingabefeld

Neben der Startmenü-Schaltfläche  findet sich beim Notebook und Desktop-Computer ein großes Eingabefeld, das mit **Frag mich etwas** gerade dazu auffordert, eine Aktion zu starten.

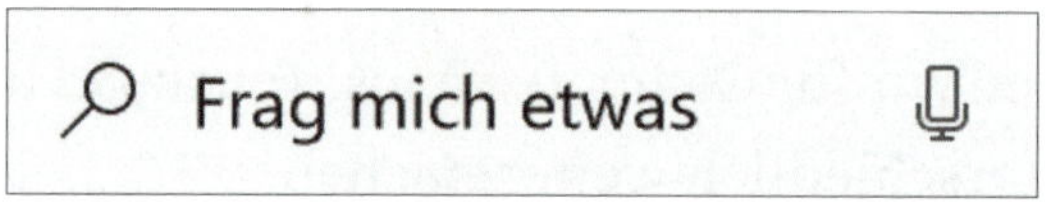

WAS TUN?

Am Tablet ist Cortana meistens nur als Kreissymbol zu sehen. Tippen Sie darauf, um das gleiche Eingabefeld wie am Desktop-Computer zu erhalten.

Doch wofür ist dieses Eingabefeld nun wirklich nützlich? Sie können damit:

- Programme starten
- Ihren Computer nach Dateien und Ordnern durchsuchen – hier durchsucht Cortana sogar den Inhalt vieler Dokumente
- nach dem Wetter fragen, Routen planen und vieles mehr, was über das Internet abrufbar ist

Im Verlauf des Buches zeigen wir Ihnen noch Cortana im Einsatz. Hier in diesem Kapitel beschränken wir uns darauf, mithilfe von Cortana ein Programm zu starten, denn das ist auch ohne Internetverbindung möglich. Wir versuchen das mit WordPad. Und so funktioniert das:

1. Klicken Sie mit der linken Maustaste in das Eingabefeld **1** – sofort wird Cortana aktiv, und es öffnet sich eine der folgend gezeigten Ansichten.

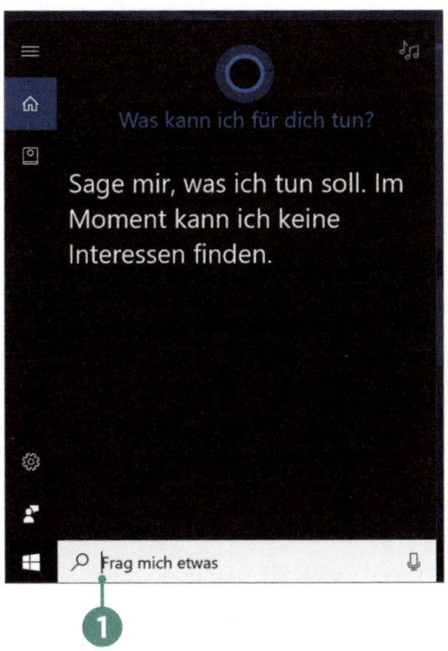

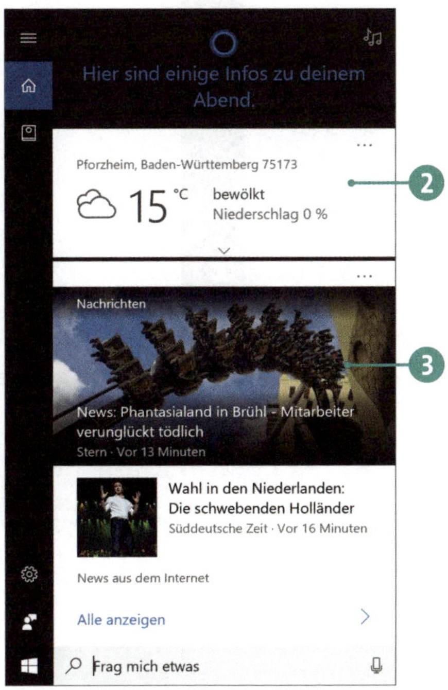

MERKE

Cortana ist mit Internetverbindung intelligenter – wie Sie eine Internetverbindung einrichten, zeigen wir ausführlich in Kapitel 4, »Das Internet entdecken«, ab Seite 111. Sowie die Internetverbindung steht, merkt das Cortana automatisch.

Links sehen Sie die Darstellung, wenn Sie noch keine aktive Internetverbindung haben. Rechts im Vergleich die Ansicht, wenn das Internet schon aktiv ist (siehe die Abbildung auf Seite 65). Hier sind Informationen zum Wetter 2 und Nachrichten 3 zu sehen, die sich Cortana online geladen hat. Zur weiteren Vorgehensweise ist es aber egal, wie sich Cortana gerade zeigt.

2. Tippen Sie nun mit der Tastatur den Begriff »wordpad« in das Eingabefeld 4 ein – Groß- oder Kleinschreibung, das ist Cortana gleichgültig. Sofort ändert sich der Bereich darüber, und tatsächlich wird das Programm WordPad als »Volltreffer« 5 präsentiert.

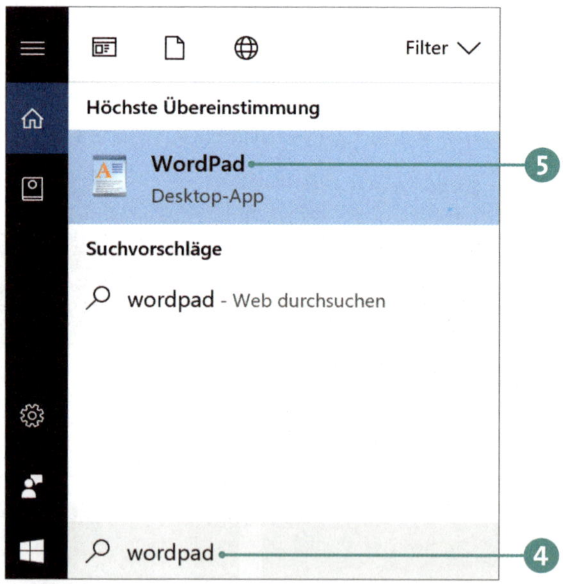

3. Klicken Sie auf den blau unterlegten Bereich mit **WordPad Desktop-App** 5, und schon wird das Programm gestartet.

Wenn Ihr Computer oder Tablet ein Mikrofon besitzt, können Sie Cortana auch ganz ohne Tastatur bedienen. Probieren wir es doch einfach noch einmal, WordPad per Sprache zu starten. Falls WordPad von der vorherigen Übung noch offen ist: Bitte schließen.

1. Klicken Sie auf das Mikrofonsymbol rechts im Cortana-Suchfeld .

2. Wie könnte es anders sein, natürlich muss man auch hier wieder zustimmen, dass Cortana Daten sammeln darf. Zudem ist der Hinweis mit **Ich kann dich viel besser verstehen …** ① komplett missverständlich – hier geht es keinesfalls darum, dass das Mikrofon falsch eingestellt ist, sondern darum, dass Microsoft Zugriff auf das Mikrofon braucht und Ihre Sprache analysieren will. Bestätigen Sie die Abfrage mit einem Klick auf **Sicher** ②.

MERKE

Mit Cortana kann man auch sprechen, vorausgesetzt, Sie haben ein Mikrofon angeschlossen. Das ist bei Notebooks und Tablets fast immer schon vorhanden, beim Desktop-Computer dann, wenn Sie eine Webcam haben.

3. Danach lauscht Cortana Ihrer Eingabe. Sprechen Sie nun deutlich »WordPad starten« – Sie sehen im Eingabefeld, dass Sie mit Ihrer Sprache eine kleine Grafik bewegen **3**. Das signalisiert – Mikrofon ist vorhanden, ich verstehe Sie.

Die Grafik zeigt an, dass Ihr Mikrofon aktiv ist.

Erscheint der folgende Bildschirm mit **Leider konnte ich nichts hören** **4**, dann hat Ihr Computer ggf. kein Mikrofon, oder es ist nicht richtig angeschlossen. Sie können in jedem Fall mit einem Klick auf **Tippe hier** **5** einen kleinen Hörtest mit Cortana starten.

4. Im Idealfall hat Cortana Sie aber verstanden und zeigt folgenden Bildschirm an:

Sollte Cortana etwas völlig falsch verstanden haben, können Sie die Aktion noch **Abbrechen** ⑥, ansonsten lehnen Sie sich zurück, und schon wird WordPad gestartet. Komfortabel, oder?

Jetzt fragen Sie sich sicherlich, ob man mit dem Sprachbefehl »WordPad beenden« die App auch einfach schließen kann. Das klappt leider nicht, Cortana stellt sich hier taub und zeigt bei diesem Befehl nur wieder WordPad an. Ja, auch wir finden das nicht sonderlich logisch.

ACHTUNG!

Cortana ist nicht in der Lage, Programme per Sprachbefehl zu schließen.

Die Taskleiste – Schnellstart und mehr

Die Taskleiste am unteren Ende Ihres Bildschirms hat noch weitaus mehr auf Lager als das Windows-Startmenü und die digitale Assistentin namens Cortana. Im Folgenden nochmals ein Überblick über alle Elemente:

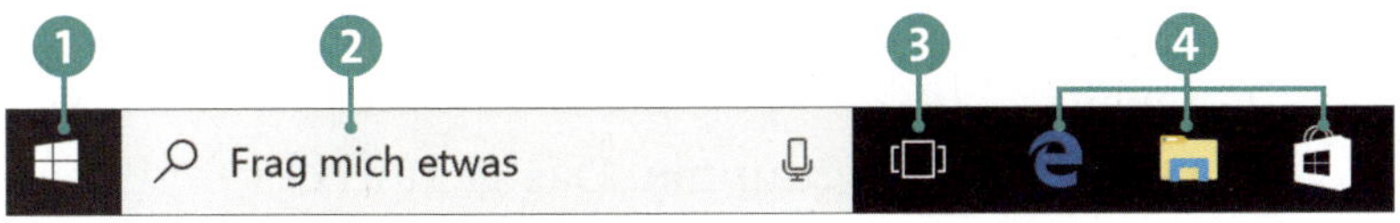

① Startmenü-Schaltfläche – die kennen Sie bereits, damit wird das Startmenü mit allen Programmen auf dem Computer geöffnet.

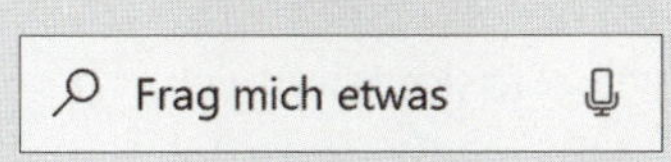

② Die freundliche Assistentin Cortana steht in diesem Abschnitt für Fragen aller Art parat. Was die Lady so alles kann, haben wir im vorigen Abschnitt schon gezeigt.

③ Die sog. *Taskansicht* zeigt per Klick sämtliche gerade geöffneten Programme oder Fenster im Kleinformat auf dem Desktop an. Das wird im folgenden Abschnitt trainiert.

❹ In diesem Bereich sind einige wichtige Programme zum direkten Start per linkem Mausklick abgelegt. Standardmäßig sind dies das Internetprogramm *Edge* ❺, der Dateimanager *Explorer* ❻ und natürlich das digitale Microsoft-Kaufhaus, der *Windows Store* ❼. Haben Sie beispielsweise WordPad gestartet, erscheint es ebenfalls in dieser Reihe ❽. Jedes geöffnete Fenster oder Programm wird der Übersicht halber dort nebeneinander angezeigt. Zur besseren Unterscheidung sind die geöffneten Programme aber mit einem blauen Streifen unterlegt:

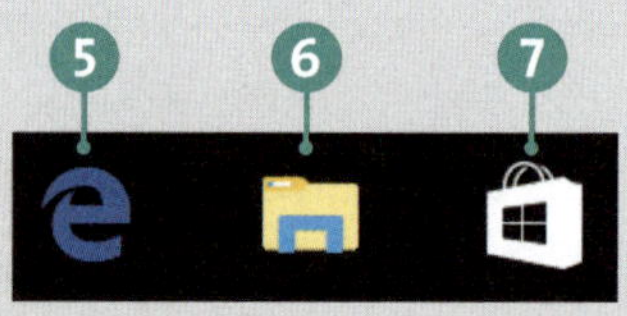

Mehrere Programme öffnen

Für die nächste Funktion in der Taskleiste brauchen wir mehrere geöffnete Programme. Das geht in der täglichen Arbeit mit Windows schneller, als man denkt. Und mit der *Taskansicht* behalten Sie den Überblick. So probieren Sie die Funktion aus:

MERKE

Die Taskansicht schafft Übersicht und erleichtert den Wechsel zwischen geöffneten Programmen.

1. Öffnen Sie WordPad, wie vorhin schon einige Male ausprobiert, über das Startmenü in der alphabetischen Sortierung links.

2. Scrollen Sie nun in der Liste aller Apps bis **R**, und wählen Sie per linkem Mausklick den **Rechner** aus. Es öffnet sich nun ein kleiner praktischer Taschenrechner ❶ (in Kapitel 10, »Nützliche Apps für viele Gelegenheiten«,

ab Seite 300 zeigen wir, wie er genau funktioniert). Jetzt haben wir schon zwei Programme geöffnet:

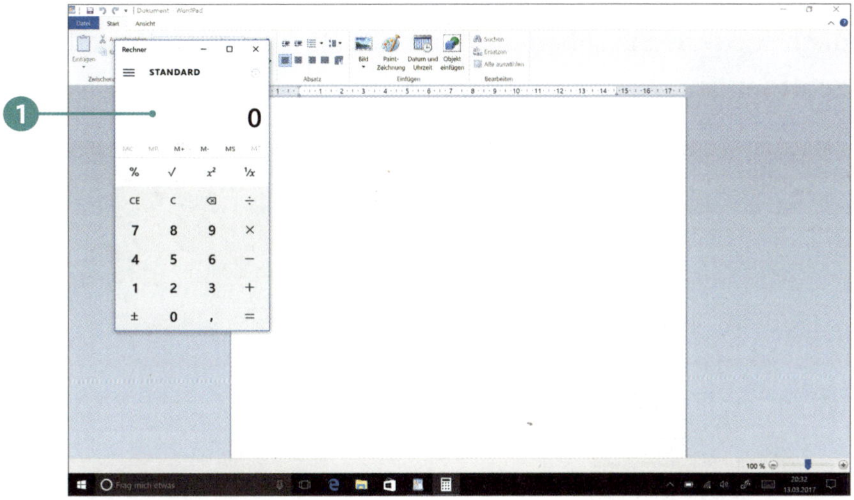

3. Öffnen Sie das Startmenü erneut, und scrollen Sie in der alphabetischen Liste wieder bis **W** und starten im **Windows-Zubehör** 2 das Programm **Paint** per linkem Mausklick 3. Sie sehen – so langsam wird es unübersichtlich:

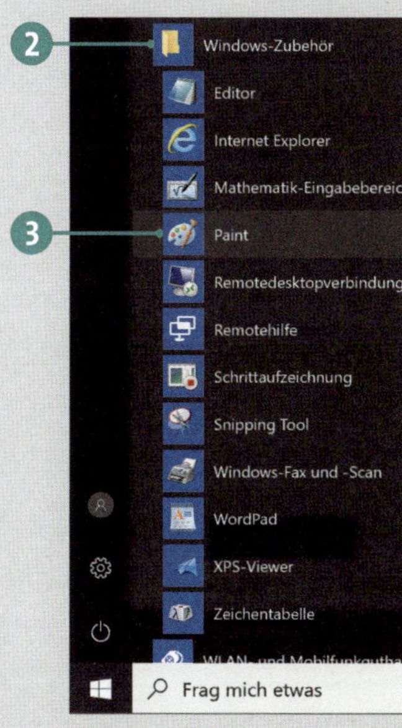

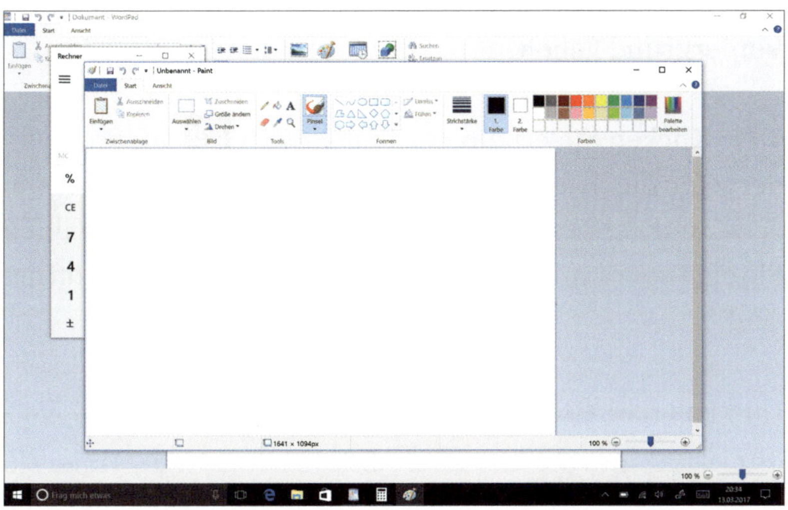

4. Jetzt kommt die Taskansicht ins Spiel. Klicken Sie das Symbol 4 in der Taskleiste an, und alle gerade geöffneten Programme oder Fenster werden hübsch der Reihe nach sortiert. Sie sehen auf einen Blick, was alles aktuell geöffnet ist.

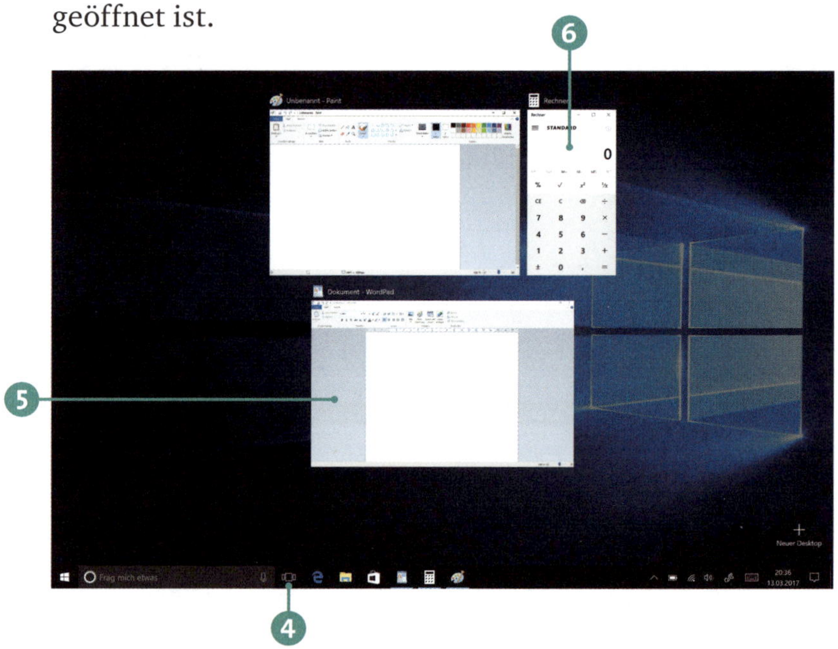

5. Klicken Sie nun auf eines der angezeigten Vorschaufenster, z. B. **WordPad** 5, wird dieses wieder groß in den Vordergrund geholt.

6. Klicken Sie erneut die Taskansicht an, und wiederholen Sie den Vorgang nochmals mit dem **Rechner** 6. Jetzt ist dieses Programm im Vordergrund. So fix wählen Sie ein Programm aus, wenn mehrere gleichzeitig geöffnet sind.

Und wie schließen Sie jetzt alle Programme wieder? Vorangehend haben wir zwei Verfahren kennengelernt. Die Taskansicht bietet nun eine dritte Möglichkeit:

1. Starten Sie nochmals die Taskansicht über das Symbol in der Taskleiste.

2. Fahren Sie mit der Maus auf die Miniaturansicht jener App, die Sie schließen möchten. Es erscheint nun in der Titelleiste des Programmfensters rechts ein **X**. Sobald Sie mit der Maus darauf fahren, erscheint es in Rot.

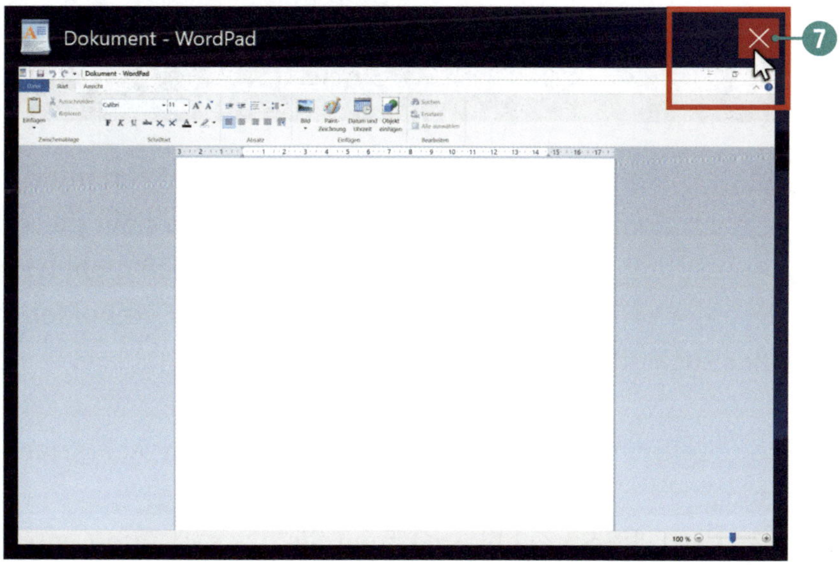

3. Ein Klick auf das rot markierte **X** (7) beendet das Programm direkt aus der Taskansicht heraus.

Wie beendet man die Taskansicht?

Um die Taskansicht zu beenden, müssen Sie zuvor nicht die Programme schließen. Um zur normalen »Unordnung« mit vielen geöffneten Programmfenstern zurückzukehren, betätigen Sie einfach erneut die Schaltfläche Taskansicht.

MERKE

Mit dem **X**-Symbol beenden Sie auch in der Taskansicht jedes geöffnete Fenster oder Programm.

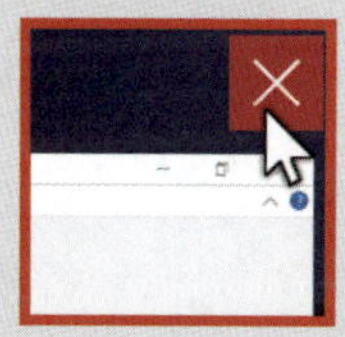

Der Infobereich – Wissenswertes in Kurzform

Am anderen Ende der Taskleiste, rechts, finden Sie den sog. *Infobereich*. Tatsächlich ist hier auf kleinstem Raum jede Menge Wissenswertes untergebracht.

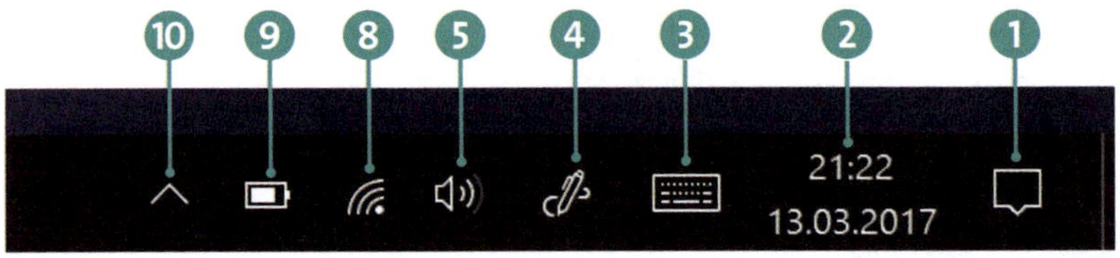

Hier wollen wir Ihnen die wichtigsten Symbole erläutern. Je nach Computer oder installierter Software sieht dieser Bereich immer etwas anders aus, lassen Sie sich nicht irritieren, wenn bei Ihnen das eine oder andere Symbol fehlt oder zusätzlich eingeblendet ist.

Wir beginnen hier ausnahmsweise einmal von rechts nach links:

1. Über die Sprechblase öffnen Sie das sog. *Info-Center*, das von Zeit zu Zeit neue Benachrichtigungen anzeigt. Neue E-Mails, Nachrichten und vieles mehr werden hier per linkem Mausklick eingeblendet. Mehr dazu ab Seite 76.

2. Datum und Uhrzeit sind hier untergebracht und zeigen, was die Stunde geschlagen hat. Ein Klick hierauf öffnet übrigens eine kleine Kalenderansicht und zeigt ggf. anstehende Termine an. Die Kalender-App selbst schauen wir uns im Abschnitt »Mit der Kalender-App keinen Termin mehr vergessen« ab Seite 282 im Detail an.

3. Bei einem Tablet oder Computer mit Touchscreen sehen Sie eine kleine Tastatur – damit lässt sich die

Bildschirmtastatur einblenden. Am Desktop-Computer ist das Symbol nicht verfügbar.

4 Ebenfalls den Anwendern mit einem Touchscreen vorbehalten ist das Stiftsymbol für *Windows Ink* – hier können handschriftliche Notizen erstellt und verwaltet werden.

5 Das Lautsprechersymbol offenbart per Klick einen Schieberegler 6, um die Lautstärke von Signaltönen und Audio am Computer zu regeln. Mit einem Klick auf das Lautsprechersymbol hier 7 können Sie den Ton am Computer ganz aus- und wieder anschalten.

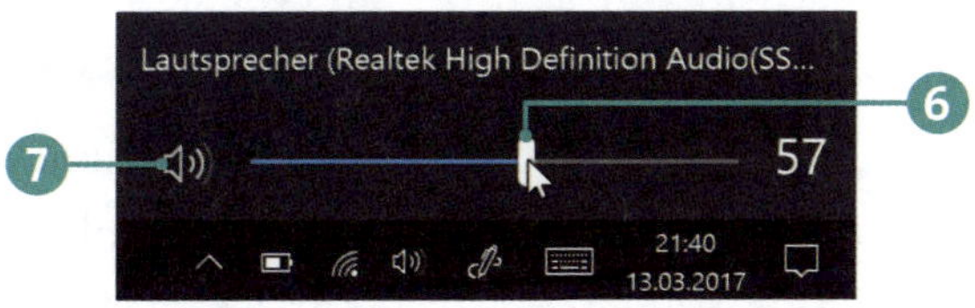

8 Ist drahtloses Internet aktiviert, das *WLAN*, dann wird dies mit diesem Symbol angezeigt.

9 Bei Computern mit Akku wird der Ladezustand mit dem Batteriesymbol angezeigt. Per Klick auf dieses Symbol erfahren Sie weitere Details dazu.

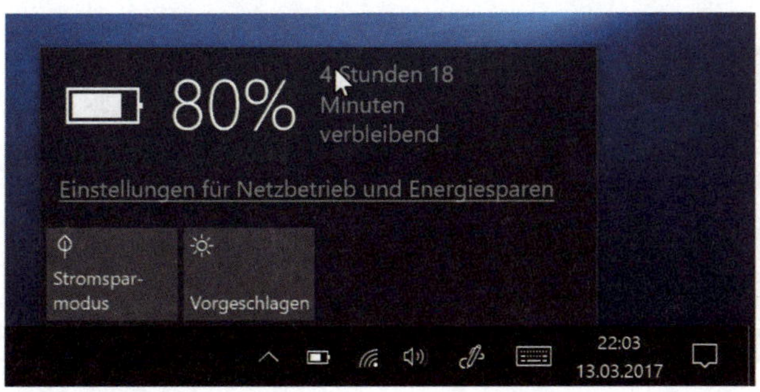

10 Weitere Infosymbole verstecken sich unter dem Dreieck. Auch hier offenbart ein Klick darauf weitere Symbole, die nicht mehr in diesen Bereich gepasst haben.

Mit dem Pfeil blenden Sie weitere Symbole im Infobereich ein.

Das Info-Center

Ganz rechts außen in der Taskleiste finden Sie ein kleines Symbol, das wie eine Sprechblase aussieht. Dies ist das *Info-Center* und hat primär tatsächlich die Aufgabe, über verschiedenste Dinge zu informieren – beispielsweise über eine neue Programminstallation. Aber auch ungelesene Mail-Nachrichten landen hier. Zusätzlich hält dieser Bereich von Windows noch einige »Schnelleinstellungen« parat, die man immer wieder benötigt und sonst nur über Umwege erreicht. Per linkem Mausklick öffnet sich dieser Bereich. Touchscreen-Anwender streichen mit dem Finger von rechts außen in den Bildschirm hinein, um das Info-Center einzublenden.

MERKE

Das Info-Center liefert aktuelle Informationen rund um Ihren Computer und hält jede Menge zusätzlicher Einstellungen parat.

Mails werden aber nur dann angezeigt, wenn Sie mit einem Microsoft-Konto angemeldet sind.

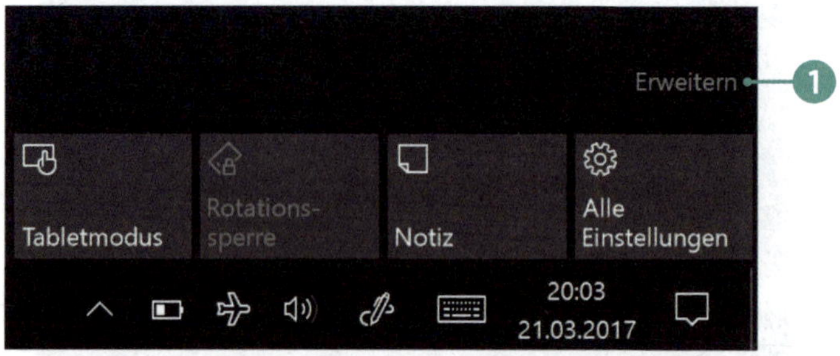

MERKE

Viele der gezeigten Schaltflächen halten weitere Einstellungsmöglichkeiten parat. Diese erreichen Sie über einen rechten Mausklick auf das jeweilige Symbol und die Auswahl von **Zu Einstellungen wechseln**.

Im unteren Bereich des Info-Centers sind einige Schaltflächen mit häufig benötigten Funktionen untergebracht. Diese wollen wir in Kurzform vorstellen. Mit einem Mausklick auf **Erweitern** (1) sehen Sie alle auf Ihrem Gerät zur Verfügung stehenden Symbole.

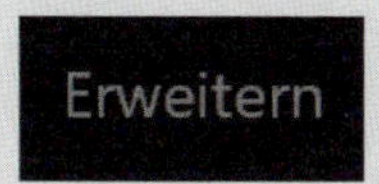

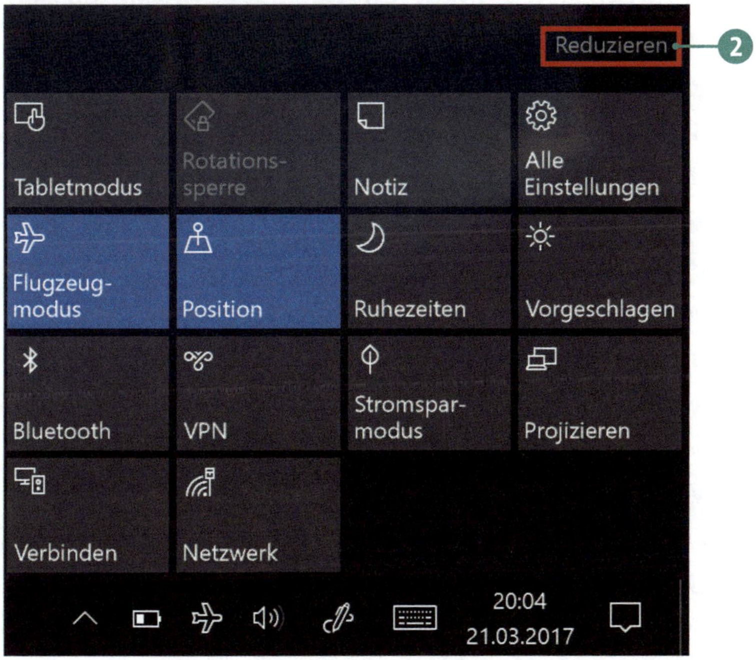

Die erweiterte Ansicht schalten Sie mit einem Klick auf Reduzieren wieder aus.

- **Tabletmodus**: Hier schalten Sie auf den Modus um, der mit größeren Symbolen und Vollbildansicht speziell für Tablets gedacht ist.
- **Rotationssperre**: Diese ist nur bei Tablets verfügbar und verhindert, dass sich beim Drehen des Tablets auch der Inhalt mitdreht.
- **Notiz**: Öffnet das Notizenprogramm *OneNote*, wo Sie statt Zettelwirtschaft Ihre Notizen digital verwalten.
- **Alle Einstellungen**: Doppelt hält besser – diese Schaltfläche führt zu den Windows-Einstellungen – ganz wie das Zahnradsymbol in der Schnellstartleiste im Startmenü links.
- **Flugzeugmodus**: Sehr praktisch auf Reisen im Flugzeug – ein Klick auf diese Schaltfläche deaktiviert alle Funkverbindungen Ihres Computers auf einen Klick. Ein weiterer Klick stellt alles wieder her.

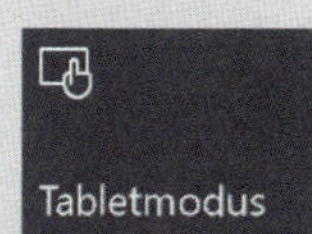

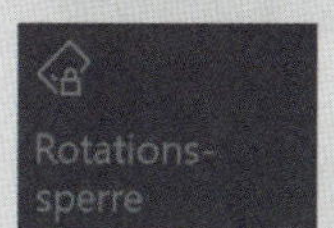

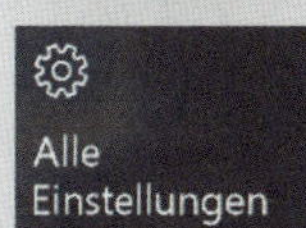

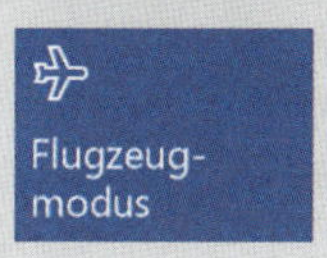

- **Position**: Ist diese Schaltfläche blau markiert, dann darf Windows wissen, wo Sie sich gerade befinden. Diese Funktion wird dazu genutzt, um z. B. den passenden Wetterbericht anzuzeigen.
- **Ruhezeiten**: Einmal aktiviert, wird Windows keinerlei Signaltöne von sich geben oder melden, wenn eine neue Mail gekommen ist.
- **Helligkeit**: Per Klick auf diese Fläche stellen Sie den Bildschirm heller, dunkler oder lassen es einfach auf der vorgeschlagenen Stufe **Vorgeschlagen**.
- **Bluetooth**: Ist ein Bluetooth-Gerät angeschlossen (das kann z. B. eine Funkmaus, Funktastatur oder auch ein Mobiltelefon sein), wird das hier angezeigt.
- **VPN**: Das vergessen Sie ganz schnell wieder, diese gesicherte Netzwerkverbindung ist nur für Profis interessant.
- Der **Stromsparmodus** ist für Tablets und Notebooks mit schwachem Akku interessant. Ist der Akku fast leer, schaltet Windows diesen Modus automatisch ein, um das Gerät noch möglichst lange munter zu halten.
- **Projizieren**: Die meisten Computer, Notebooks und Tablets können ihr Bild zusätzlich auf einen zweiten Bildschirm oder sogar Beamer übertragen, beispielsweise für die Präsentation Ihrer Urlaubsfotos. Wollen Sie so ein Gerät anschließen, bestimmen Sie über diese Schaltfläche, wie das Bild übertragen werden soll.
- **Verbinden**: Mit Windows kompatible Geräte wie drahtlose Lautsprecher können über diese Funktion verbunden werden. Die Auswahl solcher Geräte ist aber gering, zumeist klappt das über **Bluetooth** (siehe dort).
- **Netzwerk**: Das identische Symbol finden Sie auch schon in der Taskleiste. Hier geht es darum, das drahtlose Internet zu verbinden oder zu trennen. Mehr dazu in Kapitel 4, »Das Internet entdecken«, ab Seite 111.

KAPITEL 3

Mit Windows 10 einen Brief schreiben und Dokumente gestalten

Wer erinnert sich nicht an die Zeiten, in denen man handgeschriebene Texte mühevoll in die Schreibmaschine tippen musste. Das waren Prozesse, die viel Zeit und vor allem viele Nerven kosteten. Windows 10 bietet mit der App *WordPad* ein einfach gestaltetes und funktionales Textverarbeitungsprogramm, quasi die computerisierte Schreibmaschine mit einigen Korrektur- und Formatierungsmöglichkeiten. WordPad ist denkbar einfach gestaltet und logisch aufgebaut, ideal für das Verfassen von Briefen und Texten für den täglichen Bedarf. In diesem Kapitel zeigen wir Ihnen die Grundlagen der sog. *Textverarbeitung* – Wissen, das Sie dann auch direkt für andere Apps verwenden können. Sie werden WordPad als täglichen Begleiter für Ihre Korrespondenz bald nicht mehr missen wollen.

Das Tippen am Computer nennt man Textverarbeitung. Windows 10 hat dafür die App WordPad an Bord.

So starten Sie die App WordPad

Nach dem Hochfahren des Computers und Ihrer Anmeldung kann es auch schon gleich losgehen. Und alle, die das vorige Kapitel durchgearbeitet haben, kennen die folgenden Schritte sicher schon auswendig:

W

Windows-Zubehör

WordPad

1. Öffnen Sie durch einen Klick auf das Windows-Logo unten links das Startmenü. Links sehen Sie eine Liste aller verfügbaren Apps, alphabetisch sortiert.

2. Schieben Sie die Bildlaufleiste (auch *Scrollbalken* genannt) auf der rechten Seite 1 mit der Maus herunter bis zum Buchstaben **W** 2 und zu **Windows-Zubehör** 3, und klicken Sie dieses an.

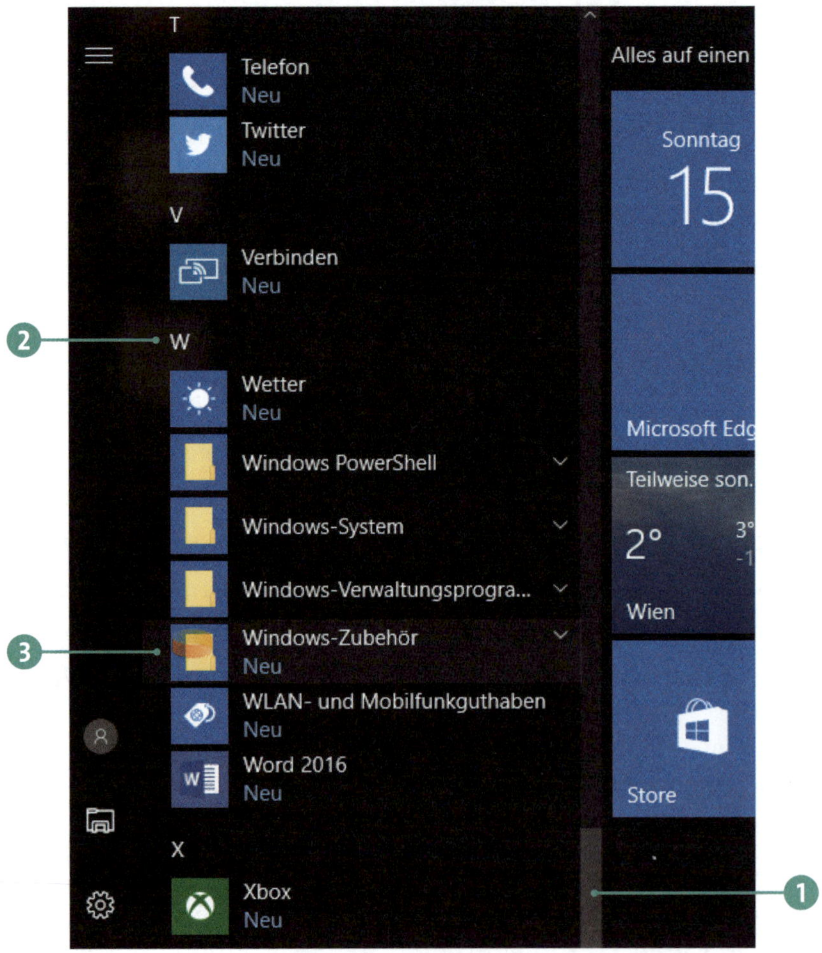

3. In der aufklappenden Liste gehen Sie in gleicher Weise bis zur App **WordPad** (4), die Sie mit einem einfachen Mausklick aktivieren – und schon ist Ihre »Computer-Schreibmaschine« aktiviert und steht für Ihre Texte bereit.

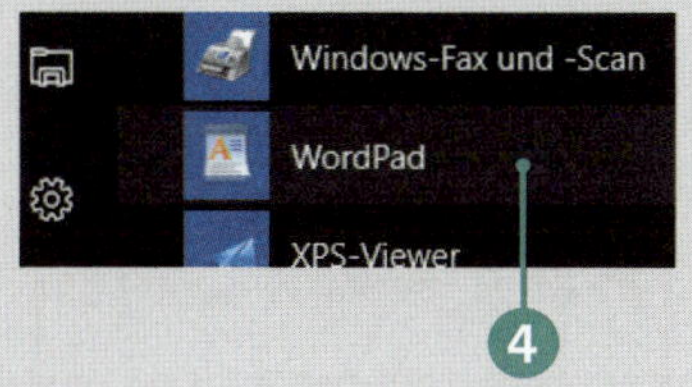

Funktionen in WordPad – ein Überblick

Das nun geöffnete Programm zeigt sich in Form von verschiedenen Bereichen: Ganz oben sehen Sie die *Symbolleiste für den Schnellzugriff* (1). Im Bereich unmittelbar darunter befinden sich die Registerkarten **Datei**, **Start** und **Ansicht** (2). Der dritte Bereich ist das sog. *Menüband* (3), mit dessen Hilfe Sie Ihren Text formatieren können. Unterhalb des Zeilenlineals (4) finden Sie das eigentliche Textfeld (5), in das Sie Ihre Texte schreiben.

ACHTUNG!

Je nachdem, welches der Register (Datei, Start oder Ansicht) ausgewählt ist, finden Sie im Menüband unterschiedliche Schaltflächen vor.

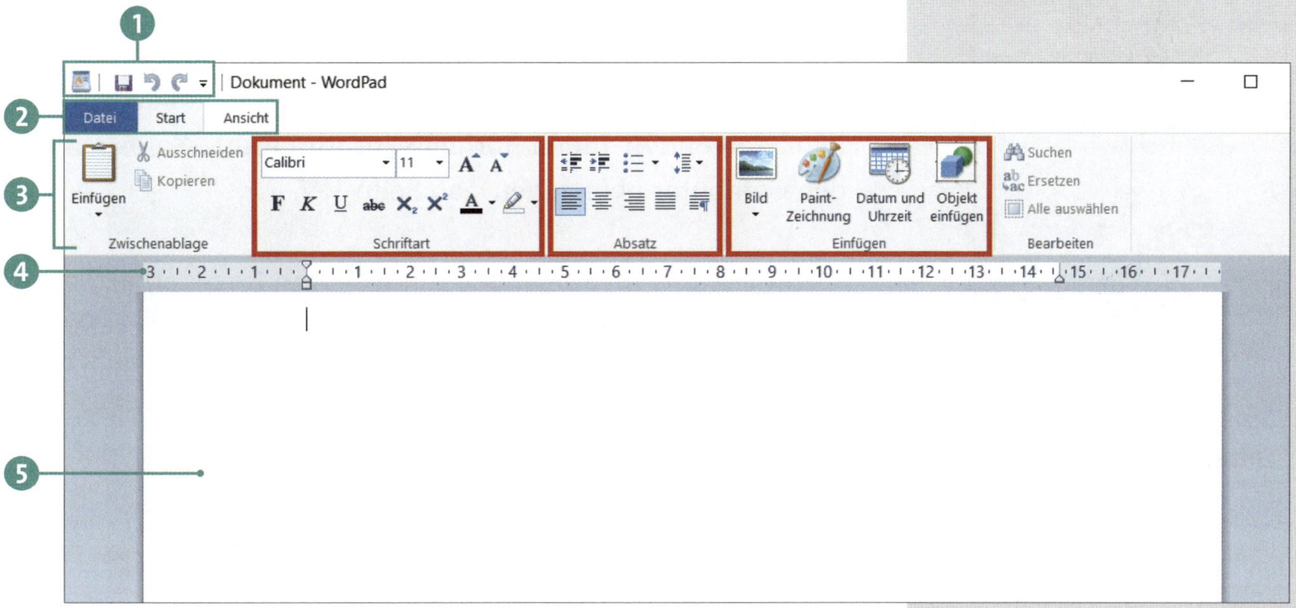

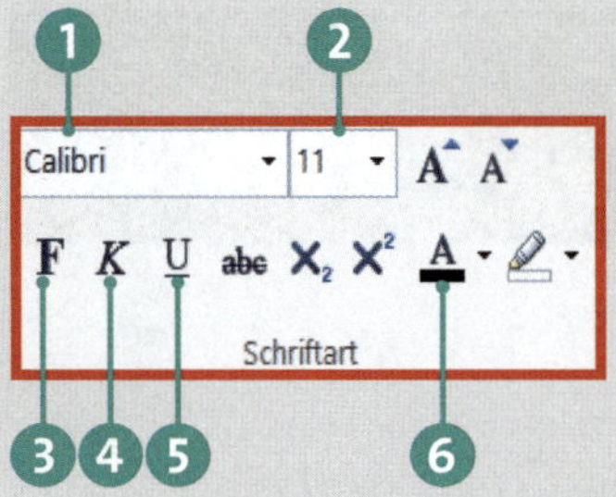

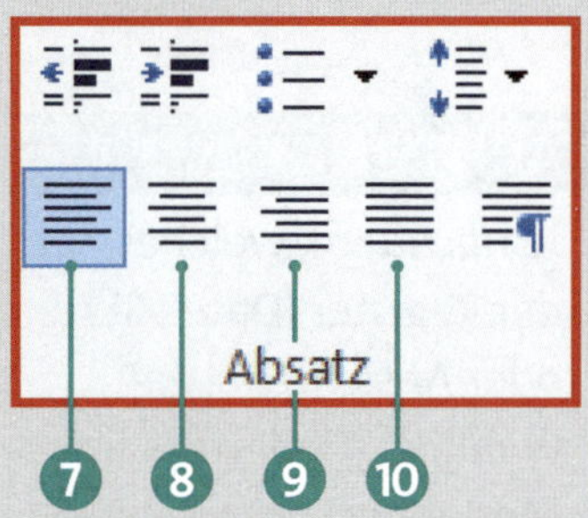

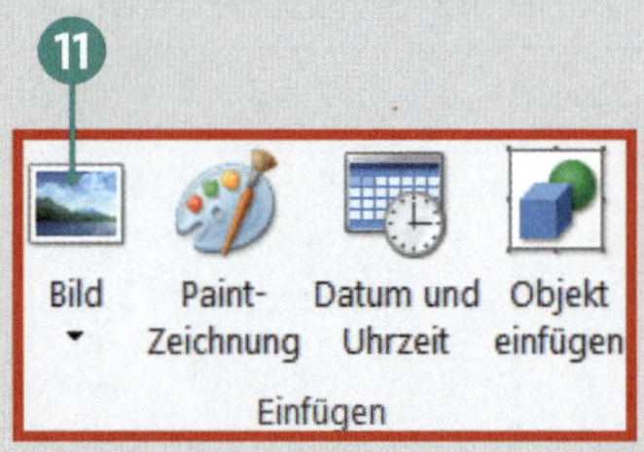

Sehen wir uns zunächst das Menüband unter dem Register **Start** an: Hier sind all jene Funktionen untergebracht, die Sie für die Formatierung, also die Darstellung Ihres Textes, benötigen. Denn im Gegensatz zur Schreibmaschine hat man am Computer jede Menge Gestaltungsmöglichkeiten. Die wichtigsten im Bereich **Schriftart** sind: Schriftart ❶, Schriftgröße ❷, die Formatierungsmöglichkeiten Fett ❸, Kursiv ❹ und Unterstrichen ❺ sowie die Schriftfarbe ❻.

Der Bereich **Absatz** daneben betrifft alle Formatierungsmöglichkeiten hinsichtlich der Textausrichtung. Die wichtigsten Formatierungsmöglichkeiten sind dabei: linksbündige Ausrichtung ❼, zentrierte Ausrichtung ❽, rechtsbündige Ausrichtung ❾ und Blocksatz ❿.

Im Bereich **Einfügen** ist der Punkt **Bild** ⓫ für unsere Zwecke wichtig. Damit können Sie beispielsweise ein Foto oder eine Grafik aus Ihrem Bildarchiv auswählen und Ihrem Text beifügen. Wie Sie Ihre Fotos auf den Computer bekommen, zeigen wir Ihnen übrigens im Abschnitt »Fotos auf den Computer übertragen«, ab Seite 177.

MERKE

Im Register **Datei** finden Sie u. a. die Befehle **Speichern**, **Speichern unter** und **Drucken**.

Wenn wir uns im Folgenden die weiteren Registerkarten neben dem Register **Start** ansehen, so fällt zunächst der Bereich **Datei** auf, der blau hervorgehoben ist. Mit einem Klick auf **Datei** entscheiden Sie u. a., was mit Ihrem Textdokument geschehen soll: Soll es gespeichert und soll es auch gedruckt werden?

Datei → Öffnen

für bereits gespeicherte Textdokumente

Über **Datei ▸ Öffnen** ❶ greifen Sie auf bereits gespeicherte Textdokumente zurück und können diese wieder öffnen, um sie zu ergänzen oder zu ändern.

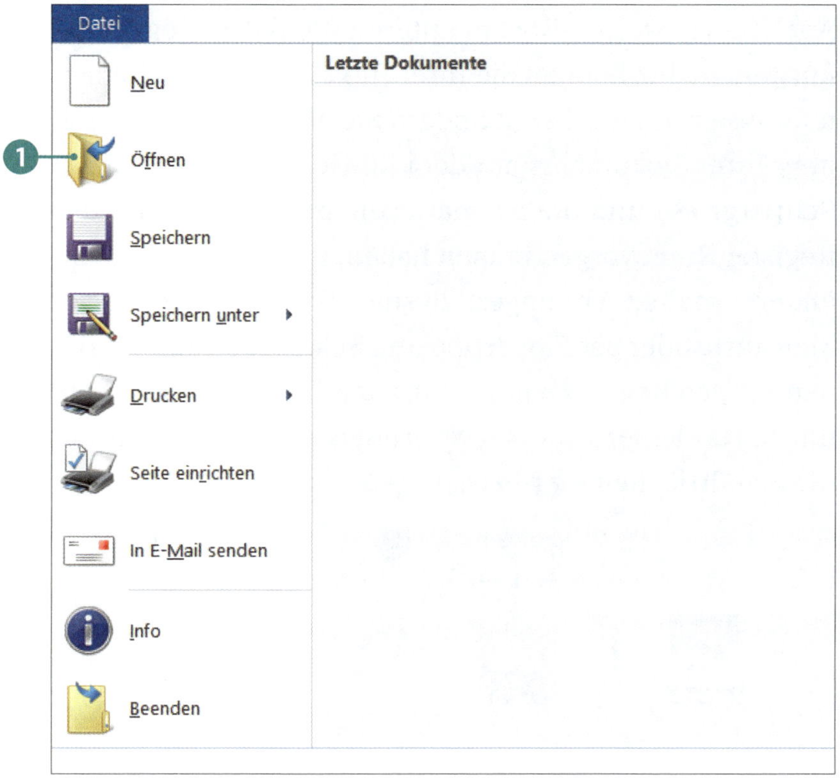

Schließlich finden Sie im Menüband noch das Register **Ansicht**. Darüber können Sie steuern, wie groß (**Vergrößern** 2) oder klein (**Verkleinern** 3) die Programmansicht sein soll (sog. *Zoom*), oder auch das Zeilenlineal mit einem Klick auf das Kontrollkästchen vor **Lineal** 4 ein- bzw. ausblenden.

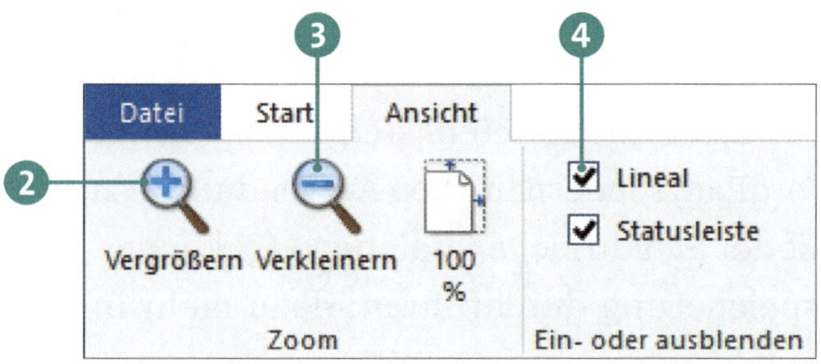

Im Register **Ansicht** zoomen (vergrößern bzw. verkleinern) Sie das Textfeld.

Zeilenlineal einblenden: Kontrollkästchen vor **Lineal** aktivieren

Mit dem Zoom-Schieberegler in der Statusleiste können Sie die Dokumentengröße auf Ihrem Bildschirm ebenfalls verändern.

Auch in der *Statusleiste* am unteren Rand des Programmfensters rechts können Sie Ihren Text bzw. die Dokumentengröße zoomen. Damit ändern Sie aber nur die Darstellung Ihres Dokuments auf dem Bildschirm; die gewählte Schriftgröße und die Formatierungen, die Sie über das Register **Start** vorgenommen haben, bleiben dabei unverändert erhalten. Voreingestellt sind 100 %; mit gedrückter Maustaste oder per Fingertipp und Schiebebewegung können Sie den Regler (1) nach links bzw. rechts verschieben, um zu verkleinern oder zu vergrößern, oder alternativ auf die Schaltflächen – (2) bzw. + (3) klicken.

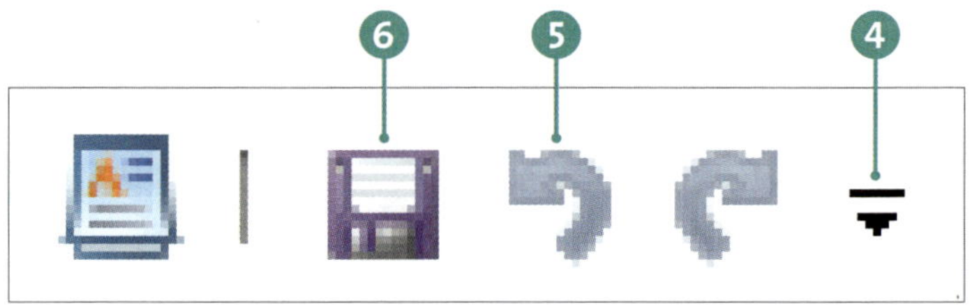

Mit der Schaltfläche ↶ oder der Tastenkombination Strg + Z machen Sie unerwünschte Eingaben und Formatierungen gleich wieder rückgängig.

Die *Symbolleiste für den Schnellzugriff*, die mithilfe des Pfeilsymbols (4) individuell bestückt werden kann, beinhaltet u. a. die Schaltfläche **Rückgängig** (5), mit der Sie eine Eingabe oder einen Befehl zurücknehmen können. Diese Funktion ist ein wahrer Segen, der Ihnen so manchen Ärger ersparen kann. Dasselbe erreichen Sie auch über eine sog. Tastenkombination, bei der Sie die Tasten Strg + Z nacheinander betätigen, die zuerst gedrückte Taste aber nicht loslassen, sondern weiterhin gedrückt halten. Dieser hilfreiche Tastenbefehl steht Ihnen übrigens nicht nur in WordPad, sondern in allen Anwendungen zur Verfügung. Mit der Schaltfläche **Speichern** (6) können Sie eine Schnellspeicherung durchführen; dazu mehr im Kasten »Schnellspeicherung« auf Seite 97.

Einen Text in WordPad eingeben

Nachdem Sie nun mit den wichtigsten Elementen und Funktionen von WordPad vertraut sind, gehen wir zum praktischen Teil über und gestalten gemeinsam einen Brief. Ein Brief eignet sich hervorragend als Übungsbeispiel, weil er immer gleich aufgebaut ist und einige Gestaltungselemente wie etwa das rechtsbündige Datum aufweist, das Sie sicher oftmals brauchen können. Außerdem können wir in dem Brief auch gleich einige Formatierungsübungen durchführen wie das Kursivstellen, Fettsetzen oder Unterstreichen von Worten, Sätzen oder ganzen Absätzen.

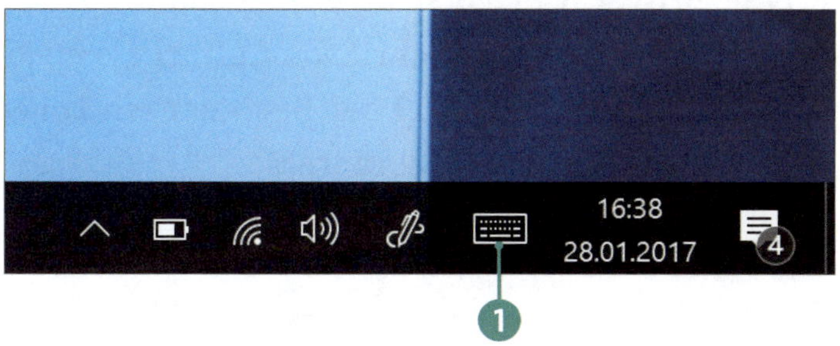

Zunächst geben wir gemeinsam den Text über die Tastatur ein. Als Orientierungspunkt dient immer die stets blinkende Einfügemarke, der sog. *Cursor* |. Er zeigt Ihnen an, an welcher Stelle im Text Sie sich gerade befinden. Das ist wirklich nur ein »Strich in der Landschaft«. Bevor wir mit der Texteingabe beginnen, verlieren wir noch einige Worte über Schriftart und Schriftgröße: Wie Sie bereits erkannt haben, bietet WordPad eine große Bandbreite an Schriften an. Wenn Sie im Menüband den Pfeil neben **Calibri** (2 auf Seite 86) mit der Maus einmal drücken, öffnet sich ein Auswahlmenü, das sämtliche Schriften, die die App bietet, zeigt 3.

WAS TUN?

Ihnen fehlt am Tablet die Bildschirmtastatur? Diese müssen Sie ggf. in der Taskleiste am unteren Bildschirmrand durch einen Fingertipp auf das Tastatursymbol 1 einblenden.

Der Cursor | markiert die Schreibposition im Text. Er ist wirklich hauchdünn dargestellt – zeigt aber genau an, wo Sie sich gerade befinden.

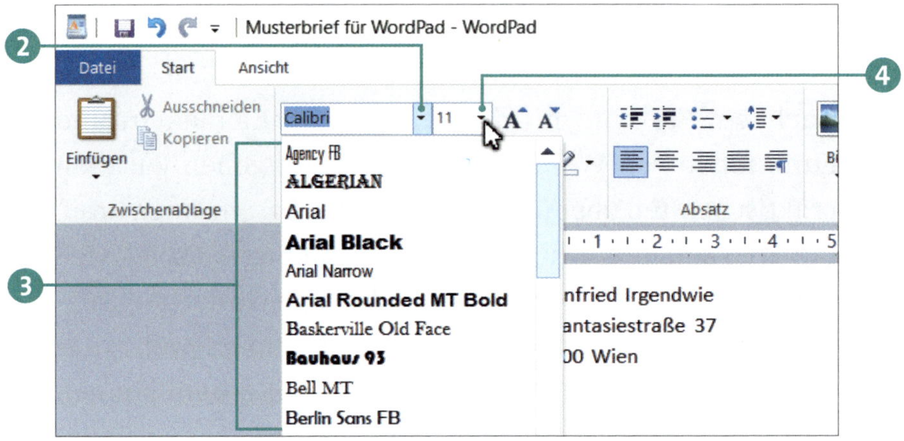

Neben dem Auswahlmenü zur Schriftart sehen Sie das Feld zur Festlegung der Schriftgröße, die automatisch mit **11** 4 festgelegt ist. Unser Vorschlag: Sie behalten zunächst sowohl die voreingestellte Schriftart **Calibri** als auch die voreingestellte Schriftgröße **11** bei. Beginnen wir zunächst mit der Eingabe Ihrer Absenderadresse:

Calibri und 11 Punkt sind perfekt für Ihren Brief.

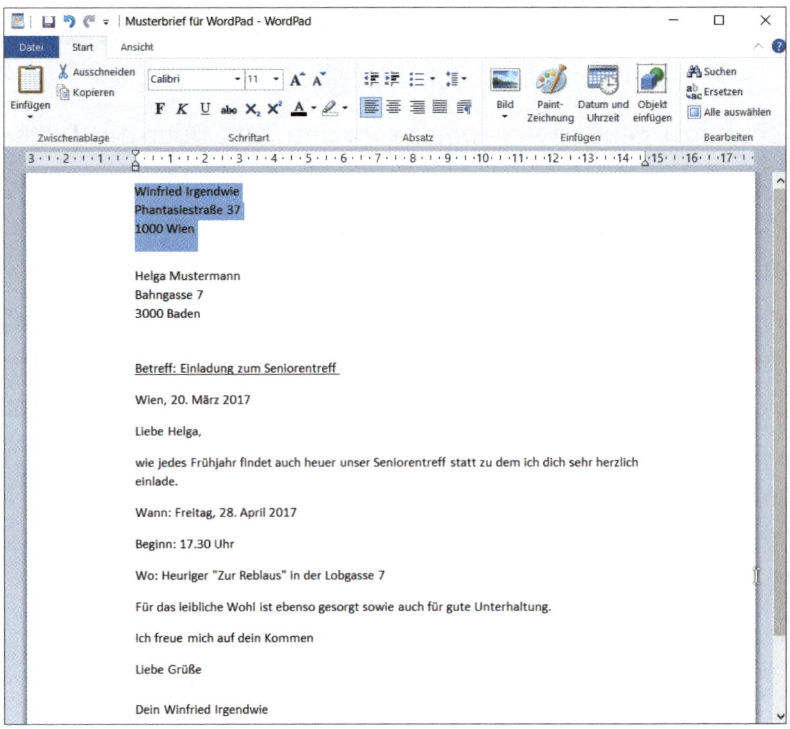

1. Klicken Sie in den Eingabebereich von WordPad, und geben Sie Ihren Namen ein. Um einen Buchstaben großzuschreiben, drücken Sie auf die Umschalt-Taste (auch *Shift-Taste* genannt) [⇧] und tippen bei gedrückter Shift-Taste den gewünschten Buchstaben, der dann groß erscheinen sollte. *Shift* heißt übrigens nichts anderes als »Bewegung« – früher auf der Schreibmaschine wurde zum Großschreiben ja das ganze Schreibwerk bewegt. Wenn Sie den englischen Begriff nicht mögen, sagen Sie einfach »Großschreibtaste«. Sollten Sie übrigens mehrere Buchstaben hintereinander großschreiben wollen, müssen Sie zuvor die Feststell-Taste (bzw. *Caps-Lock-Taste*) [⇩] betätigen. Diese bewirkt, dass alle folgenden Buchstaben großgeschrieben werden. Vergessen Sie allerdings nicht, sie danach durch erneutes Drücken zu deaktivieren, ansonsten schreiben Sie alles Weitere in Großbuchstaben.

MERKE

Einzelne Buchstaben großschreiben: [⇧]

Mehrere Buchstaben großschreiben: [⇩]

Erhalten Sie z. B. bei der Eingabe eines Kennwortes immer wieder eine Fehlermeldung, liegt das sehr häufig daran, dass die Taste [⇩] unbeabsichtigt aktiviert wurde!

2. In die zweite Zeile soll nun die Straße mit Hausnummer geschrieben werden. Um in die nächste Zeile zu gelangen, aber nicht gleich einen neuen Absatz, also einen harten Zeilenumbruch, zu erzeugen, drücken Sie bei gedrückter Taste [⇧] die Taste [↵] (Eingabe-Taste oder *Return-Taste* genannt). Schreiben Sie nun die erforderlichen Informationen hin, und gehen Sie wie eben beschrieben mit [⇧] + [↵] in die dritte Zeile, um Postleitzahl und Ort einzugeben.

MERKE

Einen sog. weichen Zeilenumbruch erzeugen Sie mit [⇧] + [↵].

3. Anschließend drücken Sie zweimal die Taste [↵] (ohne [⇧]!) und geben, wie zuvor, die Empfängeradresse ein.

2 x [↵] vor der Empfängeradresse

4. Danach betätigen Sie dreimal die Taste [↵] (das sind zwei Leerzeilen), um die Betreffzeile eingeben zu können.

3 x [↵] vor der Betreffzeile

1 x [↵] vor Ort und Datum

5. Nachdem Sie erneut [↵] betätigt haben, geben Sie Ort und Datum ein.

1 x [↵] vor der Anrede

6. Danach wieder einmal [↵] drücken und die Anrede formulieren; in unserem Fall *Liebe Helga.*

1 x [↵] vor dem Brieftext

Neuer Absatz: [↵]

7. Nach nochmaligem Drücken von [↵] formulieren Sie den eigentlichen Brieftext. Im Gegensatz zur Schreibmaschine können Sie bis zum Ende der Zeile durchschreiben. Das Programm hüpft automatisch in die nächste Zeile. Auch wenn Sie das Seitenende erreicht haben, springt das Programm automatisch weiter auf die Folgeseite. Nur wenn Sie einen neuen Absatz beginnen möchten, betätigen Sie [↵]. In unserem Beispiel sind das die Informationen zu Zeit und Ort der Veranstaltung, die Sie mittels der Taste [↵] als eigenen Absatz definieren. Sie werden sehen, dass dies für die Formatierung des Textes wichtige Schritte sind. Aber dazu später mehr.

Keine manuellen Zeilenumbrüche

WordPad ist intelligent. Im normalen Fließtext müssen Sie den Umbruch in die nächste Zeile nicht selbst erledigen. Das macht WordPad automatisch. Sie sollten das manuelle Umbrechen mittels [↵] unbedingt vermeiden. Denn ändern Sie später z. B. die Schriftgröße, stimmen diese selbst gesetzten Umbrüche nicht mehr, und Ihr Dokument sieht dann wirklich nicht mehr gut aus.

1 x [↵] vor der Grußformel und 2 oder 3 x [↵] vor dem Namen

8. Nachdem Sie den Brief beendet haben, betätigen Sie erneut [↵], formulieren die Grußformel, und nach weiterem Betätigen von [↵] (zwei- bis dreimal) schreiben Sie Ihren Namen hin. Ein größerer Abstand ist hier wegen der Unterschrift ganz praktisch.

Damit haben Sie nun Ihren Brief mittels WordPad geschrieben. Allerdings sieht der Brief noch nicht wirklich hübsch aus, oder? Daher werden wir ihn nun formatieren und gestalten.

Einen Text in WordPad formatieren

Einige Formatierungsmöglichkeiten, die WordPad uns bietet, haben wir Ihnen bereits theoretisch vorgestellt. Nun geht es an die Praxis. Der Brieftext, den wir gemeinsam verfasst haben, soll nun hübsch gestaltet und auch die Formvorschriften sollen damit eingehalten werden. Nehmen wir uns zunächst die Absenderadresse vor; diese wollen wir fett hervorheben:

MERKE

Vor dem Formatieren kommt fast immer das Markieren.

1. Markieren Sie zunächst jenen Bereich, den Sie formatieren wollen. Gehen Sie dazu mit der Maus an den Beginn des Absenders (1), drücken Sie die linke Maustaste, und ziehen Sie diese mit gedrückter linker Maustaste bis an das Ende des Absenderfeldes (2). Sollte das nicht auf Anhieb klappen und Sie nur einen Teil des Textes erwischen, klicken Sie einfach einmal an eine freie Stelle daneben und setzen Sie neu an.

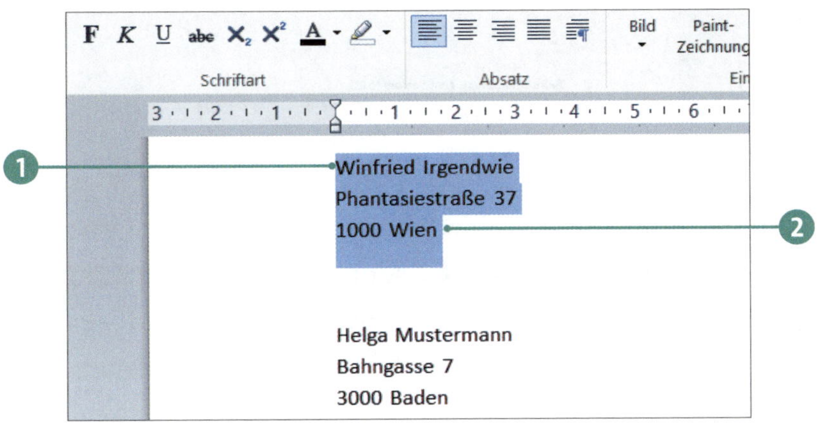

Mit einem Tablet und Touchscreen geht es etwas anders: Tippen Sie links neben die erste Zeile, und fahren Sie mit gedrücktem Finger weiter nach unten, um die weiteren Zeilen zu markieren. Klingt kompliziert, ist es aber nicht. Zugegebenermaßen erfordert das aber etwas Übung. Unser Tipp: Legen Sie sich besser eine zusätzliche Maus zu, wenn Sie am Tablet ernsthaft Texte schreiben wollen.

Egal, ob Desktop-Computer oder Tablet: Sie sehen, dass der markierte Textbereich blau unterlegt ist ①. WordPad weiß nun, welchen Bereich Sie verändern wollen.

F im Bereich Schriftart formatiert Text fett.

2. Jetzt klicken Sie einmal auf das Symbol **F** ② im Menüband unter **Schriftart**, und schon erscheint der Absender in **Fett**.

Über die Symbolleiste für den Schnellzugriff können Sie unerwünschte Formatierungen ganz schnell rückgängig machen.

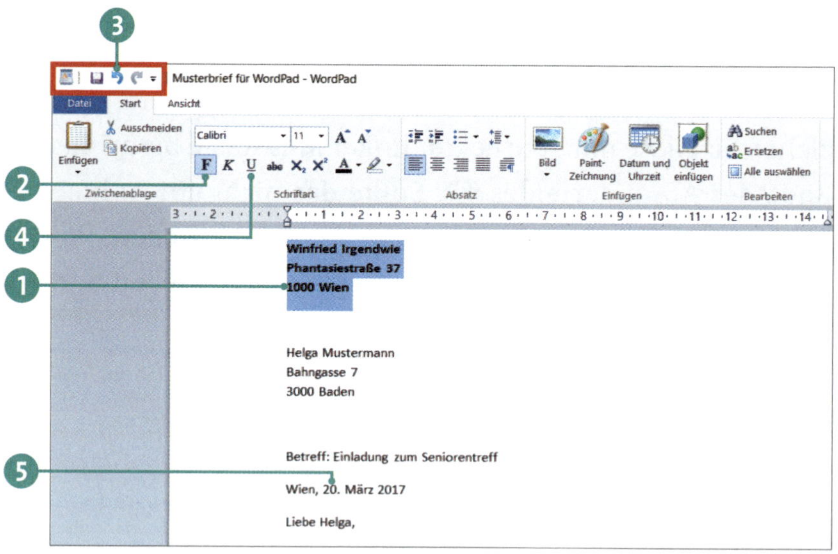

Um diese Einstellung wieder zurückzunehmen, drücken Sie entweder erneut auf **F** oder betätigen den Rückgängig-Pfeil ③ in der Symbolleiste, mit dem Sie Ihre Eingaben schrittweise zurücksetzen können.

3. Um die Betreffzeile zu formatieren, markieren Sie diese wie zuvor gelernt und erzeugen mit einem Mausklick auf das Feld U (4) im Menüband unter **Schriftart** eine Unterstreichung.

U für Unterstreichungen

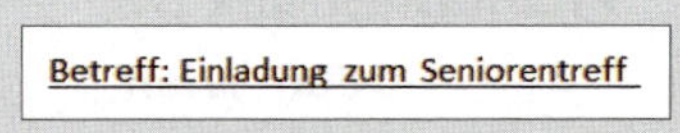

4. Gehen wir nun zu Ort und Datum, die rechtsbündig stehen müssen. Dazu klicken Sie mit der Maus einfach in jenen Bereich, den Sie rechts haben möchten (5), und klicken im Menüband in der Gruppe **Absatz** auf die Symbolschaltfläche für **Text rechtsbündig ausrichten** (6) ☰. Schon hüpft die gesamte Zeile auf die rechte Seite (7).

☰, um Text rechtsbündig auszurichten

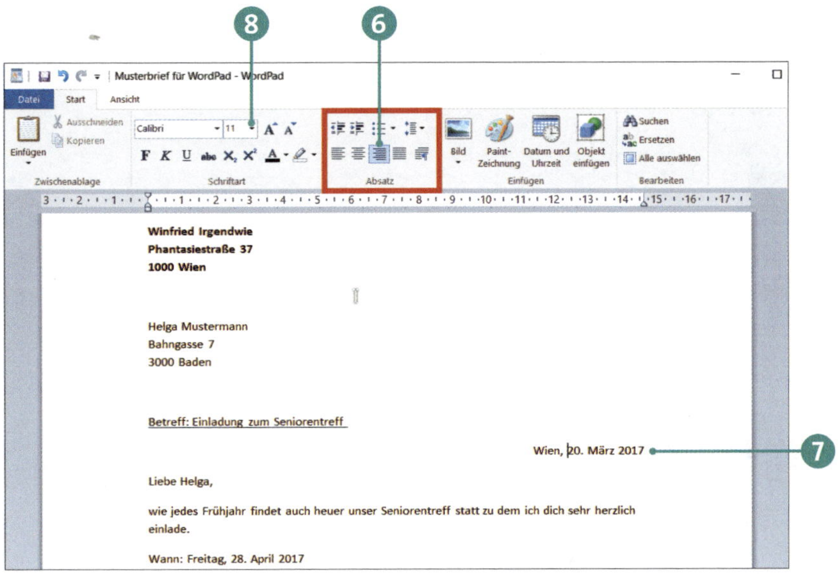

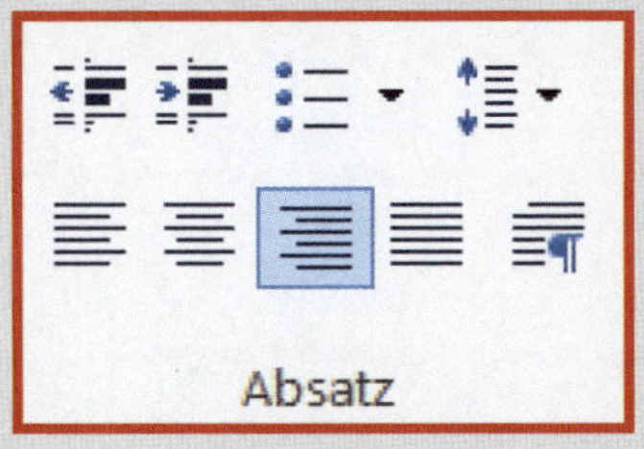

Sie fragen sich jetzt, warum Sie in diesem Fall nicht markieren mussten. Absatzformatierungen betreffen den gesamten Absatz, also jenen Bereich, der mittels ↵ als Absatz gekennzeichnet ist. Sehen wir uns nochmals die Absenderadresse an. Sie erinnern sich? Nach Eingabe von Name bzw. Straße + Hausnummer bzw. PLZ + Ort haben Sie jeweils ⇧ + ↵ gedrückt. Danach jedoch nur ↵. Das bedeutet, dass die gesamte Absenderadresse

als Absatz gekennzeichnet ist. Wenn Sie nun mit der Maus in die Absenderadresse klicken und anschließend auf **Text rechtsbündig ausrichten** (6 auf Seite 91) klicken, hüpft die gesamte Absenderadresse nach rechts.

5. Nun gehen wir zu den Bereichen *Wann*, *Beginn* und *Wo* in unserem Beispielbrief, die wir besonders hervorheben wollen: Zunächst ändern wir die Schriftzeichen, wie bereits beschrieben, in Fett. Um diese Informationen noch auffälliger zu gestalten, können Sie auch die Schriftgröße ändern, indem Sie den gewünschten Bereich markieren und anschließend im Bereich **Schriftgrad** von **11** auf z. B. **14** vergrößern. So kann man es auch wirklich ohne Lesebrille gut entziffern.

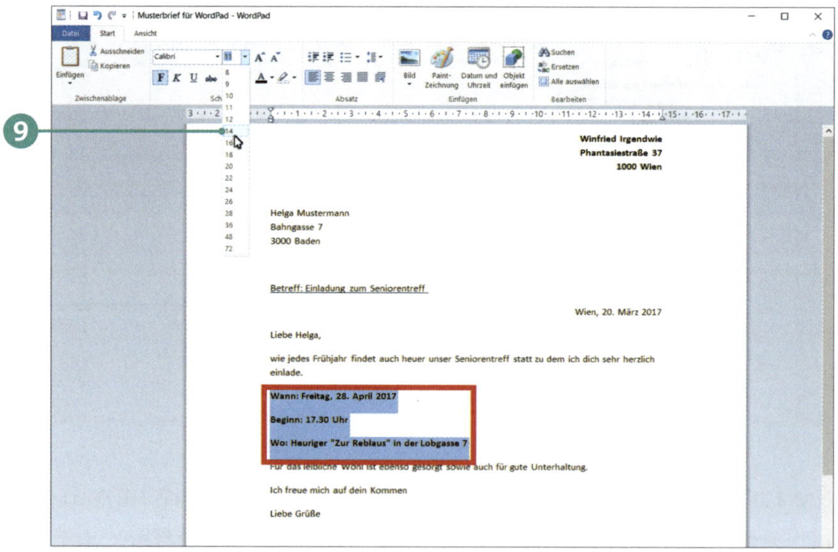

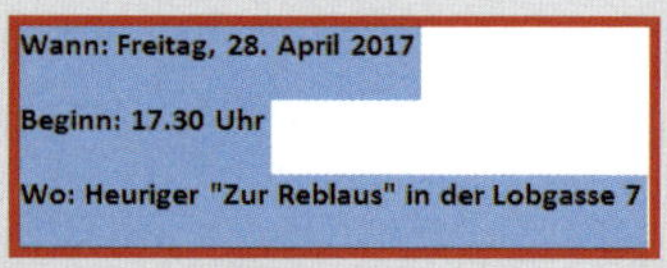

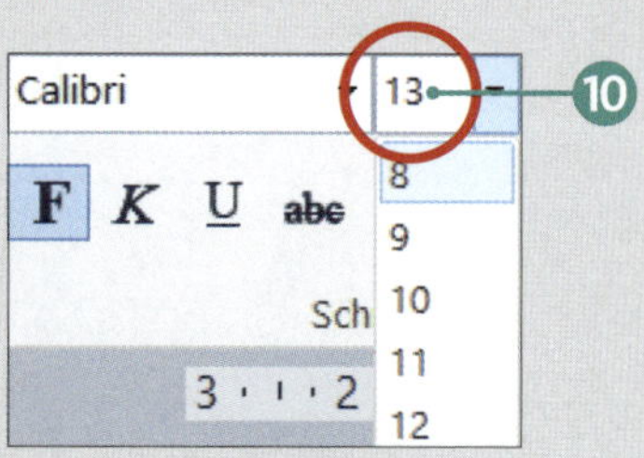

Schriftgröße per Auswahlmenü wählen oder selbst in das Feld eintippen

Klicken Sie dazu auf den Pfeil neben dem Feld, in dem derzeit die Schriftgröße **11** erscheint (8 auf Seite 91). Sofort klappt ein Fenster auf, in dem verschiedene Schriftgrößen vorgegeben sind. Suchen Sie sich eine passende aus, in unserem Fall ist es **14**, und wählen Sie diese mit einem Mausklick aus 9. Die Schriftgrößen, die nicht vorgegeben sind (wie z. B. 13), können Sie auch in das vorgegebene Feld (10 auf Seite 92) manuell mit der Tastatur eingeben.

Nun wollen wir diese Informationen durch Einrückung noch weiter verdeutlichen und hervorheben. Dazu benötigen wir das Zeilenlineal 1.

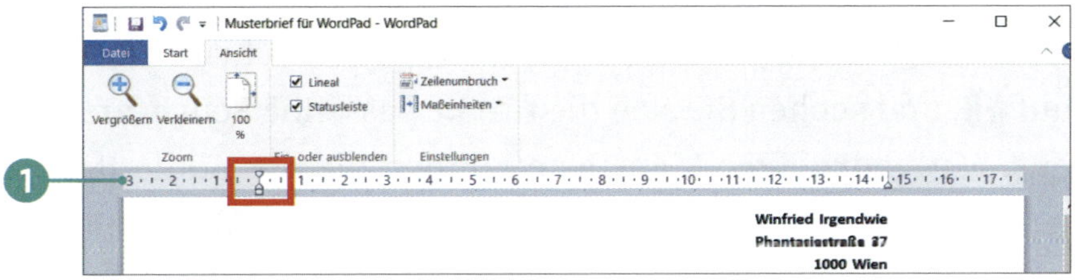

Ist es eingeblendet, sind wir startklar und markieren erneut den Textabschnitt von *Wann* bis *Lobgasse 7* (siehe die Abbildung auf Seite 92).

Im Zeilenlineal sehen Sie ein Symbol, das aus drei Elementen besteht (Pfeil nach unten 2, Pfeil nach oben 3 sowie ein kleines Rechteck 4). Gehen Sie mit der Maus auf das kleine Rechteck unter den beiden Pfeilen 4, und ziehen Sie es mit gedrückter linker Maustaste so weit ins Zeilenlineal hinein 5, wie die Einrückung später sein soll. Sie sehen, dass der markierte Teil direkt mitgeht. Sowie Sie die Maustaste loslassen, ist die Einrückung perfekt.

Nun möchten wir Ihnen abschließend noch zeigen, wie Sie die Schriftart ändern können. Für gewöhnliche Standardbriefe bieten sich eher konventionelle Schriftarten wie *Calibri* oder *Times New Roman* an. Für Einladungen, wie wir sie in unserem Beispiel haben, können wir durchaus gewagtere Schriftarten verwenden. Wir gehen nun wie folgt vor:

WAS TUN?

Wenn das Zeilenlineal bei Ihnen nicht erscheint, so können Sie es einfach aktivieren, indem Sie auf **Ansicht** klicken und neben dem Begriff **Lineal** per Mausklick ein Häkchen setzen (siehe 4 auf Seite 83).

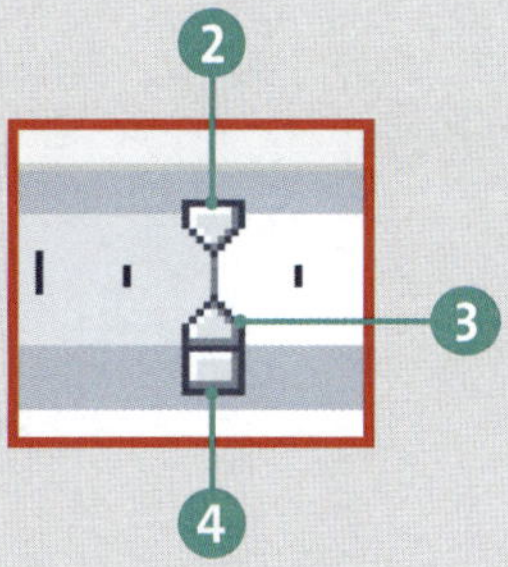

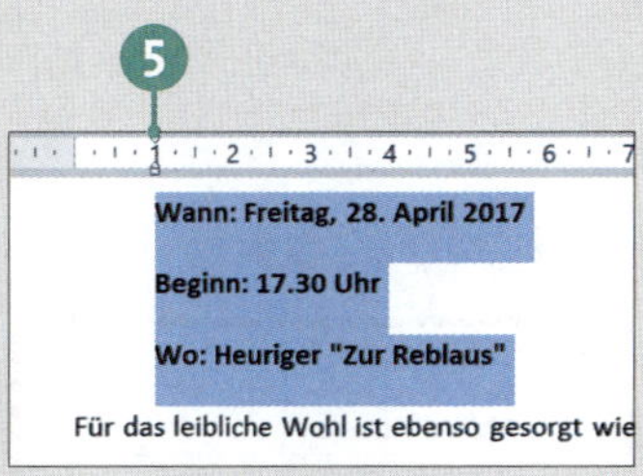

Schriftart ändern

Alles markieren geht auch mit: Strg + A

1. Markieren Sie zunächst den gesamten Brief, indem Sie mit gedrückter linker Maustaste von oben bis unten den Text markieren. Eine weitere Möglichkeit besteht darin, bei gedrückter Taste Strg auf die Taste A zu tippen. Sie sehen, dass mit dieser Tastenkombination recht einfach der gesamte Text markiert ist.

2. Klappen Sie das Feld der verschiedenen Schriftarten auf (1), und suchen Sie sich die für Sie passende Schriftart aus. Mit gedrückter Maustaste können Sie die Bildlaufleiste (2) weiter nach unten schieben und die zahlreichen Schriften sehen. Wir entscheiden uns für **Segoe Print** (3) und klicken sie an. Schon erscheint der gesamte Brief in der von Ihnen gewünschten Schriftart.

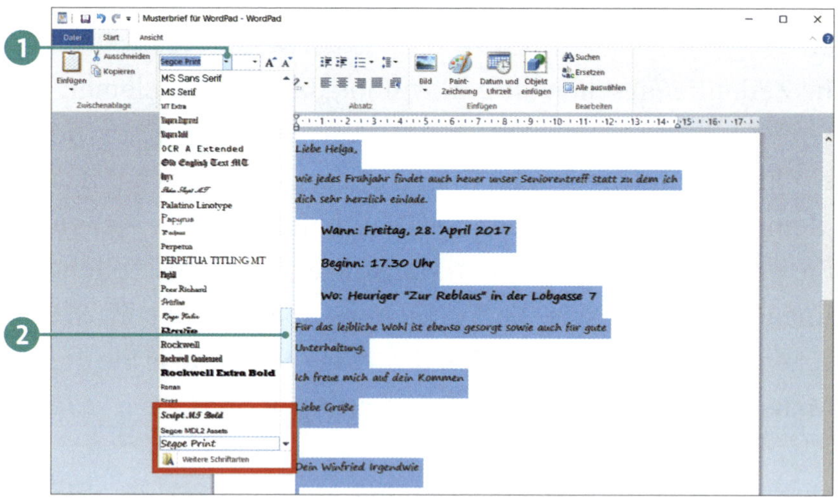

Das WordPad-Dokument abspeichern und wieder aufrufen

Nun haben wir unser erstes Dokument mit WordPad verfasst und nach unseren Wünschen gestaltet. Es stellt sich die Frage aller Fragen: Wie speichern, damit es wiedergefunden werden kann und nicht in den Tiefen des Computers verschwindet? Gehen Sie dazu folgendermaßen vor:

1. Wählen Sie die Registerkarte **Datei**, und klicken Sie den Menüpunkt **Speichern unter** 1 an.

Datei

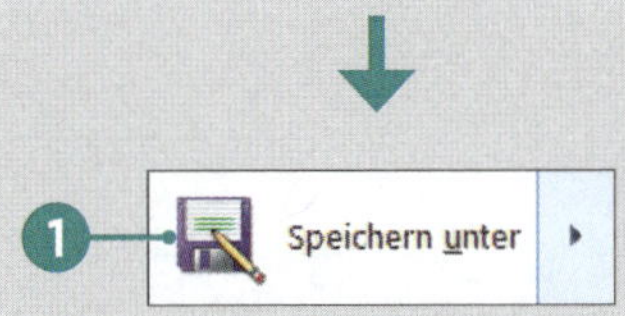

Beim Befehl **Speichern unter** öffnet sich der sog. *Explorer*, Ihr Dateimanager in Windows 10. Wie er aufgebaut ist und wie Sie dort selbst Ordner anlegen, erfahren Sie in Kapitel 7, »Dateien, Ordner und der Explorer«, ab Seite 193.

Es öffnet sich ein Fenster des sog. *Explorers*. Dieser kümmert sich um Ihre Daten, egal, ob Bild, Dokument oder Musik. In ihm sind bereits mehrere *Ordner* (auch *Bibliotheken* genannt) aufgelistet.

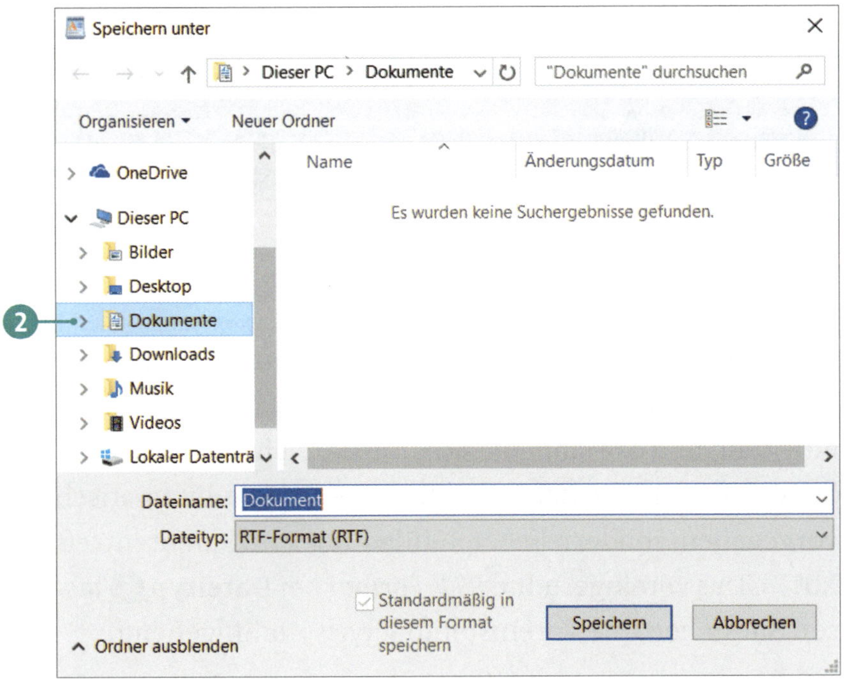

2. Nun wählen Sie aus, in welchen Ordner Sie Ihre Textdatei gespeichert haben möchten. Sinnigerweise wählen wir den Ordner **Dokumente** 2 aus, den Sie mittels Doppelklick (zweimal schnell hintereinander mit der Maus darauf klicken) auswählen. Am Tablet genügt ein längerer beherzter Fingertipp.

Doppelklick auf **Dokumente**

Was ist zu tun, wenn die linke Leiste nicht zu sehen ist?

Wenn die linke Leiste mit den Ordnern fehlt, wurde sie vielleicht versehentlich ausgeblendet. Über **Organisieren ▸ Layout ▸ Navigationsbereich** ist sie aber schnell wieder da.

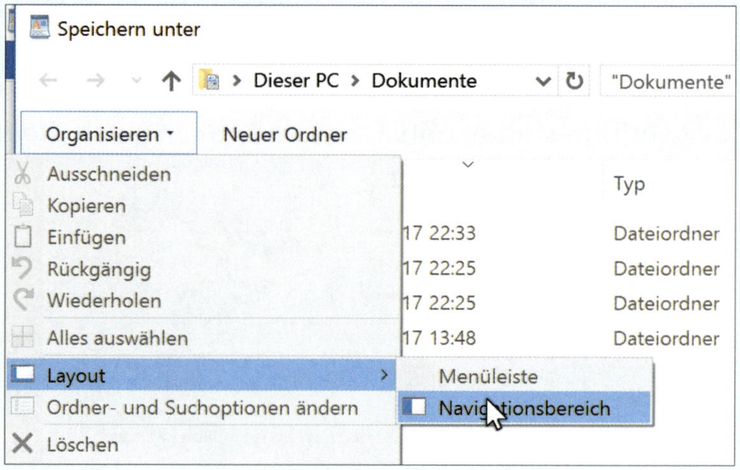

Dateiname (und Dateityp) auswählen

↓

Speichern

3. Geben Sie nun Ihrem Dokument einen Namen, den Sie bei **Dateiname** ③ einfügen. Dieser darf fast beliebig lang sein, und es empfiehlt sich, die Bezeichnung eindeutig zu wählen. Also besser nicht »Dokument« wie automatisch vorgegeben, sondern lieber »Einladung zum Seniorentreff 2017«. Das voreingestellte *RTF-Format* bei **Dateityp** ④ lassen Sie stehen, die Voreinstellung passt dahingehend.

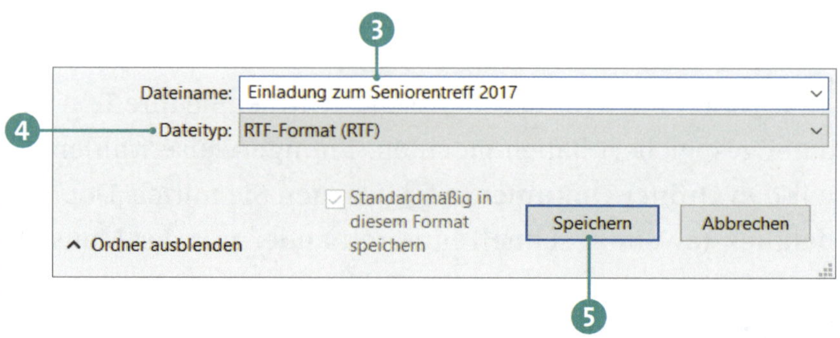

4. Abschließend klicken Sie auf **Speichern** 5. Das Dokument ist nun im Ordner **Dokumente** gesichert. Dass alles geklappt hat, erkennen Sie auch daran, dass in der Titelleiste (rechts von der Symbolleiste) der soeben vergebene Name des Dokuments erscheint 6.

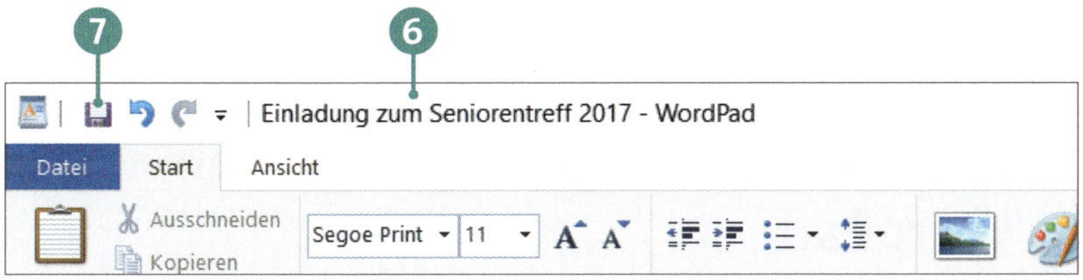

In Ihrer Ordnerstruktur sieht es so ganz anders aus als in unserem Beispiel? Dann haben Sie vielleicht selbst schon Ordner angelegt. Wie Sie sich hier zurechtfinden, zeigen wir ebenfalls ausführlich in Kapitel 7, »Dateien, Ordner und der Explorer«, ab Seite 193.

Schnellspeicherung

Es besteht auch die Möglichkeit, eine Schnellspeicherung durchzuführen. Sinnvoll ist diese Vorgehensweise dann, wenn Sie ein Textdokument bereits über **Datei** und **Speichern unter** angelegt haben und weiter daran arbeiten. Damit bei einem möglichen Systemabsturz die Änderungen nicht verschwinden, drücken Sie einfach in der Symbolleiste auf das Diskettensymbol 7, und schon sind die vorgenommenen Änderungen unter dem vorhandenen Dateinamen gesichert.

Wie gehen Sie nun vor, wenn Sie das Dokument nach einiger Zeit wieder aufrufen möchten? Öffnen Sie WordPad wie beschrieben. Es erscheint, wenig verwunderlich, ein neues leeres Textfeld. Gehen Sie nun wieder auf die Registerkarte **Datei**, und wählen Sie diesmal **Öffnen**. Es öffnet

Datei

Öffnen

auf Dokumente

Dokument per

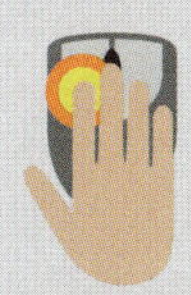

öffnen

sich wieder das Programmfenster des Explorers, das Sie beim Speichern kennengelernt haben. Dort sehen Sie auch schon den Ordner **Dokumente** und Ihr abgespeichertes Dokument, das Sie mit einem Doppelklick wieder aktivieren. So schnell kommt also Ihr Werk aus der Aktenablage wieder zur Bearbeitung.

Weitere Gestaltungsmöglichkeiten in WordPad

Bilder einfügen

WordPad bietet auch die Option, Bilder aus Ihrer Bildersammlung am Computer in ein WordPad-Dokument einzufügen. Und das geht wie folgt:

Für diese Übung sollten bereits ein paar Bilder auf Ihrem Computer vorhanden sein. Lesen Sie im Abschnitt »Fotos auf den Computer übertragen« ab Seite 177, wie das zu bewerkstelligen ist.

1. Klicken Sie im Menüband auf das Feld **Bild** (1) im Bereich **Einfügen**. WordPad öffnet Ihnen sofort Ihre Ordnerstruktur im Explorer, den Sie wie gesagt in Kapitel 7, »Dateien, Ordner und der Explorer«, ab Seite 193 näher kennenlernen.

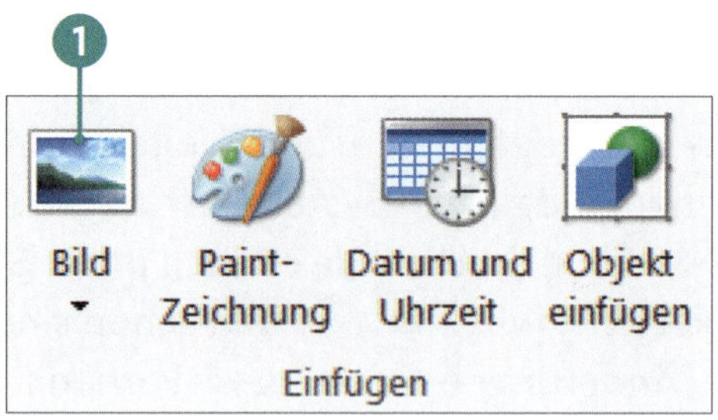

2. Wählen Sie per Doppelklick jenen Ordner aus, in welchem Sie Ihre Bilder gespeichert haben. In unserem Fall ist es **Bilder** (2) und der Unterordner **Eigene Aufnahmen** (3), den Sie sowohl links im sog. *Navigationsbereich* als auch rechts im *Inhaltsbereich* per Doppelklick öffnen können.

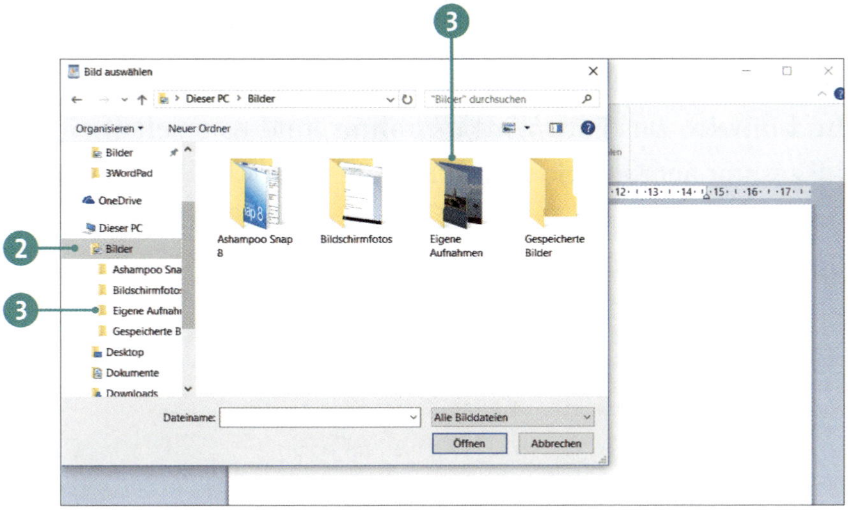

3. Wenn Sie das gewünschte Bild gefunden haben, so klicken Sie es doppelt an (4), und schon erscheint es in WordPad. Sollte Ihnen der Doppelklick nicht so gut gefallen – alternativ können Sie Ihr Bild auch einmal mit der linken Maustaste markieren und anschließend unten auf **Öffnen** (5) klicken.

Ordner öffnen und Bild per Doppelklick auswählen

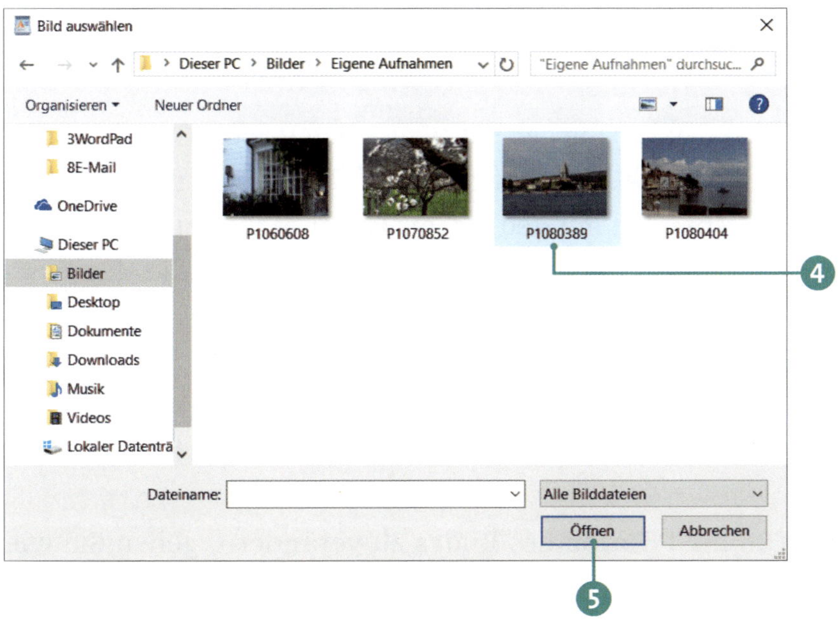

MERKE

Über die Positionspunkte an den Bildecken und in der Mitte der Bildränder können Sie die Größe eines Bildes verändern.

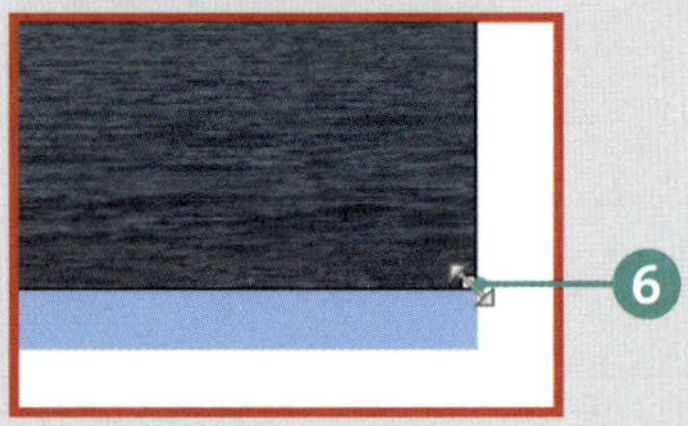

4. Um die Größe des Bildes zu ändern, klicken Sie in das Bild hinein. Das Foto wird umrahmt, und es erscheinen insgesamt acht Positionspunkte (jeweils an den Ecken 6 und in der Mitte der Ränder 7), mit denen Sie die Größe des Bildes verändern können.

5. Klicken Sie beispielsweise den Positionspunkt rechts unten an 6. Es erscheint ein schräg liegender Doppelpfeil. Schieben Sie mit gedrückter linker Maustaste das Bild in jene Größe, die Ihnen beliebt, und lassen Sie die Maus wieder los.

6. Klicken Sie anschließend an eine beliebige Stelle im Dokument, um den Markierungsmodus zu beenden.

Um die Position des Bildes zu verändern, gehen Sie wie folgt vor:

1. Klicken Sie das Bild erneut an, damit es markiert ist.

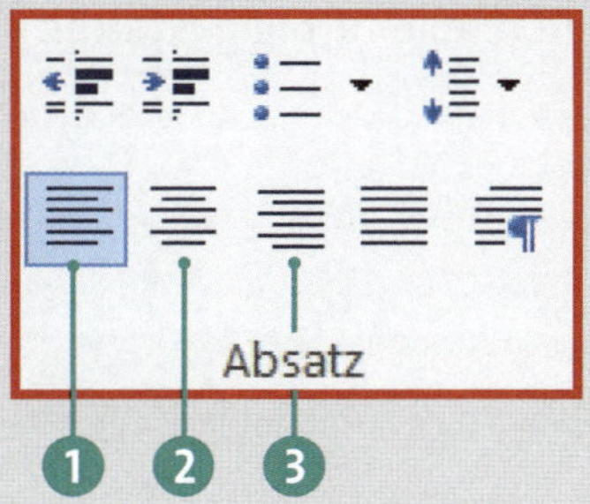

2. Wählen Sie nun eine der vorgegebenen Möglichkeiten im Bereich **Absatz** aus. Hier stehen Ihnen die Schaltflächen **Linksbündig** (1), **Zentriert** (2) sowie **Rechtsbündig** (3) zur Verfügung. Wir entscheiden uns für **Zentriert**, und siehe da, das Bild erscheint in der Seitenmitte des Dokuments.

Zum Schluss wollen wir dem Bild noch eine Bezeichnung geben. Rechts unten neben dem Bild erkennen Sie den blinkenden Cursor. Drücken Sie einfach ein- bis zweimal auf [↵], und schon können Sie unterhalb des Bildes eine Bemerkung anfügen.

Textteile farbig gestalten

Sollten Sie über einen Farbdrucker verfügen, so können Sie Texte auch farbig gestalten. So gehen Sie am besten vor:

1. Verfassen Sie zunächst einen kurzen Text.

2. Markieren Sie anschließend Ihren Text durch Überstreichen mit der Maus bei gedrückter linker Maustaste, und klicken Sie im Menüband auf den Pfeil neben dem Feld **Texthervorhebungsfarbe** (1). WordPad bietet daraufhin eine kleine Farbpalette an, aus der Sie die gewünschte Farbe auswählen und mittels Anklicken aktivieren.

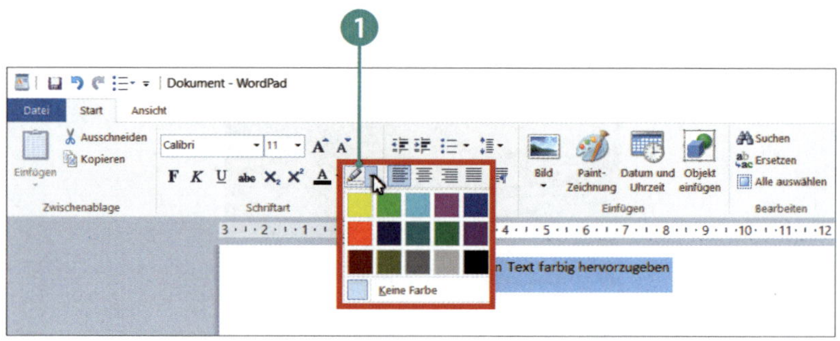

3. Wir wählen die Farbe Gelb, und schon wird der Text gelb unterlegt.

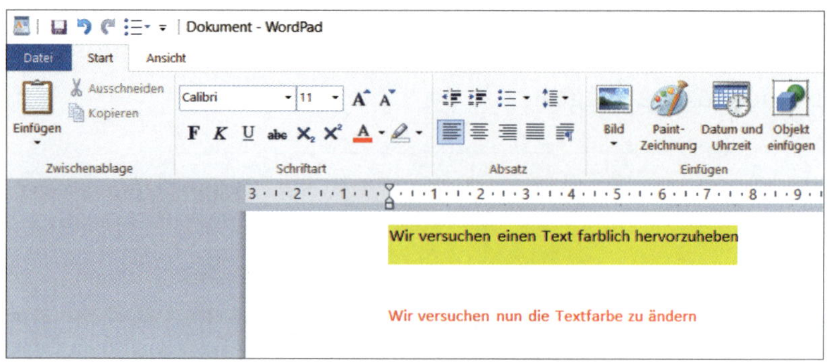

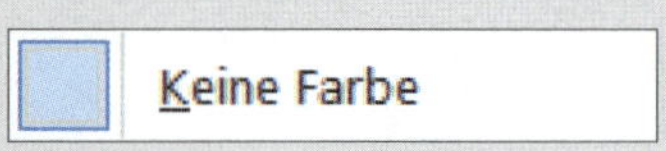

4. Um diese Einstellung zu widerrufen, gehen Sie in derselben Weise vor und wählen diesmal **Keine Farbe** (2).

Jetzt färben wir die Buchstaben selbst farbig ein:

5. Schreiben Sie zunächst in einem weiteren Absatz einen kurzen Text **3**, und markieren Sie ihn anschließend.

6. Klicken Sie nun auf den Pfeil neben dem Feld **Textfarbe** A **4**, und wählen Sie in der sich öffnenden Farbpalette eine Farbe aus. Wir haben uns hier für Rot entschieden.

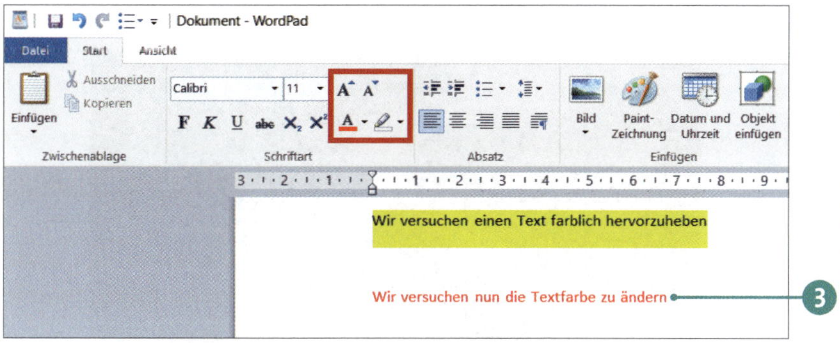

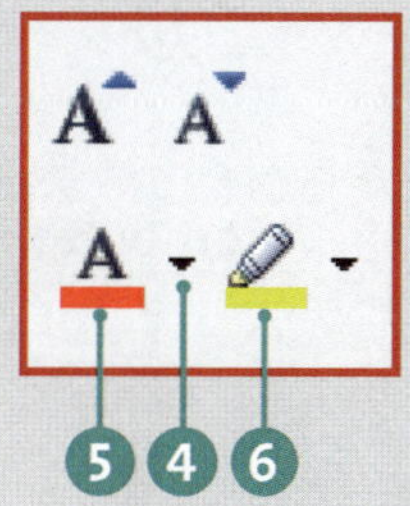

Welche Farbe gerade aktiviert ist, erkennen Sie jeweils im unteren Bereich der Schaltflächen: In unserem Fall ist es bei **Textfarbe** Rot **5** und bei **Texthervorhebungsfarbe** Gelb **6**.

Ein Dokument ausdrucken

Nun möchten Sie sicher auch das ein oder andere Dokument, das Sie in diesem Kapitel erstellt haben, ausdrucken. Klar, dazu brauchen Sie einen Drucker, der Ihre Werke zu Papier bringt. Diesen schließen Sie in aller Regel mit einem USB-Kabel an Ihren Computer an.

ACHTUNG!

Die meisten Tablets haben keinen USB-Anschluss. Hier muss Ihr Drucker unbedingt über eine Funkverbindung verfügen, sonst kann er nicht verbunden werden.

Und so einfach wird der Drucker mit einem USB-Anschluss installiert:

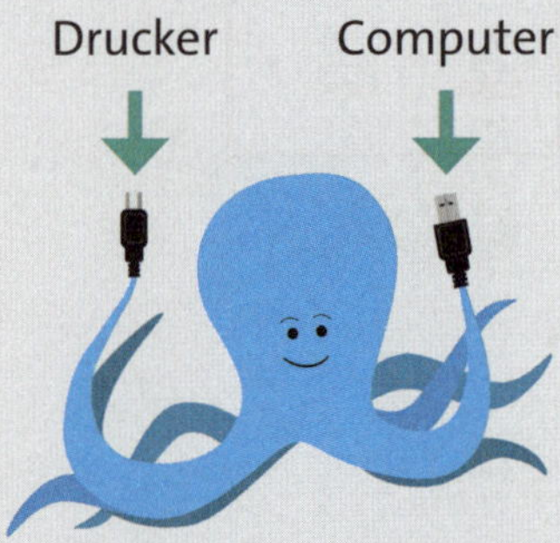

1. Schließen Sie Ihren Drucker zunächst mit dem Netzteil an den Strom an, und verbinden Sie ihn dann mittels USB-Kabel mit Ihrem Computer. USB-Stecker finden sich am Computer an den verschiedensten Stellen. Desktop-Computer haben diese Schnittstelle häufig an der Gehäuserückseite und vorne, bei Notebooks findet man diesen Anschluss meistens seitlich. Sie können beim Anstecken nichts falsch machen, der USB-Stecker passt nur in einer Richtung in die vorgesehene Öffnung. Bitte keine Gewalt anwenden, dann kann nichts schiefgehen.

2. Starten Sie nun Ihren Computer, falls noch nicht geschehen, und schalten Sie im Anschluss den Drucker ein. Je nach Modell ist hier dann etwas Arbeit am Gerät selbst notwendig. Tintenpatronen einlegen, Tonerkassetten einlegen usw. Das ist von Gerät zu Gerät verschieden, in der Regel werden Sie aber über das am Drucker befindliche Display oder eine Anleitung durch die einzelnen Schritte begleitet.

3. Spätestens jetzt wird Windows 10 einen Signalton ausspucken, um mitzuteilen, dass ein neues Gerät gefunden wurde. Es erscheint in der Regel aber gar kein weiterer Hinweis. Hier hilft nur ein Klick auf das Startmenü-Symbol und anschließend auf das Zahnradsymbol (1) in der Schnellstartleiste, um in die **Windows-Einstellungen** zu gelangen.

4. Hier gehen Sie bitte auf **Geräte**.

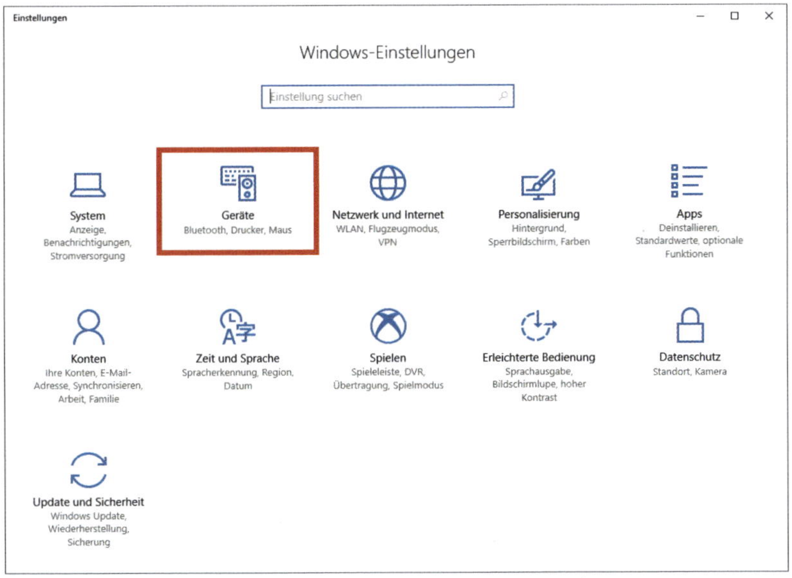

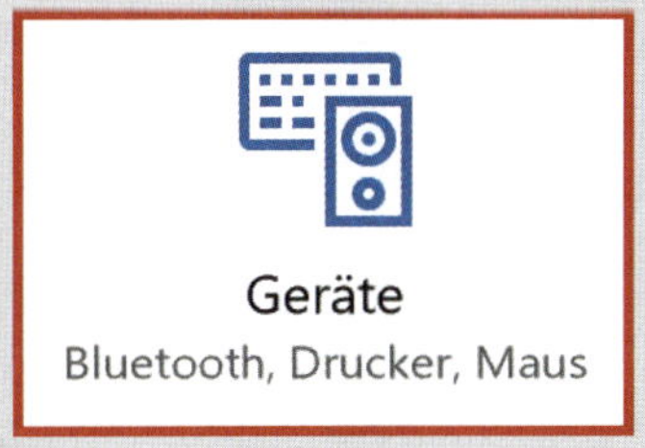

5. Im folgenden Bildschirm befinden Sie sich schon im Bereich **Drucker & Scanner** (2). Klicken Sie hier auf **Drucker oder Scanner hinzufügen**.

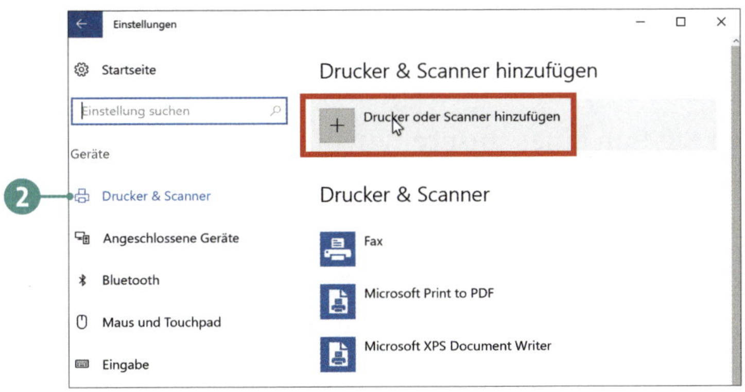

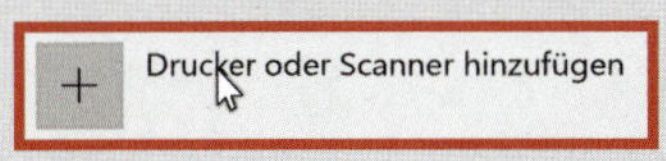

6. Jetzt wird nach Ihrem Drucker gesucht **3** – und in der Regel, bei aktuellen Modellen, wird diese Suche auch erfolgreich sein.

Wie Sie sehen, wurde bei uns der Drucker gefunden **4**, die notwendigen Einstellungen zum Betrieb wurden im Hintergrund erledigt. Damit steht das Gerät in Windows nun in sämtlichen Apps und also auch in WordPad zur Verfügung.

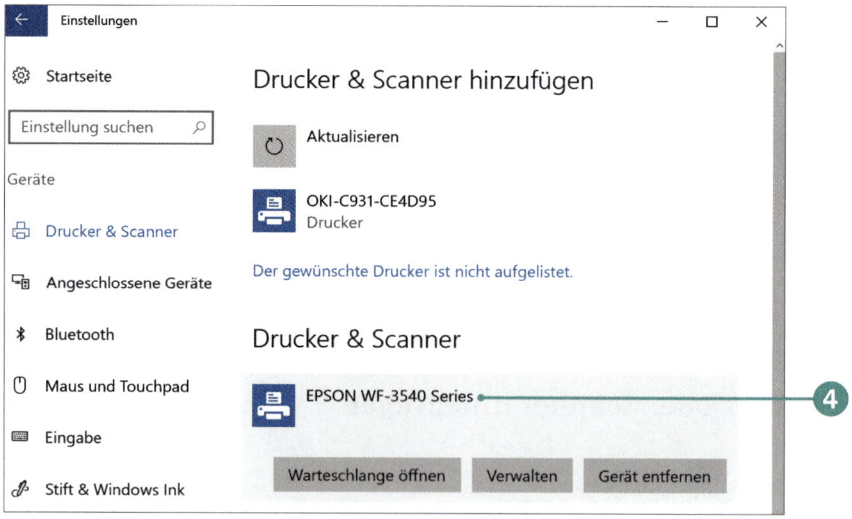

Öffnen Sie nun eines unserer zuvor in WordPad erstellten Dokumente über **Datei ▸ Öffnen**.

In WordPad finden Sie im Menüband leider kein Symbol, um den Druck zu starten. Um in das eigentliche Druckmenü zu gelangen, sind folgende Schritte notwendig:

WordPad im Startmenü öffnen
↓
Datei
↓
Öffnen
↓
Dokument im Explorer per Doppelklick auswählen

1. Klicken Sie auf das **Datei**-Menü ①.

2. Fahren Sie mit der Maus auf **Drucken** ② – es öffnet sich ein Untermenü mit verschiedenen Möglichkeiten, Ihr Werk auszugeben.

3. Klicken Sie hier nun auf **Drucken** ③, diese Option hält alle Einstellungen bereit, die wir brauchen.

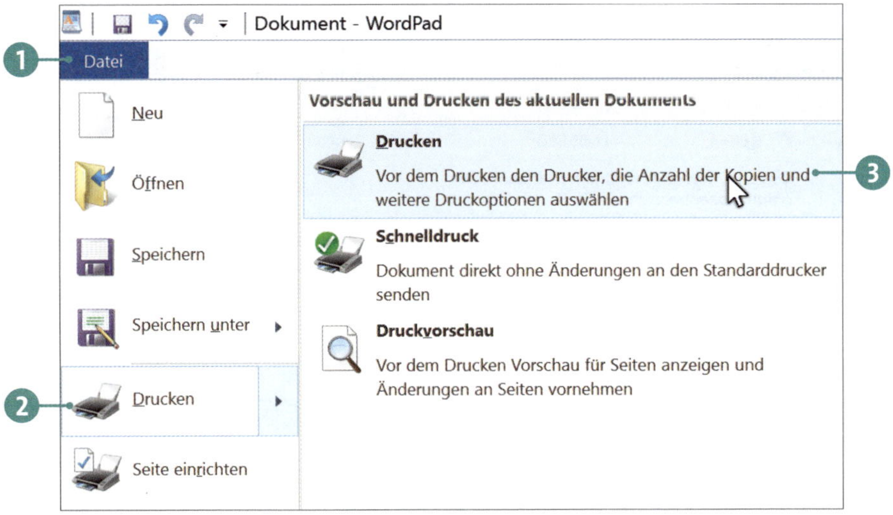

Das folgende Menü zeigt an, mit welchem Drucker gedruckt wird (④ auf Seite 108). Das grüne Häkchen bedeutet, dass dies jenes Gerät ist, das Windows immer als erste Wahl zum Ausdruck nimmt. Die anderen Geräte in der Liste können Sie ignorieren, die werden aktuell nicht benötigt. Um die entsprechenden Einstellungen vorzunehmen, sollte Ihr Standarddrucker zusätzlich grau unterlegt sein. Falls das bei Ihnen nicht der Fall ist, klicken Sie Ihren Drucker einfach einmal an.

Datei

↓

Drucken

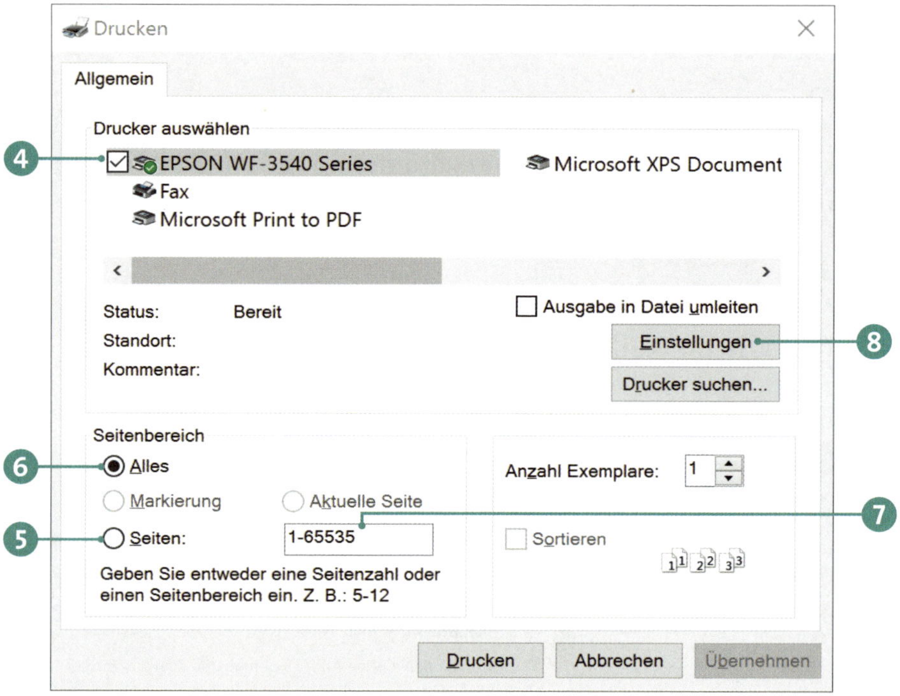

In diesem Menü haben Sie außerdem die Möglichkeit, bei einem mehrseitigen Dokument nur ausgewählte Seiten zu drucken. Klicken Sie auf **Seiten** 5, so wird die Voreinstellung **Alles** 6 aufgehoben. Im Feld hinter **Seiten** 7 können Sie nun z. B. »1-3« eingeben, sodass nur die ersten drei Seiten des Dokuments gedruckt werden.

Allerdings – die Qualität des Ausdrucks, das Papierformat, die Papiersorte, das müssen Sie mit einem Klick auf die **Einstellungen** 8 festlegen.

Die Einstellungen offenbaren nun eine ganze Menge Möglichkeiten für den Ausdruck auf Papier. Wirklich relevant sind aber nur ein paar wenige Punkte:

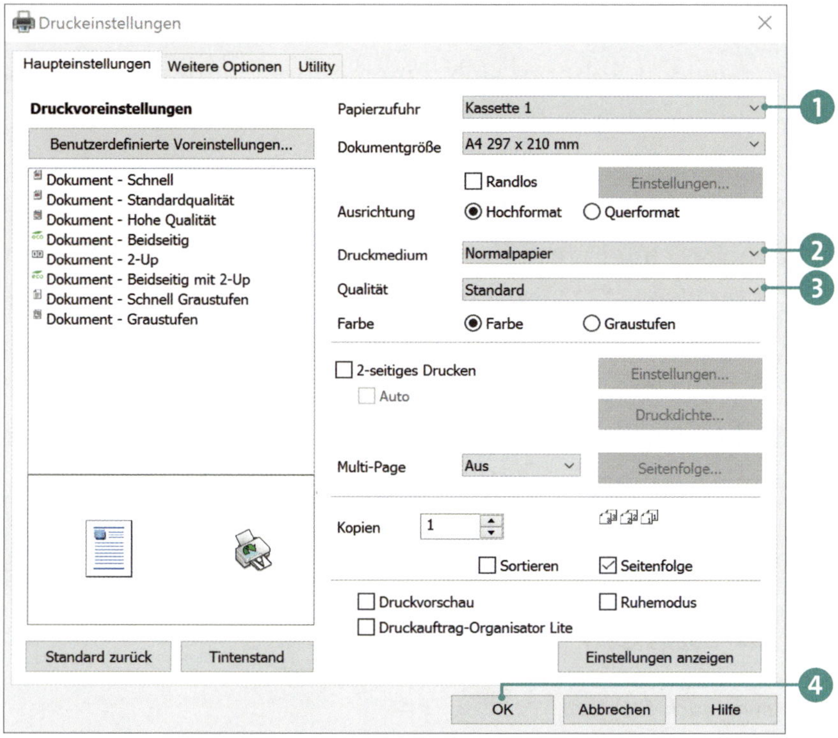

1. **Papierzufuhr**: Wenn Ihr Drucker verschiedene Fächer hat, muss man ihm sagen, aus welchem Fach, hier auch *Kassette* genannt, das Papier gezogen werden soll.
2. **Druckmedium**: Tatsächlich wird **Normalpapier** die gängige Einstellung sein. Sprich, hier handelt es sich um ganz normales Briefpapier. Allerdings bietet sich mit einem Klick auf dieses Feld eine Auswahl weiterer Papiersorten. Sollten Sie beispielsweise auf Fotopapier drucken, müssen Sie das dem Drucker auch mitteilen. Sonst wird auf das teure Fotopapier mit schlechter Qualität gedruckt.
3. **Qualität**: Ist der Ausdruck für den schnellen Gebrauch gedacht, oder soll er doch hochwertig sein? Die Qualität des Ausdrucks legen Sie hier fest. Windows 10 nennt es **Standard** – das reicht für einen normalen

ACHTUNG!

Lassen Sie sich nicht irritieren, wenn es bei Ihnen anders aussieht: Jeder Drucker hat andere Einstellungsmöglichkeiten. Das Prinzip ist aber das gleiche.

Brief meist völlig aus. Sind Bilder oder Grafiken eingebaut, lohnt es sich, eine höhere Qualitätsstufe auszuwählen.

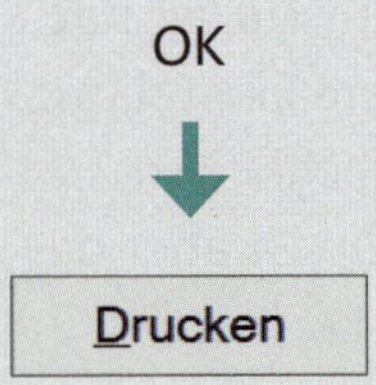

So, das war's auch schon. Mehr muss für einen ersten Ausdruck nicht eingestellt werden. Klicken Sie auf **OK** 4, um in das normale Menü zurückzukehren. Dort starten Sie mit der Schaltfläche **Drucken** jetzt Ihren ersten Ausdruck.

Sollten Sie in der Aufregung vergessen haben, den Drucker einzuschalten, wird Windows 10 das deutlich mitteilen:

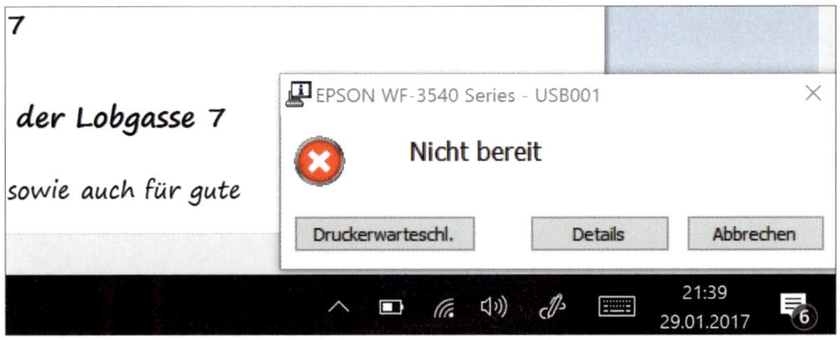

Aber keine Sorge – sowie das Gerät eingeschaltet ist, verschwindet die Meldung, und das Dokument wird gedruckt.

WordPad noch schneller starten

Statt ein Programm immer umständlich über die Liste der alphabetisch sortierten Apps im Startmenü zu suchen, können Sie es auch als Kachel oder noch komfortabler gleich in der Taskleiste griffbereit platzieren. Wie das geht, lesen Sie im Abschnitt »Programme im Startmenü als Kacheln anlegen« ab Seite 327 und im Abschnitt »Programme in der Taskleiste ablegen« ab Seite 331.

KAPITEL 4

Das Internet entdecken

Das Internet fasziniert Milliarden Menschen auf der ganzen Welt. Und tatsächlich, im täglichen Leben scheint ohne das Internet wirklich nichts mehr zu funktionieren. Egal, ob es ums Einkaufen weltweit geht, um das Herausfinden von Informationen, Abrufen aktueller Nachrichten, Videos oder Kommunikation. Sie haben mit Ihrem neuen Windows-10-Computer sicherlich auch Lust bekommen, dieses spannende Feld zu entdecken. In diesem Kapitel zeigen wir Ihnen, wie Sie die ersten Schritte ganz souverän meistern und schon bald zum Profi werden. Das passende Werkzeug, das Programm *Microsoft Edge*, lernen Sie ebenfalls kennen. Sollten Sie Bedenken wegen Kriminalität oder Datenklau im Internet haben – diese Sorge wollen wir Ihnen gerne nehmen. Mit ein wenig Vorsicht und der richtigen Absicherung kann hier nichts passieren. Das notwendige Handwerkszeug lernen Sie ebenfalls in diesem Kapitel kennen.

Das Internet – ein Heer freier Mitarbeiter

Zunächst ein paar erläuternde Worte zum Mysterium Internet und wie es eigentlich funktioniert. Wir bleiben hier gerne beim Bild, das wir eingangs im ersten Kapitel für

MERKE

Server sind große, schnelle Computer mit unendlich viel Speicherplatz und stellen ihre Kapazität anderen Computern zur Verfügung.

Ihren Computer gewählt haben. Hier hatten wir erläutert, dass ein Computer ganz wie eine kleine Firma organisiert ist. Das Internet ergänzt Ihr Unternehmen nun um eine ganze Reihe freier Mitarbeiter, die in vielen Fällen sogar kostenlos für Sie arbeiten – Informationen gibt es fast immer gratis.

Die Frage, die sich Ihnen stellt, ist natürlich, wo denn diese ganzen Heerscharen von fleißigen Arbeitskräften eigentlich werkeln? Die Antwort ist ganz einfach – sie kommen aus der ganzen Welt. Genau genommen ist das Internet eine Verbindung unzähliger Computer und sog. *Server-Anlagen*, die jede Menge Wissen und Dienste bereitstellen.

Ihr Internetprogramm, der sog. *Browser*, ist in Windows 10 die App *Microsoft Edge*.

Es kann also sein, dass Sie gerade in einem Lexikon surfen, das ein Server aus Timbuktu bereitstellt, und putzige Katzenvideos anschauen, die eigentlich auf einem Server in den USA gespeichert sind. Von alledem bekommen Sie an Ihrem Computer gar nichts mit, die Bereitstellung der Informationen erledigt ein weiterer Helfer, den Ihr »Betriebsleiter« Windows 10 gerne dafür einteilt. Bei Windows 10 heißt dieser Geselle kurz *Edge*. Wieder so ein englisches Wort, das im Deutschen merkwürdig klingt. Korrekt gesprochen, klingt es fast wie »Ätsch« – aber das Internetprogramm, auch *Browser* genannt, ist weit davon entfernt, Ihnen die Zunge herauszustrecken, sondern bringt Sie zuverlässig ins Internet.

MERKE

Die Adresse einer Internetseite wird auch URL genannt.

Die Inhalte im Internet werden in Edge dann über die Eingabe einer Internetadresse erledigt. Das haben Sie sicherlich schon gesehen, sie beginnt immer mit *www*. Letztlich ist diese sog. URL nichts anderes als eine Art Telefonnummer, mit der Sie die Internetseiten aufrufen können. Doch nun genug der grauen Theorie, legen wir los!

Startklar für das Internet – das sind die Voraussetzungen

Damit Sie ins Internet können, also »online gehen«, wie es heißt, benötigt Edge eine Verbindung dorthin. Die meisten Telefonanbieter haben den Internetanschluss schon häufig im Vertrag mit dabei. Ob das bei Ihnen der Fall ist, müssen Sie mit Ihrem Anbieter direkt abklären. Sie erhalten dann in jedem Fall einen sog. *Router*, der in der Regel mit wenigen Handgriffen an der Telefonleitung installiert ist.

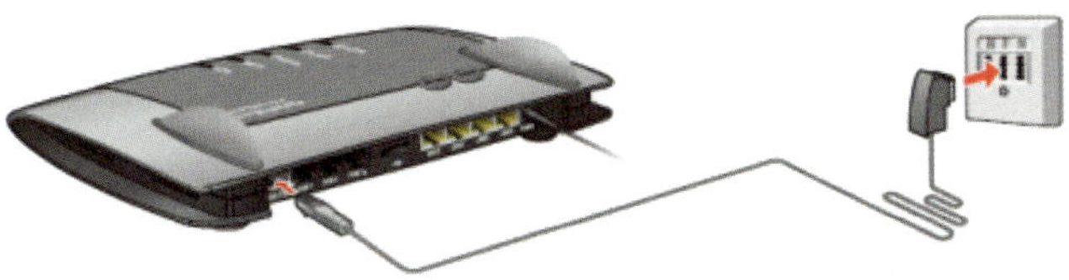

Für die Verbindung ins Internet benötigt man einen sog. *Router.* *(Bild: AVM)*

Haben Sie Telefon über einen Kabeldienstleister, erfolgt der Anschluss an der Kabelbuchse. Lassen Sie sich im Zweifelsfall von einem Fachmann, das kann in dem Fall auch der Enkel sein, helfen.

Der Router holt die Daten aus dem Internet, nun fehlt noch die Verbindung zu Ihrem Computer. Das klappt heute über eine drahtlose Netzwerkverbindung, das *WLAN* (engl. für kabelloses Internet). Sprich, Windows 10 und der Router unterhalten sich per Funk.

Mit dem Router können Sie per WLAN, d. h. mittels Funk, eine kabellose Verbindung zum Internet herstellen.

ACHTUNG!

Tablets und kompakte Notebooks können mangels Anschlussmöglichkeit nur per WLAN, also kabelloser Verbindung, ins Internet.

Verbindung ins Internet per LAN-Kabel

Sollten Sie ohne Funk (WLAN) online gehen, klappt das ebenfalls über einen Router – hier führt ein Kabel von diesem Gerät zu Ihrem Computer. Diese Verbindungsart wird *LAN-Verbindung* genannt. Ganz wichtig – Tablets und kompakte Notebooks haben keinen LAN-Anschluss, hier müssen Sie zwingend per WLAN verbinden.

Die einfachste Möglichkeit, online zu gehen, führt über eine Kabelverbindung zwischen Computer und Internetrouter. Diese wird mittels eines speziellen LAN-Kabels hergestellt, das jedem Router beiliegt.

Ein LAN-Kabel hat zwei identische Stecker mit »Nasen«, die in den Anschlüssen am Router und Computer einrasten.

Die Netzwerkbuchse (der Anschluss für das Internet) am Computer

Meistens ist dieses zu kurz – eine längere Variante hat aber jeder Elektrofachmarkt parat. Computer und Router haben identische Anschlüsse für das Netzwerk, Sie können beim Verbinden nichts falsch machen, die Stecker passen nur in die vorgegebenen Buchsen und »klicken« hörbar und spürbar ein. Vorsicht heißt es lediglich beim Herausziehen. Die Stecker sind durch eine kleine »Nase« gesichert, diese muss während des Herausziehens aus dem Computer oder Router heruntergedrückt werden.

Und dann haben Sie es bereits geschafft, in der Regel sind Sie damit startklar und können ohne weitere Einrichtung lossurfen.

Um eine Verbindung des Routers per WLAN, also ganz ohne Kabelsalat, herzustellen, müssen wir ein wenig mehr Arbeit erledigen. Folgen Sie daher bitte dieser Anleitung:

WAS TUN?

WLAN ist an Ihrem Router bereits aktiv? Und Sie können auch das Programm Edge problemlos starten? Dann machen Sie einfach weiter beim Abschnitt »Internetseiten öffnen« ab Seite 120.

1. Schauen Sie sich zunächst Ihren an den Strom und die entsprechende Buchse angeschlossenen Router an, und prüfen Sie, ob dort neben **WLAN** (1) so wie auf dem folgenden Bild eines typischen Routers ein grünes Lämpchen zu sehen ist. Leuchtet es dauerhaft, so ist die WLAN-Verbindung aktiv.

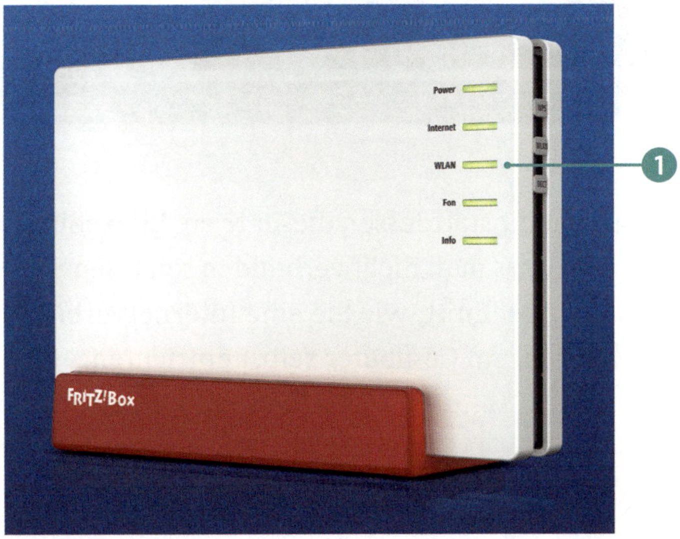

Die FRITZ!Box ist ein weitverbreiteter Router. *(Bild: AVM)*

2. Mit einem kleinen Test finden Sie ganz schnell heraus, ob Ihr Computer schon mit dem Internet verbunden ist: Starten Sie Ihren Computer, und klicken Sie auf das Programmsymbol für Edge in der Taskleiste. Wenn Sie den auf Seite 116 abgebildeten Startbildschirm mit aktuellen Infos und Nachrichten sehen, dürfen Sie den folgenden Abschnitt überspringen, denn dann ist Ihre Internetverbindung schon eingerichtet.

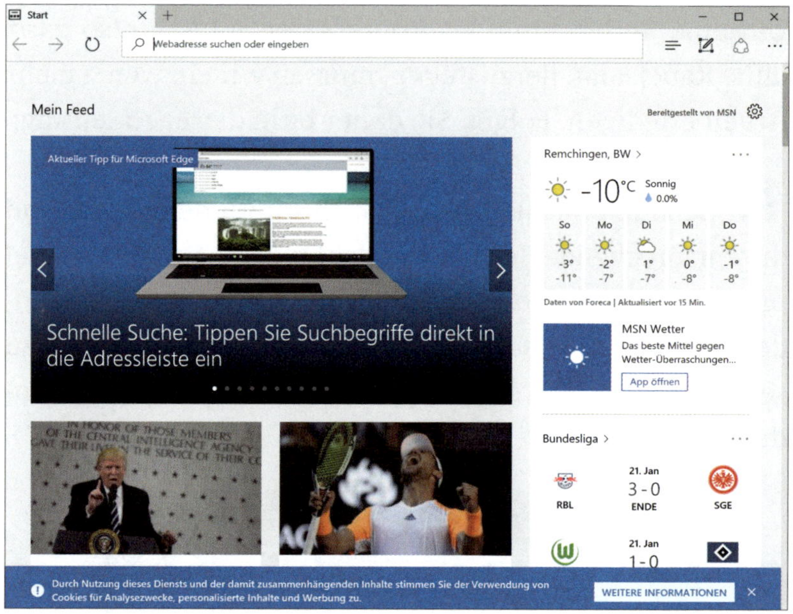

3. Erscheint stattdessen dieser triste Bildschirm mit der Nachricht, dass man nicht verbunden sei, lesen Sie bitte im folgenden Abschnitt, wie Sie eine Internetverbindung per WLAN auf Ihrem Computer selbst einrichten.

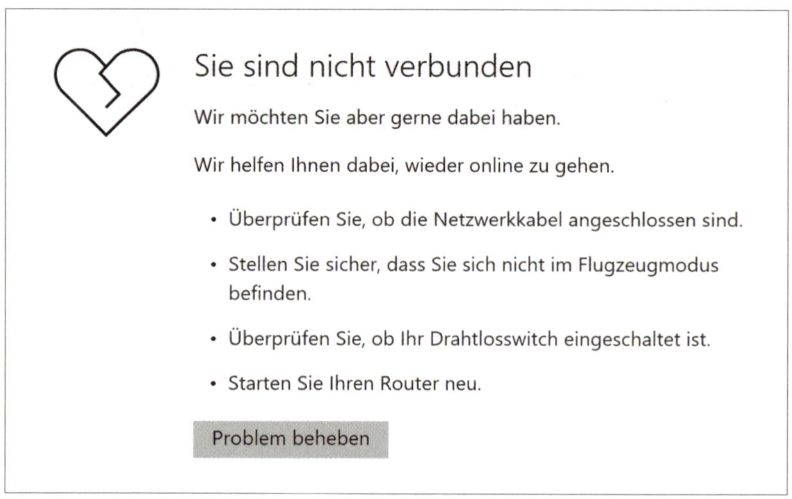

So stellen Sie eine Internetverbindung her

Um eine Internetverbindung per WLAN einzurichten, sind zunächst ein paar Vorbereitungen notwendig:

Passwort und Name des Routers notieren

MERKE

Das Passwort des Internetrouters stellt sicher, dass nur Sie mit diesem Gerät online gehen können und nicht die ganze Nachbarschaft.

1. Jeder Marken-Router hat auf der Rückseite einen Aufkleber mit einer sehr langen Zahlenkombination aufgedruckt ①. Die Bezeichnung kann hier variieren, häufig lautet sie *WLAN Network Key* oder *WPA2*. Notieren Sie sich diese Ziffern- und Zahlenfolge ganz genau. Sie wird gleich an Ihrem Computer benötigt. Damit Sie Ihren Internetzugang später unter Windows einrichten, notieren Sie sich bitte noch den Namen Ihres Routers, meist mit **SSID** ② bezeichnet.

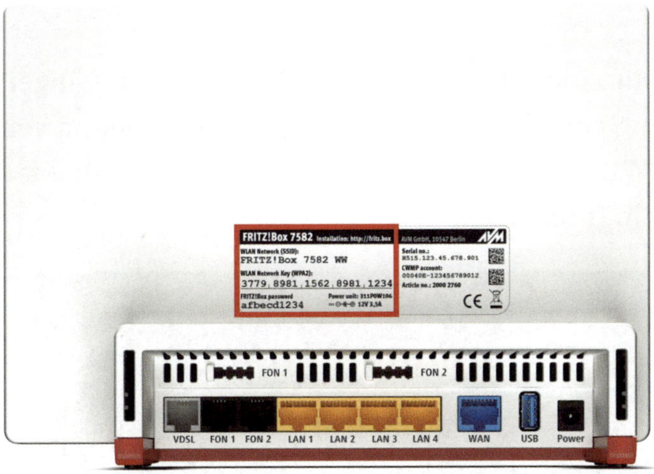

WLAN-Taste am Router aktivieren

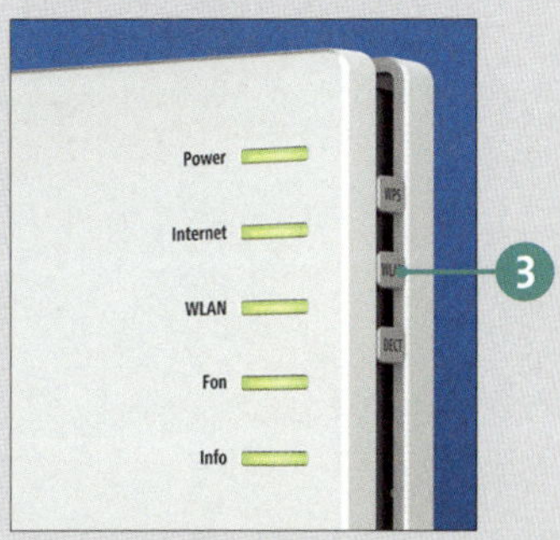

2. Am Router, auf der Vorderseite oder seitlich, befindet sich meist ein Knopf, um die Internetverbindung per Funk zu aktivieren. Drücken Sie diesen Knopf ③, und halten Sie ihn ggf. ein bis zwei Sekunden lang. Wenn nach dem Drücken direkt das WLAN-Kontrolllicht leuchtet, haben Sie alles richtig gemacht. Wenn es nicht klappt, müssen wir Sie leider auf das Handbuch oder den Telekom-Anbieter verweisen. Die Bauarten der Internetrouter sind einfach zu unterschiedlich, als dass wir hier alle vorstellen können.

WLAN am Computer starten – bei nicht aktiver Verbindung WLAN-Symbol 4 anklicken und in den WLAN-Verbindungen Router auswählen

3. So, jetzt geht es zurück an Ihren Computer, den Sie in jedem Fall einschalten, falls noch nicht geschehen. Egal, ob Tablet, Notebook oder Desktop-PC, unten rechts, im Infobereich der Taskleiste, den Sie in Kapitel 2, »Den Computer mit Windows 10 starten«, ab Seite 74 ausführlich kennengelernt haben, sehen Sie das Symbol für die WLAN-Verbindung 4. Ist es nur hellgrau und mit einem Sternchen versehen, so wie in der Abbildung, bedeutet das, dass keine Verbindung besteht.

4. Mit einem linken Mausklick oder einem Fingertipp auf das Symbol blenden Sie die in der Umgebung verfügbaren WLAN-Verbindungen ein. Sie werden erstaunt sein, wie es in Ihrer Nachbarschaft »funkt«.

Automatisch verbinden aktivieren

↓

Verbinden

↓

Passwort eingeben

Aus dieser Liste gilt es nun, exakt Ihren Router zu finden. Er trägt jenen Namen, den Sie in Schritt 1 notiert hatten.

5. Klicken Sie ihn einmal an. Mit einem Klick oder Fingertipp in das Kästchen vor **Automatisch verbinden** (5) wird dort ein Häkchen gesetzt. Das bedeutet, dass sich Windows 10 künftig an diese Internetverbindung erinnert und Sie diese nicht jeden Tag erneut einrichten müssen.

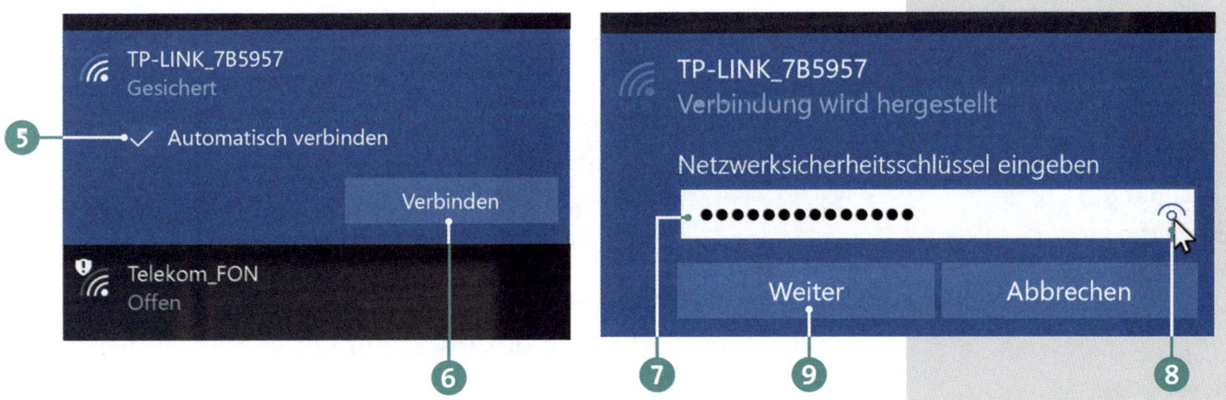

6. Klicken Sie nun noch auf **Verbinden** (6). Im sich öffnenden Eingabefeld **Netzwerksicherheitsschlüssel eingeben** (7) können Sie das Passwort eintippen, das Sie in Schritt 1 notiert haben.

Standardmäßig wird das Passwort bei der Eingabe »verdeckt«, d. h. mit Punkten angezeigt. Bei einer langen Buchstabenkombination sind Tippfehler, besonders beim Tablet, vorprogrammiert.

7. Aktivieren Sie mit einem Klick oder Fingertipp das **Augensymbol** (8), sodass Ihre Eingabe ganz normal angezeigt wird. Alles richtig eingetippt? Mit einem Klick auf **Weiter** (9) stellen Sie die Internetverbindung her.

MERKE

Wenn die Passwort-Eingabe nicht funktioniert – ein Klick auf das Augensymbol macht eventuelle Tippfehler sichtbar!

War die Eingabe des Passwortes korrekt, sind Sie online. Das sehen Sie auch am nun kräftig eingefärbten WLAN-Symbol ⑩ in der Taskleiste. Es kann endlich losgehen!

Internetseiten öffnen

Edge starten Sie über das Symbol in der Taskleiste oder über das Cortana-Suchfeld oder auch über das Startmenü und einen anschließenden Klick auf die Kachel **Microsoft Edge**.

Die App für das Internet, Microsoft Edge, starten Sie über das Programmsymbol in der Taskleiste ①. Alternativ, als kleine Übung, können Sie auch *Cortana*, Ihre freundliche Assistentin, fragen. Tippen Sie dazu in das Feld neben dem Startmenü-Knopf einfach »Edge« oder auch »edge« ein ②, und schon wird Ihnen das Programm in den Ergebnissen präsentiert ③. Mit einem einfachen Klick oder Fingertipp auf den Eintrag starten Sie es. Falls das Programmsymbol aus der Taskleiste »verschwunden« sein sollte – Sie können Microsoft Edge natürlich auch über die Kachel im Startmenü öffnen.

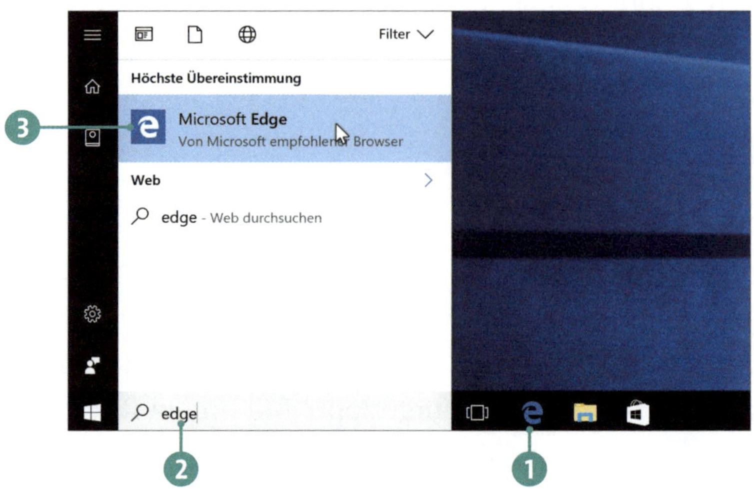

Wie bereits gelernt, öffnet sich das Internetprogramm in einem sog. Programmfenster. Hier erscheint standardmäßig immer die Startseite, die Windows für Sie bereitgestellt hat. Ein Mix aus Nachrichten, Tipps und Tricks und vielem mehr.

Damit Sie gleich richtig lossurfen können, erläutern wir kurz die einzelnen Bedienelemente von Edge.

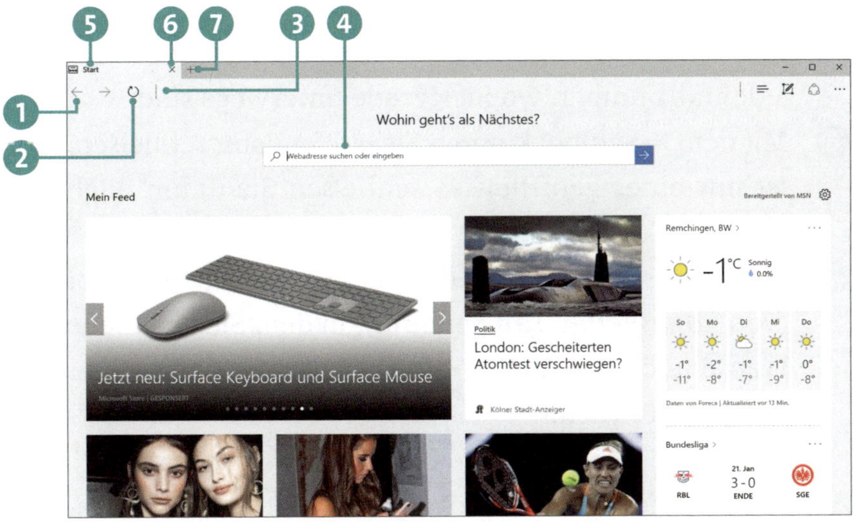

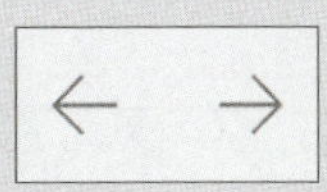

1. Die zwei grauen Pfeile sind für den Wechsel zwischen einzelnen Webseiten, die Sie bereits besucht haben, gedacht. Mit dem Pfeil nach links geht es zu der zuvor aufgerufenen Seite, mit dem Pfeil nach rechts wiederum zurück.

2. Der runde Pfeil lädt die aktuell angezeigte Internetseite neu. Das ist z. B. bei einer Nachrichtenseite interessant, um die allerneuesten Meldungen sehen zu können.

3. Das wichtigste Feld ist aktuell einfach grau. Klicken Sie dort hinein, wird es zum Adressfeld, in das Sie später jene Internetseite eintragen, die besucht werden soll.

4 Edge bietet Ihnen das Adressfeld aber auch gleich im Feld unterhalb von **Wohin geht's als Nächstes** an. Das gibt es aber nur auf dieser Startseite.

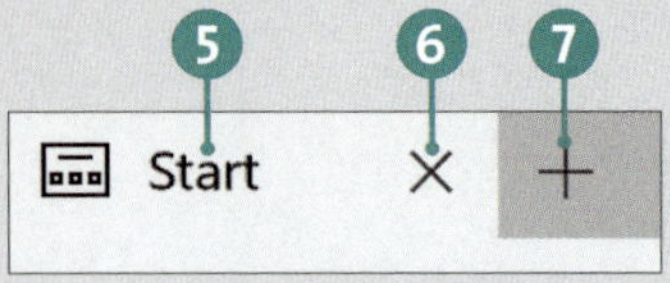

5 Ganz oben sehen Sie den Namen der aktuell besuchten Webseite, auch *Register* oder *Tab* genannt. Auch hier gibt es aktuell noch nicht viel zu sehen, folglich steht hier nur **Start**. Ein Blick nach oben zeigt Ihnen aber jedenfalls immer, wo Sie gerade unterwegs sind.

6 Mit dem **X**-Symbol können Sie ein Register schließen. Ist nur eines geöffnet, so schließen Sie damit auch zugleich Edge.

7 Mit dem **+**-Symbol erzeugen Sie ein weiteres Register (von Edge **Neuer Tab** genannt), in dem Sie eine neue Webseite öffnen können. Das zeigen wir aber später noch ausführlich.

MERKE

Google ist eine Suchmaschine, die für Sie Milliarden Webseiten durchsucht.

Als Erstes wollen wir die Suchmaschine *Google* aufrufen. Sie macht nichts anderes, als das gesamte Internet nach dem zu durchforsten, was Sie eingeben. In Sekundenbruchteilen wühlt sich diese Suchmaschine durch Milliarden von Internetseiten und sortiert die Ergebnisse übersichtlich für Sie. Sie haben sicherlich schon gehört, dass etwas »gegoogelt« wird. Tatsächlich ist dieser Begriff im Duden offiziell eingetragen und bezeichnet einen Suchvorgang im Internet. So öffnen Sie die Internetseite von Google:

1. Klicken Sie in Edge in die graue Leiste gleich neben dem Aktualisierungspfeil (siehe 3 auf Seite 121). Es wird nun ein Eingabefeld sichtbar, das mit **Webadresse suchen oder eingeben** beschriftet ist.

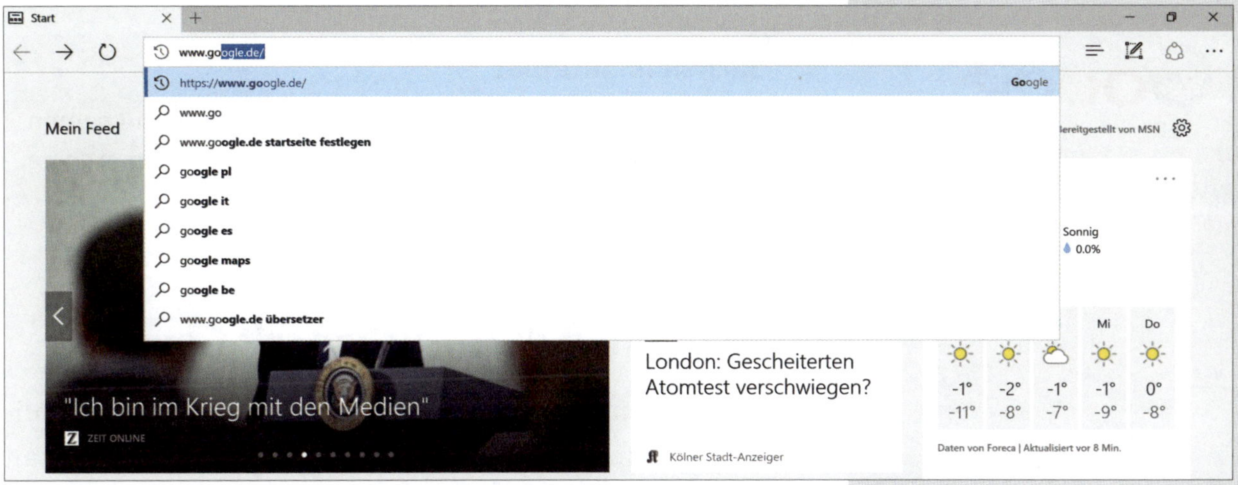

2. Tippen Sie dort »www.google.de« ein, und drücken Sie die Taste [↵]. Beim Tablet mit Touchscreen genügt es, nach Eingabe der Internetadresse noch einmal auf die Adresse zu tippen. Google wird nun in wenigen Sekunden geladen.

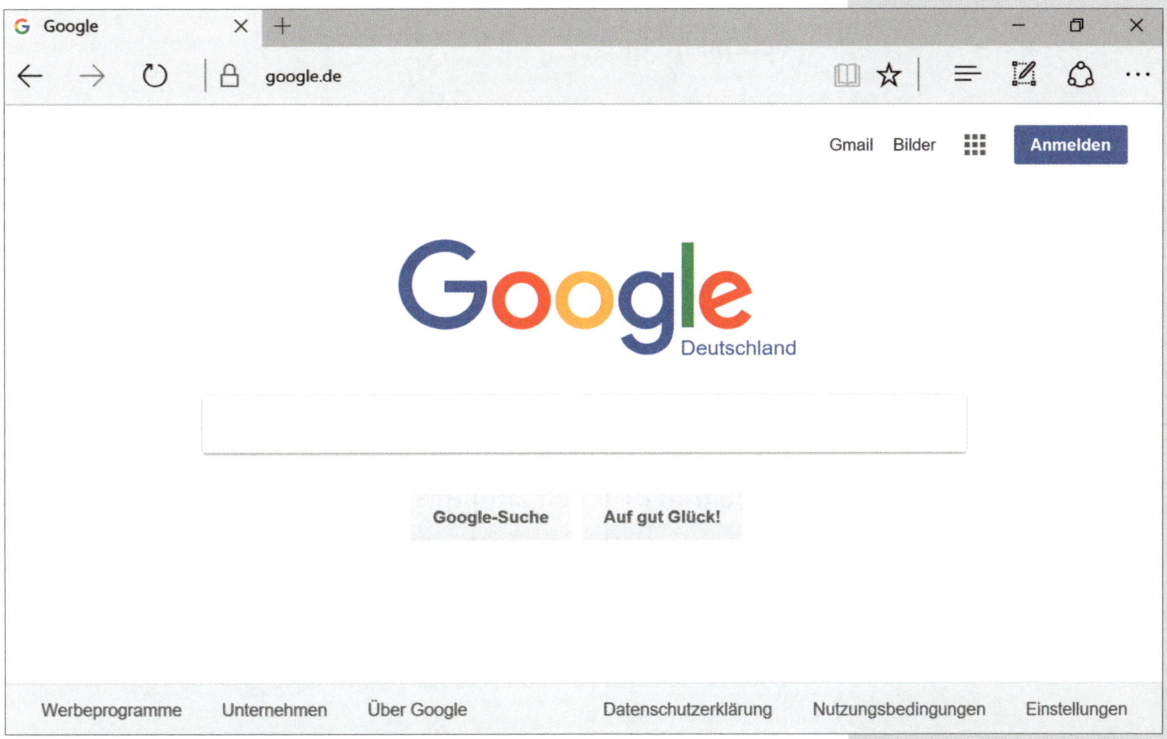

Google Deutschland

www.google.de

Suchen im Internet

Im Internet sucht man mit Google nach relevanten Themen und Inhalten. Aufgerufen wird die kostenlose Suchmaschine mit der Internetadresse »www.google.de«.

Das Internet durchsuchen mit Google

Google ist nun in Edge geöffnet. Höchste Zeit, sich weiter auf Erkundungstour zu begeben. Und wie könnte man das besser machen, als das Internet nach einem Thema zu durchsuchen. Wie wäre es mit einem feinen Rezept für einen Eintopf?

1. Tippen Sie die beiden Suchbegriffe »Eintopf Rezept« in das Google-Suchfeld (1) ein. Ob die korrekte Groß- oder Kleinschreibung verwendet wird, kümmert die Suchmaschine nicht.

2. Sie sehen, dass Google schon während der ersten Buchstaben zu erraten versucht, was Sie suchen. Ist in der Liste (2) schon das Passende dabei, müssen Sie gar nicht zu Ende tippen, sondern wählen per Mausklick oder Fingertipp die passende Möglichkeit aus, und die Suchergebnisse werden geladen.

3. Alternativ tippen Sie einfach Ihren Suchbegriff zu Ende und drücken zum Abschluss die Taste [↵] oder klicken auf die Lupe rechts im Suchfeld [🔍] (3) – und schon werden die Suchergebnisse präsentiert.

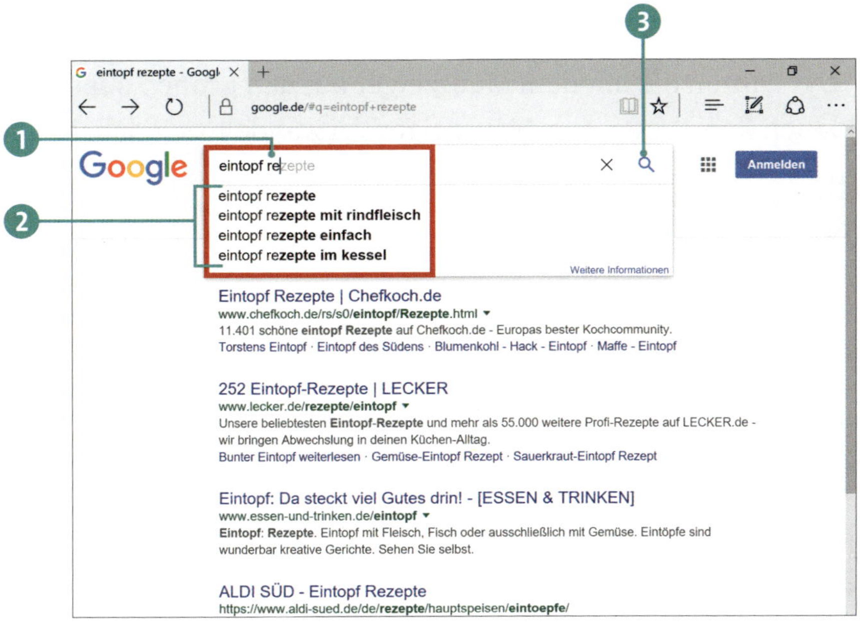

Jetzt haben Sie jede Menge Suchergebnisse erhalten (4)! Aber keine Sorge, Google hat diese schon vorsortiert. Sie können davon ausgehen, dass die Treffer der ersten Seiten am ehesten Ihren Bedürfnissen entsprechen.

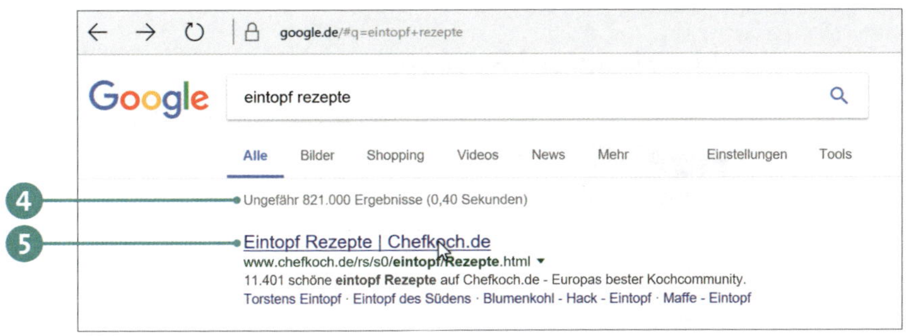

Die Ergebnisse in Listenform sind allesamt Verweise auf andere Internetseiten. Die blaue Zeile ist der anklickbare Querverweis, der sog. *Link* (5), der auf diese Seiten führt, und gibt schon einen Vorgeschmack, was die Seite bietet. In Grün darunter ist die offizielle Internetadresse aufgelistet ((1) auf Seite 126). In Grau finden Sie eine Kurzzusammenfassung des Seiteninhalts (2). Und so arbeiten Sie mit Links im Internet:

1. Fahren Sie mit dem Mauszeiger auf den grünen oder blauen Schriftzug. Der Mauszeiger verwandelt sich dabei in eine Hand **3**.

2. Es handelt sich um Links, die per Klick eine neue Internetseite aufrufen. Ein Link ist zudem meist durch eine andere Farbe oder Unterstreichung im Text zu erkennen.

3. Klicken Sie in unserem Fall mit der linken Maustaste auf den Chefkoch-Link **4**. Sofort wird diese Seite mit den leckeren Eintopfrezepten im gleichen Fenster geöffnet.

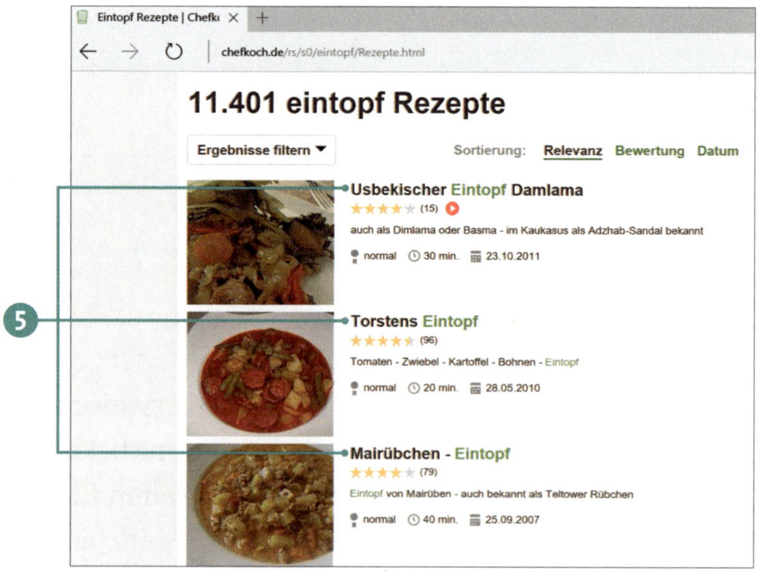

4. Hier haben Sie Zugriff auf zahlreiche Eintopfrezepte, die Sie jeweils mit einem Klick auf die Überschrift **5** auf-

MERKE

Einen anklickbaren Link, der zu einer neuen Internetseite führt, erkennen Sie daran, dass sich der Mauszeiger (siehe die Abbildung rechts) nun in eine Hand verwandelt.

rufen. Auch hier handelt es sich wieder um einen Link, auch wenn er ganz anders aussieht.

5. Wenn das Rezept doch nicht Ihren Vorstellungen entspricht, kommen Sie über den linken Pfeil von Edge 6 wieder zurück zur Liste mit den vielen Rezepten. Ein weiterer Klick darauf bringt Sie sogar wieder zur Google-Seite zurück. Das funktioniert also ganz ähnlich wie das Blättern in einem Buch.

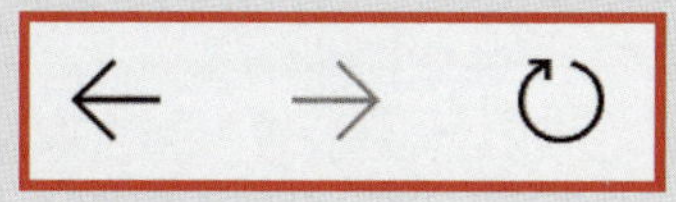

Mehrere Webseiten parallel öffnen und Online-Lexika nutzen

War der erste Ausflug ins Internet erfolgreich? Dann gehen wir einen Schritt weiter und erkunden mit *Wikipedia* das größte Online-Lexikon im Internet. Die Internetseite gibt es in vielen Sprachen und wird von Tausenden freiwilligen Autoren gepflegt. Hier erhält man wirklich fundiertes Fachwissen. Zudem zeigen wir Ihnen, wie Sie mehrere Webseiten öffnen und dabei nie den Überblick verlieren. Statten wir der Seite einfach einen Besuch ab.

1. Starten Sie den Internetbrowser Edge über das Symbol in der Taskleiste oder über die Kachel im Startmenü.

2. Tippen Sie »www.wikipedia.de« in die Adressleiste von Edge 1 ein, und schon landen Sie im digitalen Lexikon.

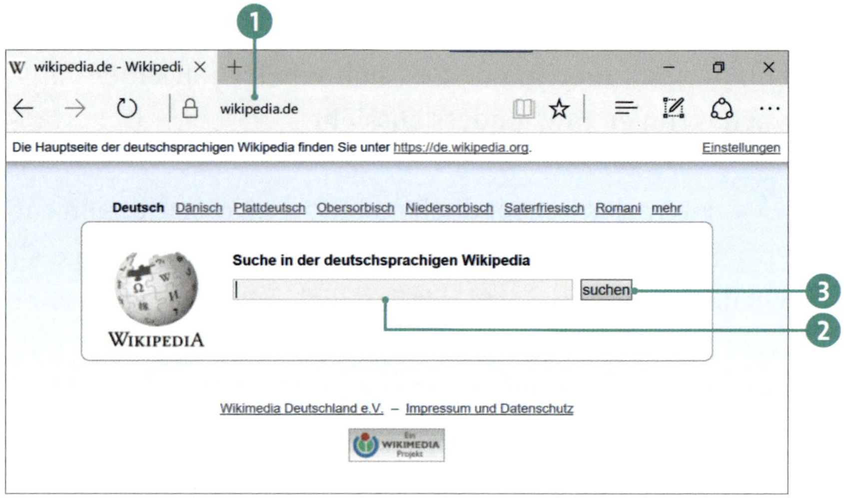

3. Das präsentiert sich zunächst noch sehr spartanisch. Tippen Sie aber einen Begriff in das Suchfeld **2** ein und bestätigen mit **suchen** **3**, erhalten Sie schnell eine neue Seite mit passenden Suchbegriffen. Wir probieren es hier einfach mal mit dem vorhin schon verwendeten Eintopf.

4. Wir wählen den ersten allgemeinen Eintrag zum Thema. Ein Klick auf die blaue Unterlegung **4** (Sie erinnern sich, das nennt man *Link*) bringt Sie zur Detailseite.

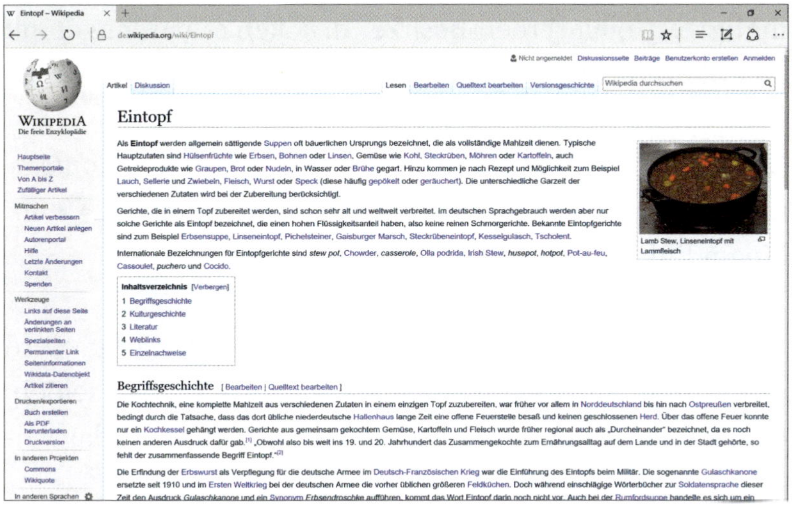

Wikipedia als Lexikon nutzen

Nach diesem Prinzip finden Sie auf Wikipedia Hunderttausende Artikel zu nahezu jedem Begriff und jedem Thema. Wie Sie sicher bemerken, ist der Text in Wikipedia übersät mit blauen Links – das bedeutet, dass zu all diesen Begriffen wiederum detaillierte Artikel existieren. Sie sehen, stundenlange Aufenthalte sind hier gar kein Problem.

Gerade bei Wikipedia kann es sein, dass Sie gerne mehrere Artikel interessant finden. Da ist das Hin- und Herspringen mit den Navigationspfeilen links oben eher mühselig. Sie können daher Internetseiten einfach in einem weiteren Fenster öffnen:

1. Wir haben ja bereits eine Seite in Wikipedia geöffnet. Falls nicht, einfach noch mal zum Anfang des Abschnitts gehen.

2. Suchen Sie sich auf der Wikipedia-Seite einen beliebigen Link, der in einem neuen Fenster geöffnet werden soll, und klicken Sie ihn mit der rechten Maustaste ein-

Kontextmenü aufrufen mit:

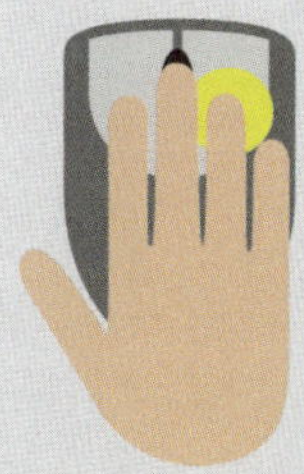

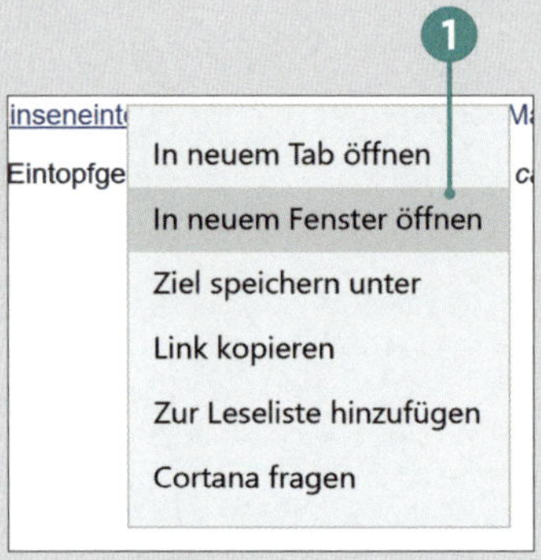

Anschließend einen Eintrag wie gewohnt mit einem linken Mausklick auswählen

malig an. Touchscreen-Besitzer drücken etwas länger auf den Bildschirm.

3. Es öffnet sich nun direkt am Link das sog. *Kontextmenü*. Hier wählen Sie **In neuem Fenster öffnen** (1) mit einem linken Mausklick an.

4. Die Internetseite, die hinter dem Link steht, wird direkt in einem neuen Fenster geladen (2). Edge schiebt das neue Fenster ein wenig zur Seite, sodass Sie das vorherige noch etwas sehen können (3).

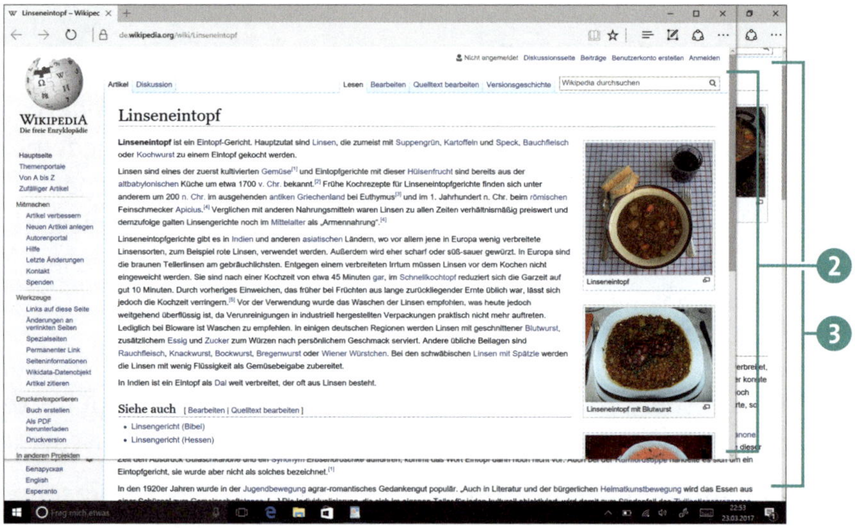

5. Wiederholen Sie den Vorgang direkt noch mal, damit wir drei verschiedene Internetseiten geöffnet haben. Wie Sie sehen, gibt es nun Platznot am Computer – je nach Display-Größe ist nun nur noch eine Seite zu sehen oder nur winzige Schnipsel der weiteren Internetseiten.

6. Hilfe gibt es in der Taskleiste mit der *Fenstervorschau*. Fahren Sie mit der Maus auf das Symbol von Edge (4), und schon zeigt Windows 10 eine Vorschau aller gerade geöffneten Fenster von Edge.

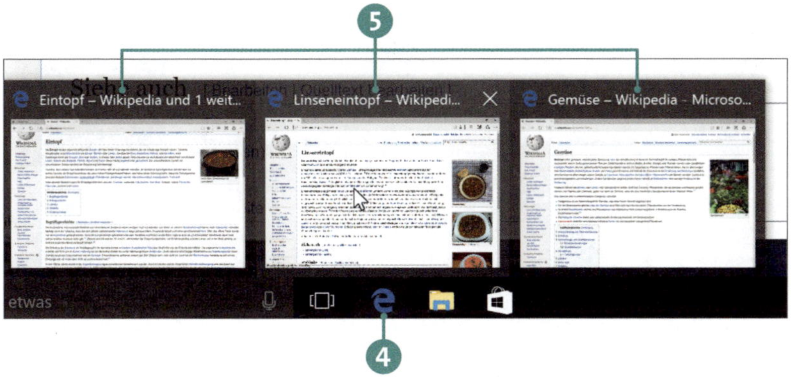

MERKE

Die Fenstervorschau in der Taskleiste zeigt immer die jeweils geöffneten Fenster, also beispielsweise auch die Dokumente eines Programms, an.

7. Fahren Sie mit dem Mauszeiger auf eines der kleinen Vorschaufenster (5), werden diese direkt groß angezeigt. So können Sie in Windeseile das richtige aussuchen und per Mausklick endgültig laden. Probieren Sie diesen Wechsel direkt ein paarmal aus.

Die praktischen Tabs im Internetprogramm Edge

Mit den *Browser-Tabs*, auch *Register* genannt, wollen wir eine weitere Ordnungslösung in Edge vorstellen. Tabs sind im Grunde genommen so, wie wenn Sie aus einem Lexikon verschiedene Seiten herausreißen und nebeneinanderlegen würden. Logischerweise geht das im Internet doch deutlich einfacher. Wir bleiben einfach auf Wikipedia.

1. Klicken Sie mit der rechten Maustaste auf einen beliebigen Link. Es wird das Kontextmenü geöffnet, das Sie bereits oben beim Öffnen mehrerer Fenster bzw. Webseiten kennengelernt haben. Hier wählen Sie nun **In neuem Tab öffnen** ((1) auf Seite 132). Wenn Sie mit einem Touchscreen arbeiten, tippen Sie den Link länger an und lassen los, sobald das gleiche Menü erscheint.

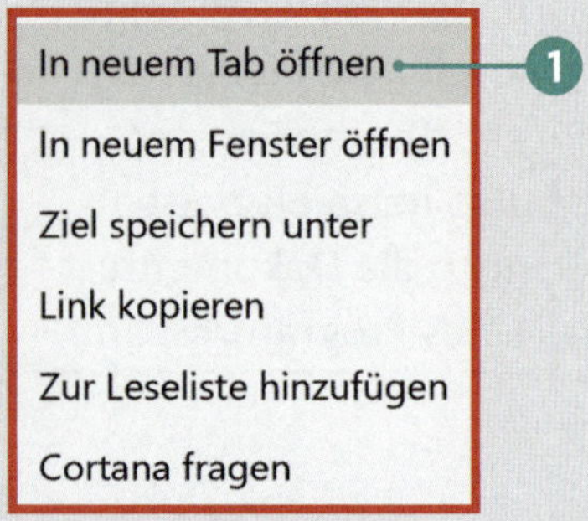

2. Der neue Link wird damit nicht im gleichen Fenster oder wie im letzten Abschnitt in einem ganz neuen Programmfenster von Edge, sondern in einem Tab innerhalb des Fensters geladen und vor die ursprüngliche Seite »gestapelt« 2.

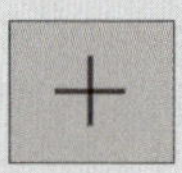
Neuer Tab

3. Zwischen der »alten« und der »neuen« Internetseite wechseln Sie einfach per Klick auf den Tab. Sie können beliebig viele Tabs öffnen und über das +-Symbol 3 weitere neue Tabs erzeugen. Über das +-Symbol werden Tabs mit der Startseite von Edge geladen, von der aus Sie wieder durch die Eingabe einer Internetadresse ganz normal lossurfen können.

4. Um einen Tab zu löschen, klicken Sie auf das **X**-Symbol **4**. Dieses wird erst eingeblendet, wenn Sie mit der Maus oder dem Finger auf den entsprechenden Tab zeigen. Dabei sehen Sie so wie bei der Fenstervorschau in der Taskleiste eine Miniaturansicht der Webseite, die sich auf diesem Tab befindet. Probieren Sie es einfach einmal aus.

Tab löschen

Das doppelte Eselsohr – Webseiten merken

»Wo habe ich doch gleich dieses perfekte Kochrezept gefunden?« – Im Internet passiert das ganz schnell. Man surft munter drauflos, entdeckt eine interessante Seite, klickt auf den nächsten Link und noch einen, und schon hat man vergessen, auf welcher Seite die ganz wichtige Info eigentlich war. Gar nicht zu reden davon, wenn man sich nach ein paar Tagen oder Wochen an eine Webseite zu erinnern versucht. Edge hat daher vorgesorgt und zwei Möglichkeiten eingebaut: Zum einen gibt es das Gedächtnis, das sich zunächst einmal alle Webseiten merkt, die Sie besucht haben. Das nennt man *Browser-Verlauf* oder nur *Verlauf*. Die andere Möglichkeit, sozusagen das zweite Eselsohr, sind *Favoriten*. Damit markieren Sie Ihre Lieblingsseiten, die Edge dann in einem separaten Menü speichert. Im Folgenden zeigen wir Ihnen zunächst diese Möglichkeit.

MERKE

Der sog. *Browser-Verlauf* und die *Favoriten* helfen Ihnen, sich an bestimmte Internetseiten zu erinnern.

Die besten Webseiten möchten Sie sicherlich gerne so ablegen, dass Sie diese auch schnell wiederfinden. Das klappt wie gesagt mit den Favoriten, und die Vorgehensweise ist ganz simpel, wie wir Ihnen in der folgenden Anleitung zeigen.

MERKE

Edge bietet Ihnen in der Menüleiste oben rechts die Möglichkeit, Ihre Favoriten von Internetseiten zu sichern.

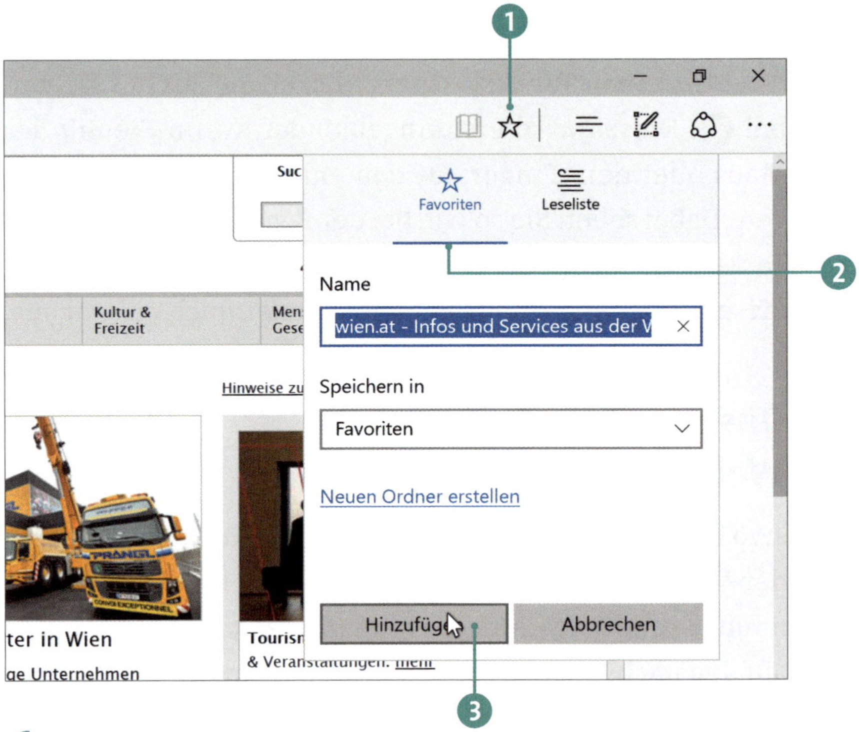

1. Wenn Sie auf einer besonders interessanten Internetseite sind, klicken Sie das Sternsymbol **1** rechts im Programmfenster von Edge an – sofort öffnet sich ein Dialog, der Ihnen anbietet, diese Seite in den **Favoriten** **2** zu speichern.

2. Nun genügt ein Klick auf **Hinzufügen** **3**, und die Internetseite ist dort abgelegt und hat zudem ein gelbes Sternchen **4** als Markierung erhalten.

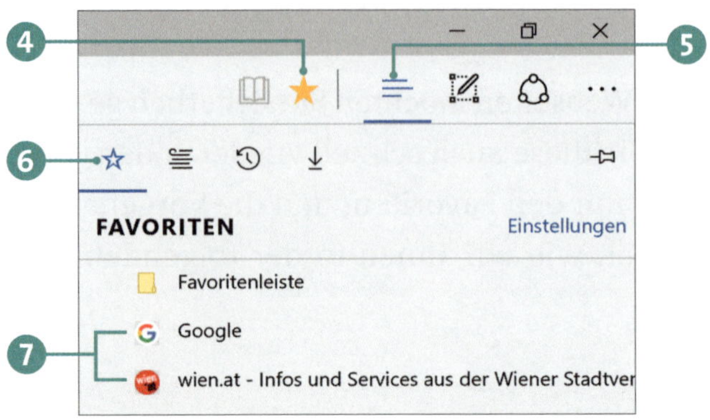

Über das Menü mit den drei Balken 5 und einen anschließenden Klick auf das Sternsymbol 6 im sich öffnenden Dialog haben Sie jederzeit Zugriff auf Ihre ganz persönlichen Favoriten. Mit einem Klick oder Fingertipp auf die dort hinterlegte Seite 7 wird diese direkt aufgerufen, umständliches Eintippen entfällt damit.

Ganz schön akribisch merkt sich der Verlauf des Internetprogramms Edge, der zu Abschnittsbeginn bereits erwähnte sog. *Browser-Verlauf*, wo Sie überall gesurft haben. Das ist sehr praktisch und spiegelt sich beispielsweise darin wider, dass bei der Eingabe einer Internetadresse, die Sie schon mal besucht haben, diese automatisch vorgeschlagen wird. Um im Verlauf gezielt zu suchen, gehen Sie rechts auf das Symbol mit den drei Balken 1 und klicken anschließend auf das Symbol mit der stilisierten Uhr 2. Es öffnet sich der **Verlauf** 3, der fein nach Datum und Uhrzeit geordnet anzeigt, wo Sie überall im Web unterwegs waren 4.

MERKE

Im Browser-Verlauf finden Sie alle von Ihnen bereits besuchten Internetseiten. Das ist für einen erneuten Besuch ganz nützlich.

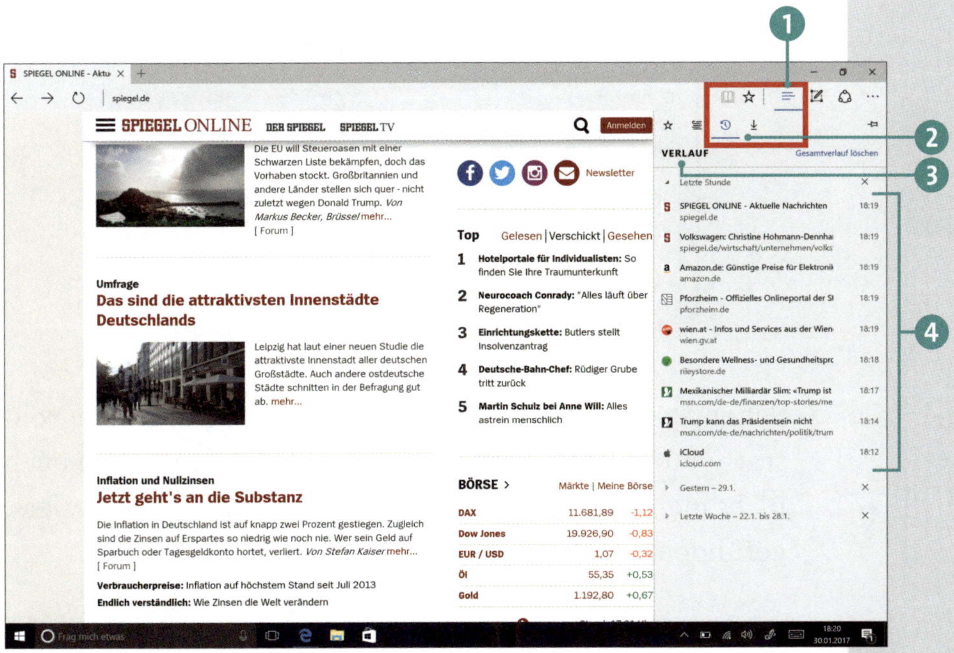

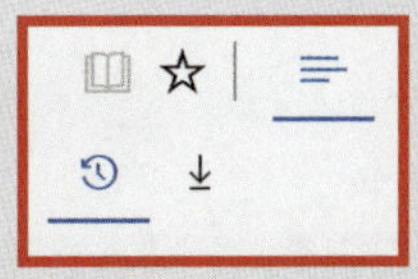

MERKE

Im Browser-Verlauf können Sie gezielt einzelne dort gespeicherte Internetseiten löschen, die Sie besucht haben!

Es kann aber sein, dass Sie nicht möchten, dass hier alles aufgezeichnet wird. Ein wenig Privatsphäre sei ja wirklich jedem gegönnt. Einzelne Seiten lassen sich daher problemlos entfernen: einfach mit der Maus oder dem Finger auf den entsprechenden Punkt fahren und das dann erscheinende rote **X** anklicken bzw. drücken 5.

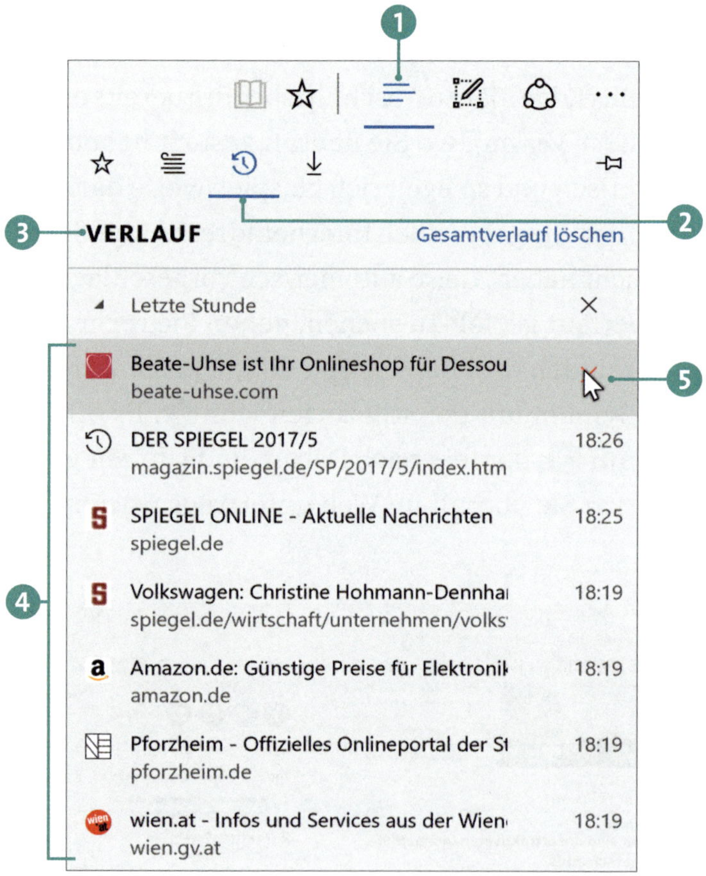

WAS TUN?

Edge neu starten: einfach das Programmfenster über das **X** rechts oben schließen und anschließend Edge über die Taskleiste oder das Startmenü erneut öffnen

Schon ist der Eintrag entfernt und wird nach einem Neustart von Edge (Programm beenden und neu laden) auch nicht mehr im Verlauf, der *Auto-Ergänzung* des Browsers, gefunden.

Falsche Seite aufgerufen?

Keine Sorge, wenn Sie aus Versehen auf einer Seite gelandet sind, die Sie nicht besuchen wollten. Sei es, dass es da um anzügliche Inhalte oder illegales Ansehen von Videos oder Herunterladen von Musik geht. Verlassen Sie die Seite einfach, und alles ist gut. Das Löschen des Verlaufs bringt hier nichts, denn das löscht nur das Gedächtnis Ihres Computers.

Auf Wunsch kann im **Verlauf**-Fenster auch alles auf einmal gelöscht werden:

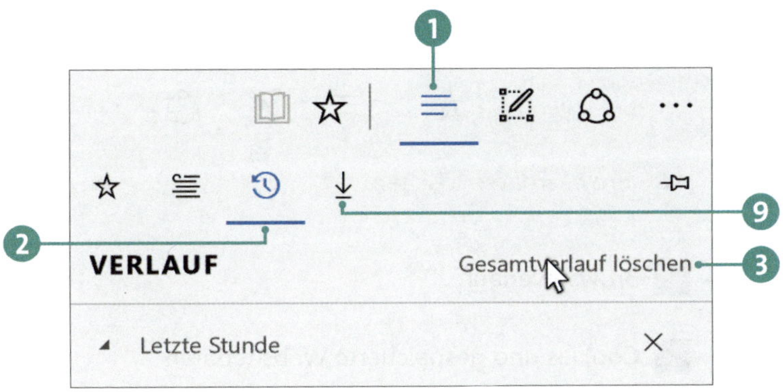

1. Öffnen Sie den Verlauf mit einem Klick auf die drei Balken ❶ und anschließend auf das Uhrsymbol ❷.

2. Klicken Sie auf den Link **Gesamtverlauf löschen** ❸.

Sie gelangen in einen neuen Dialog. Der ist zwar voller Fachchinesisch, aber die dort bereits angehakten Daten (❹ auf Seite 138) sind zum Löschen absolut ausreichend.

3. Auf Wunsch könnten Sie aber noch **Kennwörter** ❺ und **Formulardaten** ❻, die Sie etwa beim Einkaufen im Internet eingegeben haben, von allen besuchten Seiten

MERKE

Den Browser-Verlauf können Sie auch komplett mit einem Klick löschen.

MERKE

Über das Menü von Edge haben Sie auch Zugriff auf die Programme und Dateien, die Sie aus dem Internet herunterladen. Diesen sog. *Downloadverlauf* öffnen Sie über die drei Balken (1 auf Seite 137) und einen anschließenden Klick auf den nach unten zeigenden Pfeil 9.

löschen. Denn auch das merkt sich Edge. Aktivieren Sie die Kästchen dazu mit einem Mausklick.

Downloadverlauf 7 sollten Sie ruhig aussparen, denn hier haben Sie Zugriff auf die von Ihnen aus dem Internet heruntergeladenen Programme und Dateien – sollten Sie diese einmal nicht mehr in der Dateiablage Ihres Computers wiederfinden.

Mit einem Klick auf **Löschen** 8 werden die Daten entsprechend Ihrer Vorgaben gelöscht.

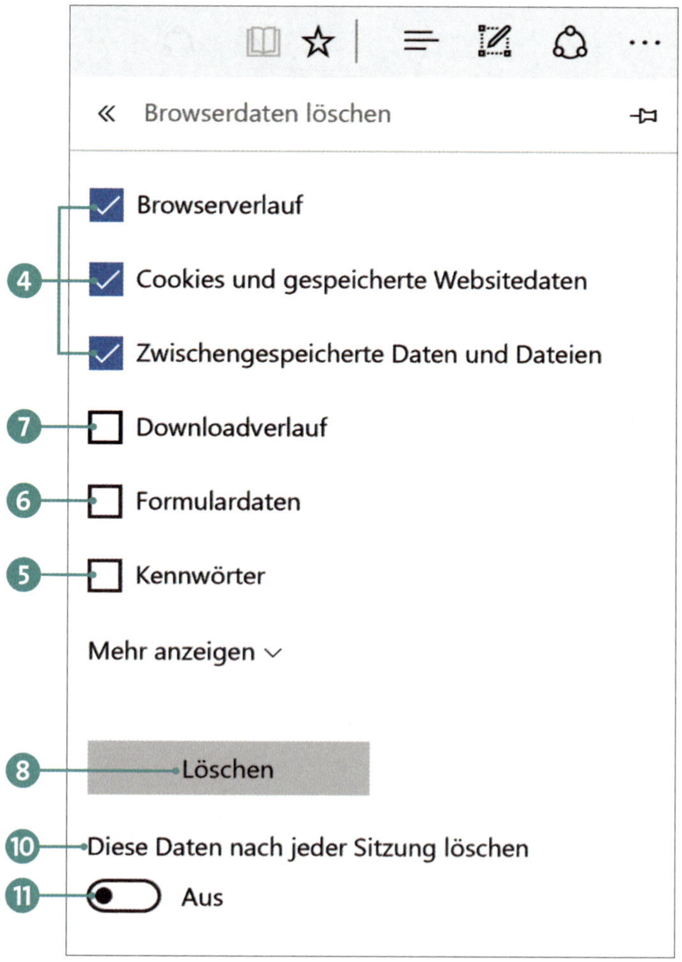

Eine kleine Besonderheit stellt **Diese Daten nach jeder Sitzung löschen** ⑩ dar. Damit säubert Edge, sofern der Schalter darunter auf **Ein** steht, bei jedem Verlassen des Internetprogramms den Verlauf automatisch. Das ist in der Praxis aber wenig komfortabel. Schieben Sie daher den Regler mit gedrückter Maustaste nach links auf **Aus** ⑪, um die Funktion abzuschalten.

Komplett mit Tarnkappe unterwegs kann man ebenfalls im Internet surfen. Das bedeutet aber nur, dass sich Ihr Computer standardmäßig keinerlei Seiten, Eingaben oder Passwörter merkt. Diese Funktion ist etwa dann praktisch, wenn man den Partner mit einem online gekauften Geschenk überraschen und damit alle Spuren verwischen möchte. Um Ihren Besuch im Internet mit Tarnkappe zu beginnen, gehen Sie folgendermaßen vor:

1. Starten Sie Edge, und klicken Sie dann auf das ...-Menü ①. Die drei Punkte stehen einfach für »mehr Funktionen«.

2. In diesem Menü wählen Sie **Neues InPrivate-Fenster** ②. Das ist bei Edge der Begriff für das unerkannte Browsen im Internet.

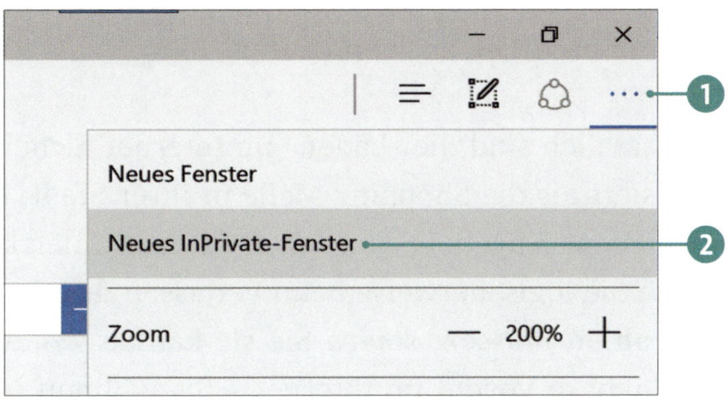

MERKE

Möchten Sie es immer selbst in der Hand haben, welche Daten Edge im Browser-Verlauf löscht, dann stellen Sie den Schalter unterhalb von **Diese Daten nach jeder Sitzung löschen** auf **Aus**.

MERKE

Im Internet können Sie auch unerkannt surfen. Das nennt sich in Edge *InPrivate-Surfen*. Datei werden am Computer keinerlei Aktivitäten im Verlauf des Internetprogramms Edge aufgezeichnet.

Edge weist Sie mit einem neuen Startbildschirm nochmals darauf hin, dass alle Aktivitäten, die in diesem Programmfenster stattfinden, nicht aufgezeichnet werden.

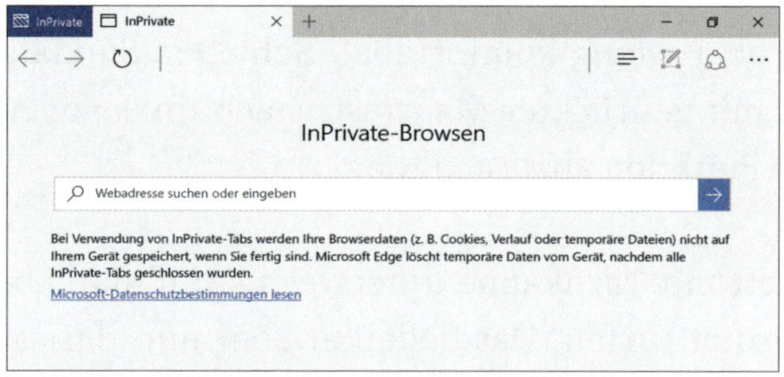

3. Nach Ihrer Sitzung im Internet schließen Sie das Programmfenster wie gewohnt über das **X**-Symbol. Damit ist alles vergessen. Das gilt aber wirklich nur für den Verlauf oder eingegebene Kennwörter – ein im privaten Fenster getätigter Kauf oder eine Überweisung im Online-Banking ist logischerweise damit nicht rückgängig zu machen.

Einkaufen im Internet

Online-Shopping ist in aller Munde – nicht umsonst sind Konzerne wie *Amazon* in den letzten Jahren so richtig groß geworden. Tatsächlich ist es sehr bequem – im Internet können Sie aus unzähligen Angeboten und Einkaufsläden wählen, stressfrei rund um die Uhr digital bummeln gehen und dann natürlich auch einkaufen.

Grundsätzlich sind die »Läden« im Internet nicht anders organisiert als die Shopping-Meile in Ihrer Stadt. Es gibt verschiedene Angebote, aus denen Sie auswählen können und die Sie logischerweise beim Verlassen des Geschäfts auch zahlen müssen, sofern Sie sie kaufen wollen. Der unschlagbare Vorteil im Internet – Sie wohnen in Castrop-Rauxel, können aber innerhalb von Sekunden in Hamburg, Berlin oder Stuttgart auf Einkaufstour gehen. Oder sogar ins Ausland. Und alles wird Ihnen ohne Schlepperei nach Hause geliefert.

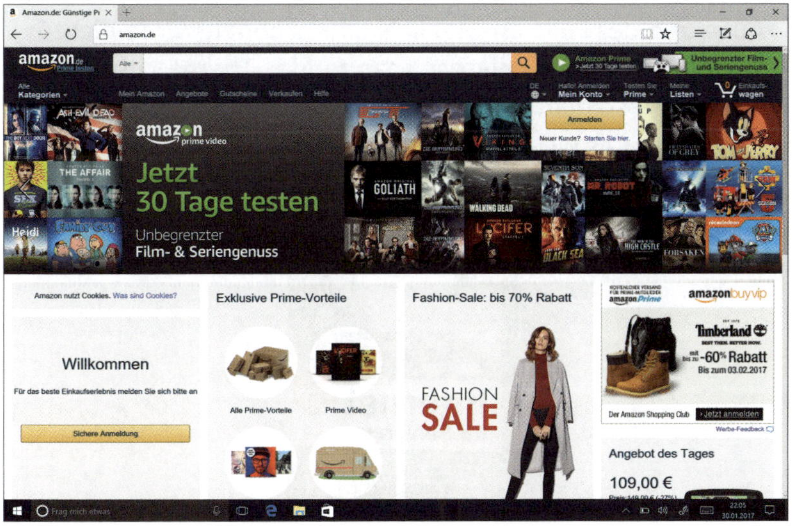

Es gibt nahezu alles online zu kaufen – von der Zahnbürste bis hin zum Auto. Nur im Bereich Lebensmittel, also klassische Supermarktware, ist der Markt im Internet noch sehr dünn. Lediglich in Großstädten bieten hier die großen Supermarktketten schon Services an, dass Sie online Ihren Wocheneinkauf erledigen und dieser nach Hause gebracht wird.

Die digitale Shopping-Tour startet auch hier wieder mit dem Internetprogramm Edge und der Eingabe einer Webadresse, beispielsweise »www.otto.de«, »www.amazon.de« oder auch »www.ebay.de« für das bekannte Online-Auktionshaus *eBay*. Hier bummeln Sie nach Herzenslust und selbstverständlich gratis durch das unglaublich große Warenangebot. Mit dem zuvor gelernten Wissen zur Navigation durch Webseiten klappt das sicher hervorragend. Wie im echten Laden gilt: »Gucken kostet nix.«

Wie funktioniert Online-Shopping genau?

Aufgrund der Fülle an Möglichkeiten können wir in diesem Windows-10-Buch dieses spannende Thema nur kurz anreißen – so richtig ins Detail geht es im Buch »Internet für Senioren«, das wir an dieser Stelle gerne empfehlen.

Online-Banking am Computer

Banken haben immer weniger Lust auf Kundenkontakt, das haben Sie sicherlich schon selbst bemerkt. Entweder ist die Filiale komplett geschlossen, oder es werden für Geschäfte am Schalter sehr hohe Gebühren fällig. Eine von Hand ausgefüllte Überweisung wird zudem meist mit längerer Bearbeitungszeit quittiert. Das Bankgeschäft ist über das Internet ausgesprochen komfortabel zu erledigen und eine Überweisung mit wenigen Mausklicks erledigt. Das macht Spaß, spart Geld und ist sicher. Tatsächlich müssen Sie sich beim sog. *Online-Banking* keine Sorgen darum machen, dass jemand Ihr Konto plündert. In diesem Abschnitt wollen wir Ihnen kurz erläutern, wie Sie auf der sicheren Seite surfen.

- Die Verbindung zur Webseite Ihrer Bank ist mehrfach gesichert. Ihr Internetprogramm Edge zeigt sogar direkt an, ob eine Webseite über eine derartig gesicherte Verbindung verfügt, die niemand unbefugt einsehen kann. In unserem Beispiel mit der GLS-Bank ist das (geschlossene) Schlosssymbol 1 in der Adressleiste deutlich sichtbar.

Bei vielen »normalen« Internetseiten ist dieses Schloss grau eingefärbt 2, aber auch hier ist man auf der sicheren Seite, ganz vereinfacht ausgedrückt, ist es nur eine andere Verschlüsselungstechnik, die zum Einsatz kommt.

MERKE

Ist in der Adressleiste von Edge ein Schloss abgebildet, wird die Verbindung zur aufgerufenen Internetseite sicher hergestellt.

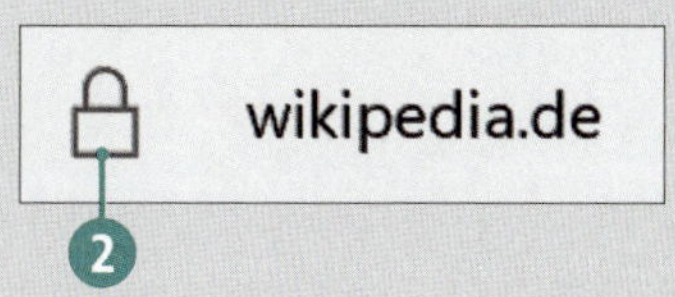

- Bei Bankgeschäften im Internet und für jede Überweisung wird ein Buchstaben- oder Nummerncode gefordert. Dieser Code wird entweder auf Ihr Mobiltelefon geschickt oder mit einem kleinen Gerät bei Bedarf generiert. Diese sog. TAN sorgt dafür, dass niemand, außer Ihnen selbst, eine Überweisung oder andere Geschäfte tätigen kann.

MERKE

Bei den verschiedenen Banken sind die einzelnen Schritte, die auf der jeweiligen Internetseite bei einer Online-Überweisung ausgeführt werden, sehr ähnlich.

Das Online-Banking beantragen Sie bei Ihrer Hausbank. Von ihr erhalten Sie auch die Zugangsdaten für das Online-Banking nach Anforderung per Post.

Im Folgenden zeigen wir Ihnen an einem Beispiel, wie eine Überweisung über das Internet prinzipiell funktioniert. Sehr praktisch – dank einer Demokonto-Funktion können Sie die Schritte hier auch ohne eigenes Online-Konto gefahrlos und ohne Konsequenzen einmal vorab ausprobieren.

1. Starten Sie Ihr Internetprogramm Edge wie gewohnt in der Taskleiste oder über das Startmenü.

www.gls-online-filiale.de

2. In das Adressfeld geben Sie mit der Tastatur jene URL (die Internetadresse) ein, die Ihnen die Bank für das Online-Banking mitgeteilt hat. In unserem Beispiel ist das »www.gls-online-filiale.de«. Bestätigen Sie Ihre Eingabe mit der Taste ↵.

3. Rechts oben auf der GLS-Seite klicken Sie auf **Onlinebanking ▸ Direkt zum Banking**, um auf die Seite für das Online-Banking zu gelangen.

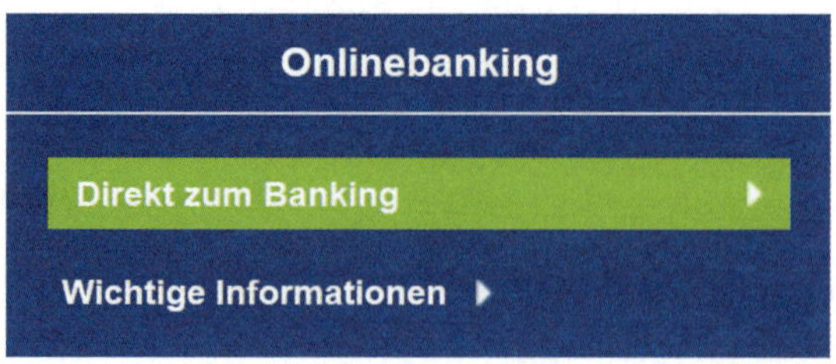

4. Jetzt werden eigentlich eine Benutzerkennung und ein Passwort verlangt. Beides haben wir aktuell natürlich nicht. Wir klicken daher einfach auf die Schaltfläche **Login**

Demokonto (1). *Login* wird im Internet als Begriff für ein Feld benutzt, bei dem man sich mit eigenen Zugangsdaten anmelden kann.

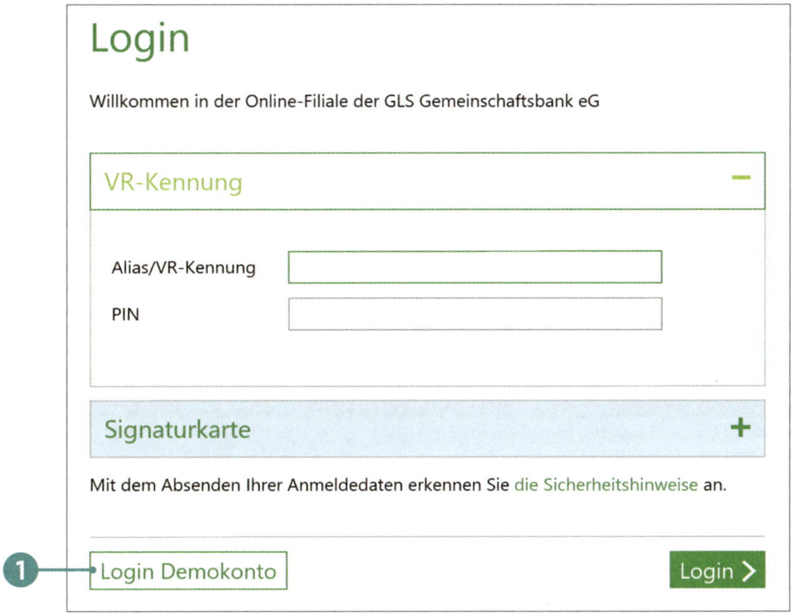

5. Benutzername und Kennung sind jetzt bereits ausgefüllt (2), und ein Klick auf die Schaltfläche **Login** (3) bringt Sie direkt zur Kontenübersicht.

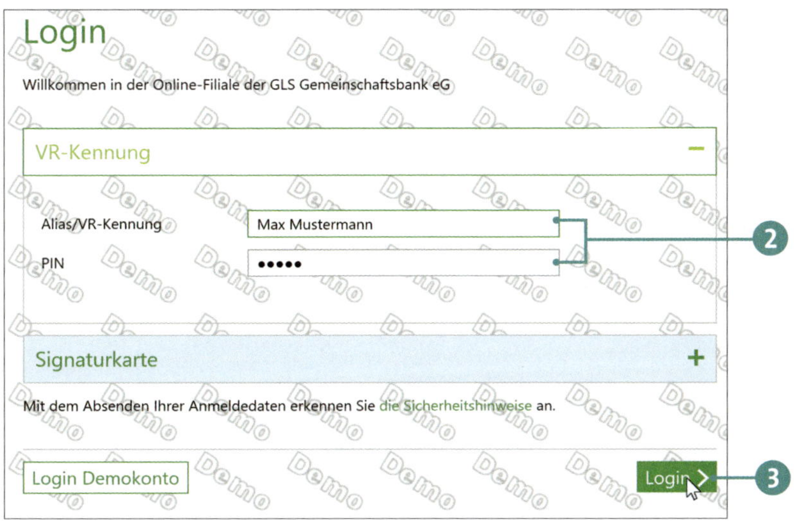

MERKE

Mit *Login* wird im Internet die Möglichkeit bezeichnet, sich anzumelden und in einen persönlichen Benutzerbereich zu gelangen, wo nur Sie Zugriff haben.

6. Klicken Sie nun auf ein beliebiges Online-Konto in der Liste **4**.

Summe	Konto	Inhaber/IBAN	Kontostand	Aktion
☑	**Alle Inhaberkonten**			
☑	6666700 Mein eigenes Konto	Max Mustermann DE12 3123 1212 3123 1231 23	829,38 EUR	€ i
4 ☑	6666702 Vereins Konto	Max Mustermann DE12 3123 1212 3123 1231 23	117,47 EUR	€ i

7. Der digitale Kontoauszug wird geladen, und Sie haben alle Buchungspositionen der letzten Zeit direkt im Blick.

Umsätze 1 bis 6

Buchungstag Wertstellung	Buchungstext	Betrag	Kontostand
05.01.2013	Standard Demobuchung 6 Max Mustermann Taschengeld Sohn Mustermann	-25,00 EUR	829,38 EUR
04.01.2013	Standard Demobuchung 5 Max Mustermann Einzahlung Schulden vom Kegeln	17,65 EUR	854,38 EUR
03.01.2013	Standard Demobuchung 4 Max Mustermann Lastschrift Reisebüro Musterstadt Urlaub auf Teneriffa	-1.013,27 EUR	836,73 EUR
02.01.2013	Standard Demobuchung 3 Max Mustermann Geldautomat Musterstadt Abhebung	-150,00 EUR	1.850,00 EUR
01.01.2013	Standard Demobuchung 2 Max Mustermann Zuschuss Urlaubskasse	50,00 EUR	2.000,00 EUR
01.01.2013	Standard Demobuchung 1 Max Mustermann Erste Einzahlung Lohn / Gehalt	1.500,00 EUR	1.500,00 EUR

Das ist natürlich viel komfortabler als der gedruckte Kontoauszug, da Sie beispielsweise über eine Suchfunktion **5** eine Abbuchung nach Stichwort finden können, auch über Wochen und Monate hinweg.

In solchen Suchdialogen können Sie Ihre Suche auf bestimmte Bereiche eingrenzen, hier etwa auf den **Zeitraum** **6** bzw. den **Betrag** **7**. So ähnlich funktioniert auch die Artikelsuche beim Online-Shopping – auch hier stehen Ihnen in aller Regel Filter zur Verfügung, die Ihnen dabei helfen, schnell fündig zu werden.

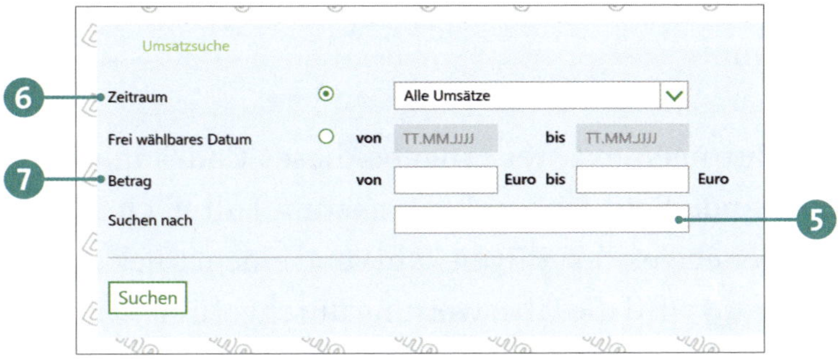

Und so führen Sie eine Online-Überweisung im Demokonto durch, ganz ohne lästige Papierüberweisung.

1. Eine Überweisung wird über den entsprechenden Link **Neue SEPA-Überweisung erfassen** unter der Kontoauszugsliste aufgerufen.

Dieses Formular benötigt exakt die gleichen Eingaben wie das Papierformular. Also Name des Empfängers 1, die ewig lange IBAN 2, die BIC 3, den Betrag 4 und den Verwendungszweck 5. Sehr praktisch: Bei der IBAN sind Tippfehler ausgeschlossen, der Code wird später bei der Übertragung von jeder Bank geprüft, und der klassische Zahlendreher ist damit Vergangenheit.

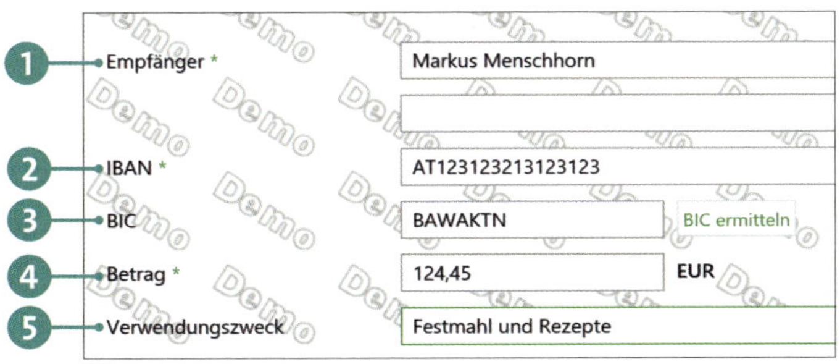

2. Ein Klick auf **Weiter** bringt uns bei dieser Bank zur Sicherheitsabfrage. In diesem Fall wird eine TAN, ein Zahlencode, generiert und an Ihr Mobiltelefon geschickt. Im Demokonto passiert das natürlich nicht, weiter geht es trotzdem.

3. Nur nach exakter Eingabe dieses Codes in das entsprechende Feld 6 (und in unserem Fall nach Eingabe einer beliebigen 6-stelligen Zahl) und einem Klick auf **Ausführen** 7 wird die Überweisung durchgeführt. Sie haben gerade Ihr erstes Bankgeschäft online erledigt; okay, nur als Übung, aber jetzt sind Sie perfekt vorbereitet.

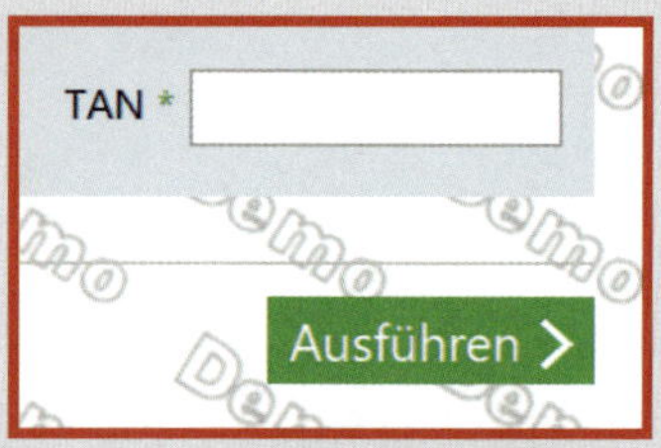

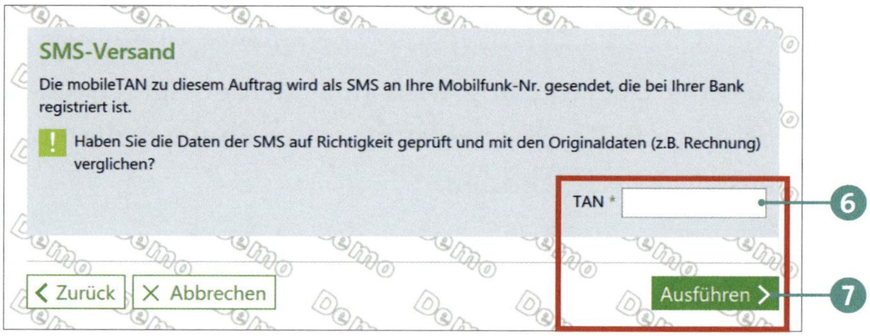

Das war doch gar nicht schwer, oder? So fix können Sie auch mit Ihrer Bank künftig Überweisungen erledigen und Kontoauszüge einsehen oder den Kontostand abfragen.

Und die Sicherheit? Im Bereich des Online-Bankings Ihrer Bank ist aufgrund der Absicherung durch Ihre Login-Daten und die TAN-Nummer zu jeder Transaktion eine kriminelle Handlung so gut wie unmöglich. Wenn, dann versuchen Kriminelle, per E-Mail Ihre Zugangsdaten und Passwörter zu klauen. Wie man sich davor schützen kann, erklären wir Ihnen ausführlich im Abschnitt »Werbe-Mails und Spam-Mails – so reagieren Sie richtig«, ab Seite 246.

ACHTUNG!

Vergessen Sie beim echten Online-Banking nie, sich über die Schaltfläche **Logout** (manchmal heißt sie auch **Abmelden** oder **Ausloggen**) von Ihrem Online-Konto abzumelden. Das Schließen der Internetseite oder des Browsers Edge allein reicht dazu nicht.

Webseiten drucken

Auch wir gehören zu jener Generation, die längere Texte gerne »schwarz auf weiß« vor sich hat. Es ist nur zu verständlich, dass man die eine oder andere Webseite gerne ausdrucken möchte. Grundsätzlich klappt das ganz einfach, das notwendige Handwerkszeug haben Sie bereits bei WordPad (ab Seite 103) gelernt. Sie erinnern sich? Die Vorgehensweise ist in jeder App ähnlich. Aber leider sehen die Fenster und Menüs nicht immer gleich aus, wenngleich die Funktion dahinter identisch ist. Davon dürfen Sie sich nicht irritieren lassen. Daher üben wir das direkt mit dem Internetprogramm Edge. Sie werden sehen – sieht anders aus, macht aber das Gleiche. Probieren wir es doch gleich einmal aus:

1. Öffnen Sie Edge, sofern noch nicht geschehen, und rufen Sie die gewünschte Webseite im Adressfeld auf.

2. Öffnen Sie nun das ...-Menü rechts (1) mit einem Klick, und wählen Sie dort den Befehl **Drucken** (2) ebenfalls per Maus aus.

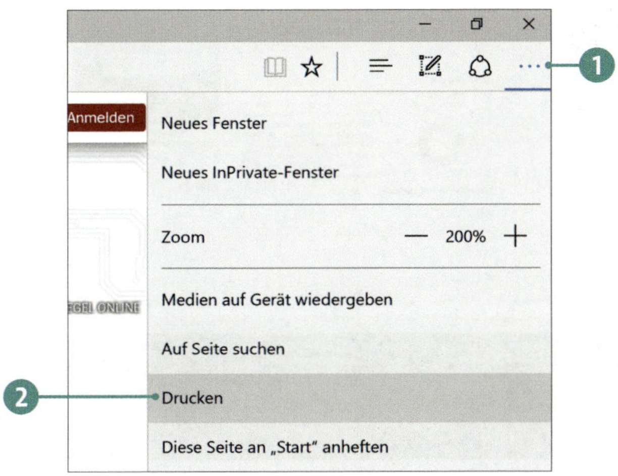

MERKE

Den **Drucken**-Befehl finden Sie in Edge im Menü **Mehr** – die Schaltfläche mit den drei Punkten ganz rechts oben.

Das folgende Dialogfenster in elegantem Schwarz zeigt Ihnen eine große Seitenvorschau (3). Das ist sehr wichtig, denn nicht alle Seiten lassen sich so schön auf dem Drucker ausgeben wie hier die Startseite von *Spiegel Online*. So prüfen Sie schon vor dem Druck, ob das Ergebnis Ihren Vorstellungen entspricht.

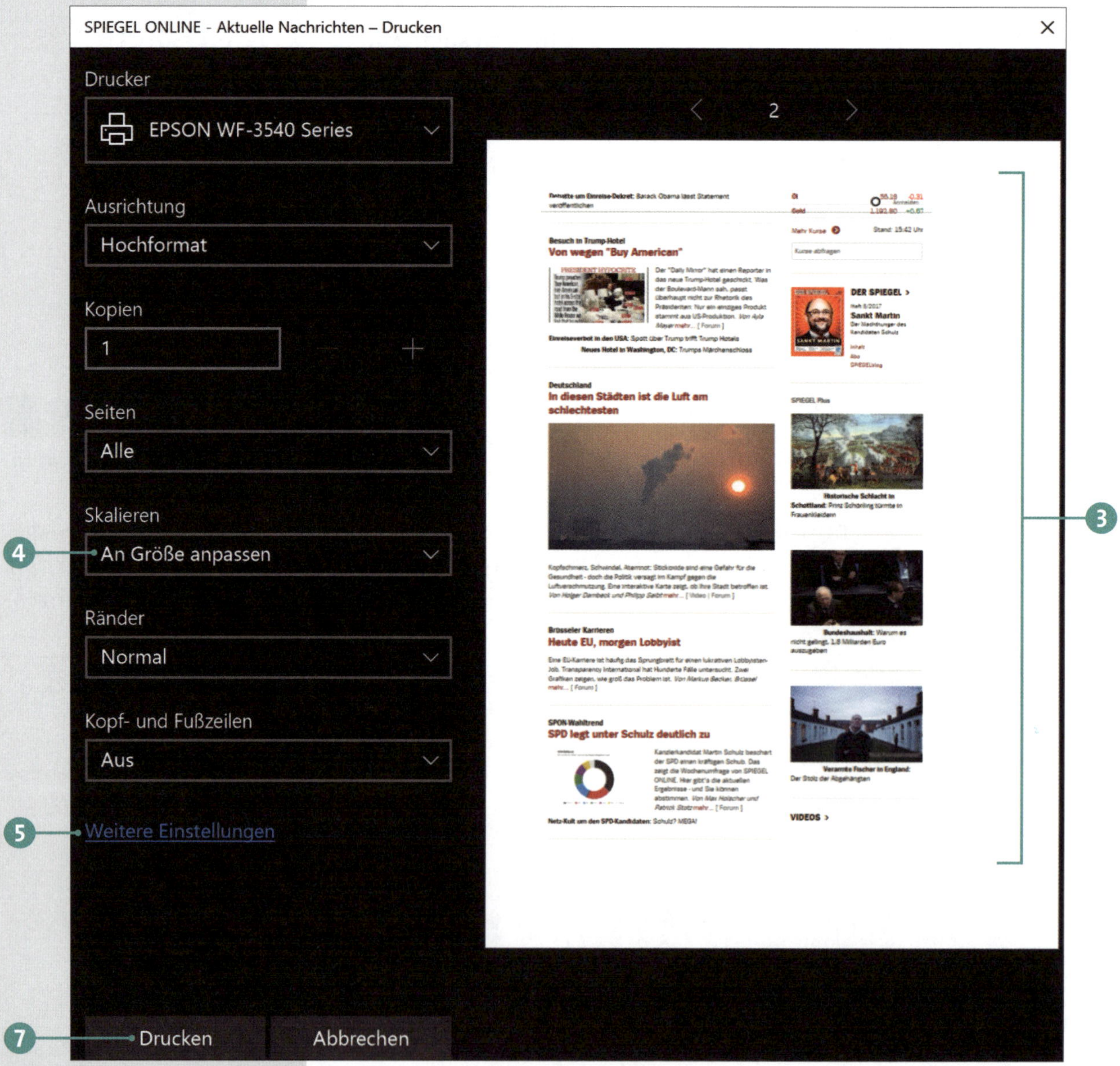

3. Für die Darstellung ist hier **Skalieren** (4) maßgeblich – normalerweise wird die Webseite auf Seitengröße skaliert, auf Wunsch und Klick in das Menü (4) ist die Darstellungsgröße frei einstellbar. Die Vorschau wird dann ebenfalls angepasst.

4. Die anderen Funktionen kennen Sie schon von der App WordPad. Möchten Sie noch die Papiersorte und Druckqualität wählen, klicken Sie auf **Weitere Einstellungen** (5). Diese kennen Sie ebenfalls, nur sind sie hier grafisch anders aufbereitet – deutlich hübscher als im Schreibprogramm, wie wir finden.

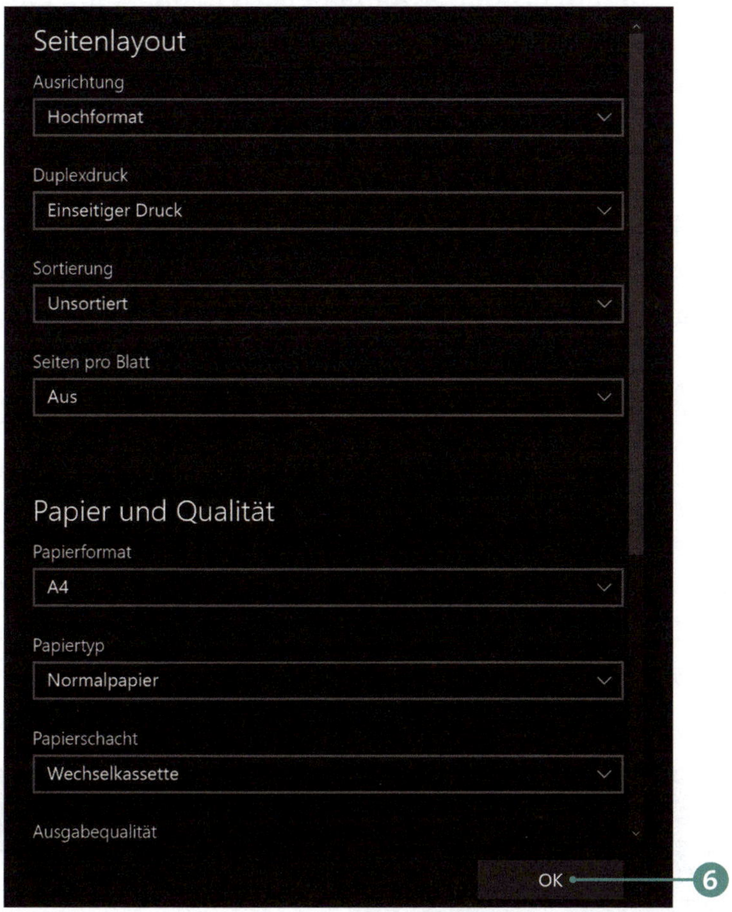

5. Haben Sie alles nach Wunsch eingestellt, geht es mit **OK** (6 auf Seite 151) zurück auf den vorherigen Bildschirm. Mit **Drucken** (7 auf Seite 150) startet dann der Ausdruck Ihrer Webseite.

Webseite digital als PDF sichern

Jedes Dokument kann als PDF gespeichert werden. In diesem Dateiformat werden Texte, Grafiken und Bilder fein säuberlich »verpackt«.

Alternativ zum klassischen Ausdruck kann eine Webseite und übrigens auch jedes andere Dokument im sog. *PDF-Format* abgelegt werden. Dieses Dateiformat hat den Vorteil, dass es auf fast jedem Computer lesbar ist und man zum Öffnen der verschiedenen Elemente (Text, Bild, Grafik) eben nur ein PDF-Programm benötigt. Man kann ein PDF allerdings nur mit Spezialprogrammen bearbeiten.

Wir zeigen Ihnen anhand einer Internetseite in Edge, wie Sie ein PDF davon erzeugen. Auch hier gilt: Das klappt so auch mit WordPad und jeder anderen App. Tatsächlich wird ein PDF nicht direkt abgespeichert, sondern über die **Drucken**-Funktion erzeugt:

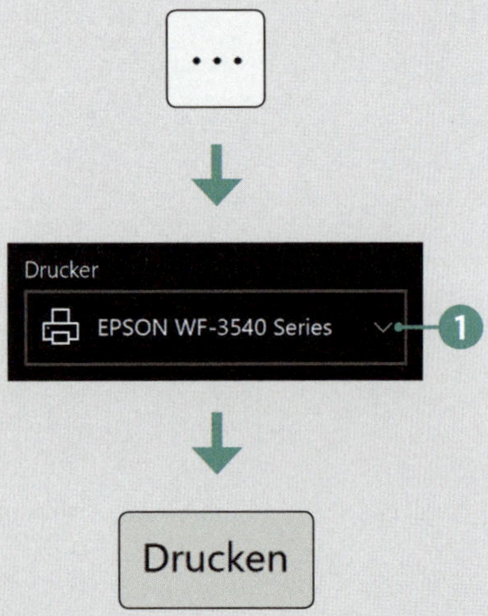

1. Aktivieren Sie so wie im letzten Abschnitt wieder über das **...**-Menü in Edge den Befehl **Drucken**.

2. Im **Drucken**-Dialog angelangt, wechseln Sie den Drucker mit einem Klick in jenes Feld, in dem Ihr aktueller Drucker angezeigt wird 1. Wählen Sie aus der Liste **Microsoft Print to PDF** 2 aus.

3. Klicken Sie nun ganz unten im Dialogfenster auf die Schaltfläche **Drucken**.

4. Statt einen Papierberg auszugeben, wird nach einem Dateinamen für das PDF-Dokument gefragt **3** und der Speicherort **4** festgelegt. Das PDF-Format ist im Feld **Dateityp** **5** bereits richtig angegeben.

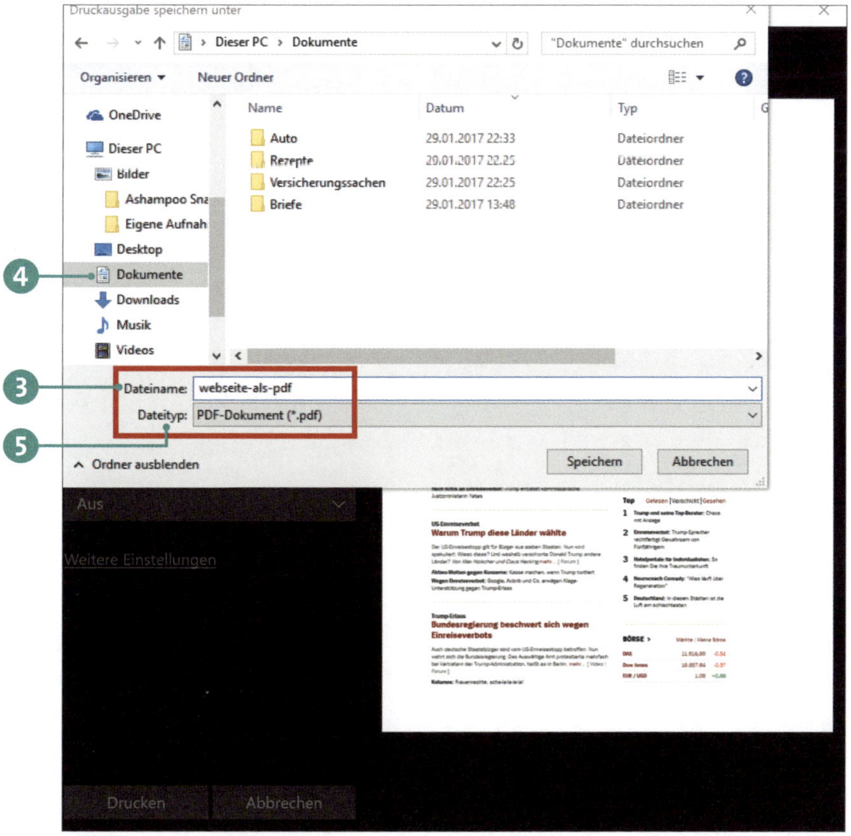

5. Anschließend liegt das PDF-Dokument im gerade ausgewählten Ordner **4** und kann von Ihnen beispielsweise per E-Mail an Freunde versendet werden. Wie das geht, verraten wir Ihnen aber erst in Kapitel 8, »E-Mails schreiben und versenden«, ab Seite 241.

MERKE

Ein Dokument als PDF zu sichern ist immer dann eine gute Wahl, wenn das Dokument nicht mehr geändert werden muss und man sichergehen will, dass es auf jedem Computer gleich aussieht.

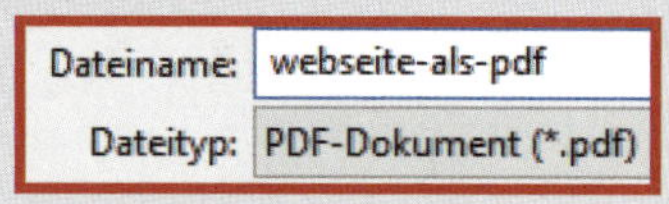

KAPITEL 5

In Kontakt bleiben – Videotelefonie gratis in die ganze Welt

Nicht selten ist es der Fall, dass Verwandte und Freunde in allen möglichen Ecken der Republik oder weit darüber hinaus verstreut leben. Gegenseitige Besuche sind oftmals schwierig zu organisieren, und auch ständig Kontakt zu halten fällt manchmal nicht leicht. Daher verwundert es nicht, dass *Skype* zu den beliebtesten Apps im Bereich Telefonie und Videotelefonie gehört.

Worin liegt nun der Vorteil dieser App gegenüber herkömmlichen Telefonen, Handys und Smartphones? – Ganz klar im Bereich der Kosten. Für die einzelnen Gesprächsverbindungen zahlen Sie keinen Cent, egal, ob Ihr Gesprächspartner in New York, Melbourne, Rom oder in Kirchberg am Walde zu Hause ist. Lediglich die ohnedies für die Internetverbindung anfallenden Kosten sind zu bezahlen.

Darüber hinaus gibt Ihnen Skype die Möglichkeit, mit Ihren Bekannten nicht nur zu telefonieren, sondern auch direkt per Video zu kommunizieren. Auch »nur« schreiben, und zwar live und in Echtzeit per sog. *Chat* , ist möglich.

Für die Nutzung der Telefon- und Videotelefonie-Funktion sind neben der Internetverbindung eine sog. *Webcam*, also

Mit Skype kann man in Bild und Ton telefonieren und chatten (engl. für »plaudern«), d. h. in Echtzeit Textnachrichten austauschen.

Sie benötigen:

- eine Internetverbindung
- Mikrofon und Lautsprecher
- eine Webcam

eine Kamera, die Ihr Bild aufzeichnet und wiedergibt, ein Mikrofon und ein Lautsprecher notwendig. Bei Notebooks und Tablets ist das alles bereits integriert, bei Desktop-PCs müssen diese in der Regel separat gekauft und an den Computer angeschlossen werden.

Natürlich muss Ihr Gesprächspartner ebenfalls über ein Skype-Konto und diese Ausstattung verfügen, damit Sie in Kontakt treten können.

Die App Skype starten und einrichten

1. Starten Sie Skype im Startmenü über die Kachel **Skype** oder über die Liste der alphabetisch sortierten Apps.

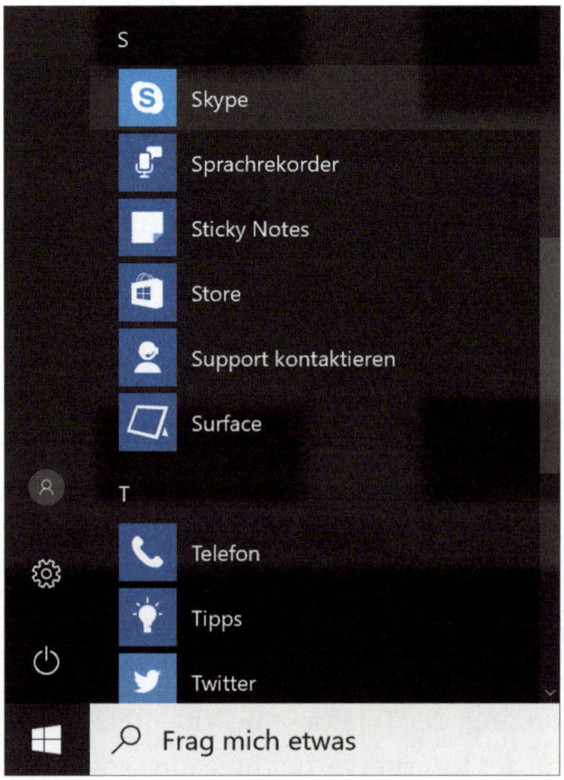

2. Im folgenden Willkommensbildschirm müssen Sie sich mit Ihrem Microsoft-Konto anmelden. Tippen Sie in das vorgegebene Feld ① jene E-Mail-Adresse ein, mit der Sie bei Microsoft registriert sind. Sollten Sie noch kein Microsoft-Konto besitzen, dann klicken Sie stattdessen auf **Neues Konto erstellen** ② – das ist schnell erledigt. Wie das im Detail funktioniert, zeigen wir Ihnen ausführlich im Abschnitt »Ein E-Mail-Konto einrichten« ab Seite 225.

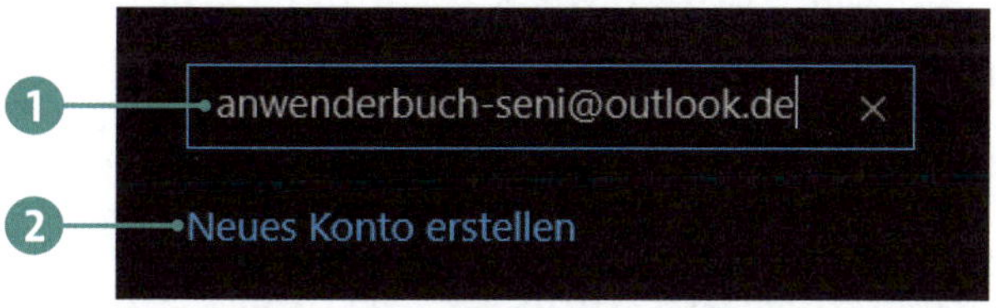

Ein wichtiger Hinweis ist dem unteren Rand des Bildschirms zu entnehmen ③ – es ist halt einfach kein echtes Telefon, dieses Skype.

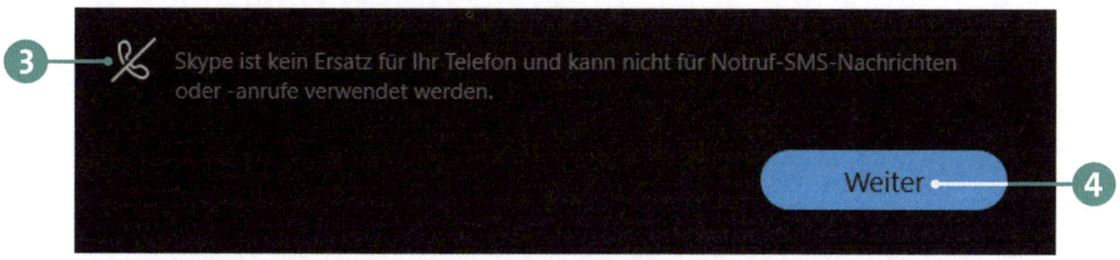

3. Mit einem Klick auf **Weiter** ④ gelangen Sie zur Kennworteingabe.

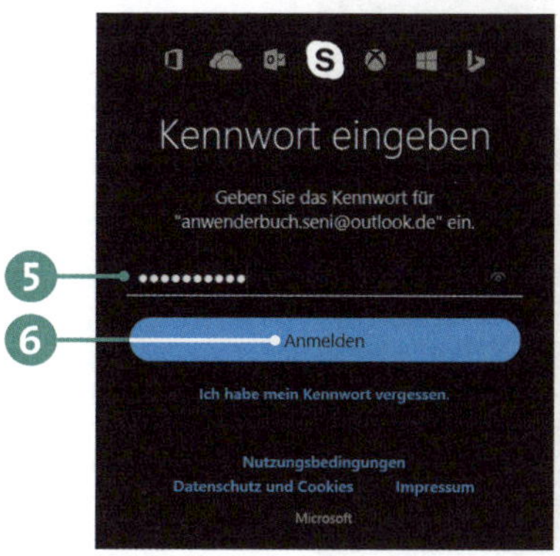

> **MERKE**
>
> Für die Nutzung von Skype benötigen Sie ein kostenloses Microsoft-Konto.

MERKE

Beim Skype-Namen können Sie sich auch ein Pseudonym zulegen.

4. Geben Sie das Kennwort direkt ein ⑤, und klicken Sie auf **Anmelden** ⑥.

5. Jetzt fordert das System noch die Eingabe Ihres Namens ⑦. Sie fragen sich, warum das nötig ist, denn eigentlich haben Sie ihn ja schon im Microsoft-Konto hinterlegt. Nun, das ist der Name, der in Skype verwendet wird, wenn Sie Kontakt mit anderen Teilnehmern aufnehmen möchten. Sie können diesen Namen daher frei wählen, wenn Sie nicht möchten, dass man Sie über Ihren richtigen Namen findet. Bestätigen Sie mit **Weiter** ⑧.

6. Zum Abschluss des Anmeldevorgangs schlägt Skype Ihnen noch vor, gleich auf die Kontaktadressen im Adressbuch zuzugreifen und sie Skype zuzuführen, sowie die Möglichkeit, Ihre Telefonnummer bekanntzugeben. Das würde mit einem Klick auf **Weitere Informationen** ⑨ geschehen. Wir klicken aber nun auf **Später durchführen** ⑩. Die Funktion macht nämlich erst Sinn, wenn Sie im digitalen Adressbuch von Windows 10 schon ein paar Adressen gespeichert haben. Das lernen Sie im Abschnitt »Kontakte anlegen – das digitale Adressbuch« ab Seite 253.

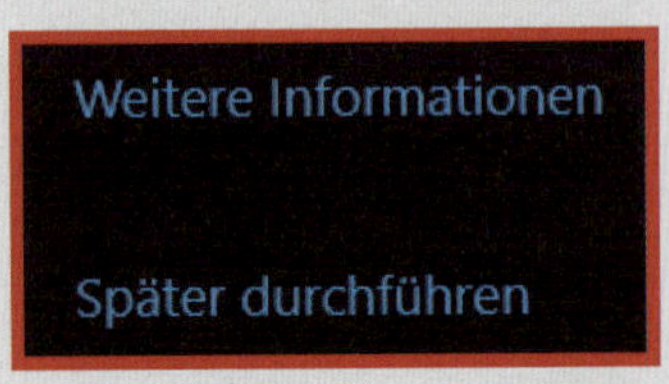

7. Nach der Anmeldung freut sich ein Smiley schon darüber, dass wir es gleich geschafft haben. Klicken Sie in diesem Fenster auf **Fertig stellen**.

8. Das folgende Dankeschön für die Nutzung dieser App bestätigen Sie mit **Schließen**.

Damit ist Skype startklar und steht für »den ersten Kontakt« bereit.

So ist die App Skype aufgebaut

Sehen wir uns nun die App etwas genauer an: Im Bereich **Aktuell** finden Sie all jene Kontakte, mit denen Sie zuletzt Chats und Telefonate geführt haben, was beim ersten Aufruf der App natürlich noch nicht der Fall ist. Unter **Kontakte** sind alle vorhandenen Kontakte zu sehen. Über das Zahnradsymbol links unten (1) könnten Sie einige Einstellungen zu Audio und Video vornehmen. Unser Rat dazu lautet aber – belassen Sie hier alles, wie es ist.

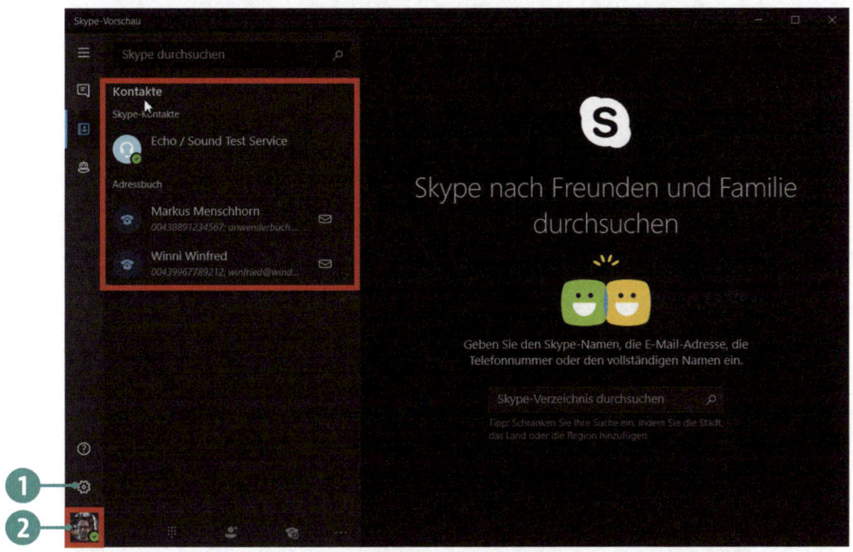

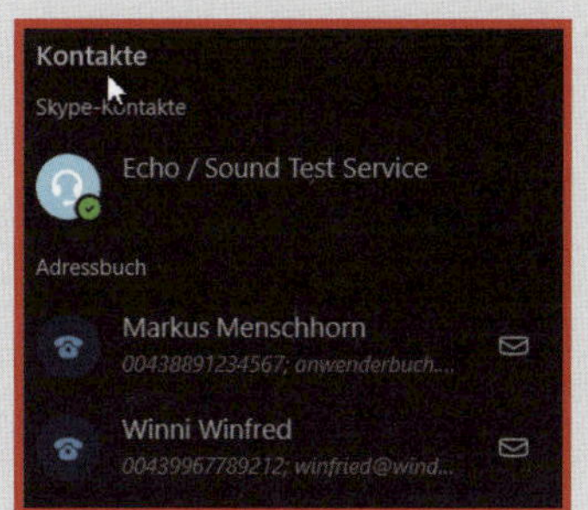

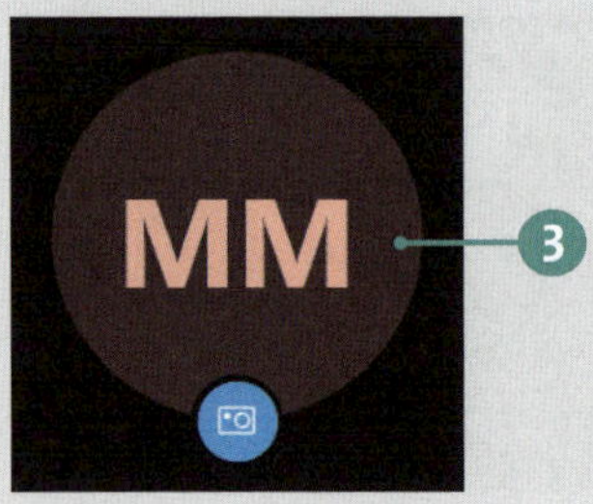

Unterhalb des Zahnradsymbols sehen Sie Ihr eigenes Profil. In unserem Fall jenes vom Autor des Buches, Markus Menschhorn **2**. Hier ist schon ein Bild zu sehen. Bei Ihnen sind das aktuell nur Ihre Initialen **3**. Es ist durchaus sinnvoll, hier ein eigenes Bild einzufügen, denn wenn Sie jemanden per Skype kontaktieren, sieht der beim Anruf direkt Ihr Foto und weiß, wer am anderen Ende der Leitung ist.

Mit unserer folgenden Anleitung klappt das Einfügen eines Profilbildes ganz einfach und spontan mit der Webcam Ihres Computers – sollten Sie keine besitzen, ist das auch kein Problem. Direkt danach zeigen wir, wie Sie aus den eigenen Digitalfotos das Profilbild einfügen.

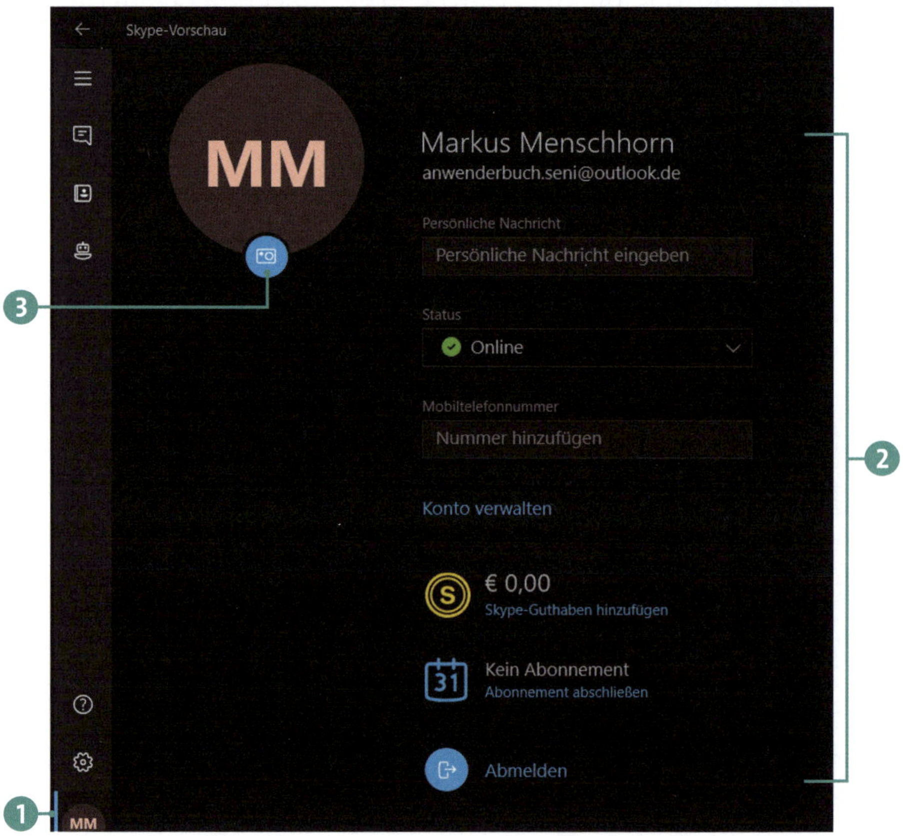

So legen Sie Ihr Profilbild an, wenn Sie eine Webcam besitzen oder diese im Tablet bzw. Notebook eingebaut ist:

Ein Profilbild mit der Webcam aufnehmen

1. Klicken Sie auf dem Startbildschirm von Skype auf das Profil-Icon 1 links unten. Es öffnet sich Ihr Skype-Profil 2, das Sie nun individuell gestalten können.

2. Klicken Sie auf das Kamerasymbol bei Ihrem Profilsymbol 3.

3. Es erscheint das Fenster **Profilbild verwalten**. Bringen Sie sich nun in Pose, setzen Sie Ihr freundlichstes Lächeln auf, und klicken Sie auf das Kamerasymbol unterhalb des Vorschaubildes 4.

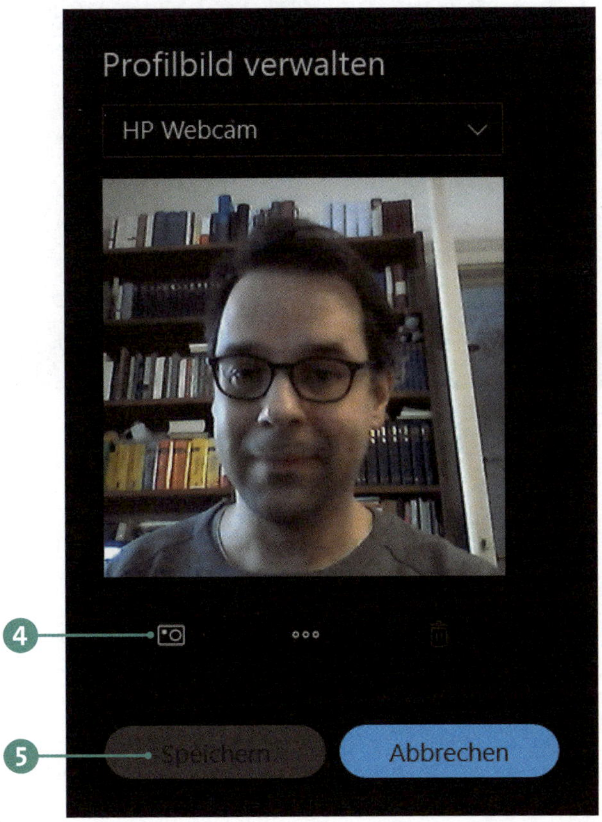

MERKE

Wenn Ihnen nicht gefällt, was Sie sehen, hilft ein Klick auf **Abbrechen**.

Mit **Speichern** erscheint Ihr Bild bereits überall in Skype.

4. Wenn Sie mit dem Ergebnis zufrieden sind, klicken Sie auf **Speichern** 5, und schon erscheint Ihr Bild sowohl im Dialog zu Ihrem Profil 6 als auch auf dem Startbildschirm der App links unten 7.

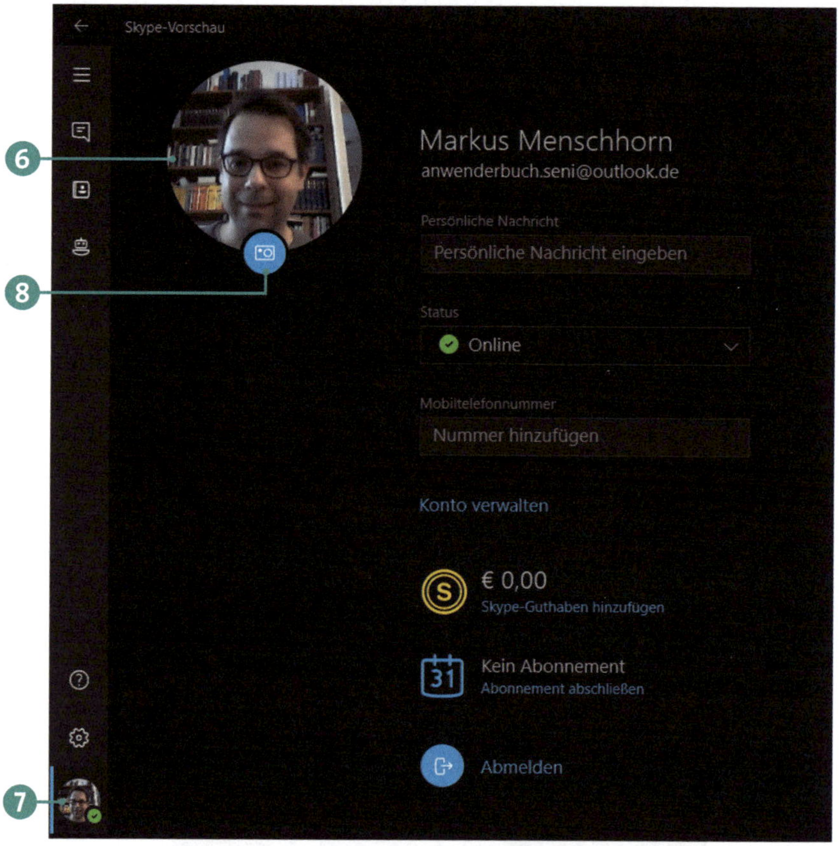

Ein Profilbild ohne Webcam in Skype einfügen – Voraussetzung: Es sind schon Fotos auf Ihrem Computer gespeichert!

Und so legen Sie ein Profilbild ohne Webcam an:

1. Klicken Sie auf das Profil-Icon 7 links unten in Skype. (Hier sehen Sie bei sich natürlich nicht wie in der Abbildung bereits ein Bild, sondern nur Ihre Initialen.) Es öffnet sich Ihr Skype-Profil.

2. Klicken Sie nun auf das Kamerasymbol bei Ihrem Profilsymbol 8.

3. Es öffnet sich ein neues Fenster. Hier wählen Sie das mittlere Feld **...** ⑨ mit einem Klick aus – es erscheint auch kurz der Hinweis **Bilddatei auswählen** ⑩.

4. Es öffnet sich das Ihnen schon bekannte Explorer-Fenster mit Ihrer Ordnerstruktur (siehe Kapitel 3, »Mit Windows 10 einen Brief schreiben und Dokumente gestalten«, ab Seite 98). Klicken Sie in der linken Leiste auf den **Bilder**-Ordner unter **Dieser PC** ⑪.

5. Rechts sind im Idealfall direkt Ihre Bilder zu sehen. Falls nicht, können weitere vorhandene Unterordner per Doppelklick geöffnet werden. Klicken Sie nun ein Bild nach Wunsch an, und aktivieren Sie es mit **Öffnen** ⑫.

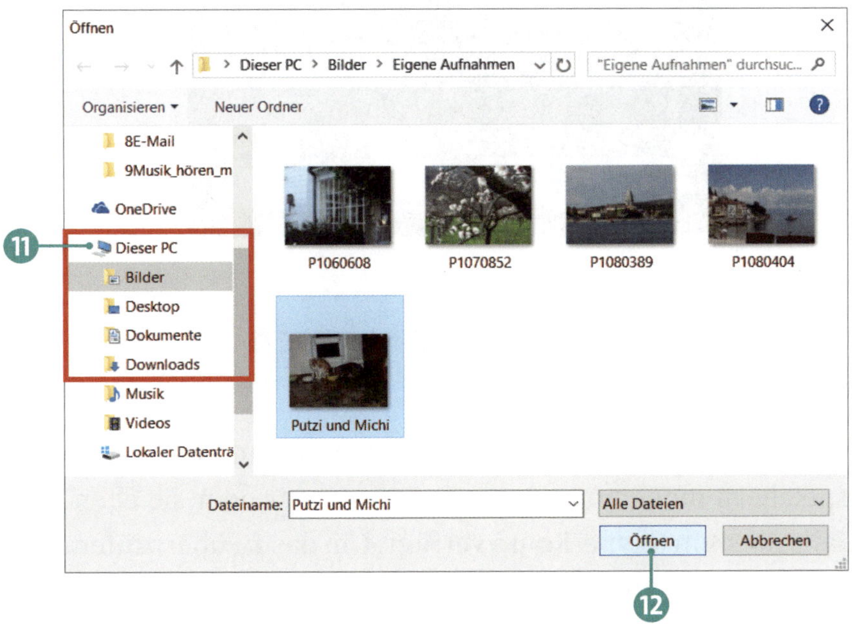

6. Im folgenden Feld kann der Ausschnitt mit dem Schieberegler (⑬ auf Seite 164) noch geändert werden. Bewegen Sie ihn mit gedrückter linker Maustaste, am Touchscreen mit gedrücktem Finger nach oben oder unten.

Mit einem Klick auf **Speichern** (14) erscheint das gewünschte Bild als Profilbild.

Kontakt suchen und aufnehmen

Wenn Sie jemanden aus Ihrem Bekannten- oder Freundeskreis oder eines Ihrer Enkelkinder in Ihren Kontakten speichern möchten, geht das nur, wenn er oder sie ebenfalls über ein Skype-Konto verfügt. Um das zu überprüfen, gehen Sie wie folgt vor:

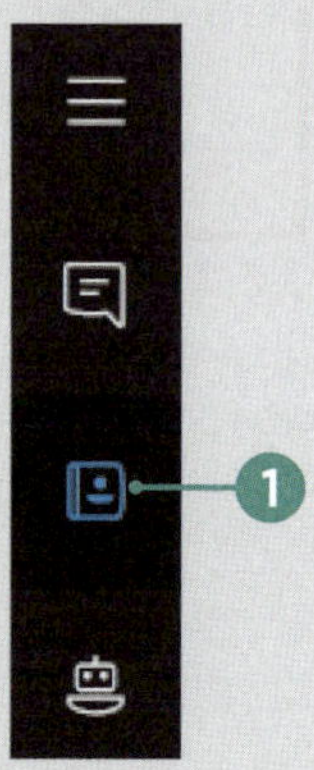

1. Starten Sie Skype, und klicken Sie in der linken Leiste die Schaltfläche **Kontakte** (1) an.

2. Klicken Sie anschließend in der unteren Leiste der App auf das Symbol **Neue Kontakte in Skype suchen und hinzufügen** 2.

In das Feld **Öffentliches Verzeichnis durchsuchen** tippen Sie die E-Mail-Adresse oder den Namen Ihres gewünschten Kontaktes ein 3. Die Mail-Adresse ist hier immer die bessere Wahl – Sie wären erstaunt, wie viele *Jörg Rieger* bei Skype zu finden sind!

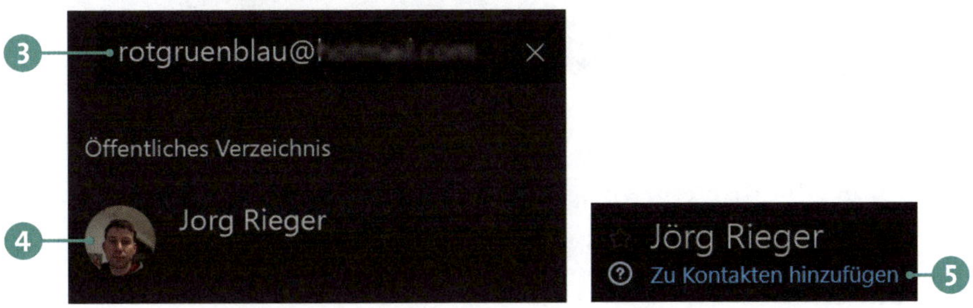

MERKE

Wenn Sie die E-Mail-Adresse des gewünschten Kontaktes kennen, sollten Sie nach dieser suchen.

3. Unter **Öffentliches Verzeichnis** sehen Sie nun, ob der gewünschte Kontakt bereits bei Skype angemeldet ist.

4. In unserem Fall haben wir Glück, Jörg Rieger ist auf Skype vertreten. Nun klicken Sie einmal auf den gewünschten Kontakt 4 und anschließend im rechten Bildschirmbereich auf **Zu Kontakten hinzufügen** 5.

5. Jetzt erscheint der gewünschte Kontakt, mit einem Fragezeichen versehen, in Ihrer Kontaktliste **6**.

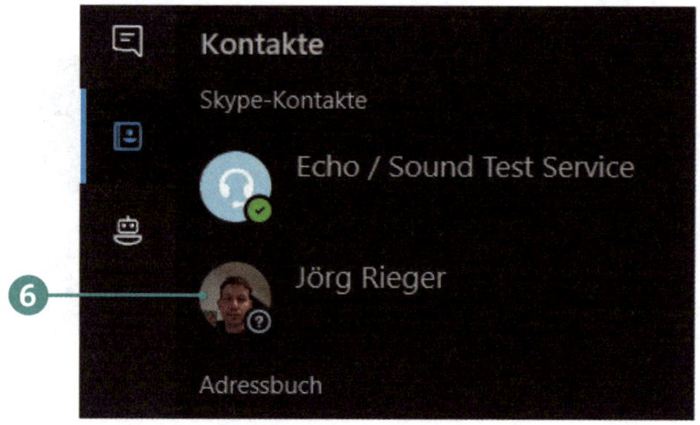

Im Feld rechts wird automatisch ein Chat mit dem neuen Kontakt eröffnet – mit dem Ersuchen um Bestätigung **7**.

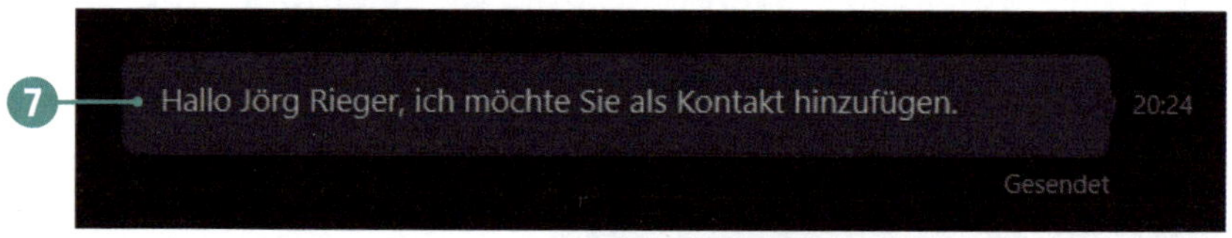

Wenn das Fragezeichen unter dem gewünschten Profil verschwindet und stattdessen der Online-Status erscheint **8**, hat Ihr Gegenüber Sie akzeptiert, und der Kontakt kann somit aufleben.

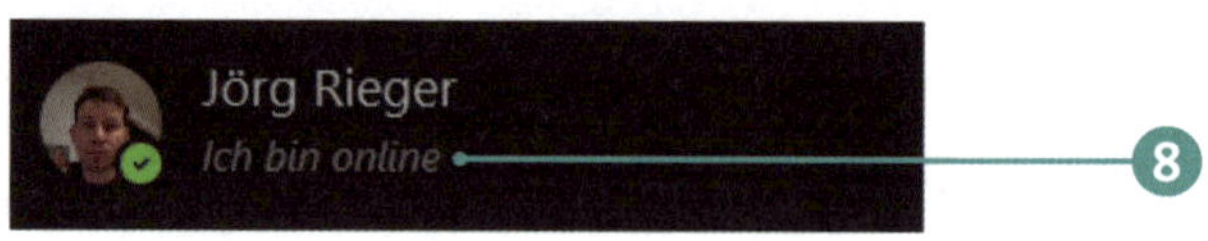

Chatten – Unterhaltung per Tastatur

Chatten bedeutet nichts anderes, als mit einem Gesprächspartner über Textnachrichten, die unmittelbar übertragen werden, live zu kommunizieren.

1. Öffnen Sie Skype über die Kachel oder alternativ über die alphabetische App-Liste im Startmenü.

2. Klicken Sie nun unter **Kontakte** ❶ den gewünschten Gesprächspartner ❷ an.

3. Überprüfen Sie zunächst, ob er überhaupt verfügbar ist – das kleine grüne Symbol ❸ zeigt an, dass Nachrichten empfangen werden können.

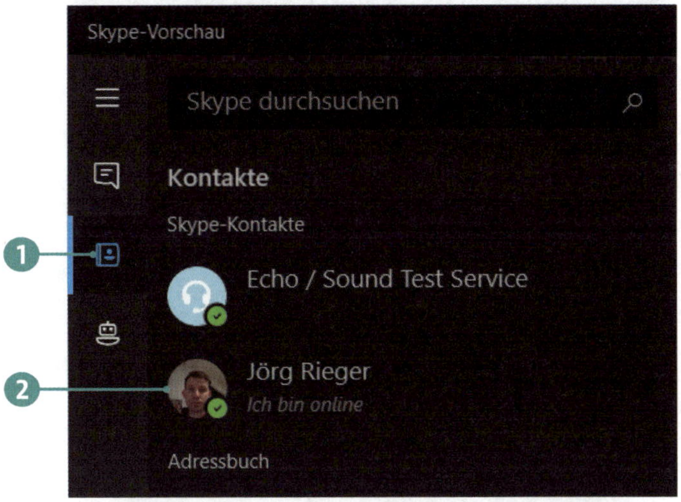

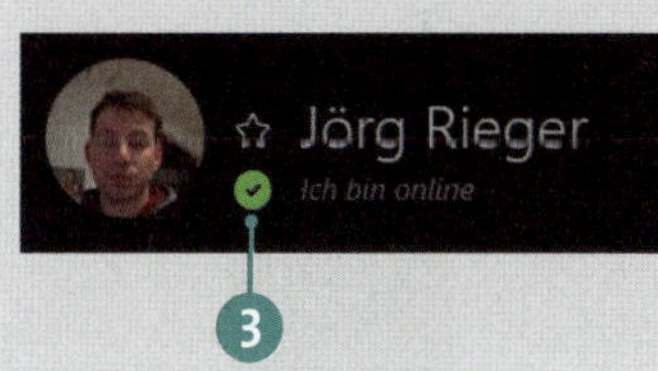

4. Gehen Sie dann mit dem Mauszeiger an die Position **Nachricht eingeben** ❹ im rechten Bereich des Fensters. Hier klicken Sie einmal mit der Maus hinein und tippen dort die gewünschte Nachricht mit der Tastatur ein.

5. Wenn die Nachricht fertig ist, einfach die Taste ↵ drücken – und schon landet Ihre Nachricht in Sekundenbruchteilen auf dem Bildschirm des Gesprächspartners.

ACHTUNG!

Bei Tablet-Anwendern wird die Bildschirmtastatur erst eingeblendet, wenn Sie das Feld per Fingertipp ausgewählt haben. Sollte das auch keinen Erfolg zeigen, tippen Sie auf das Tastatursymbol in der Taskleiste rechts unten.

WAS TUN?

Wie Sie im Explorer »navigieren«, haben Sie schon an verschiedenen Stellen im Buch erfahren. In Kapitel 7, »Dateien, Ordner und der Explorer«, ab Seite 193 wird der Explorer von der Pike auf erklärt.

6. Wenn dieser seinerseits eine Antwort in sein Textfeld tippt, erkennen Sie das an **... gibt etwas ein ...** im Chat-Feld (5).

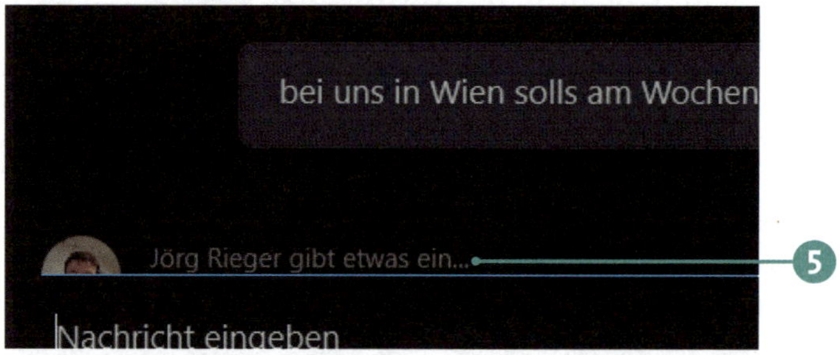

7. Damit die Nachrichten nicht gar so textlastig werden, können Sie sie mit sog. *Emoticons* aufhübschen und beispielsweise Ironie oder Humor ganz simpel ausdrücken. Den Weg dorthin weist das kleine Grinsegesicht (6) – einmal gedrückt, öffnet sich eine reichhaltige Auswahl an verschiedensten Gesichtern. Einfach eines auswählen und anklicken oder antippen, und schon landet es im Nachrichtenfeld und kann mit Text kombiniert werden.

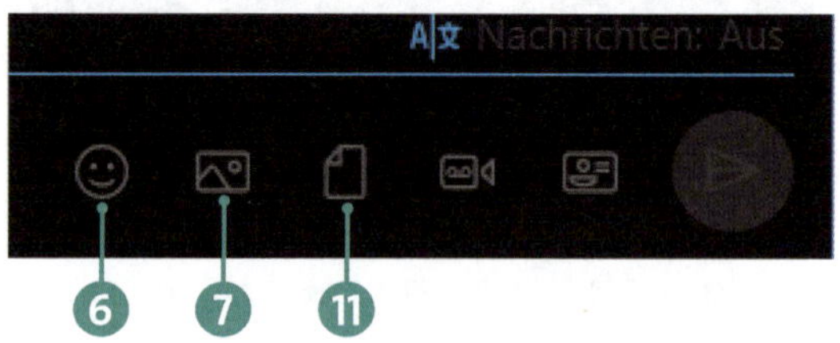

8. Nun schicken wir unserem Gesprächspartner noch Fotos vom letzten Urlaub, denn auch das geht mit Skype problemlos und komfortabel. Klicken Sie dazu das Fotosymbol (7)  in der Leiste rechts unten an.

Sie werden direkt zu Ihrem **Bilder**-Ordner (8) im Explorer geleitet. Wenn Sie Ihre Fotos an einem anderen Ort abgelegt haben, navigieren Sie sich durch die Ordnerstruktur. Markieren Sie per Mausklick ein Foto 9, mit einem weiteren Klick auf **Öffnen** 10 wird das entsprechende Bild sofort an den anderen Teilnehmer übermittelt.

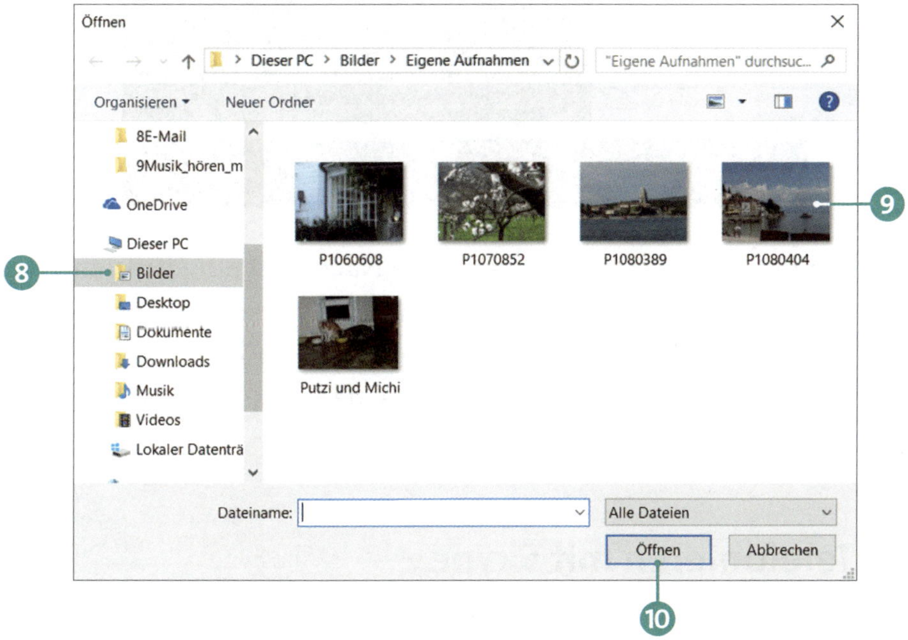

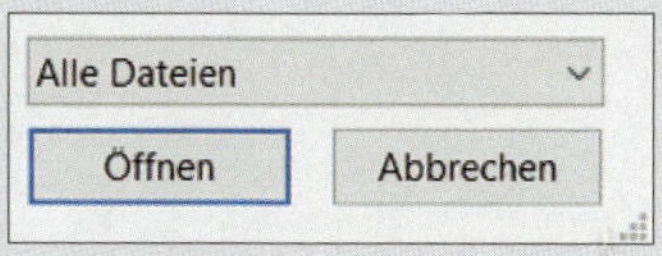

Beliebige Daten verschicken

In gleicher Weise können Sie auch Dateien versenden, beispielsweise ein Word-Dokument. Statt der Foto-Schaltfläche nutzen Sie hierzu einfach die Schaltfläche mit dem leeren Blattsymbol (11 auf Seite 168) rechts daneben.

Und wie erfahren Sie selbst, wenn Sie jemand kontaktiert? Sollten Sie während eines Chats ein anderes Programm geöffnet haben oder im Internet surfen, macht Skype mittels einer Kurznachricht, die im rechten unteren Bildschirm oberhalb des Infobereichs erscheint, Meldung.

ACHTUNG!

Skype informiert Sie über eingehende Nachrichten, auch wenn Sie gerade in einem anderen Programm aktiv sind.

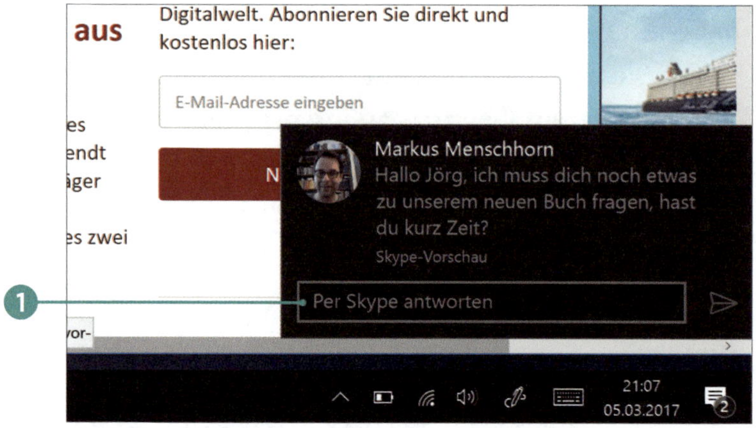

Damit wissen Sie genau, dass eine Nachricht eingetroffen ist, auch wenn Sie nicht in Skype sind. Besonders praktisch – per Klick auf **Per Skype antworten** (1) können Sie direkt eine Nachricht als Antwort tippen, ohne die App selbst aufrufen zu müssen.

Telefonieren mit Skype – klassisch und mit Video

Möchten Sie mit Ihrem Gesprächspartner lieber telefonieren, sind die Symbole im oberen Bereich des Bildschirms interessant. Mit einem Klick auf (1) können Sie ein Audiogespräch starten, mit (2) ein Videogespräch.

Ein Audiogespräch – ohne Bildübertragung – führen

Wir starten mit einem Telefonat, also ohne Bildübertragung. Praktischerweise kann man das während des Gesprächs immer abändern, auch das zeigen wir gleich.

1. Wählen Sie Ihren Kontakt in Skype aus, und klicken Sie auf das Telefonhörersymbol (1).

2. Es erscheint ein blauer Bildschirm, und Sie hören eine aufmunternde Melodie, bis der Angerufene reagiert. Zudem sehen Sie in diesem Moment die Meldung, dass die Verbindung hergestellt wird (3). Haben Sie ein wenig Geduld, das kann je nach Internetverbindung einen kleinen Moment dauern und hängt natürlich auch davon ab, wie schnell der Gesprächspartner das Skype-Telefonat annimmt.

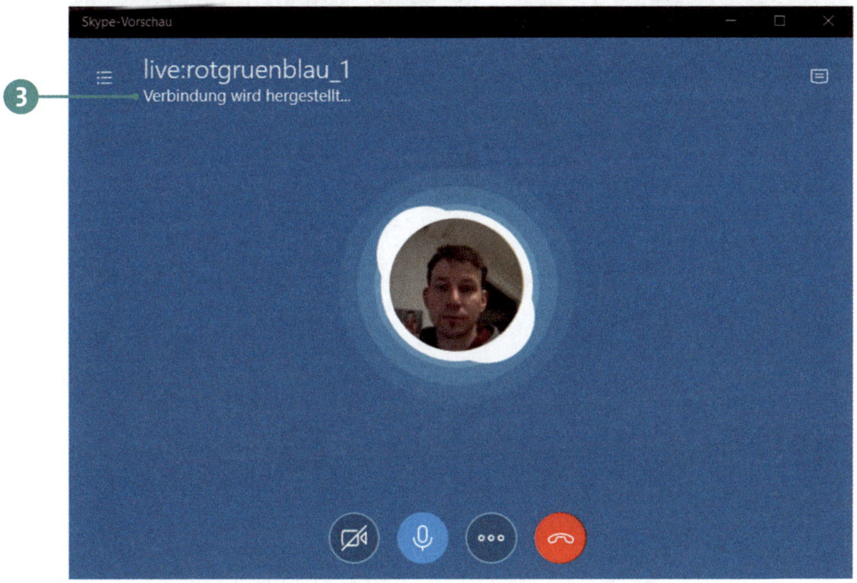

3. Bei einem Audiogespräch sehen Sie nur einen schwarzen Bildschirm mit dem statischen Profilbild des Gesprächspartners. Dem netten Plausch steht nun nichts mehr im Wege.

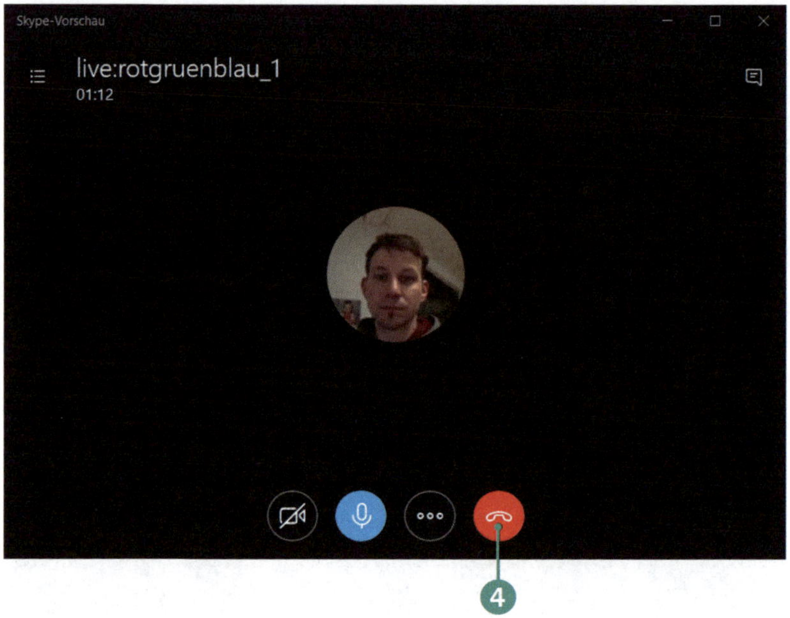

4. Möchten Sie das Telefonat beenden, genügt ein Klick auf den roten Telefonhörer 4.

Ein Videotelefonat führen

Für ein Videotelefonat gehen Sie ganz ähnlich wie beim normalen Telefonat vor.

1. Starten Sie Skype, wählen Sie einen Kontakt aus, und klicken Sie nun aber das Videosymbol rechts oben im Skype-Startbildschirm an.

2. Wieder erscheint der blaue Bildschirm beim Verbindungsaufbau (siehe Seite 171), und es heißt Warten.

3. Nimmt Ihr Gegenüber das Gespräch an, erscheint dessen Live-Videobild direkt im großen Skype-Fenster 1. Ihr eigenes Video wird übrigens zur Kontrolle immer im Kleinformat eingeblendet 2.

Ihren Gesprächspartner sehen Sie im großen Bild, sich selbst im kleinen.

4. Möchten Sie das Video abschalten und nur normal weitertelefonieren, klicken Sie einfach auf das Kamerasymbol, das unten eingeblendet ist (3). Ein weiterer Klick aktiviert die Kamera wieder.

5. Alternativ klappt das auch mit dem Ton, dem Audiokanal – ein Klick auf das Mikrofon (4) schaltet auf stumm, ein weiterer Klick aktiviert die Funktionalität wieder.

6. Möchten Sie das Telefonat ganz beenden, genügt wieder ein Klick auf den roten Telefonhörer (5). Mit einem eher unsanften *Plupp* ist das Gespräch beendet, und die Gesprächszeit leuchtet vor dem Profilbild Ihres Gesprächspartners auf.

MERKE

Mit den Symbolen für Video und Mikrofon wechseln Sie während eines Telefonats ganz einfach zwischen Audio- und Videoübertragung oder schalten auf »stumm«.

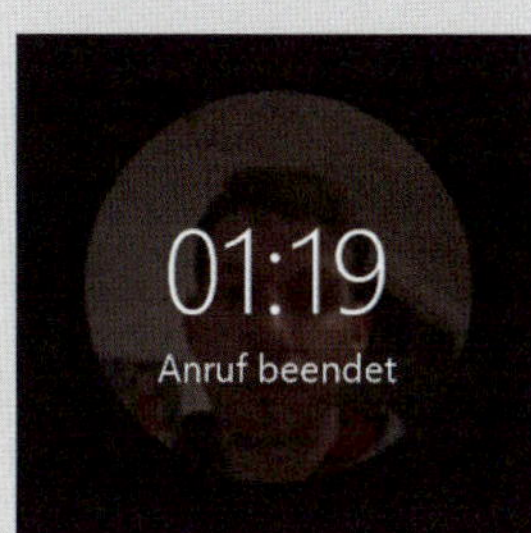

Wie erfährt man selbst von einem Anruf?

Wenn Sie in einem anderen Programm arbeiten, aber Skype geöffnet haben und einen Anruf bekommen, wird das auf Ihrem Computer unten rechts angezeigt. Per Klick auf die entsprechenden Schaltflächen können Sie das Gespräch von hier aus direkt entweder als Videotelefonat 1 oder auch nur als Audiotelefonat 2 annehmen.

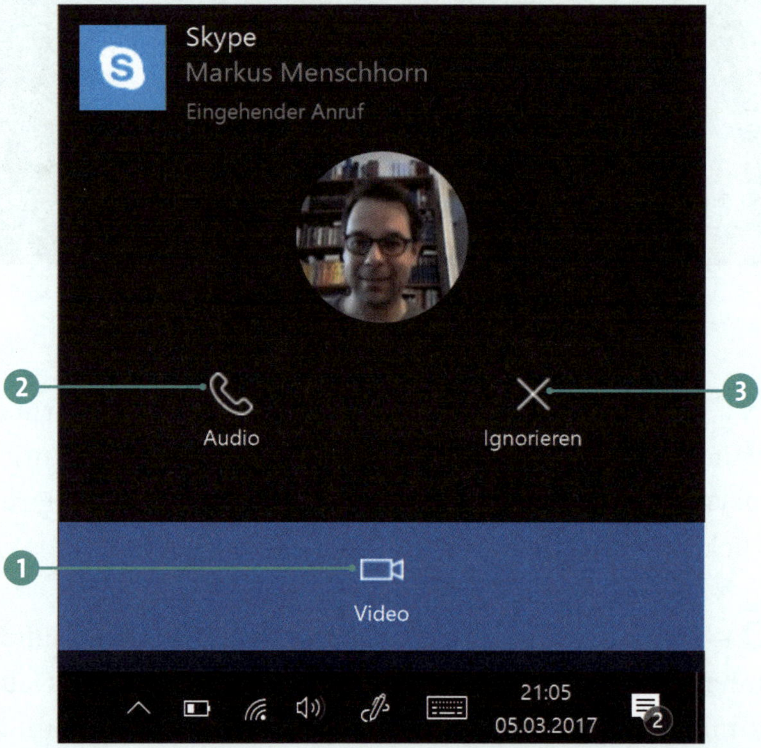

Möchten oder können Sie einen Anruf einmal nicht entgegennehmen, klicken Sie einfach auf **Ignorieren** 3.

KAPITEL 6

Windows 10 als digitales Fotoalbum

Der Urlaub oder die letzte Geburtstagsfeier ist vorüber, und Ihre Digitalkamera ist voll mit schönen Erinnerungen und Momentaufnahmen. Nun beginnt die Arbeit, die schönsten Fotos auszuwählen und zu archivieren, um sie dann, in langen Wintermonaten, wieder hervorzuholen und in Erinnerungen zu schwelgen. Die App *Fotos*, die Sie mit Windows 10 mitgeliefert bekommen, geht Ihnen hier sehr gut zur Hand und erweist gerade bei diesen Arbeiten gute Dienste. Und sie kann noch mehr: Mit ihrer Hilfe lässt sich mit wenigen Handgriffen eine schöne Fotoshow erzeugen. Diese können Sie dann als moderne digitale Ausgabe des Dia-Abends im Bekannten- oder Freundeskreis bei besonderen Anlässen vorführen. Also: Auf ins digitale Fotolabor!

Die Fotos-App im Überblick

Lassen Sie uns aber zunächst die Fotos-App starten: Klicken Sie mit der linken Maustaste auf das Windows-Symbol und anschließend, wiederum mit linker Maustaste, auf die Kachel **Fotos** in Ihrem Startmenü. Alternativ finden Sie diese natürlich auch in der alphabetischen Liste aller Apps unter **F**.

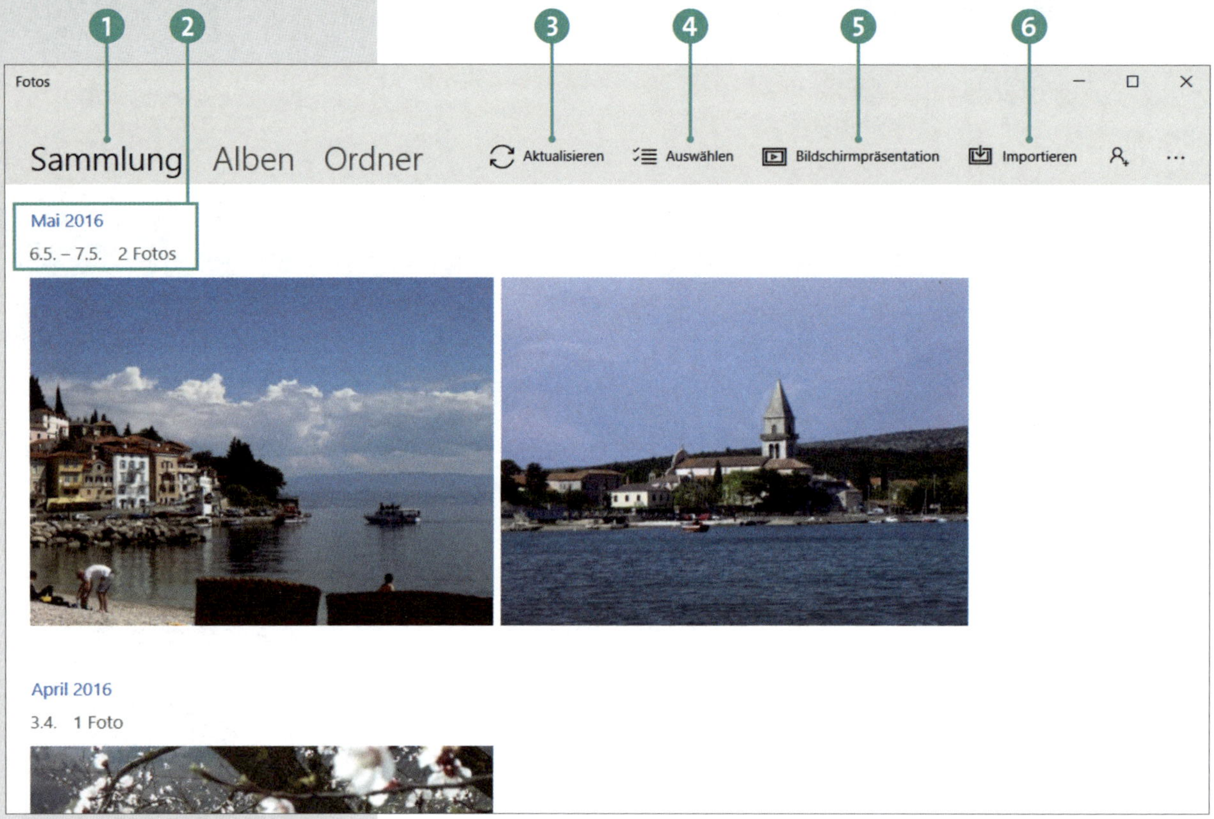

Alle vorhandenen Fotos werden im Hauptbildschirm unter **Sammlung** 1 angezeigt. Die Sortierung erfolgt nach Monat und Jahr, dem genauen Zeitraum (Datum) sowie der Anzahl der Fotos, die in diesem Zeitraum abgespeichert sind 2.

3 Mit der Schaltfläche **Aktualisieren** werden alle vorgenommenen Änderungen aktualisiert.

4 Mit **Auswählen** können Bilder für eine bestimmte Funktion markiert werden.

5 Mit **Bildschirmpräsentation** zeigen Sie alle eingeblendeten Fotos bildschirmfüllend an.

6 **Importieren** bringt Ihre schönsten Bilder von der Speicherkarte Ihrer Digitalkamera direkt auf den Computer in die Fotos-App.

Fotos auf den Computer übertragen

Starten wir mit dem Import Ihrer Bilder von der Speicherkarte. Wir gehen einmal davon aus, dass Ihnen die Speicherkarte Ihrer Digitalkamera ein Begriff ist und Sie mit ihr gut vertraut sind. Sie ist nämlich das A und O, wenn Sie Ihre digitalen Fotografien auf Ihren Computer übertragen wollen. In jedem aktuellen Desktop-Computer ist ein sog. *Karten-Slot* eingebaut, in den Sie Ihre Speicherkarte stecken. Bei Notebooks ist er meist versteckt an der Vorderseite untergebracht.

Viele Tablets haben aus Platzgründen keinen Schlitz für eine Fotospeicherkarte, hier müssen Sie einen externen *Kartenleser* (1) hinzukaufen, den Sie einfach per USB-Anschluss anstecken.

1. Legen Sie die Speicherkarte in den Kartenleser oder Karten-Slot ein. Wenn die Speicherkarte von Ihrem Computer erkannt wird, behandelt er diese wie ein eigenes Laufwerk (hier mit dem Buchstaben **E:**) und gibt Ihnen den Hinweis, dass Sie nun eine Aktion für Speicherkarten auswählen können. Das klappt leider nicht immer, manchmal sieht Windows Ihre Speicherkarte einfach als einen USB-Stick (siehe auch den Abschnitt »Dateien auf einen USB-Stick kopieren«, ab Seite 211) an, und es wird nach einem Klick auf diesen Hinweis gar nichts angezeigt. Daher ignorieren wir diesen Hinweis, der nach einer Weile ohnedies von selbst verschwindet.

Speicherkarte der Digitalkamera in den Karten-Slot des Computers oder in einen externen Kartenleser einlegen

2. Starten Sie stattdessen die Fotos-App wie gewohnt über das Startmenü und einen Klick auf die Kachel der App. Bitte beachten Sie, dass die Kachel unter Umständen, sollten sich schon Bilder auf Ihrem Computer befinden, statt dem gezeigten Symbol eines Ihrer Bilder bzw. wechselnde Bilder anzeigt. Dann handelt es sich um eine sog. *Live-Kachel*.

Live-Funktion einer Kachel an- und abschalten

Bei vielen Kacheln steht Ihnen diese Live-Vorschau zur Verfügung, etwa auch bei den Apps *Kalender* und *Wetter*, die Sie in Kapitel 10, »Nützliche Apps für viele Gelegenheiten«, ab Seite 281 näher kennenlernen werden. Sie können diese Vorschau selbst aktivieren: Klicken Sie mit der rechten Maustaste auf die Kachel **Fotos** (1), zeigen oder klicken Sie im Kontextmenü auf den Punkt **Mehr** (2), und wählen Sie per Klick mit der linken Maustaste im Untermenü **Live-Kachel aktivieren** (3) aus. Möchten Sie wieder das Symbol statt Ihrer Bilder sehen, gehen Sie genauso vor – nur wählen Sie diesmal **Live-Kachel deaktivieren**.

3. Zum Fotoimport klicken Sie in der Fotos-App auf die Schaltfläche **Importieren** (6 auf Seite 176) in der Menüleiste.

4. Sofort sucht die App nach Fotos auf Ihrer Speicherkarte 4 und zeigt sie in einer kleinen Vorschau an. In unserem Fall sind es ganz genau 432 Schnappschüsse, die bereits alle mit einem Häkchen versehen und damit bereit für den Import sind.

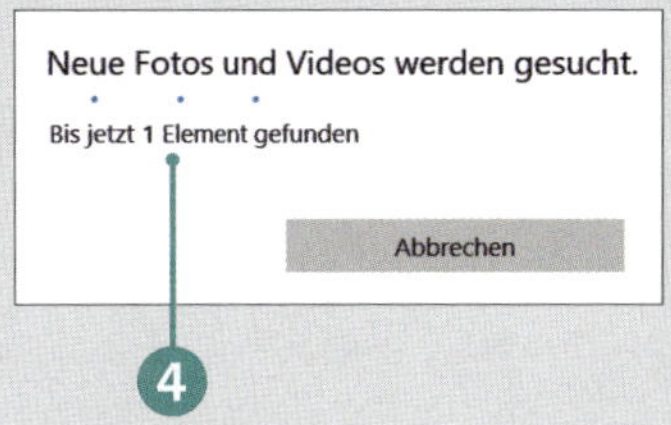

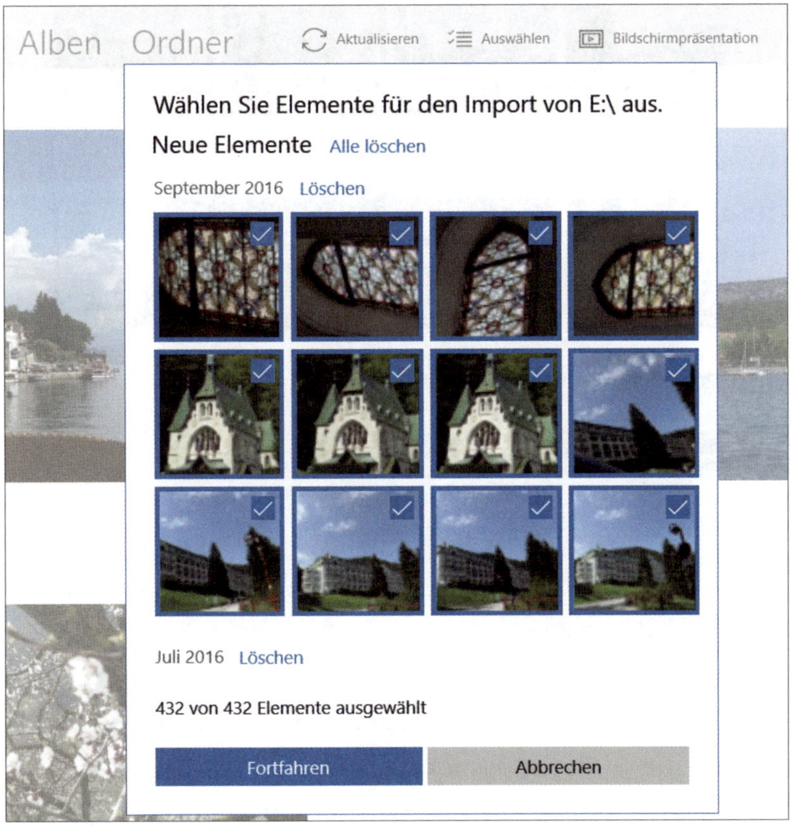

5. Um Bilder, die nicht gelungen sind, erst gar nicht auf den Computer zu kopieren, klicken Sie mit der linken Maustaste einfach auf jene Bilder, die nicht importiert werden sollen.

Bei Bildern, die nicht importiert werden sollen, einfach das Häkchen durch Anklicken entfernen.

6. Sie sehen, dass damit die Umrahmung und das jeweilige Häkchen verschwinden und sich die Anzahl der ausgewählten Elemente, die Sie im unteren Bereich der Anzeige finden **5**, verringert hat.

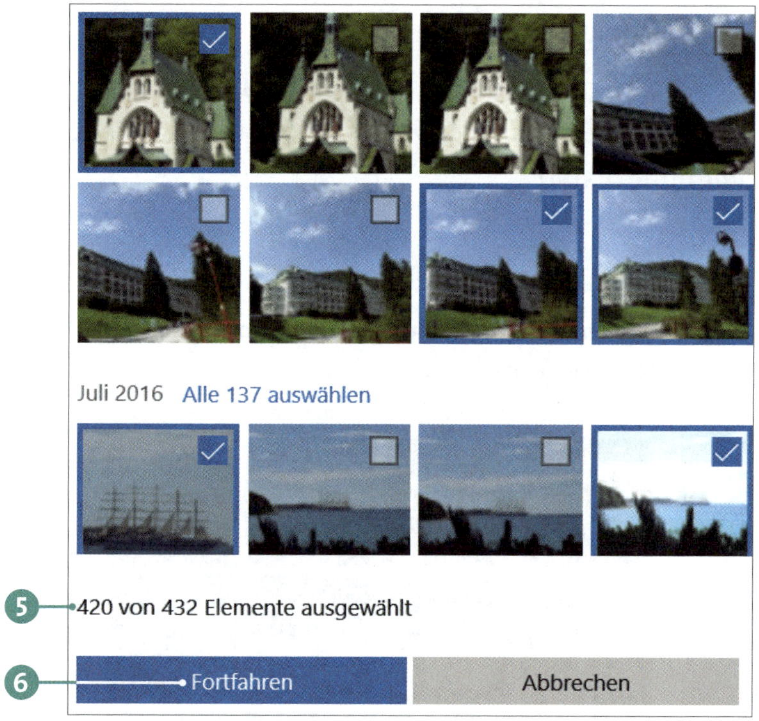

7. Wenn Sie Ihre Auswahl getroffen haben, klicken Sie auf **Fortfahren** **6**.

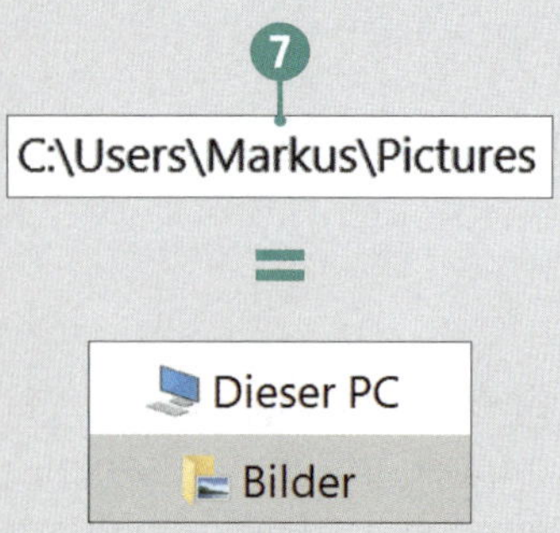

8. Im folgenden Fenster legen Sie fest, in welchen Ordner Sie die Bilder gespeichert haben möchten. Standardmäßig wird hier der **Bilder**-Ordner von Windows gewählt – dummerweise zeigt ihn Windows hier mit einer eher kryptischen Bezeichnung an **7**. Steht bei Ihnen aber auch *Meinname|Pictures*, ist alles prima, denn damit ist eben Ihr Ordner **Bilder** unter **Dieser PC** gemeint.

9. Die Voreinstellung, dass Monatsordner mit Ihren Fotos angelegt werden, belassen Sie 8. Vorsicht ist beim Punkt **Importierte Elemente nach dem Import von <Laufwerksname> löschen** 9 geboten. Sollten Sie die Bilder auf der Karte behalten wollen, bleibt das Kästchen davor leer. Wenn Sie die Bilder auf Ihrer Kamera-Speicherkarte nach dem Import auf den Computer gelöscht haben wollen, klicken Sie in das Quadrat und setzen damit ein Häkchen.

ACHTUNG!

Auch wenn Windows 10 diesen Service zum Bilderlöschen anbietet, sollten Sie die Bilder auf Ihrer Speicherkarte lieber noch eine Zeit lang behalten und nicht direkt beim Übertragen löschen lassen.

10. Sind alle Einstellungen durchgeführt, klicken Sie auf **Importieren** 10, und damit werden Ihre ausgewählten Bilder auf Ihren Computer übertragen.

Den Fortschritt der Übertragung sehen Sie im oberen Bereich der App in Form eines blauen Balkens 11. Zudem zeigt die App an, wie viele Elemente, also Bilder, sie bereits übertragen hat 12.

ACHTUNG!

Damit es beim Entfernen der Karte zu keinem Datenverlust kommt, sollte sie sicher entfernt werden. Wie das geht, erfahren Sie im Kasten »USB-Stick sicher entfernen« auf Seite 216.

MERKE

Es lohnt sich, die Fotosammlung »auszumisten« und schlechte Bilder zu löschen, um den Überblick zu behalten.

Wenn der Vorgang abgeschlossen ist, können Sie Ihre Speicherkarte wieder aus dem Karten-Slot des Computers ziehen bzw. das Kartenlesegerät vom Computer entfernen und sich an Ihren schönen Bildern erfreuen, die nach Monaten sortiert in Ihrer App erscheinen.

Bilder in der App Fotos sichten

Nach der Übertragung der Bilder auf Ihren Computer können wir mit der Sichtung loslegen. Das bedeutet, Sie suchen jene Bilder aus, die Sie behalten, und jene, die Sie löschen wollen. Das klappt mit wenigen Klicks:

1. Aktivieren Sie den Bereich **Sammlung** (1 auf Seite 176) mit einem Klick auf die entsprechende Schaltfläche Sammlung in der Fotos-App. Dort sind die geladenen Bilder chronologisch geordnet, die neuesten oben.

2. Suchen Sie nun jenes Bild aus, das Sie nicht mehr in Ihrer Fotosammlung haben wollen, und fahren Sie mit dem Mauszeiger darauf. Sofort erscheint im rechten oberen Bereich ein Kästchen, das Sie per Klick mit einem Häkchen 2 versehen. Zusätzlich wird das Bild blau umrahmt.

3. Die Menüleiste im Fotos-Programm wechselt in eine neue Ansicht. Ganz rechts außen finden Sie den Punkt **Löschen** 3. Klicken Sie ihn einmal an.

4. Es erscheint ein Fenster mit einer Sicherheitsanfrage. Klicken Sie hier erneut auf **Löschen** 4 zur Bestätigung. Das gewählte Bild ist damit aus Ihrer Sammlung entfernt.

Fahren Sie nun mit der Bildlaufleiste rechts weiter in Ihrer Fotosammlung nach unten, und wiederholen Sie den Vorgang, bis nur noch jene Fotos in Ihrer Sammlung auf dem Computer enthalten sind, die Sie dort wirklich haben wollen.

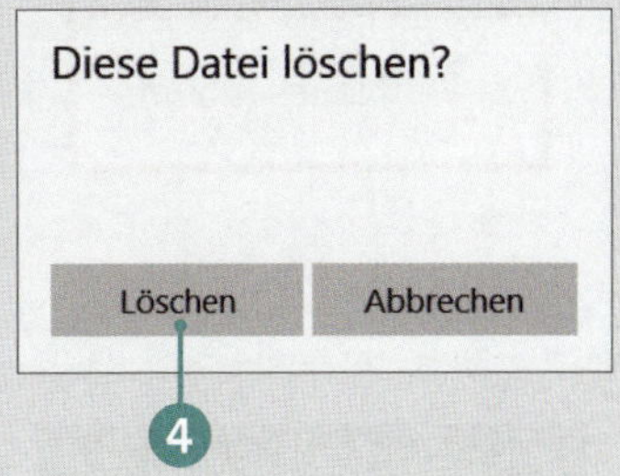

Ein digitales Album erstellen

Aufregender als das Sichten der Bildersammlung gestaltet sich das Anlegen eines digitalen Albums. Was bedeutet das nun? Sie können Bilder aus Ihrer Sammlung thematisch zu Alben zusammenfassen und sortieren. Ganz wie beim Fotoalbum mit »echten« Bildern, nur deutlich komfortabler. Denn jedes Digitalfoto kann in beliebig viele Alben »geklebt« werden. In diesem Abschnitt zeigen wir Ihnen, wie Sie Ihre schönsten Motive zu einem spannenden Album zusammenfügen.

MERKE

Ein Album in der Fotos-App funktioniert ganz ähnlich wie das Fotoalbum mit Abzügen auf Papier.

1. Klicken Sie dazu auf **Alben** (1) im oberen Bereich der App. Sofort sehen Sie, dass die App bereits verschiedene Alben automatisch für Sie angelegt hat (2). Diese sind nach dem Datum benannt und enthalten die entsprechenden Fotos.

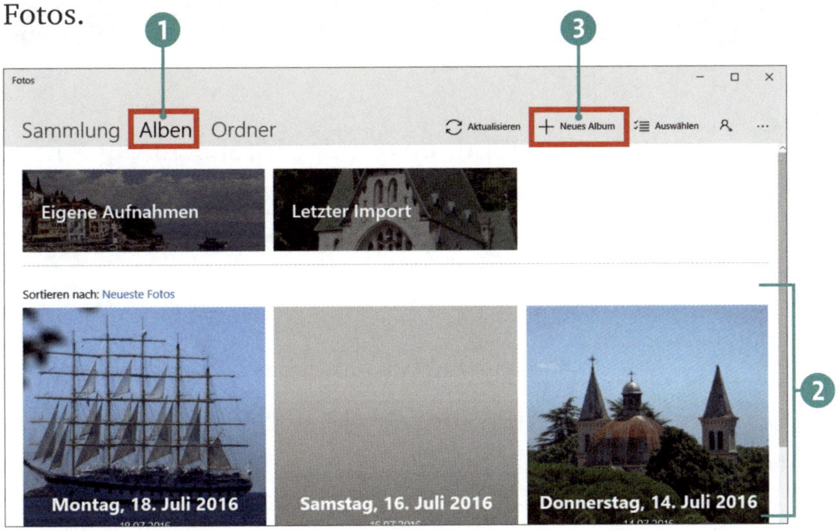

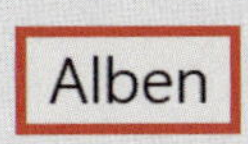

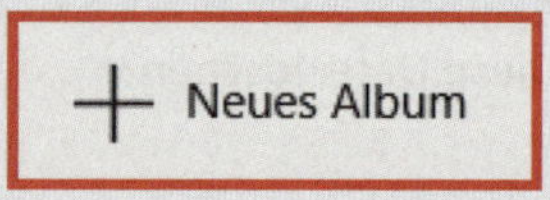

2. Um ein eigenes Album anzulegen, klicken Sie in der Menüleiste der App auf **+ Neues Album** ((3) auf Seite 183). Es öffnet sich ein Fenster, in dem Sie nun jene Bilder auswählen können, die Sie in das neue Album einsortieren möchten.

3. Versehen Sie dazu wieder die gewünschten Bilder per Mausklick mit einem Häkchen (4).

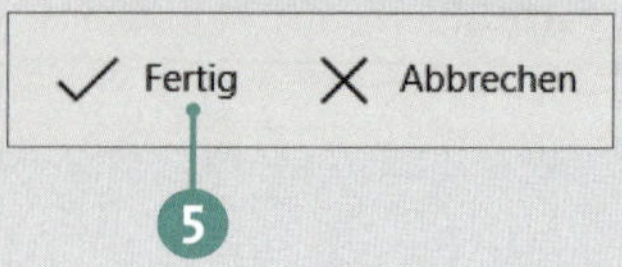

4. Wenn Sie mit der Auswahl fertig sind, klicken Sie auf **Fertig** (5) oben in der Menüleiste.

5. Abschließend vergeben Sie noch einen Titel für Ihr Album, indem Sie den Namen in das dafür vorgesehene Feld tippen (6).

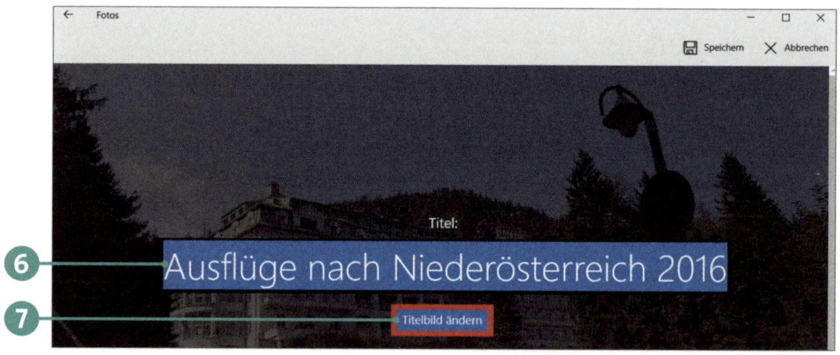

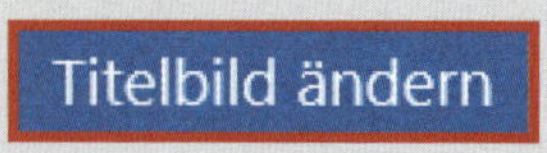

6. Auch das Titelbild, das in der Übersicht der Alben auf Ihrem neuen Album zu sehen ist, kann noch geändert werden. Klicken Sie dazu auf die Schaltfläche **Titelbild ändern** (7).

Sie gelangen direkt zu den einzelnen Fotos Ihres Albums. Dort wählen Sie Ihr Wunschbild wie immer mit einem Mausklick aus (8).

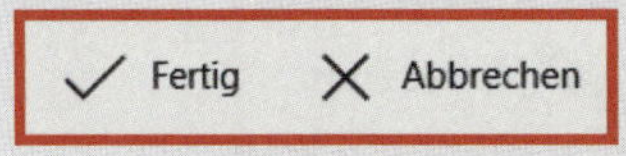

7. Klicken Sie abschließend erneut auf **Fertig** 9 in der Menüleiste, um zum vorherigen Bildschirm zurückzukehren, jetzt aber mit neuem Titelbild.

8. Wenn Sie mit Ihrem Bilderalbum zufrieden sind, klicken Sie in der Menüleiste oben auf das **Speichern**-Symbol mit der Diskette 10.

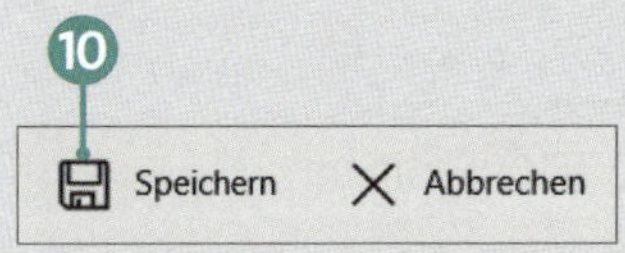

9. Mit einem Klick auf den Pfeil links oben in der Menüleiste 11 gelangen Sie wieder zur Übersicht über all Ihre Alben – und siehe da, unser Album erscheint dort als eigene Kachel 12.

Selbstverständlich können Sie dem Album auch später noch Bilder hinzufügen, und so gehen Sie dazu vor:

1. Gehen Sie in der Fotos-App in den Bereich **Alben**, und klicken Sie dort auf das gewünschte Album. Es wird damit geladen.

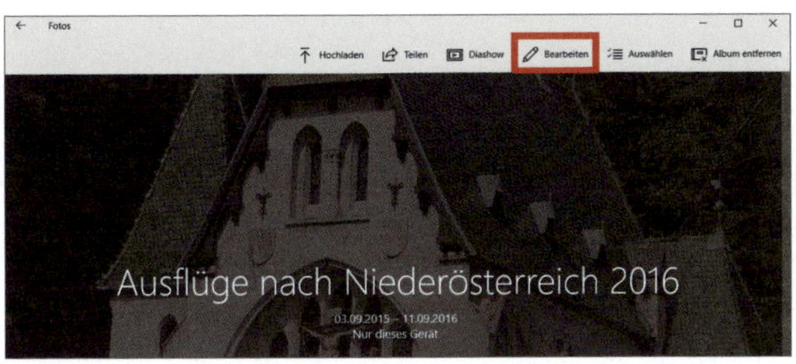

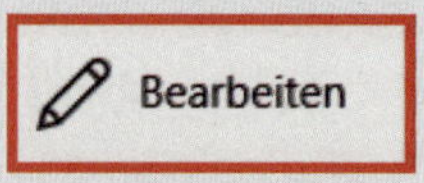

2. In der Menüleiste oben sehen Sie die Schaltfläche **Bearbeiten**. Klicken Sie darauf.

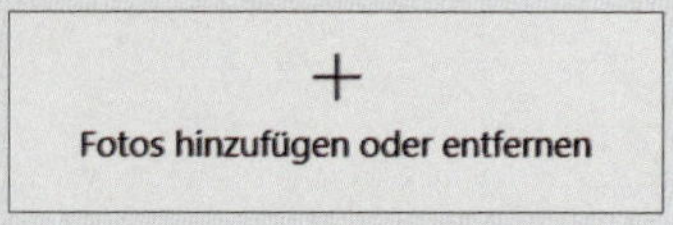

3. Klicken Sie nun auf **+ Fotos hinzufügen oder entfernen**. Damit gelangen Sie wieder in die Fotoauswahl. Jene Bilder, die bereits zum Album gehören, sind blau markiert.

4. Suchen Sie sich Ihr Wunschfoto aus, und versehen Sie es wieder durch Anklicken mit einem Häkchen. Natürlich können Sie hier auch gleich mehrere Bilder nacheinander auswählen.

5. Klicken Sie nun auf das Feld **Fertig** in der Menüleiste, und Ihr Album ist um die soeben ausgewählten Bilder erweitert.

MERKE

Fotos, die Sie aus einem Album entfernen, bleiben selbstverständlich in der Foto-**Sammlung** der App erhalten, werden dort also nicht gelöscht.

Wenn Sie ein Foto aus einem Ihrer Alben entfernen wollen, wiederholen Sie die gerade gezeigten Schritte 1 bis 3, allerdings entfernen Sie nun mit einem Klick in das Kästchen das Häkchen jenes Fotos, das Sie nicht mehr im Album haben möchten. Die blaue Umrahmung verschwindet. Klicken Sie, um die Änderung zu bestätigen, wiederum auf **Fertig**, und das nicht mehr gewünschte Bild ist damit entfernt.

Soll ein komplettes Album gelöscht werden, gehen Sie folgendermaßen vor:

1. Wechseln Sie in der Fotos-App mit einem Klick in der Menüleiste auf **Alben** (1) in die entsprechende Ansicht.

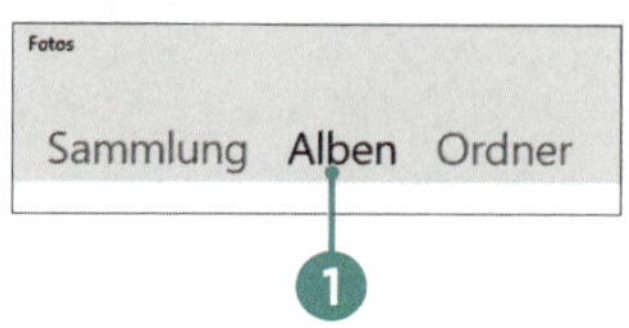

2. Aktivieren Sie das zu löschende Album mit einem linken Mausklick, und klicken Sie anschließend auf die Schaltfläche **Album entfernen** (2) in der Menüleiste.

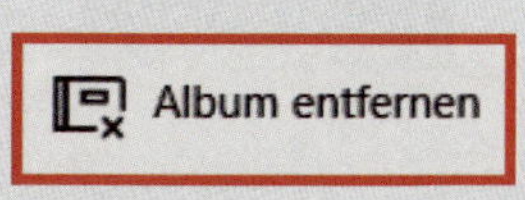

3. Bevor Ihr zu löschendes Album Geschichte ist, kommt noch eine Sicherheitsabfrage, die Sie mit einem Klick auf **Entfernen** (3) bestätigen.

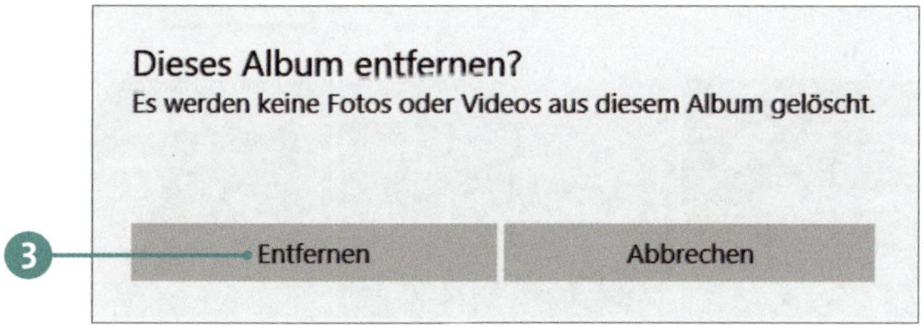

MERKE

Auch wenn Sie ein ganzes Album löschen, bleiben die darin einsortierten Bilder immer erhalten und werden nicht gelöscht.

Hierbei wird nur das Album, nicht jedoch die einsortierten Fotos gelöscht.

Fotos präsentieren

Die schönsten Bilder sind jene, die man mit Freunden teilen kann. Doch der Dia-Abend hat schon lange ausgedient, mit dem Computer geht das mindestens genauso toll. Und das lästige Aufbauen von Leinwand und Projektor inklusive hängen gebliebener Dias entfällt komplett. Die Fotos-App hat eine unkomplizierte Präsentationsmöglichkeit mit an Bord, die wir nun erkunden.

Die einfachste Möglichkeit, Fotos in Folge zu genießen, klappt über die *Bildschirmpräsentation* ganz ohne weitere Einstellungen.

1. Starten Sie die Fotos-App wie gewohnt über das Startmenü und einen Klick auf die **Fotos**-Kachel oder alternativ über die alphabetische App-Liste.

2. In Ihrer Foto-**Sammlung** scrollen Sie einfach bis zu den Bildern, die Sie gerne im Vollformat auf dem Bildschirm sehen wollen. Klicken Sie in der Menüleiste auf **Bildschirmpräsentation** (1), und schon werden sämtliche Bilder ohne störende Menüs bildschirmfüllend angezeigt.

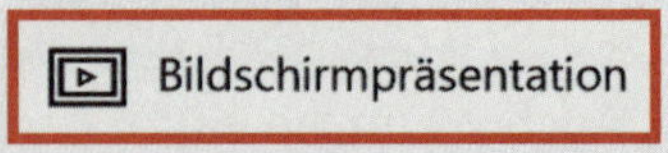

WAS TUN?

Die Leertaste pausiert eine Fotoshow.

3. Die Präsentation läuft automatisch ab und blendet alle paar Sekunden ein neues Bild ein. Möchten Sie dazwischen pausieren und ein Bild länger betrachten, drücken Sie die Leertaste auf Ihrer Tastatur. Ein erneuter Druck auf die Leertaste setzt die Fotoshow fort. Am Touchscreen haben Sie leider das Nachsehen, hier können Sie die Show nicht anhalten.

WAS TUN?

Die Taste Esc beendet die digitale Diashow.

4. Möchten Sie die Fotoshow beenden, genügt ein Druck auf die Taste Esc auf Ihrer Tastatur. Touchscreen-Anwender tippen dazu einfach auf den Bildschirm.

Klar ist – diese Art der Fotoshow ist unkompliziert, allerdings werden auch sämtliche Bilder hintereinander abgespielt. Raffinierterweise ist es möglich, die Bildschirmpräsentation auf ein (vorher) angelegtes Album zu beschränken und damit nicht alle 400 Bilder vom Urlaub, sondern nur die ausgewählten 50 Stück zu präsentieren:

1. Gehen Sie in der Fotos-App in den Bereich **Alben** (1), indem Sie die entsprechende Schaltfläche in der Menüleiste mit einem Mausklick aktivieren.

2. Klicken Sie Ihr Wunschalbum und anschließend die Schaltfläche **Diashow** (2) in der Menüleiste an. Sofort werden die Bilder im Vollbild angezeigt. Das Anhalten und das Beenden der Diashow funktionieren auch hier mittels Leertaste bzw. Taste Esc.

> **MERKE**
>
> Aktivieren Sie die Bildschirmpräsentation in Ihrer Foto-**Sammlung**, startet sie beim ersten eingeblendeten Bild und zeigt dann alle darauffolgenden Motive an, bis sie gestoppt wird.

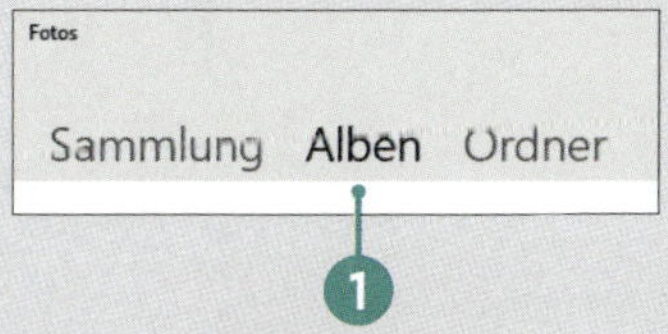

Fotos bearbeiten – Klick für Klick zum Bilderglück

Die Fotos-App in Windows 10 hat für kleinere Fotokorrekturen Werkzeuge an Bord. Nutzen Sie diese, um Ihre Schnappschüsse schnell ins rechte Licht zu rücken, mit Effekten zu versehen, die Farbe oder den Ausschnitt zu ändern. Aufgrund der Vielfalt an Möglichkeiten, die schon fast ein ganzes Buch füllen würden, können wir Ihnen hier nur einen kleinen Einblick geben, was mit Ihren Fotos alles machbar ist.

1. Wählen Sie im Bereich **Sammlung** Ihrer Fotos-App das zu bearbeitende Bild mit einem linken Mausklick aus. Es wird sofort in einer vergrößerten Ansicht geöffnet:

2. Mit einem Klick auf **Verbessern** 1 wird das Bild nach den Vorstellungen der Fotos-App optimiert. Sagt Ihnen das Ergebnis dieser automatischen Korrektur nicht zu, versetzen Sie das Bild mit einem erneuten Klick auf die Schaltfläche wieder in seinen Urzustand zurück.

3. Deutlich mehr Möglichkeiten haben Sie im **Bearbeiten**-Bereich 2, der ebenfalls per Klick aktiviert wird.

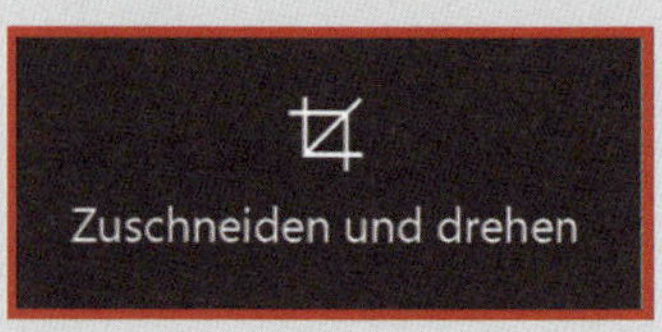

4. Um den Bildausschnitt zu ändern, klicken Sie direkt auf die Schaltfläche **Zuschneiden und drehen** 3.

5. Im folgenden Fenster hat Ihr Bild nun vier runde Anfasspunkte erhalten. Mit gedrückter linker Maustaste ziehen Sie diese nun so zurecht, bis Ihnen der Bildausschnitt gefällt. Dabei gilt: Der abgedunkelte Bereich außen wird später weggeschnitten.

Ist der Zuschnitt geglückt, klicken Sie auf die Schaltfläche **Fertig** (4). Sollte der Bildausschnitt doch nicht passen, klicken Sie stattdessen auf **Zurücksetzen** (5), um das Originalbild wiederherzustellen.

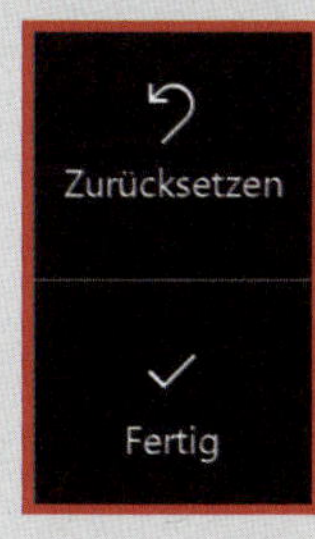

6. Um die am Bild vorgenommene Änderung endgültig in Ihr Foto zu speichern, haben Sie zwei Möglichkeiten. Mit **Kopie speichern** (6) wird das Originalbild erhalten und die korrigierte Version als zusätzliche Kopie abgelegt. Diese Vorgehensweise empfehlen wir. Mit **Speichern** (7) hingegen würde Ihr Originalfoto überschrieben und eine wertvolle Erinnerung damit unwiederbringlich zerstört.

MERKE

Mit **Kopie speichern** wird das Originalbild zusätzlich erhalten.

Jetzt wollen wir das Bild noch ein wenig farblich bearbeiten – so wird aus trübem Regenwetter (fast) strahlender Sonnenschein auch ohne Fotobearbeitungskenntnisse.

1. Laden Sie in Ihrer **Sammlung** ein Bild nach Wahl mit einem Klick, und klicken Sie wieder auf **Bearbeiten**, so wie gerade beschrieben.

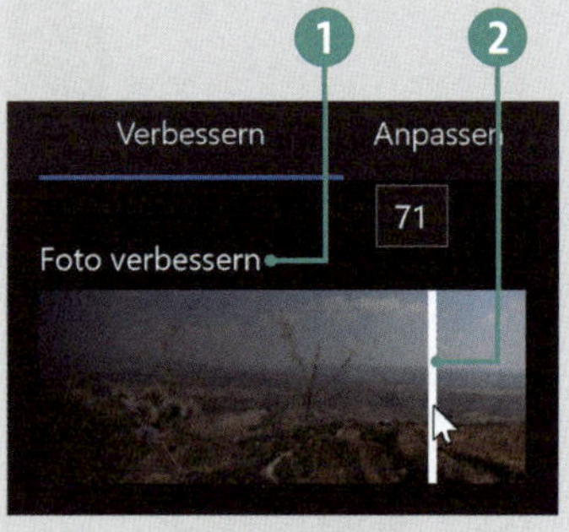

2. Im Bereich **Foto verbessern** ❶ klicken Sie auf den weißen Regler ❷ und ziehen ihn mit gedrückter Maustaste nach links oder rechts. Im großen Bild sehen Sie direkt die Auswirkung dieser Korrektur. Gefällt Ihnen die Anpassung, lassen Sie die Maustaste los.

3. Auch hier wählen wir, um die Korrektur zu sichern, **Kopie speichern** mit einem Mausklick aus. Zurück in der **Sammlung**-Ansicht des Fotos-Programms sehen Sie dann, dass beide Bildversionen hintereinander abgespeichert sind.

Und damit haben Sie das wichtigste Handwerkszeug gelernt, um Ihre Fotos zu bearbeiten. Stöbern Sie gerne durch die vielfältigen kreativen Bearbeitungsmöglichkeiten, die im Prinzip alle ähnlich funktionieren. Mit dem Befehl **Kopie speichern** bleibt Ihr wertvolles Originalbild immer erhalten.

KAPITEL 7

Dateien, Ordner und der Explorer

Starten wir an dieser Stelle wieder mit einem Blick darauf, dass Ihr Computer eigentlich eine kleine Firma ist. Und mittlerweile haben Sie diese ja schon ziemlich perfekt im Griff, oder? An einen Ort haben wir uns aber noch nicht richtig hingewagt, und das ist das Datenarchiv auf Ihrem Computer. Das klingt auch schon ziemlich staubig, aber hier sind alle Ihre wichtigen Dokumente, Ihre Dateien, abgelegt. Und in diesem Kapitel lernen Sie, mit diesen ganz souverän zu »jonglieren«.

Die Datei im Detail

Grundsätzlich wird alles, was am Computer abgelegt wird, als Datei gespeichert. Dateien sind digitale Karteikarten, die jede Menge unterschiedlicher Informationen beinhalten. Eine Datei kann daher Text, ein Foto, Video, Musik oder sogar ein Programm sein. Vor allem bei einer Datei, die Text enthält, spricht man häufig auch von *Dokument*.

Alle Dateien werden am Computer in Ordnern abgelegt. Ordner sind hier in ihrer Funktion ganz bildlich wie Aktenordner zu verstehen, die Platz für unzählige Dateien bereithalten und damit für Übersicht sorgen. Und diese Ordner

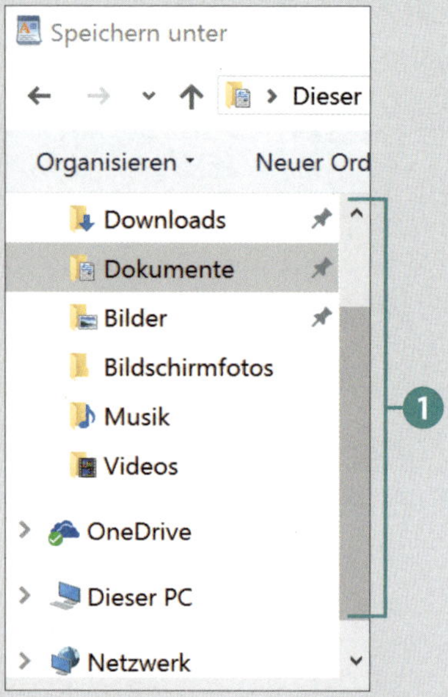

wiederum liegen auf der *Festplatte*, dem Gehirn und Archiv Ihres Computers.

Sie haben vielleicht in den vorangehenden Kapiteln schon gemerkt, dass wir beim Absichern von Dateien schon ein paar dieser Ordner besucht haben, jene, die Windows schon angelegt hat und je nach Programm auch direkt vorschlägt (1).

Alle Dateien am Windows-Computer haben allerdings eine Gemeinsamkeit: Sie sind, was den Dateinamen betrifft, immer gleich aufgebaut. Jeder Dateiname besteht aus zwei Bestandteilen, dem eigentlichen Namen der Datei und der Endung. Die Bezeichnung des ersten Bestandteils können Sie frei wählen, der zweite Bestandteil ist von Windows vorgegeben und zeigt an, um welche Art von Datei es sich handelt. Beide Bestandteile sind mit einem Punkt voneinander getrennt. Schauen wir uns das konkret an:

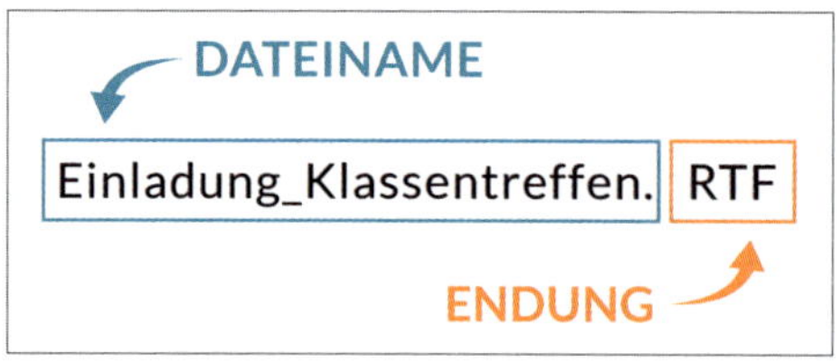

Das Dateiformat wird immer dann relevant, wenn ein Dokument abgespeichert wird. Auch hier nochmals ein Blick zurück: Als wir in Kapitel 3, »Mit Windows 10 einen Brief schreiben und Dokumente gestalten«, ab Seite 94 ein neues Dokument in WordPad speichern wollten, sind wir auf folgenden Dialog mit einem Feld zur frei zu wählenden Benennung (2) und dem Feld darunter mit dem von Windows vorgegebenen Dateityp (dem Dateiformat) (3) gestoßen.

MERKE

Ein *Dateiname* besteht immer aus der eigentlichen Bezeichnung und einem Kürzel am Ende, welches das *Dateiformat* angibt.

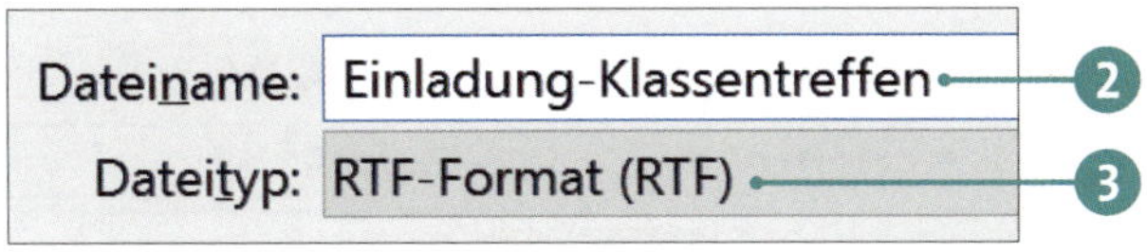

Der Explorer – Meister aller Dateien

Sie haben mit dem Programm *Explorer* unter Windows einen fleißigen Archivar, der für Sie sucht, was Sie benötigen, und in Sekundenschnelle neue Regale und Ordner auf der Festplatte erstellt. Er ist immer dann zur Stelle, wenn es um Dateien geht, und kann diese auch an andere Orte kopieren, auf eine CD kopieren, was man dann *brennen* nennt, umbenennen oder auch löschen. Ihn gibt es als separat zu öffnendes Programm, gleich unten in der Taskleiste, zudem tritt er auch automatisch immer dann in Erscheinung, wenn Sie ein Dokument abspeichern.

Allerdings – in Ihrem Datenarchiv müssen Sie selbst Ordnung halten, sonst gibt es ein digitales Durcheinander ganz wie im richtigen Leben, wenn man nicht aufräumt. Sprich – Windows schlägt Ihnen immer einen Speicherort für Ihre Dokumente vor, Sie können (und sollten) das aber individuell einrichten. Zugegebenermaßen hat der Explorer aber eine intelligente Suche, sollte mal eine Datei wirklich »verlegt« sein. Wenn es so etwas bloß mal für den Schlüsselbund oder die Brille gäbe.

Werfen wir zunächst einen ersten Blick auf den Explorer und seine verschiedenen Bereiche. Mit einem Klick auf das Symbol in der Taskleiste 1 starten Sie den Explorer. Über das Startmenü ist er nicht zu erreichen. Allerdings, Ihre Assistentin Cortana findet den Explorer 2, wenn Sie den Begriff zuvor in das Suchfeld 3 eingeben.

MERKE

Im Feld **Dateityp** ist das Format einer Datei angegeben. Das könnten Sie zwar theoretisch ändern, ist aber nicht empfehlenswert, weil jedes Programm das für es am besten geeignete Format automatisch vorgibt.

MERKE

Der Explorer kann Dateien kopieren, umbenennen, an andere Orte kopieren oder auch löschen.

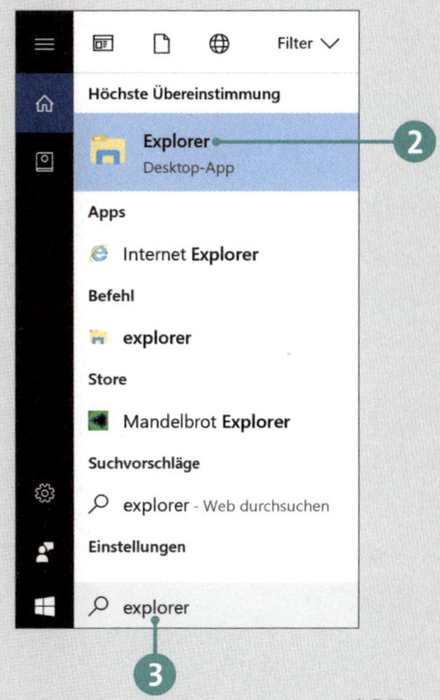

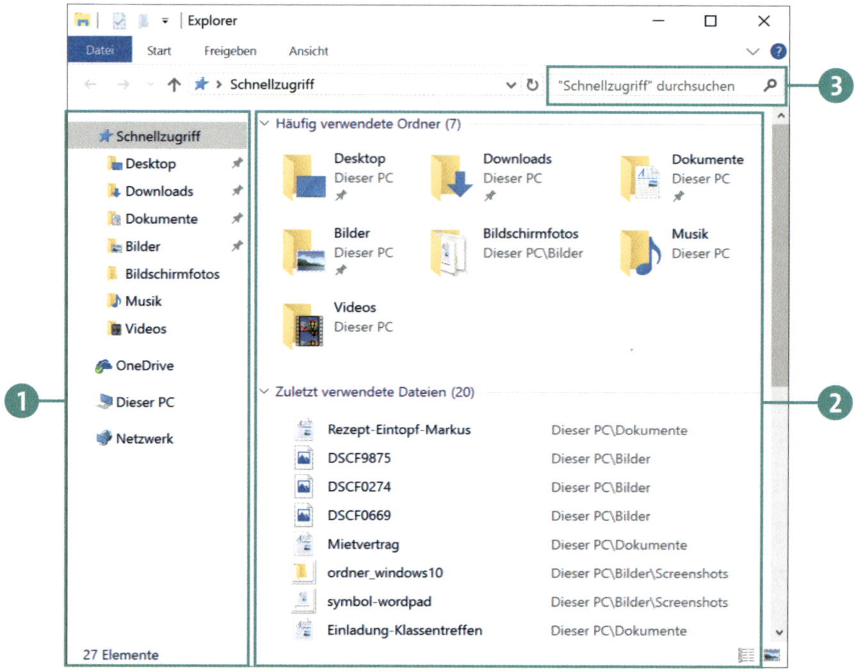

Der Explorer ist grundsätzlich in zwei Bereiche unterteilt: Die linke Spalte nennt man *Navigationsbereich* (1), denn hier klicken Sie sich von den übergeordneten Ordnern über die darin befindlichen Unterordner bis hin zu einer einzelnen Datei. Der rechte Bereich heißt *Inhaltsbereich* (2), weil hier immer das angezeigt wird, was Sie links ausgewählt haben. Oben rechts sehen Sie ein Suchfeld (3), das genauso funktioniert wie das Suchfeld in der Taskleiste. Hier können Sie den Explorer nach Ihren Dateien durchsuchen.

Im oberen Bereich verfügt der Explorer über das sog. *Menüband* – hier ist alles untergebracht, was man mit Dateien in Windows 10 tun kann – vom Umbenennen bis hin zum Löschen oder Erstellen neuer Ordner. Beim ersten Start und per Standard so eingestellt sind die zugehörigen Einträge noch versteckt – sie treten erst in Erscheinung, wenn sie benötigt werden. Mit einem Klick auf den kleinen Pfeil rechts ❶ klappen Sie das Menüband auf und wieder ein.

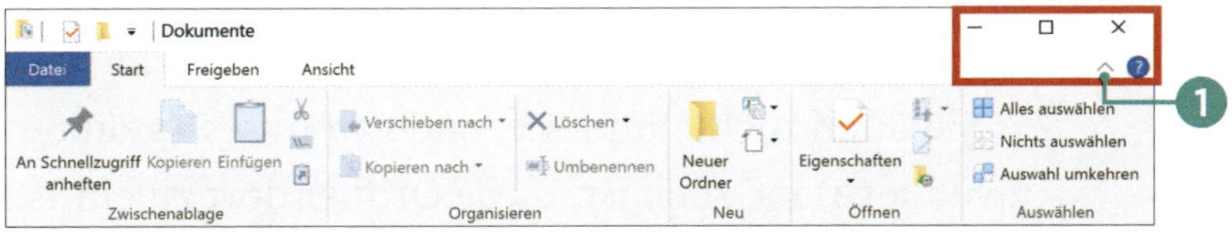

WAS TUN?

Sie sehen das Menüband im Explorer nicht? Mit einem Klick auf den kleinen Pfeil ❶ klappen Sie es aus und ein.

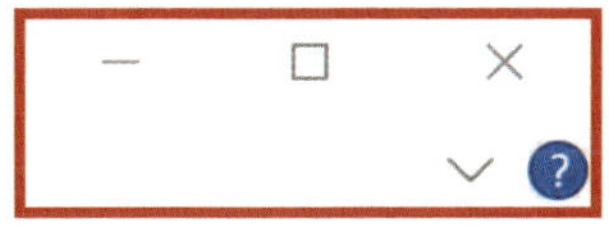

In der kleinen Leiste unterhalb des Menübandes finden Sie weitere wichtige Bereiche:

Mit den Pfeilen ganz links navigieren Sie im Explorer. Der Pfeil nach links ❷ führt an den zuvor besuchten Ort, der Pfeil nach rechts ❸ wieder zurück, der winzige Pfeil nach unten ❹ öffnet ein Menü mit den von Ihnen zuletzt besuchten Orten, die Sie mit einem Klick aus der Liste auswählen und ansteuern können, und der Pfeil nach oben ❺ führt Sie in der Hierarchie der Ordnerstruktur immer eine Ebene nach oben.

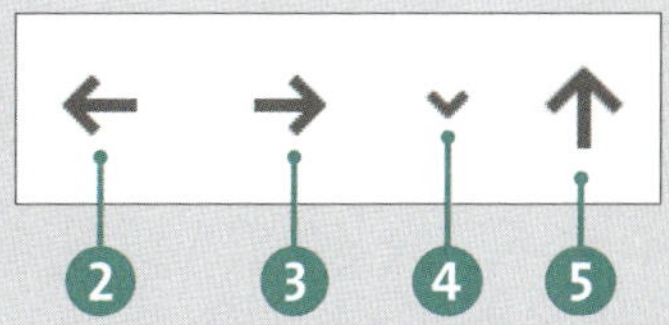

In der Adressleiste daneben sehen Sie, wo Sie sich aktuell befinden – das nennt man *Dateipfad* und bezeichnet im Grunde nichts anderes als den Weg, den Sie beim Hindurchklicken durch die Ordner und Unterordner bis zu einer Datei genommen haben. Sehr praktisch: Mit einem Klick auf einen der Bestandteile, wie z. B. **Dieser PC** ❻, wechseln Sie direkt in diesen Ordner.

MERKE

In der Adressleiste sehen Sie den Dateipfad. Mit einem Klick auf einen Pfadbestandteil, wie z. B. **Dieser PC**, wechseln Sie direkt zu diesem Ordner.

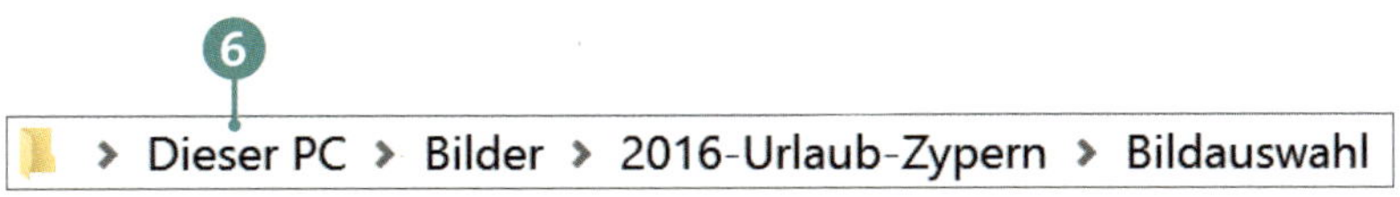

Werfen wir nun noch vorab einen Blick in den so wichtigen Navigationsbereich in der linken Spalte:

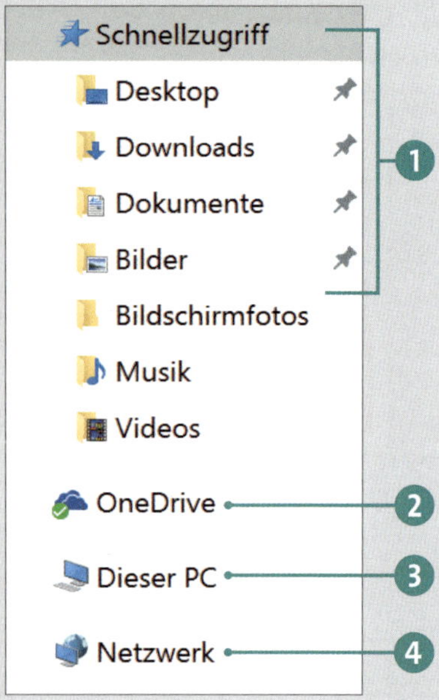

1. Im sog. *Schnellzugriff* hat Windows für Sie bereits einige häufig benötigte Ordner wie den Windows-**Desktop**, **Downloads**, **Dokumente** und **Bilder** angeheftet. Das erkennen Sie an der Pinnnadel dahinter. Daran sollten Sie auch nichts ändern, auch wenn es (geübten Anwendern) möglich ist, diese Ordner dort zu entfernen oder auch eigene Ordner dort anzuheften. Das ist so ähnlich wie bei den Kacheln im Startmenü. Es handelt sich nur um Verknüpfungen zu den Ordnern, die Sie daher alle noch einmal in Ihrem Verzeichnis **Dieser PC** finden.
2. Unterhalb des Schnellzugriffs mit den einzelnen Ordnern finden Sie das Verzeichnis **OneDrive** – das ist der Online-Speicherplatz von Microsoft für Sie. Das ist ein großer Datenspeicher, der aber nur zur Verfügung steht, wenn Sie ein Microsoft-Konto und eine Internetverbindung haben.
3. **Dieser PC** ist das wichtigste Verzeichnis für Sie. Mit einem Klick auf den Pfeil davor, der erst sichtbar wird, wenn Sie mit der Maus auf **Dieser PC** zeigen, öffnen Sie dieses große Verzeichnis, das nicht nur alle Ihre Dateien in den verschiedenen Ordnern enthält, sondern auch alle Laufwerke Ihres Computers, also Ihre Festplatte und das CD-Laufwerk, aber auch einen USB-Stick anzeigt, wenn er vorübergehend am Computer angeschlossen ist.
4. Das **Netzwerk** ist nur dann von Interesse, wenn Sie beispielsweise in einer Firma mit vielen Computern arbeiten und Dateien hier auf einem Zentral-Computer, dem sog. *Server*, speichern.

Dateien öffnen im Explorer

Mit diesen Grundlagen im »Gepäck« wagen wir den ersten richtigen Ausflug in den Explorer. In diesem Programm können Sie beliebige Dateien direkt öffnen. Es ist also nicht notwendig, erst Ihr gewünschtes Programm zu starten und dann auf **Datei ▸ Öffnen** zu gehen, denn der Explorer startet das notwendige Programm gleich mit. Lassen Sie es uns mit einem WordPad-Dokument versuchen.

Explorer öffnen

↓

Den Ordner **Dokumente** öffnen

↓

Ein WordPad-Dokument per Doppelklick laden

1. Öffnen Sie den Explorer über einen Klick auf das Symbol  in der Taskleiste.

2. Klicken Sie nun auf den Bereich **Dokumente** (1) unter **Schnellzugriff**. Alternativ finden Sie den Ordner **Dokumente**, wie oben erklärt, auch unter **Dieser PC**. Im Schnellzugriff oben ist er einfach schneller bereit.

3. Bei uns sind dort bereits mehrere WordPad-Dateien, u. a. aus den Übungen aus Kapitel 3, abgelegt (2).

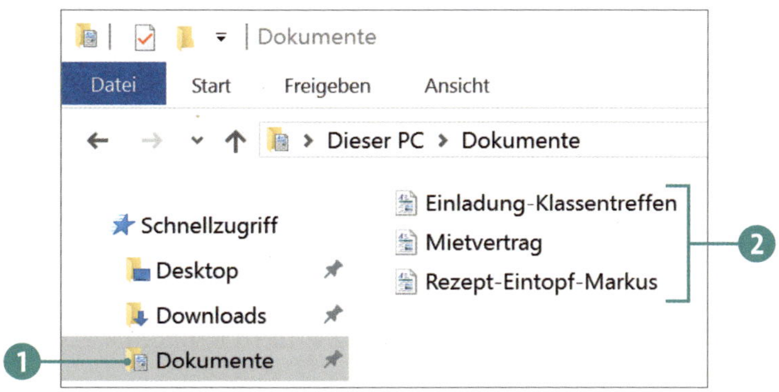

4. Und nun geht alles ganz schnell – ein Doppelklick auf eines der WordPad-Dokumente (2) öffnet es direkt im entsprechenden Programm. Am Tablet »doppeltippen« Sie

WAS TUN?

Bei Ihnen sind keine Dokumente zu sehen? Dann schnell in Kapitel 3, »Mit Windows 10 einen Brief schreiben und Dokumente gestalten«, ab Seite 79 noch eine WordPad-Datei erstellen, damit Sie diese Schritte nachvollziehen können.

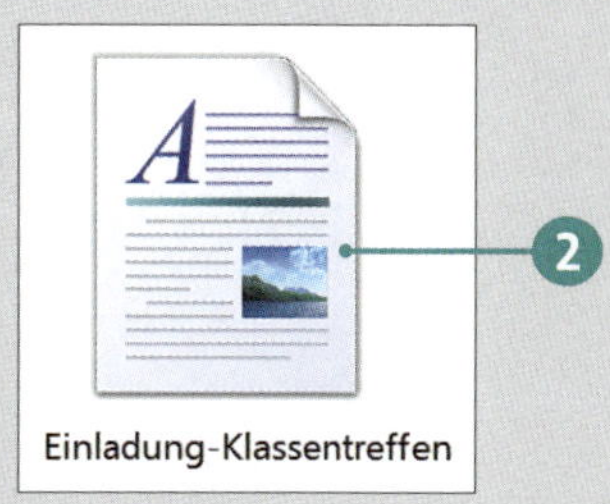

zu diesem Zweck, am Notebook nutzen Sie für den Doppelklick die linke Taste des Touchpads.

Mit einem Doppelklick oder durch Doppeltippen öffnen Sie ein Programm aus dem Explorer heraus.

MERKE

Ein Programm schließen Sie nicht nur über das **X** rechts oben im Fenster. Das funktioniert auch über **Datei ▸ Beenden**.

5. Um die Übung abzuschließen, beenden Sie WordPad, indem Sie das Register **Datei** und in der sich öffnenden Liste unten **Beenden** anklicken. Das ist eine neue Methode zum Schließen eines Programms. Zum selben Ergebnis kommen Sie natürlich auch, wenn Sie wie üblich das Schließen-Kreuz **X** rechts oben im Programmfenster anklicken.

Ordner anlegen und umbenennen

Nachdem Sie nun wissen, wie Sie vorhandene Ordner öffnen, lernen Sie nun, wie Sie selbst einen neuen Ordner anlegen.

1. Öffnen Sie den Explorer mit einem Klick auf das Symbol  in der Taskleiste.

2. Klicken Sie im Navigationsbereich links unter **Dieser PC** ① auf **Dokumente** ②. Nicht irritieren lassen – Sie erreichen den Speicherplatz für **Dokumente** 3, wie oben erklärt, auch noch einmal im **Schnellzugriff**. Wenn Sie möchten, können Sie also auch diesen Ordner anklicken, der dieselben Dateien enthält.

3. Jetzt legen wir einen neuen Ordner an, indem wir das Menüband, sofern noch nicht geschehen, über einen Klick auf das kleine Dreieck erweitern 4.

4. Im ausgeklappten Menüband klicken Sie nun auf das Symbol **Neuer Ordner** 5.

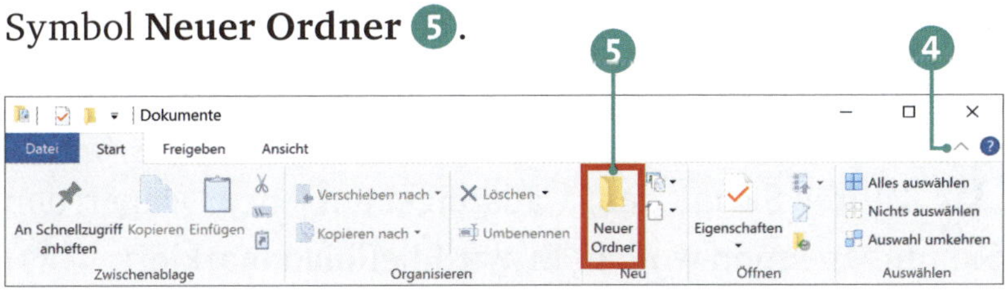

5. Sofort erscheint im Dateifenster ein neuer Ordner, dessen gleichlautender Name blau unterlegt ist 6.

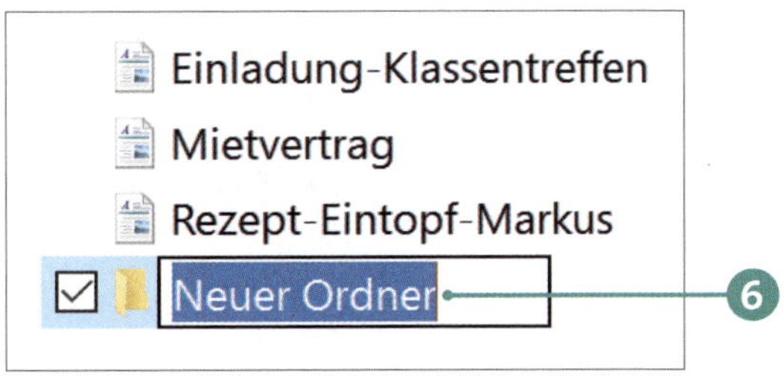

Das bedeutet: Sie können sofort mit der Tastatur einen passenden Namen eintippen. Touchscreen-Anwender müssen an dieser Stelle ggf. über das Tastastursymbol  in der Taskleiste die Bildschirmtastatur einblenden.

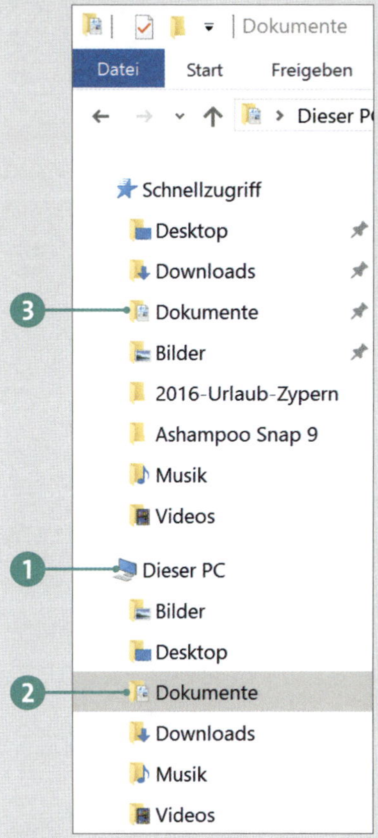

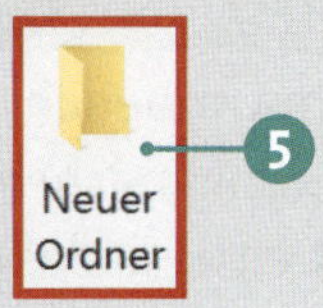

MERKE

Ordner können Sie beliebig benennen und dürfen auch mehrere Wörter verwenden.

6. Bestätigen Sie die Eingabe mit der Taste [↵] – die Namensänderung ist vollbracht und der erste Ordner perfekt angelegt.

7. Zur Übung – legen Sie gleich noch einen weiteren Ordner an, und benennen Sie ihn nach Wunsch.

Einen Ordner nachträglich umbenennen

Wenn man einen Ordner einfach so benennen kann, dann stellt sich natürlich die Frage, ob und wie man einen Ordner nachträglich umbenennen kann. Sei es, dass sich ein Schreibfehler eingeschlichen hat oder man einen besseren Namen vergeben will. Das geht in drei einfachen Schritten.

1. Fahren Sie mit dem Mauszeiger auf jenen Ordner, den Sie umbenennen wollen. Er wird hellblau markiert.

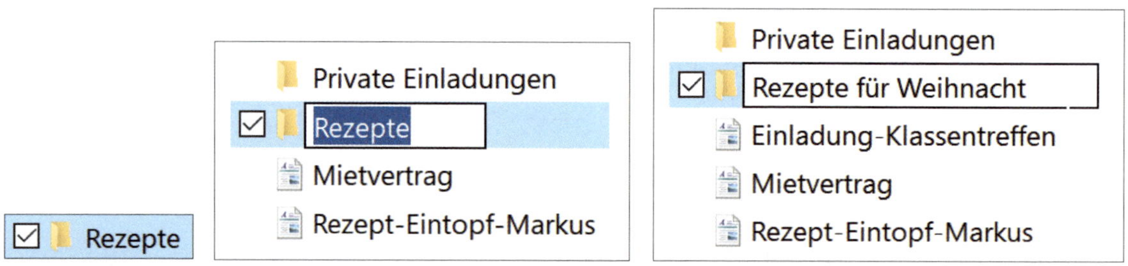

ACHTUNG!

Zum Umbenennen zweimal nacheinander mit einer kleinen Pause auf den Ordnernamen klicken – keinesfalls einen klassischen Doppelklick ausführen!

2. Klicken Sie mit der linken Maustaste einmal auf den Ordner, wird er wieder dunkelblau markiert, klicken Sie ein zweites Mal darauf, wird der Name selbst dunkelblau markiert, und Sie können den bisherigen nun mit dem neuen Namen überschreiben. Sie klicken zwar also zweimal, das ist aber kein klassischer, schnell nacheinander durchgeführter Doppelklick, denn damit würde der Ordner geöffnet.

3. Beenden Sie die Eingabe mit der Taste [↵].

Sie haben gerade zwei neue Ordner im Ordner **Dokumente** erstellt. Doch wie gelangt man von einem zum anderen? Das Thema Navigation haben wir schon oben theoretisch erklärt. Nun üben wir das noch einmal ganz praktisch.

1. Gehen Sie im Navigationsbereich mit dem Mauszeiger auf den Ordner **Dokumente** – entweder gleich oben im **Schnellzugriff** oder unterhalb von **Dieser PC** ①. Da es sich um denselben Ordner handelt, macht das wie gesagt keinen Unterschied.

2. Öffnen Sie nun zuerst **Dokumente** mit einem Doppelklick und anschließend den von Ihnen dort angelegten Ordner mit einem Doppelklick. (In unserem Beispiel ist das der Unterordner **Private Einladungen**.)

3. Mit einem Blick auf die Adressleiste ② im Explorer-Fenster sehen Sie sofort, wo Sie sich befinden.

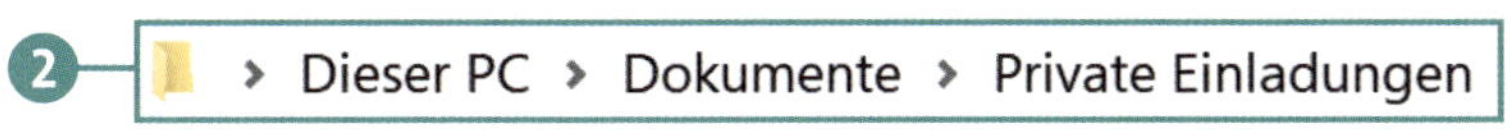

4. Im Inhaltsbereich rechts müsste nun der Inhalt des geöffneten Ordners angezeigt werden. Hier ist aber nichts

Navigieren in der Ordnerstruktur im Explorer

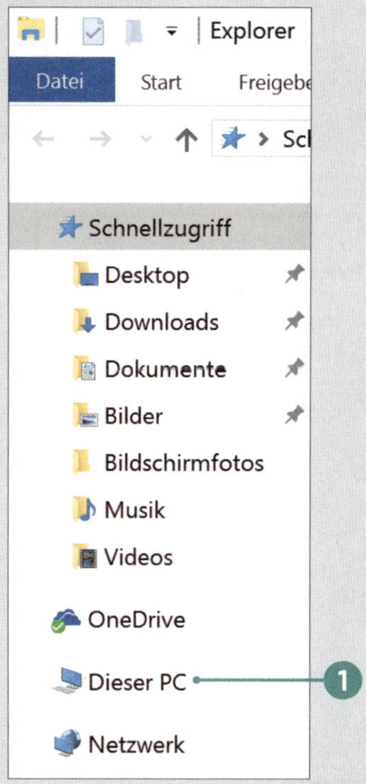

WAS TUN?

Sie möchten den Ordner **Dokumente** unter **Dieser PC** öffnen, sehen ihn aber dort nicht? Zeigen Sie mit der Maus auf **Dieser PC** ①, wird davor ein Pfeil angezeigt. Mit einem Klick darauf klappen Sie alle Unterverzeichnisse auf.

zu sehen außer einem Hinweis. Logischerweise ist unser Ordner leer 3, da wir ihn vorhin erst angelegt haben.

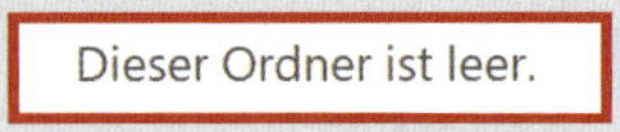

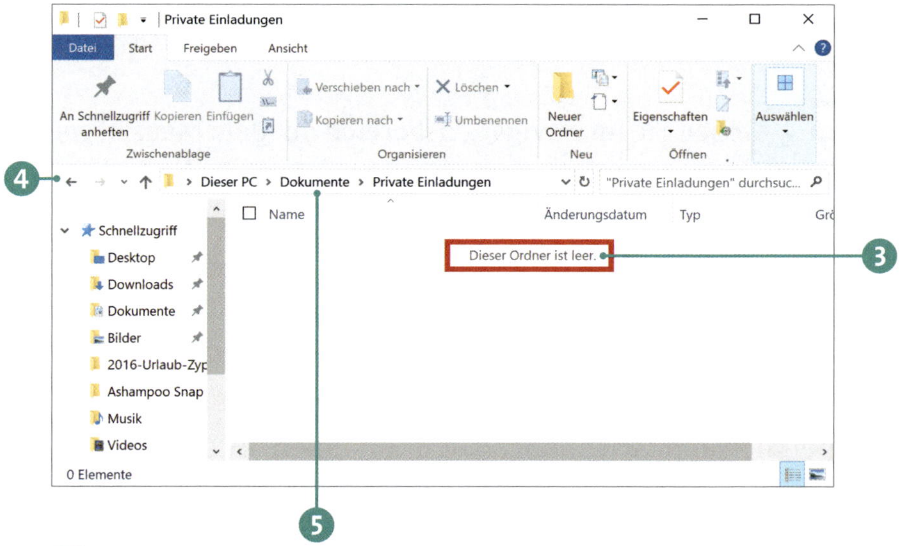

5. Klicken Sie auf die Pfeiltaste oben links 4, um zurück auf die Ebene **Dokumente** zu gelangen. Alternativ klappt das auch mit einem Mausklick auf den Begriff **Dokumente** 5 in der Adressleiste.

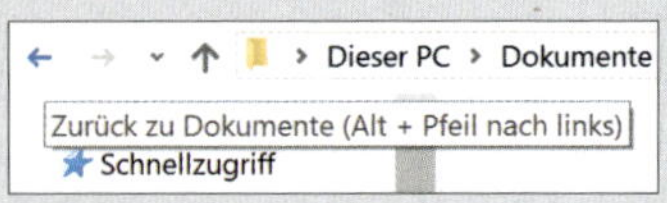

Die frisch angelegten Ordner stehen nun im Explorer und in jedem anderen Programm dafür bereit, mit Dateien – seien es nun Textdokumente oder Bilder oder auch andere Dateien – gefüllt zu werden. Wie Sie dazu vorgehen, erfahren Sie im nächsten Abschnitt.

MERKE

Schlagen Sie gerne noch mal in Kapitel 3, »Mit Windows 10 einen Brief schreiben und Dokumente gestalten«, ab Seite 79 nach, wenn Ihnen WordPad noch nicht geläufig ist.

Dateien aus einem Programm in einem Ordner im Explorer abspeichern

So sichern Sie ein neues Dokument in einem der Ordner, die Sie im vorigen Abschnitt angelegt haben:

1. Starten Sie WordPad wie gewohnt über das Startmenü.

2. Erstellen Sie in dem automatisch geöffneten Dokument einen kleinen Text.

3. Wählen Sie anschließend **Datei ▸ Speichern** (1).

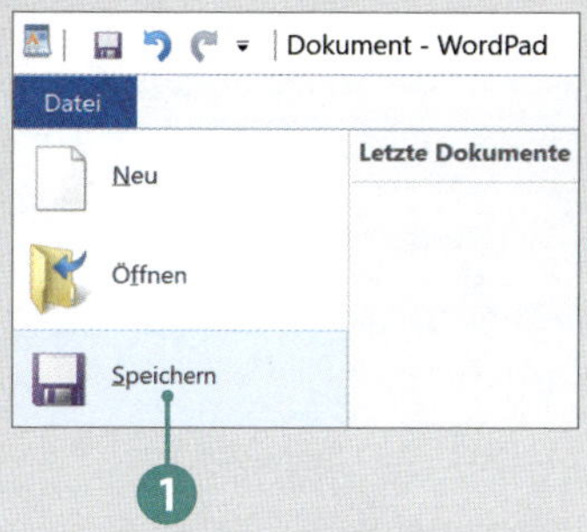

4. Klicken Sie in der linken Spalte unter **Dieser PC** auf **Dokumente** (2). Achtung – sollten Sie in der linken Leiste kaum Einträge sehen, dann ist die Ansicht »reduziert«! Fahren Sie in diesem Fall auf **Dieser PC**, und klicken Sie auf das nun sichtbare kleine Dreieck davor (3), um alle Ordner zu sehen.

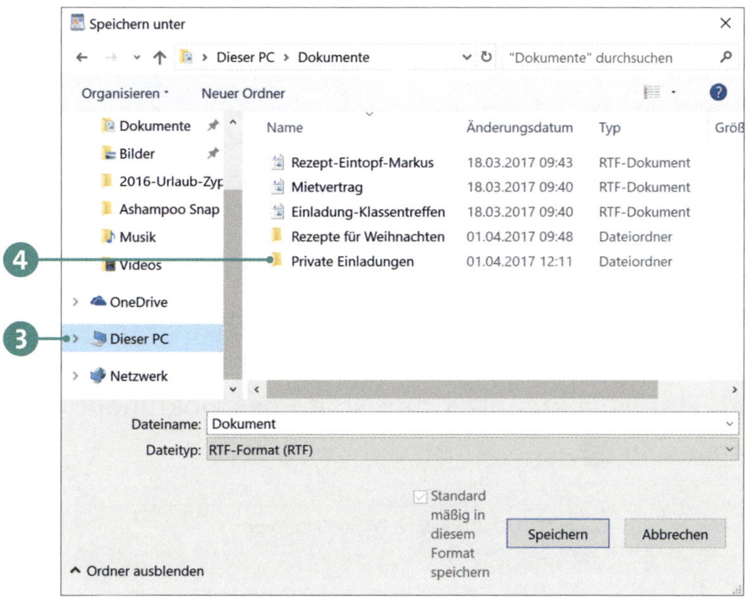

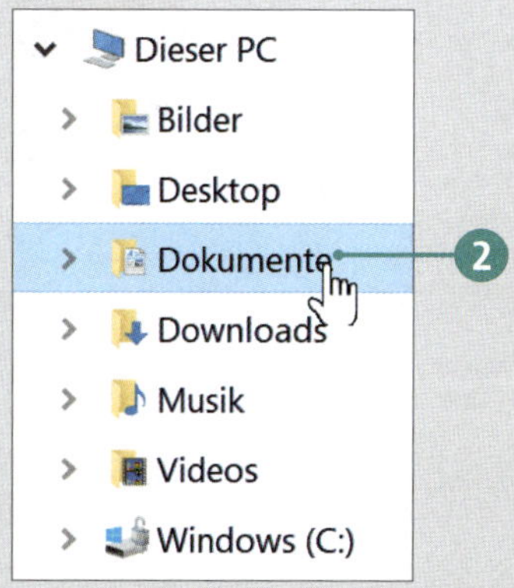

5. Mit einem Doppelklick auf **Dokumente** öffnen Sie nun alle seine Unterordner, die auch rechts im Inhaltsbereich angezeigt werden. Wir wählen hier **Private Einladungen** (4) mit einem Mausklick aus.

Diesen Ordner haben wir vorhin (siehe Seite 201) schon angelegt.

6. Vergeben Sie jetzt einen Dateinamen für Ihr WordPad-Dokument (5), und klicken Sie auf die **Speichern**-Schaltfläche (6).

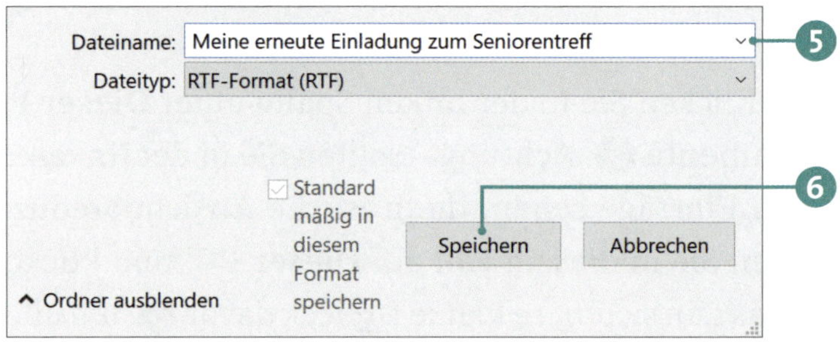

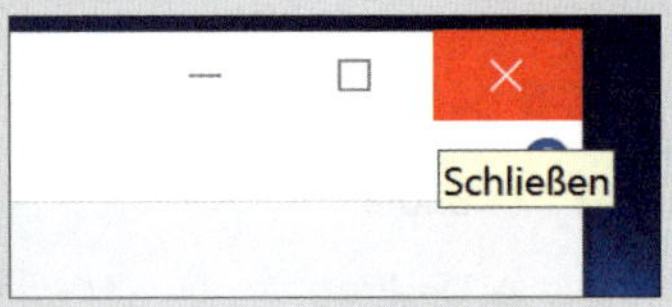

7. Schließen Sie WordPad mit einem Klick auf das **X** rechts oben im Programmfenster.

8. Öffnen Sie nun zur Kontrolle den Explorer mit einem Klick auf das Symbol  in der Taskleiste.

9. Wechseln Sie mit einem Klick auf **Dokumente** und einem Doppelklick auf jenen Unterordner, in dem Sie gerade das WordPad-Dokument abgelegt haben, zu Ihrer Datei. Hat es geklappt? Dann sollte das Dokument hier sichtbar sein (7).

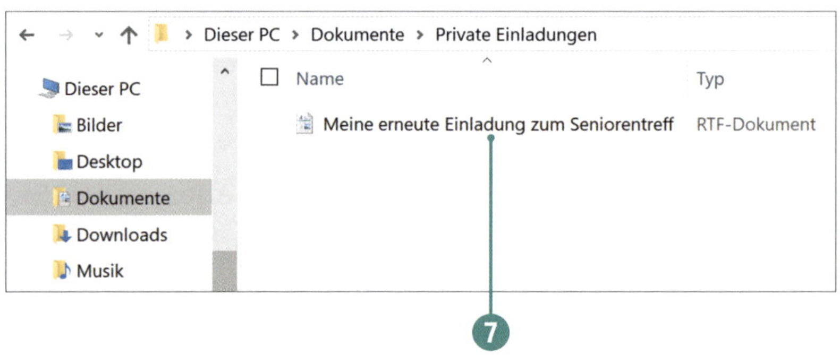

Dateien verschieben, kopieren oder löschen

Bisher haben wir mit Dateien ja einfach drauflosgearbeitet – Fotos in der Fotos-App geöffnet oder Textdokumente in WordPad abgespeichert. Diese Dateien liegen, wie gerade gelernt, alle im Explorer in verschiedenen Ordnern. Und hier kann man selbst tätig werden und Dateien an andere Orte umsortieren, sie kopieren oder umbenennen – ganz ohne die zugehörige App. Denn mit dem Explorer ändern Sie niemals den Inhalt einer Datei, sondern nur deren Ablageort oder Benennung.

MERKE

Im Explorer kann man sämtliche Dateien bewegen, kopieren oder umbenennen, ohne die zugehörige App zu öffnen.

Da das Kopieren (und im Prinzip auch das Löschen) von Dateien auf die gleiche Weise wie das Verschieben funktioniert, nur über eine andere Schaltfläche, zeigen wir Ihnen beispielhaft das Verschieben, bei dem eine Datei immerhin von ihrem ursprünglichen Ort entfernt wird. Da das anders als das Kopieren auch unerwünschte Folgen haben kann, weil dann eine Datei plötzlich nicht mehr am Ursprungsort vorhanden ist, zeigen wir Ihnen natürlich auch, wie Sie das wieder rückgängig machen können. Sie können also ohne Sorge gleich bei der folgenden Anleitung mitmachen. Starten wir damit, eine Datei in einen neuen Unterordner zu verschieben. Das funktioniert zwar auch einfach durch Ziehen einer markierten Datei oder eines Ordners mit gedrückter Maustaste, doch verrutscht man dabei leicht – zumal ohne Übung. Der Explorer bietet dafür eine komfortable Möglichkeit im Menüband an:

1. Wie immer starten Sie zunächst den Explorer über die Taskleiste.

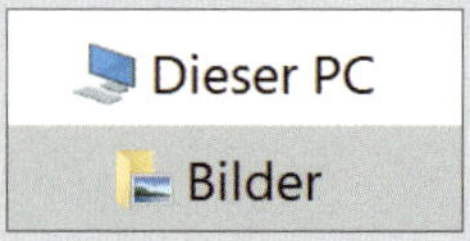

2. Wir wechseln nun aber für diese Lektion in den Ordner **Bilder** ①. Aber natürlich funktionieren die hier gezeigten Schritte auch im Ordner **Dokumente** und auch in allen anderen Ordnern. Sollten Sie direkt im **Bilder**-Ordner noch keine Fotos sehen, wählen Sie per Doppelklick einen Unterordner aus.

3. Sehen Sie hier statt einer Vorschau Ihrer schönsten Bilder nur eine Liste ②? Mit einem Klick rechts unten im Explorer-Fenster ③ wechseln Sie schnell von dieser **Details** genannten Ansicht zur Ansicht **Große Symbole** (mit Vorschaubildern). Weitere Ansichten finden Sie übrigens im Menüband im Register **Ansicht**.

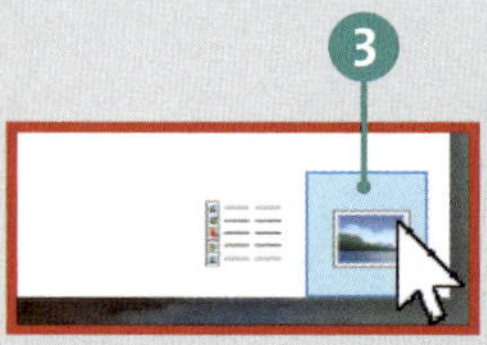

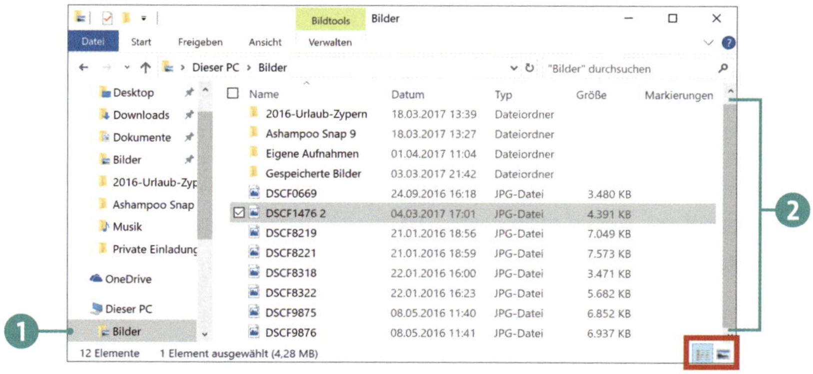

4. Wählen Sie per Mausklick nun ein Bild aus ④, das in einen anderen Ordner verschoben werden soll. Das Bild wird dann hellblau markiert.

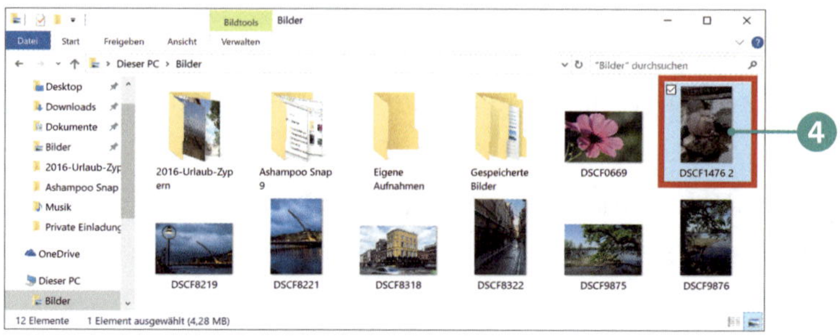

5. Klappen Sie das Menüband mit einem Mausklick auf das kleine Dreieck rechts oben im Explorer-Fenster auf. Sollte es schon geöffnet sein, fahren Sie mit dem folgenden Schritt fort.

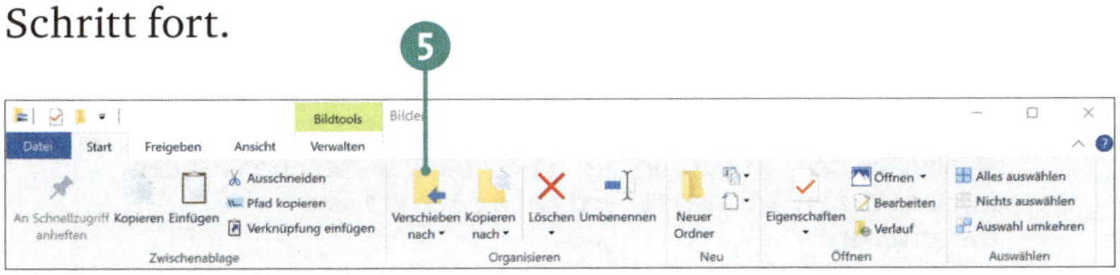

6. Jetzt klicken Sie auf die Schaltfläche **Verschieben nach** 5 – es öffnet sich ein Menü mit von Windows vorgeschlagenen Ordnern. Ist hier schon der richtige dabei? Dann wählen Sie diesen einfach per Mausklick aus. Wir gehen davon aus, dass dies aber nicht der Fall ist, und machen weiter.

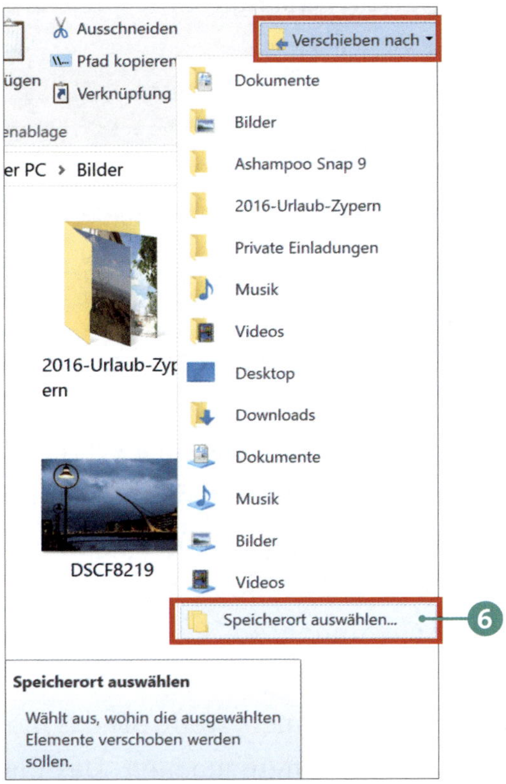

WAS TUN?

Sie sehen die Schaltfläche **Verschieben nach** nicht im Menüband? Wechseln Sie oben in das Register **Start**, und schon steht sie Ihnen zur Verfügung.

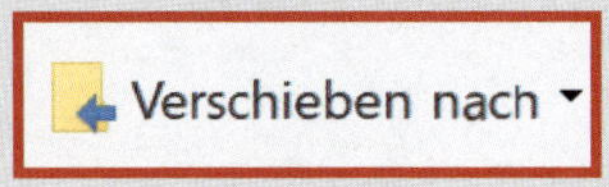

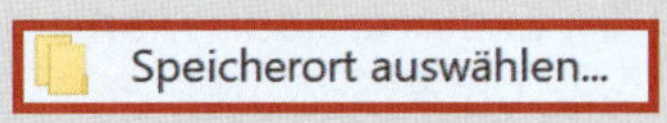

7. Klicken Sie in diesem Menü auf **Speicherort auswählen...** (6 auf Seite 209). Es öffnet sich der Dialog **Elemente verschieben**.

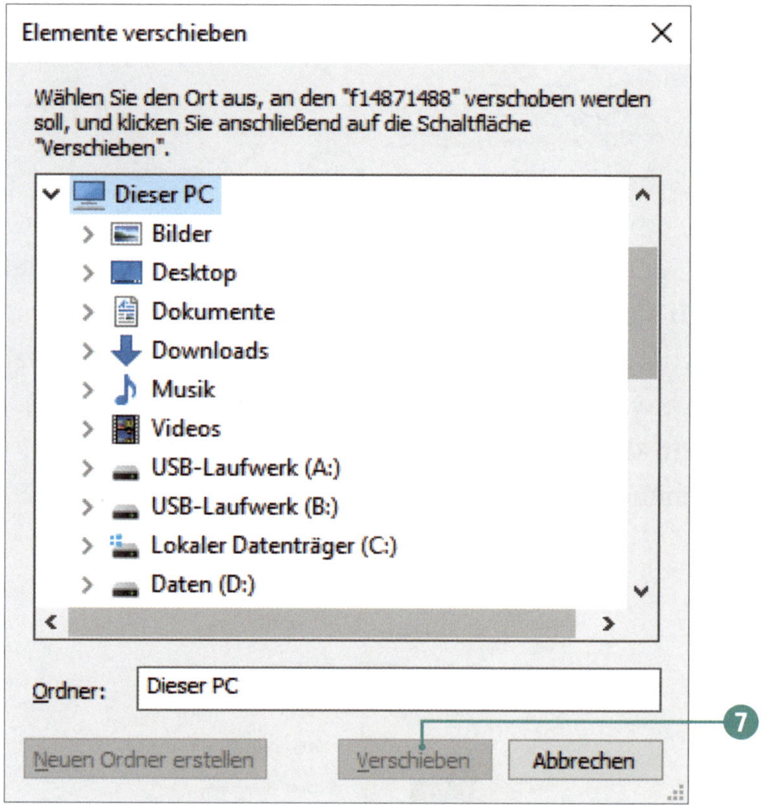

8. Wählen Sie in diesem Dialog unter **Dieser PC** den gewünschten Ordner als Speicherort aus, und klicken Sie auf die Schaltfläche **Verschieben** 7. Das Bild wird, ohne dass Sie es mitbekommen, an den gewünschten Ort verschoben, und das Dialog-Fenster schließt automatisch. Im Explorer-Fenster ist das Bild nun in der aktuellen Ansicht natürlich verschwunden.

9. Praktisch – Sie können, wenn Sie das möchten, diesen Vorgang gleich rückgängig machen. Das klappt aber nur

MERKE

Im Explorer kann man alle Vorgänge über die Tastenkombination Strg + Z rückgängig machen.

per Tastenkombination, nicht etwa durch Betätigung eines Pfeils. Drücken Sie [Strg], halten Sie die Taste gedrückt, und drücken Sie nun zusätzlich [Z] – und schon ist das Bild wieder hier, als ob nichts geschehen wäre.

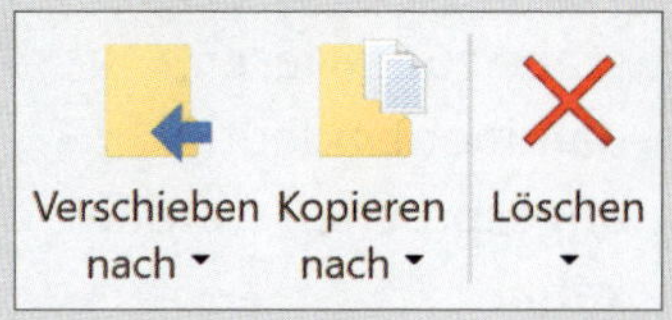

Kopieren und Löschen im Explorer

Gleich neben der Schaltfläche **Verschieben nach** im Register **Start** finden Sie auch die Schaltfläche **Kopieren nach**. Es öffnet sich derselbe Dialog von eben, und Sie können Dateien auf diese Weise bequem an andere Orte kopieren. Wir zeigen das im Detail auch noch einmal im folgenden Abschnitt. Beim Kopieren bleibt die Datei natürlich am ursprünglichen Speicherort zusätzlich erhalten. Wenn Sie doch nur eine Version behalten möchten, dann steht Ihnen zu diesem Zweck etwa die Schaltfläche **Löschen** gleich rechts neben der Schaltfläche **Kopieren nach** zur Verfügung. Markieren Sie die Datei, und klicken Sie auf **Löschen**. Freundlicherweise werden Sie noch einmal gefragt, ob Sie das endgültig wünschen. Bestätigen Sie dies, ist die Datei unwiederbringlich gelöscht und steht auch nicht mehr im Papierkorb zur Verfügung, den Sie ab Seite 220 kennenlernen.

Dateien auf einen USB-Stick kopieren

USB-Sticks sind praktische Datenbehälter, um unzählige Fotos, Dokumente, Musik oder Videos zu speichern. USB-Sticks eignen sich wirklich hervorragend, um mit Freunden schnell Dateien auszutauschen. Das ist gerade bei großen Datenmengen deutlich praktischer als der Versand per E-Mail.

ACHTUNG!

Für diesen Workshop benötigen Sie einen USB-Stick. Den gibt's im Fachhandel für kleines Geld zu kaufen.

Und jetzt geht's direkt los mit dem Kopieren von Daten auf den USB-Stick – so einen benötigen Sie, um alle Schritte nachvollziehen zu können.

MERKE

Jedem Laufwerk und jedem Datenträger am Computer wird in Windows 10 ein Buchstabe zugewiesen, damit er eindeutig angesprochen werden kann.

ACHTUNG!

Die Laufwerksbuchstaben werden nach jedem Neustart des Computers von Windows neu vergeben. Ihr USB-Stick hat also nicht unbedingt jedes Mal **D**: als Bezeichnung.

1. Stecken Sie den USB-Stick in einen USB-Anschluss an Ihrem Computer ein. Welcher das ist, spielt keine Rolle, sie funktionieren alle gleich. Der USB-Stick passt auch nur in einer Richtung hinein, man kann also nichts falsch machen.

2. Sofort signalisiert Windows durch einen Signalton, dass ein neues Gerät gefunden wurde. Den Hinweis oberhalb des Infobereichs der Taskleiste ❶ benötigen wir aktuell nur für den sog. Laufwerksbuchstaben: Hier ist es **D:** ❷, es kann bei Ihnen aber auch ein ganz anderer Buchstabe sein. Das ist abhängig von Ihrem Computer. Und wieder so eine fiese Sache: Beim nächsten Mal kann es ein ganz anderer Buchstabe sein, da diese Buchstaben nach jedem Neustart neu vergeben werden.

3. Statt nun auf diesen Hinweis zu klicken (was prinzipiell auch möglich ist), starten Sie stattdessen den Explorer über einen Klick auf das Symbol  in der Taskleiste und wechseln per Mausklick im Navigationsbereich links in Ihren **Bilder**-Ordner unter **Dieser PC**. Sie sollten nun einige Bilder zur Auswahl haben. Falls nicht, wählen Sie mit einem Doppelklick einen Unterordner aus. Wenn Sie Kapitel 6, »Windows 10 als digitales Fotoalbum«, ab Seite 175 durchgearbeitet haben, sollten dort einige Schnapp-

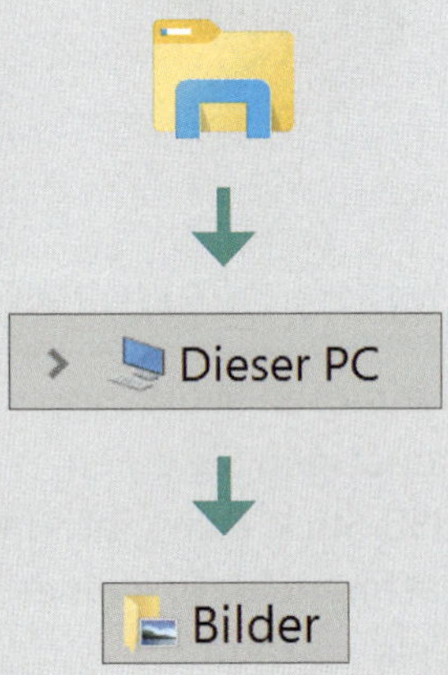

schüsse vorhanden sein. Wenn nicht, dann nehmen Sie alternativ Ihren Ordner **Dokumente** zum Ausprobieren.

4. Wir wollen nun mehrere Bilder markieren und auf den USB-Stick kopieren. Die einfachste Möglichkeit ist die folgende: Fahren Sie auf das gewünschte Bild, und versehen Sie mittels Mausklick das dann eingeblendete leere Kästchen ❸ mit einem Häkchen. Alle bereits ausgewählten Bilder werden grau unterlegt ❹. Haben Sie eines zu viel ausgewählt, klicken Sie einfach erneut in das Kästchen. So können beliebig viele Fotos ausgewählt werden.

5. Blenden Sie nun wieder das Menüband im oberen Bereich des Explorer-Fensters mit einem Klick auf das kleine Dreieck ❺ ein, sollte es nicht schon eingeblendet sein.

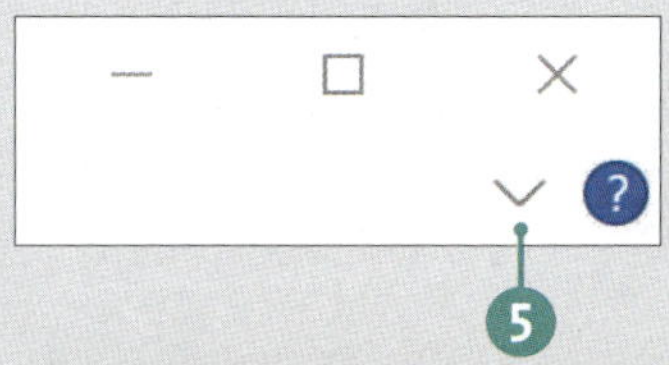

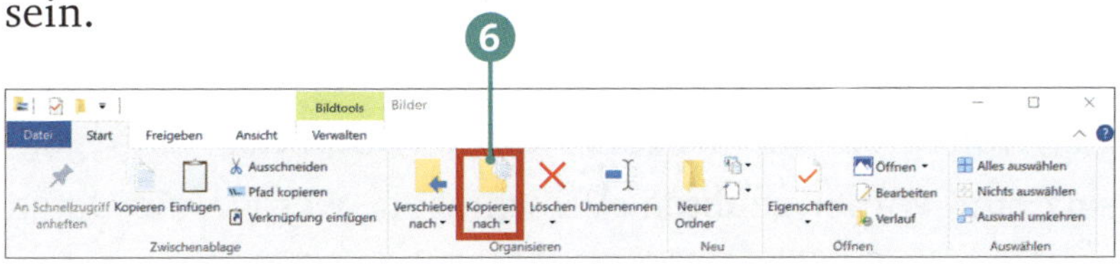

6. Aktivieren Sie die Schaltfläche **Kopieren nach** ❻ mit einem linken Klick.

7. Wie in der Anleitung zum Verschieben von Dateien im vorigen Abschnitt gezeigt, öffnet sich ein Menü mit möglichen Zielen, wo Ihre gewählten Bilder hineinkopiert

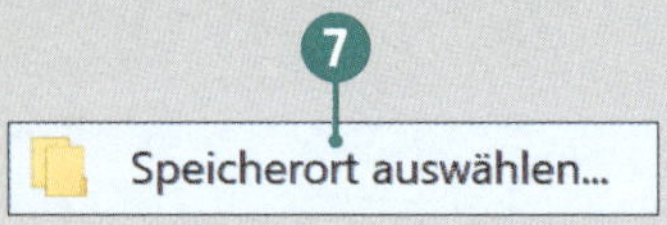

werden sollen. In dieser Liste wählen Sie ganz unten **Speicherort auswählen...** 7 mit einem Klick aus.

8. Im folgenden Dialog-Fenster scrollen Sie ganz nach unten, bis Sie den Laufwerksbuchstaben (siehe Schritt 2) erreichen. Zusätzlich wird der USB-Stick hier als **USB-Laufwerk** 8 bezeichnet.

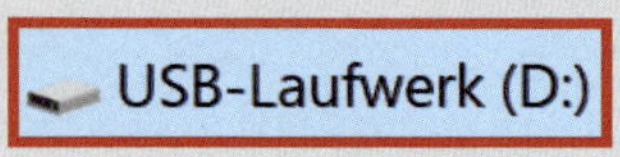

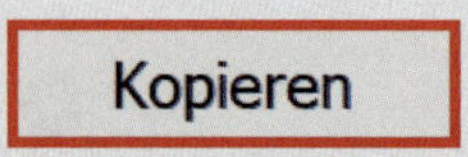

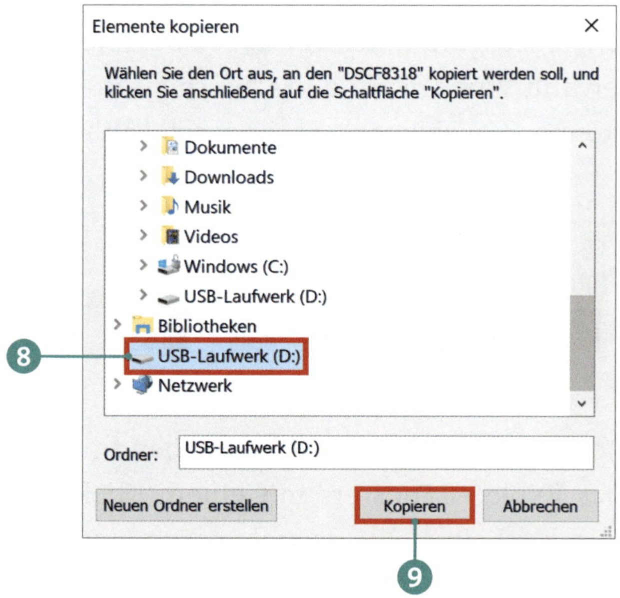

9. Ein Klick auf **Kopieren** 9 startet nun den Kopiervorgang von Ihrem Bilder-Ordner auf den USB-Stick. Im Gegensatz zum vorher geübten »Verschieben« werden die Daten verdoppelt. Sprich, sie bleiben im **Bilder**-Ordner bestehen und werden auf den USB-Stick nochmals abgelegt. Eine Statusanzeige gibt Auskunft über den Kopierfortschritt:

MERKE

Bei einem Kopiervorgang in Windows 10 werden die Daten immer dupliziert.

Hat alles geklappt? Das prüfen wir natürlich, denn Vertrauen ist gut, aber Kontrolle ist bekanntlich besser. Hierzu schauen wir nun auf den USB-Stick:

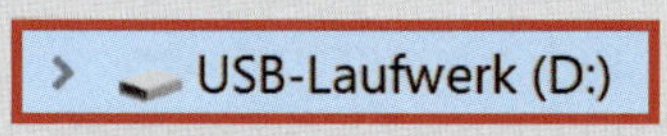

1. Scrollen Sie im noch geöffneten Explorer-Fenster in der linken Leiste ganz nach unten, bis hier das USB-Laufwerk erscheint **1**. Klicken Sie es einmal an.

2. Im Inhaltsbereich rechts erscheinen nun alle Dateien, die auf dem USB-Stick abgelegt wurden. War der USB-Stick ganz leer, sehen Sie nun lediglich jene Dateien, die Sie gerade kopiert haben **2**. Auch hier können Sie zur besseren Übersicht zwischen der Miniatur- und Listenansicht wechseln, indem Sie auf die jeweiligen Symbole rechts unten klicken **3**.

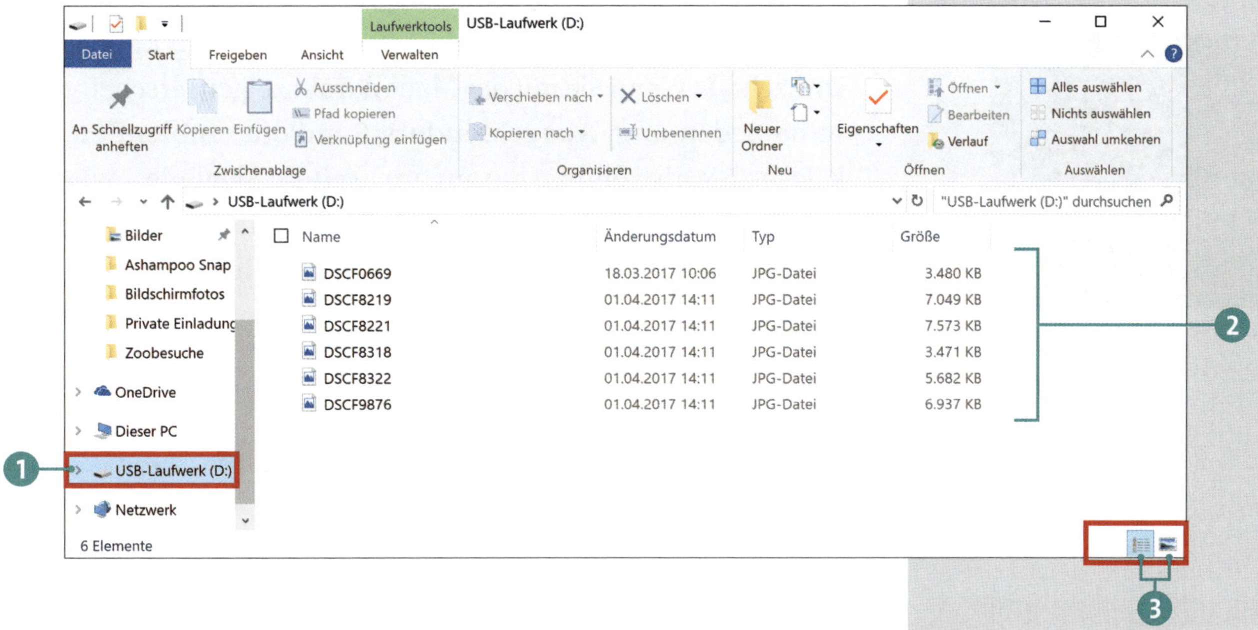

ACHTUNG!

Egal, ob Karte von der Kamera, USB-Stick oder Festplatte – alles, was per USB an den Computer angeschlossen wird, darf nicht einfach wieder herausgezogen, sondern muss in Windows 10 ordnungsgemäß und »sicher entfernt« werden.

USB-Stick sicher entfernen

Abschließend ganz wichtig: den USB-Stick nicht einfach aus dem Computer ziehen, wenn Sie mit dem Kopieren fertig sind! Windows 10 verlangt hier, dass Sie den Stick »sicher entfernen«. Das hat den Hintergrund, dass Windows 10 unter Umständen noch mit dem USB-Stick beschäftigt ist. Ziehen Sie den USB-Stick einfach heraus, während er noch tätig ist, kann das zum Verlust von Daten führen. Wir zeigen Ihnen, wie Sie das vermeiden. Die im Folgenden gezeigte Vorgehensweise gilt für alle externen Speichergeräte, also z. B. die Speicherkarten einer Digitalkamera oder auch eine externe Festplatte.

Einen USB-Stick sicher entfernen

Um einen USB-Stick oder auch eine Speicherkarte sicher aus dem Computer zu entfernen, gehen Sie wie folgt vor:

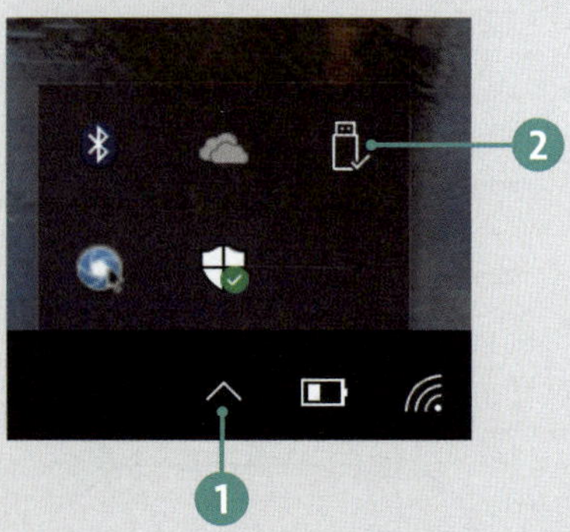

1. Im Infobereich der Taskleiste sehen Sie ein kleines Dreieck (1). Wenn Sie mit der Maus darauf zeigen, erscheint seine Bedeutung: **Ausgeblendete Symbole einblenden**. Klicken Sie also einmal darauf, um weitere Symbole anzuzeigen. Bei größeren Bildschirmen sind diese Symbole meistens direkt in der Taskleiste dargestellt, weil mehr Platz vorhanden ist.

2. Im aufklappenden Menüfenster klicken Sie auf das Symbol, das wie ein USB-Stick aussieht (2).

3. Es klappt ein weiteres Fenster auf, das auf Englisch den USB-Stick als *USB Storage* bezeichnet. Darunter sehen Sie die von vorhin bekannte Laufwerksbezeichnung **D:** (3). Klicken Sie nun auf **USB Storage auswerfen** (4), damit der USB-Stick sicher von Windows abgemeldet wird.

4. Erscheint die Meldung **Hardware kann jetzt entfernt werden** 5, dürfen Sie den USB-Stick aus dem Computer herausziehen.

Eine CD oder DVD brennen

Noch immer ist eine CD oder DVD als Datenträger sehr beliebt. Auf einer CD oder DVD lässt sich nicht nur Musik »schreiben«, sondern Daten jeder Art. Man sagt hier nicht »speichern«, weil tatsächlich früher die Dateien fest auf der Silberscheibe fixiert wurden, man konnte sie später nicht, anders als beim USB-Stick, löschen. CD und DVD unterscheiden sich, ganz vereinfacht gesagt, durch die

Speicherkapazität. Eine DVD kann rund achtmal so viele Daten speichern wie eine CD.

ACHTUNG!

Um diese Schritte nachvollziehen zu können, benötigen Sie ein CD-Laufwerk und einen leeren CD-Rohling. Hat Ihr Computer kein CD-Laufwerk, kann ein externes Gerät im Fachhandel gekauft werden, das per USB-Anschluss angesteckt wird. Die Kosten liegen bei etwa 30 bis 40 €.

Und so brennen Sie Ihre Daten auf die silbernen Scheiben:

1. Öffnen Sie den Explorer über das Symbol in der Taskleiste, und wechseln Sie dann zu Ihrem Ordner **Bilder** unter **Dieser PC**.

2. Markieren Sie, wie im vorigen Abschnitt beschrieben, per Mausklick alle Bilder oder auch Ordner, die Sie auf CD brennen möchten.

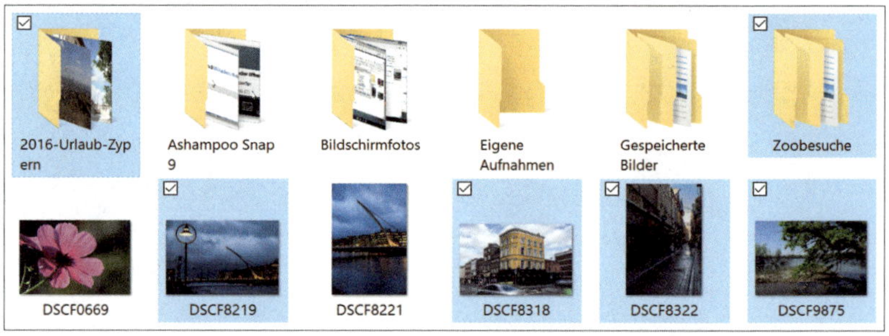

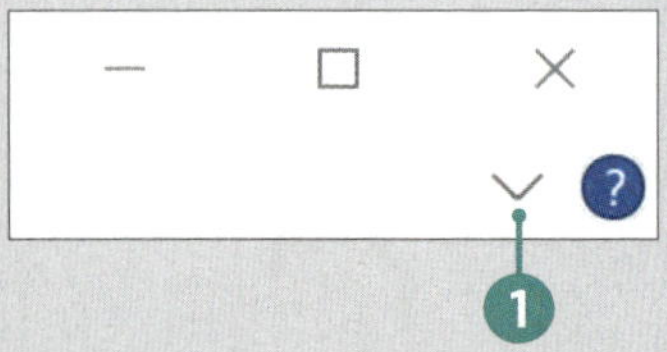

3. Falls Sie das Menüband noch nicht sehen, blenden Sie es mit einem Klick auf das kleine Dreieck ① rechts oben im Explorer-Fenster ein.

4. Wechseln Sie nun im Menüband oben in das Register **Freigeben** ② – es werden nun ganz neue Funktionen im Menüband angezeigt als im Register **Start.** Aber nicht nur das: Vielleicht ist Ihnen schon aufgefallen, dass bestimmte Schaltflächen erst in einem bestimmten Zusammenhang erscheinen bzw. aktiviert werden können. Dieses »wechselhafte« Verhalten des Menübandes nennt man übrigens *kontextsensitiv*.

ACHTUNG!

Das Menüband zeigt unterschiedliche Funktionen an, je nachdem, in welchem Register Sie sich gerade befinden.

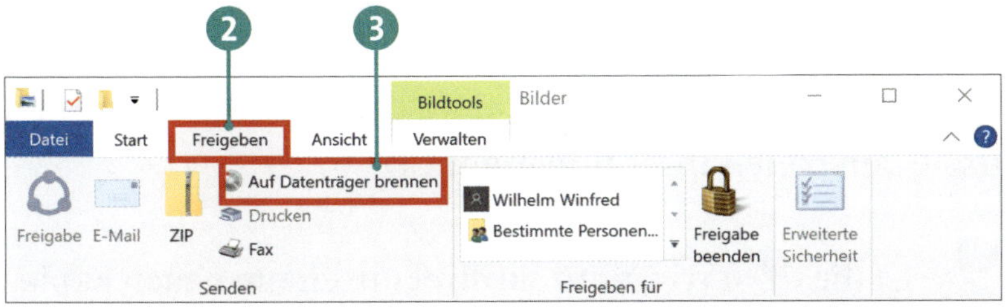

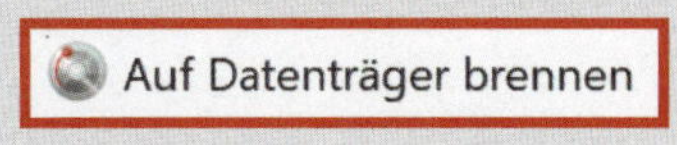

5. Klicken Sie hier auf **Auf Datenträger brennen** 3 – Sie werden nun aufgefordert, einen Datenträger, in unserem Fall eine CD oder DVD, einzulegen, was Sie bitte auch tun.

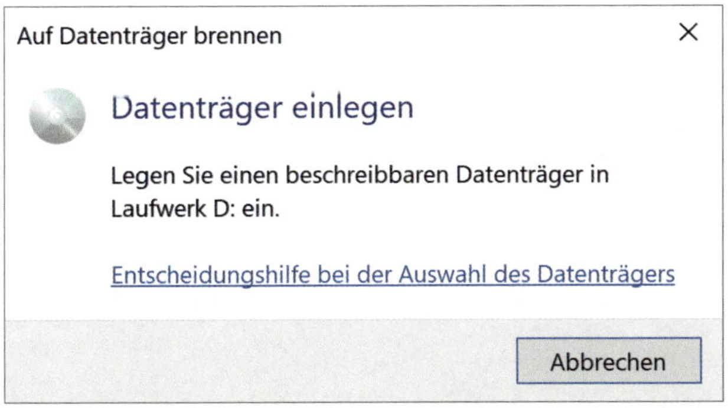

6. Es erscheint im Anschluss ein neues Fenster. Hier geben Sie zunächst einen Namen 4 für Ihre Silberscheibe ein. Dieser darf allerdings nicht länger als 16 Zeichen sein.

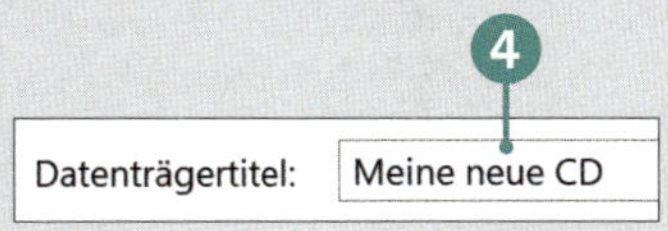

7. Direkt darunter überrascht Windows mit weiteren Abfragen. Klicken Sie **Mit einem CD/DVD-Player** 5 an. Das ist perfekt, wenn die CD an Freunde oder Bekannte weitergegeben wird.

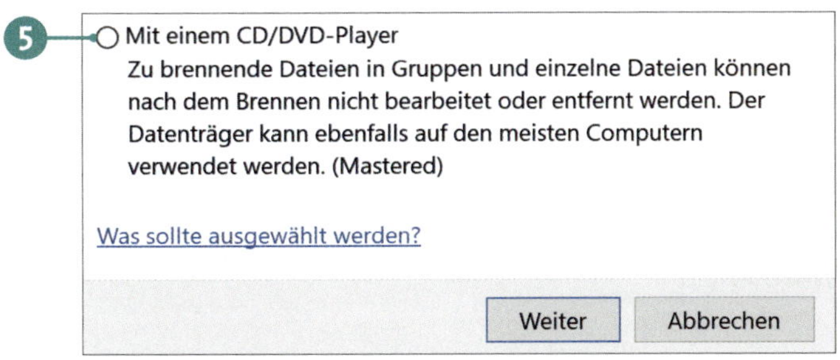

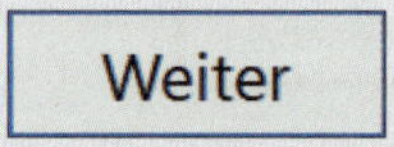

8. Ein Klick auf **Weiter** startet den sog. *Brennvorgang*, das Überspielen Ihrer Bilder auf CD.

9. Ist die CD fertig, wird sie direkt in einem neuen Explorer-Fenster angezeigt.

Abschließend die CD über den Infobereich der Taskleiste sicher auswerfen.

10. Ausgeworfen wird die CD mit einem Klick auf das Symbol  in der Taskleiste, das Sie schon im vorigen Abschnitt kennengelernt haben und das auch bei einer CD so wie ein USB-Stick aussieht. Wie Sie genau vorgehen, können Sie also ab Seite 216 noch einmal nachlesen.

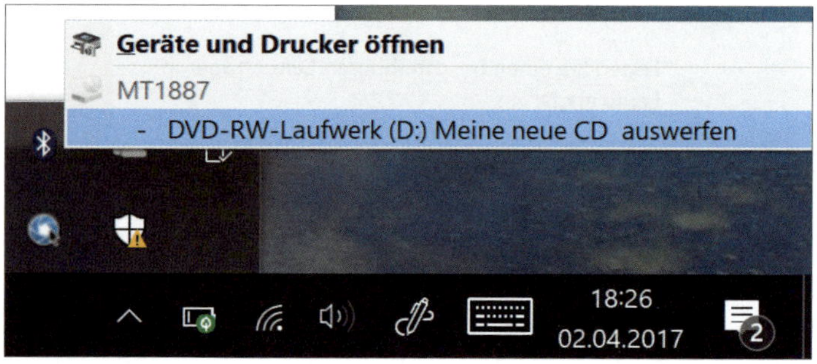

Der Papierkorb – Dateien löschen

Es sammelt sich auf dem Computer im Laufe der Zeit sicherlich das eine oder andere Dokument, Bild oder Video an, das man wieder entfernen möchte. Natürlich klappt das ebenfalls über den Explorer. Windows 10 hat diesem Programm zusätzlich noch einen virtuellen Papierkorb bereitgestellt, der für die Entsorgung zuständig ist. Ein wenig Vorsicht ist angebracht, wenn man anfängt auszumisten. Aber – im ersten Schritt ist noch nichts verloren, und es kann mit ein wenig Umsicht und dieser Anleitung nix schiefgehen.

Bitte die folgenden Schritte ausschließlich mit Dokumenten oder Bildern durchführen, die auch wirklich gelöscht werden können. Verwenden Sie dafür keinesfalls wichtige Dateien!

ACHTUNG!

In diesem Training wird eine Datei tatsächlich komplett von Ihrem Computer entfernt. Führen Sie die folgenden Schritte wirklich nur mit einem Dokument durch, das Sie nicht mehr benötigen. Legen Sie sich ansonsten, wie in Kapitel 3, »Mit Windows 10 einen Brief schreiben und Dokumente gestalten«, ab Seite 79 beschrieben, ein kleines WordPad-Dokument zu Übungszwecken an.

1. Starten Sie den Explorer  mit einem Klick auf das Symbol in der Taskleiste, und wechseln Sie in den **Dokumente**-Ordner.

2. Hier markieren wir ein Dokument, das gelöscht werden kann, mit einem Mausklick. Es wird dann farbig unterlegt 1.

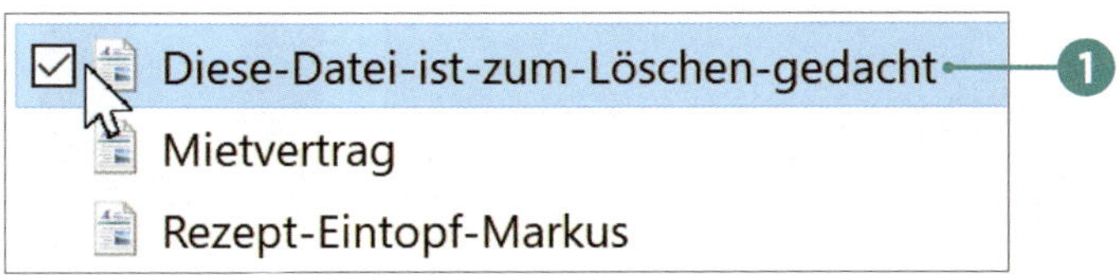

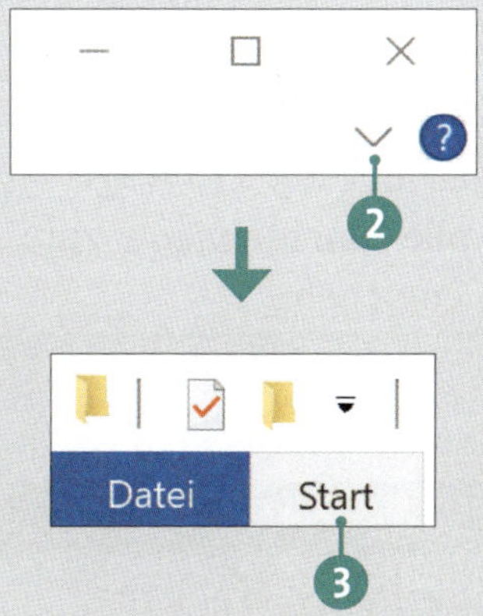

3. Blenden Sie ggf. das Menüband über das kleine Dreieck 2 rechts oben ein, und stellen Sie sicher, dass das Register **Start** 3 aktiviert ist.

4. Klicken Sie auf den oberen Teil der Schaltfläche **Löschen** 4 im Menüband (also auf das rote Kreuz), um das Dokument direkt in den Papierkorb zu befördern.

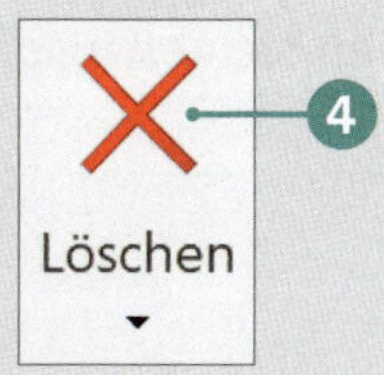

MERKE

Ein gelöschtes Dokument ist nicht einfach weg – es landet zunächst im *Papierkorb* des Computers, aus dem man es wieder herausholen kann. So wie beim »echten« Papierkorb.

MERKE

Um den Desktop anzuzeigen, klicken Sie auf den schmalen Rand rechts unten – alle Fenster und Programme werden auf einmal minimiert. Ein erneuter Klick bringt alle Fenster wieder zum Vorschein.

WAS TUN?

Sie haben Probleme, den schmalen Rand mit der Maus zu treffen? Mit der Tastenkombination [Windows] + [D] kommen Sie genauso zum Ziel.

Keine Sorge – das Dokument kann dort noch problemlos wieder hervorgeholt werden.

Wie gerade gezeigt, ist ein Dokument oder jede andere Datei schnell gelöscht. Zu diesem Zeitpunkt sind die Daten aber noch nicht wirklich vom Computer entfernt, sondern lediglich in seinem Papierkorb abgelegt. Sie müssen, bildlich gesprochen, tatsächlich den Papierkorb ausleeren, damit der Löschvorgang endgültig ist.

Testen wir also zunächst den Fall, wenn Sie eine Datei doch noch einmal wiederhaben wollen:

1. Sollten Ihnen Fenster und Programme die Sicht auf den Desktop versperren, fahren Sie mit dem Mauszeiger ganz rechts unten auf den Bildschirm und klicken dort mit der linken Maustaste in den kleinen Streifen (1). Damit werden alle Programmfenster minimiert und die Sicht auf den Desktop ist frei.

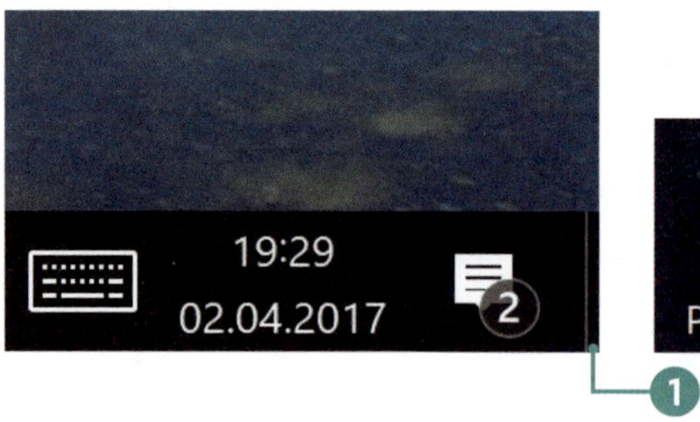

2. Doppelklicken Sie nun auf das Symbol des (gefüllten) Papierkorbs (2), der sich links oben im Bildschirm befindet. Es öffnet sich ein Explorer-Fenster, das den Inhalt des Papierkorbs anzeigt.

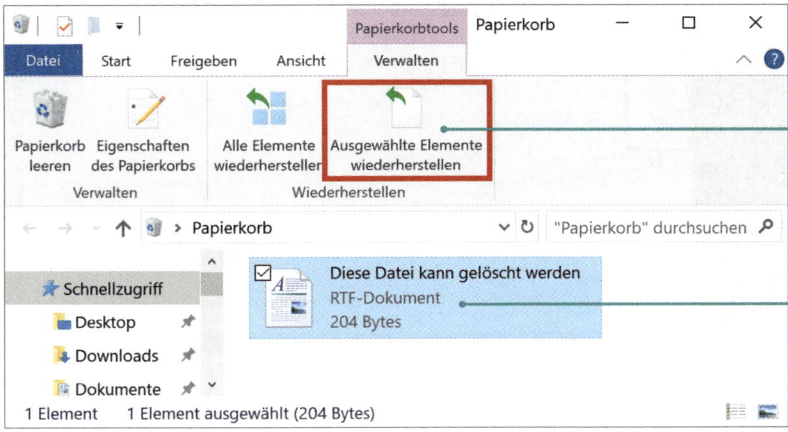

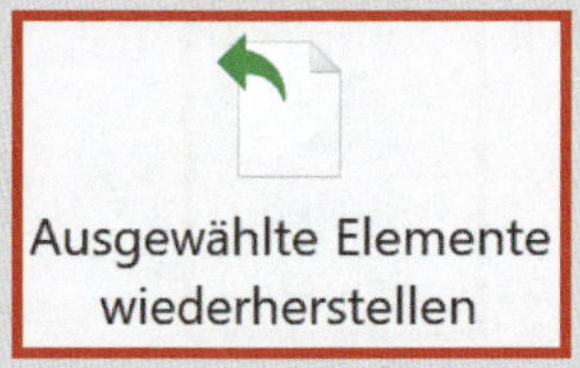

3. Wählen Sie per Klick jene Datei aus, die Sic wiederherstellen möchten **3**.

4. Klicken Sie auf die Schaltfläche **Ausgewählte Elemente wiederherstellen** **4**, um die Datei dorthin zurückzubringen, wo sie ursprünglich abgelegt wurde. Und damit ist die Datenrettung auch schon abgeschlossen.

Daten endgültig löschen

So, nun wollen wir den Papierkorb aber wirklich und endgültig ausleeren. Damit auch wirklich etwas drin liegt, legen Sie noch einmal eine Test-Datei an und löschen diese, so wie vorhin beschrieben.

Desktop einblenden

↓

Doppelklick auf

1. Wieder führt uns der Weg zum Papierkorb auf dem Desktop. Also Desktop frei räumen (mit einem Klick auf den Rand neben dem Infobereich rechts unten oder mithilfe der Tastenkombination [Windows] + [D]) und dann auf den **Papierkorb** (**1** auf Seite 224) doppelklicken. Hier sehen Sie noch einmal alle Dateien, die Sie gelöscht haben.

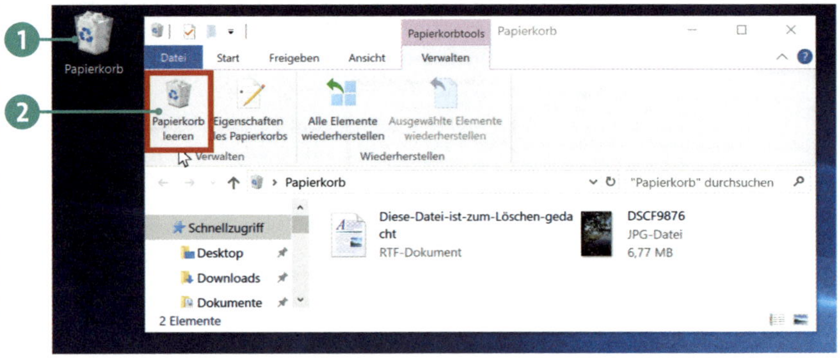

2. Wählen Sie nun im Menüband die Schaltfläche **Papierkorb leeren** 2 aus.

3. Es erscheint eine Warnmeldung, die darauf hinweist, dass jetzt alle Dateien im Papierkorb gelöscht werden. Klicken Sie auf **Ja** 3. Nun wird der Papierkorb geleert und werden die Daten wirklich und endgültig gelöscht.

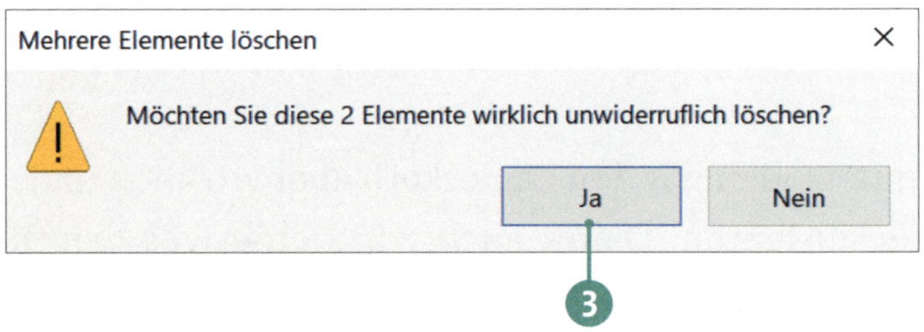

Sie sehen – Ordnung halten am Computer ist kein Hexenwerk. Und mit ein wenig Umsicht ist auch das Löschen von Dateien gar kein Problem.

KAPITEL 8

E-Mails schreiben und versenden

Die E-Mail oder das E-Mail, das ist hier die Frage. Der Duden meint, dass letztere Version eher in süddeutschen, österreichischen und schweizerischen Gefilden gebräuchlich sei. Mit dem Begriff *E-Mail* ist in jedem Fall die elektronische Post gemeint, die Sie mit Ihrem Computer versenden und empfangen können, ganz ohne Postgebühren und lange Übermittlungszeit. E-Mails sind aus der modernen, digitalen Welt nicht mehr wegzudenken. Auch wenn Sie im Internet einkaufen wollen, ist eine E-Mail-Adresse unabdingbar. Also, auf zum digitalen Postamt:

Ein E-Mail-Konto einrichten

Zunächst werden wir Ihnen zeigen, wie Sie Ihr E-Mail-Konto einrichten und eine eigene E-Mail-Adresse anlegen. Dafür ist in Windows 10 die schlicht mit *Mail* bezeichnete App zuständig.

1. Um die App zu aktivieren, klicken Sie auf die Kachel **Mail** (1) in Ihrem Startmenü, das Sie mit einem Klick auf das Windows-Logo unten links in der Taskleiste öffnen.

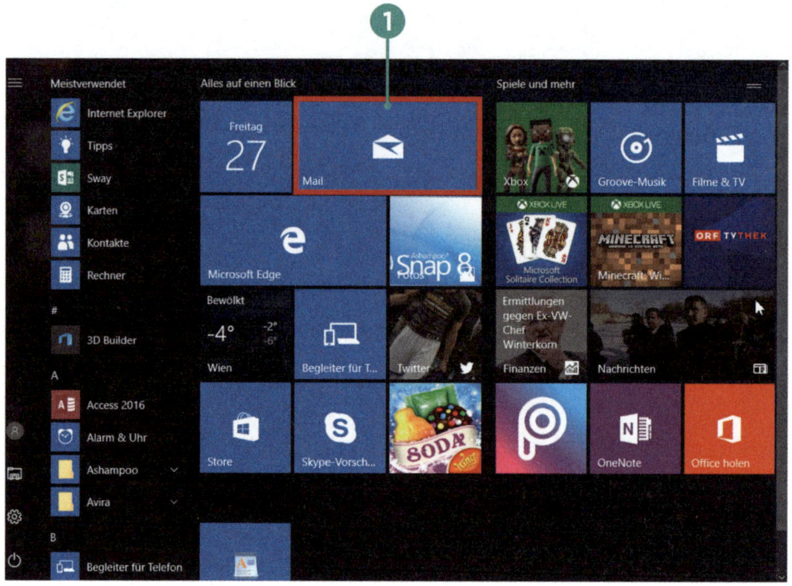

2. Sofort erscheint ein Willkommensbildschirm, in dem Sie auf das Feld **Anfangen** **2** klicken.

3. Damit gelangen Sie zum nächsten Bildschirm mit der Bezeichnung **Konten**. Dort klicken Sie auf das Feld **Konto hinzufügen** **3**.

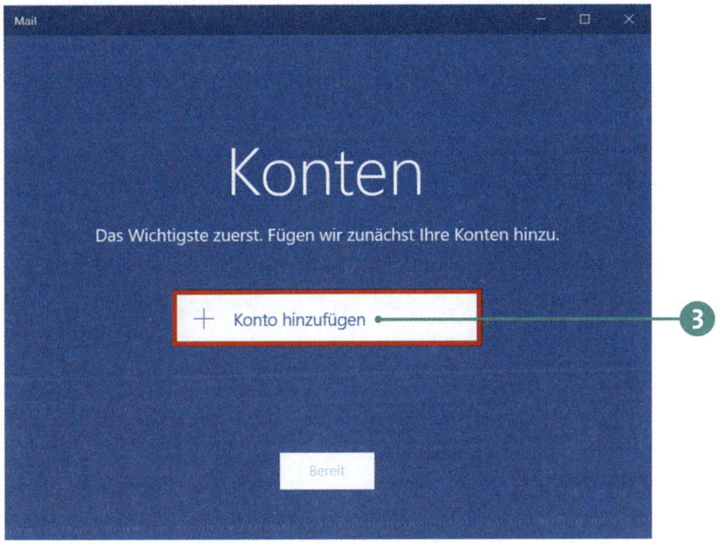

4. Klicken Sie unter **Konto auswählen** gleich auf den obersten Eintrag **Outlook.com** (4), um eine neue kostenlose Windows-Mail-Adresse anzulegen.

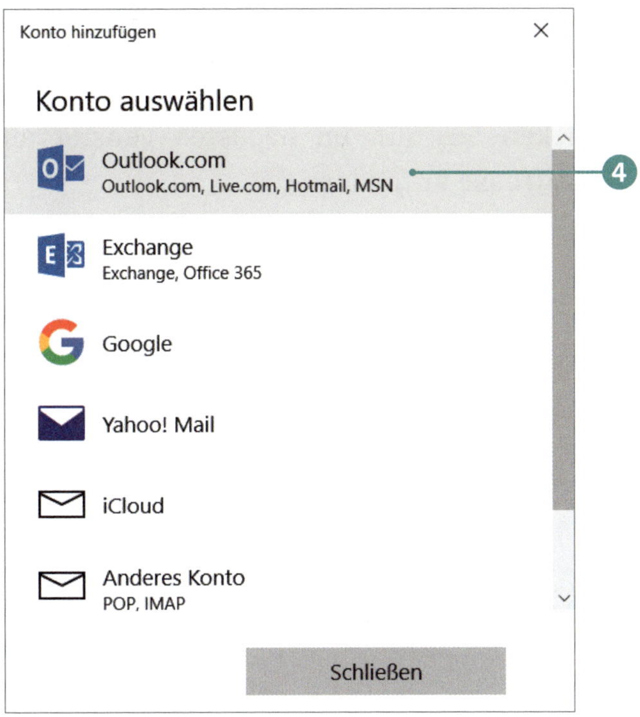

Das System bittet Sie zwischendurch immer wieder mal um ein wenig Geduld, die Sie bitte dabei nicht verlieren.

5. Da Sie noch keinen E-Mail-Postkasten Ihr Eigen nennen, klicken Sie nun auf den blauen Schriftzug **Erstellen Sie ein Konto!** (5).

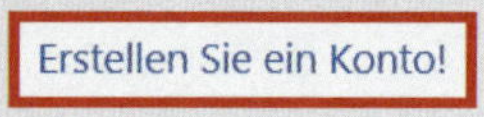

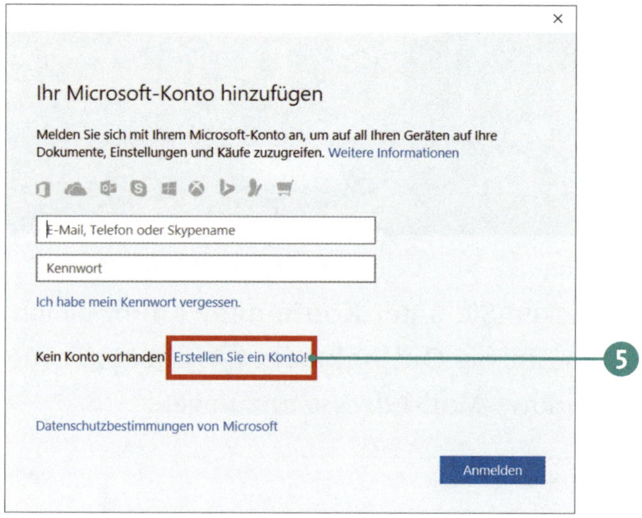

6. Klicken Sie nun im nächsten Fenster auf **Neue E-Mail-Adresse anfordern** (6).

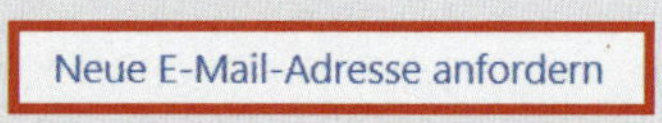

Im folgenden Fenster erscheint ein Feld, das mit *@outlook.de* endet 7. Das @ haben Sie sicher schon häufiger gesehen – es trennt in E-Mail-Adressen den persönlichen Namen vom sog. *Server*-Namen, dem E-Mail-Anbieter, ist also so ähnlich wie Klingelschild und Straßenname.

Das @-Zeichen (gesprochen »Ätt«) erzeugen Sie übrigens mit den Tasten `AltGr` + `Q`.

7. Nun geben Sie in das Feld davor Ihren gewünschten E-Mail-Namen, z. B. Vorname.Nachname, ein 8. Die Endung *@outlook.de* ist vorgegeben und kann nicht geändert werden.

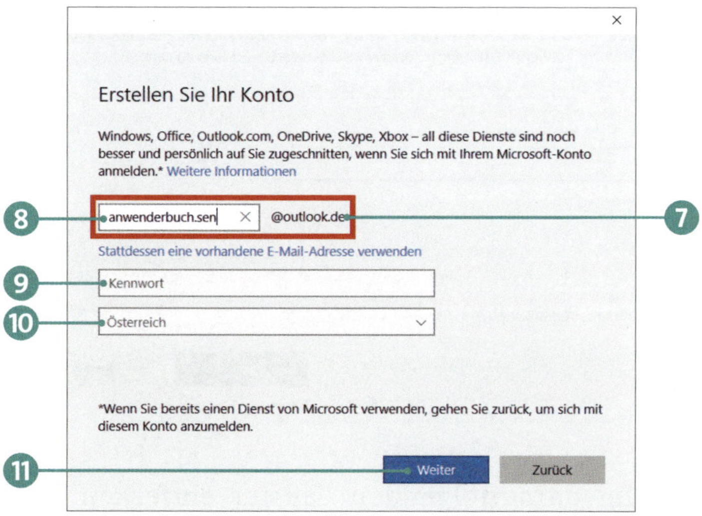

8. Im Anschluss geben Sie ein **Kennwort** 9 ein, das häufig auch *Passwort* genannt wird. Bitte achten Sie darauf, dass Ihr Passwort nicht so leicht zu erraten ist und dass Sie es sich gut merken können! Am besten, Sie kombinieren Buchstaben in Groß- und Kleinschreibung mit Zahlen und eventuell Sonderzeichen – z. B. 19ResI35#. Sie werden es

MERKE

Das @-Zeichen trennt in E-Mail-Adressen den persönlichen Namen vom Server-Namen.

MERKE

`AltGr` + `Q` ergibt @

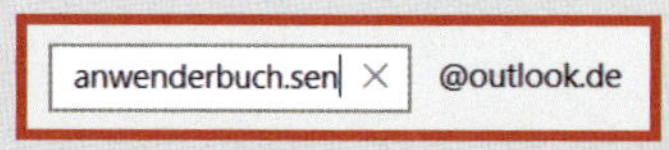

ACHTUNG!

Für ein sicheres Passwort kombinieren Sie am besten Buchstaben in Groß- und Kleinschreibung, Zahlen und ggf. auch Satz- und Sonderzeichen wie ? oder #.

nicht für möglich halten, aber das am häufigsten verwendete Passwort lautet *Passwort*, dicht gefolgt von *1234*.

Herkunftsland auswählen

9. Nun wählen Sie noch Ihr Herkunftsland aus; im Falle eines der Autoren ist es **Österreich** (⑩ auf Seite 229), und schon können Sie auf **Weiter** ⑪ klicken.

Telefonnummer angeben

10. Im nächsten Fenster müssen Sie noch Ihre Telefonnummer als Sicherheitsinfo angeben ⑫.

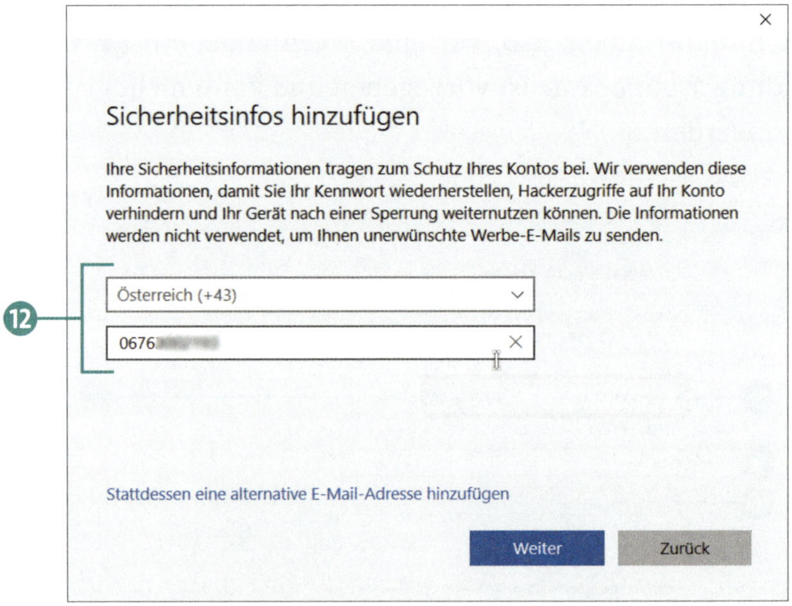

11. Im darauffolgenden Fenster entfernen Sie das bereits gesetzte Häkchen ⑬, indem Sie mit der Maus in das Kästchen klicken. Das zweite Kästchen ist bereits leer und damit deaktiviert; belassen Sie es auch dabei. So vermeiden Sie unerwünschte Werbung von Microsoft.

Klicken Sie dann auf **Weiter** ⑭. Damit stimmen Sie zugleich dem Microsoft-Servicevertrag und den Bestimmungen zum Datenschutz zu.

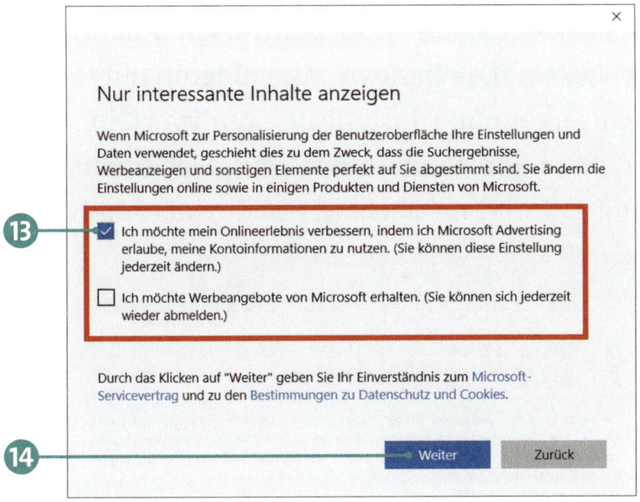

12. Der nächste Bildschirm ist etwas verwirrend. Mit Ihrem Mail-Konto haben Sie automatisch auch ein *Microsoft-Konto* angelegt; das ist für die Nutzung einiger Anwendungen Voraussetzung. Hier wird Ihnen angeboten, dass Sie sich künftig mit diesen Daten auch an Ihrem Computer anmelden.

Der Vorteil: Benötigt eine weitere Anwendung ein Microsoft-Konto, wird die Anmeldung automatisch erfolgen.

Der Nachteil: Ihr Microsoft-Konto ist permanent aktiv, und natürlich sammelt Microsoft dabei eifrig Daten außerhalb jener Anwendungen, die dieses Konto benötigen.

Wir entscheiden uns daher, diese Möglichkeit nicht zu nutzen, und wählen den winzigen blauen Schriftzug **Nur bei dieser App anmelden** (15 auf Seite 232).

Sind Sie bereits mit einem Microsoft-Konto (statt wie in Kapitel 2, »Den Computer mit Windows starten«, ab Seite 42 gezeigt mit einem *lokalen Benutzerkonto*) bei

ACHTUNG!

Das automatisch erzeugte Microsoft-Konto sollten Sie hier auf die Mail-App beschränken!

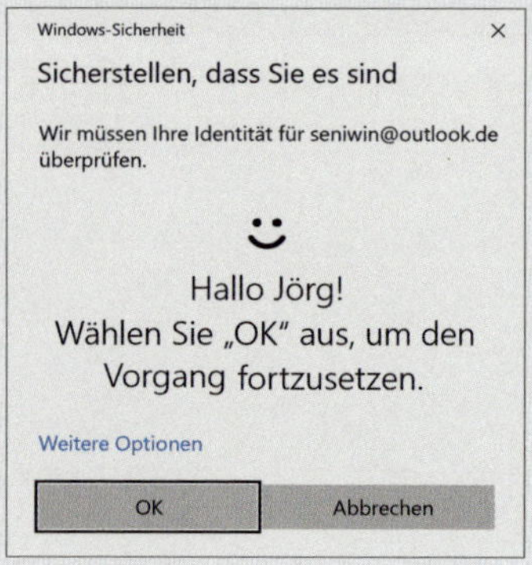

Windows 10 angemeldet, erscheint diese Nachfrage erst gar nicht. Haben Sie Windows 10 zu Beginn mit *Hello*, also der Gesichtserkennung anstelle der Kennworteingabe, eingerichtet, dann erfolgt eine zusätzliche Sicherheitsabfrage, die Sie mit **OK** und im nächsten Dialog abermals mit **OK** bestätigen.

Damit haben Sie es vollbracht: Ihr E-Mail-Konto wurde erfolgreich eingerichtet.

E-Mail kostenlos

Ihr digitales Postfach ist bei Microsoft gratis und ohne Folgekosten verbunden. Viele andere Mail-Anbieter wie Google Mail, Web.de oder T-Online bieten einen ähnlichen Funktionsumfang ebenfalls gratis an.

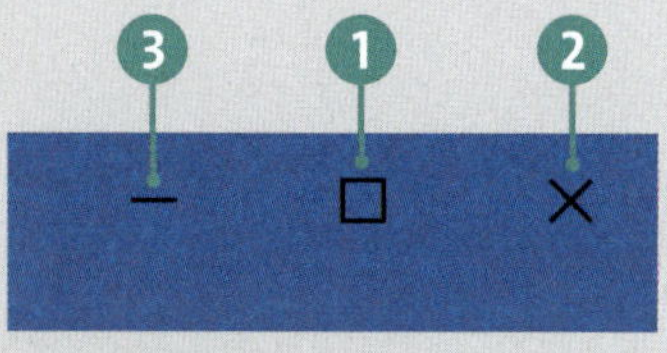

Jedes Programmfenster verfügt über die Schaltflächen Minimieren (3), Verkleinern/Maximieren (1) und Schließen (2) (siehe auch die Ausführungen ab Seite 60).

Die E-Mail-App kurz vorgestellt

Nach der Einrichtung Ihres E-Mail-Kontos gelangen Sie automatisch zum Programmfenster Ihres E-Mail-Programms, der App *Mail*. Damit Sie einen guten Überblick über alle Ordner und Funktionen innerhalb des Programms bekommen, maximieren Sie am besten Ihre Mail-App mit einem Klick auf das **Maximieren**-Symbol (1). Damit nimmt die App den gesamten Bildschirm ein. Sie erinnern sich?

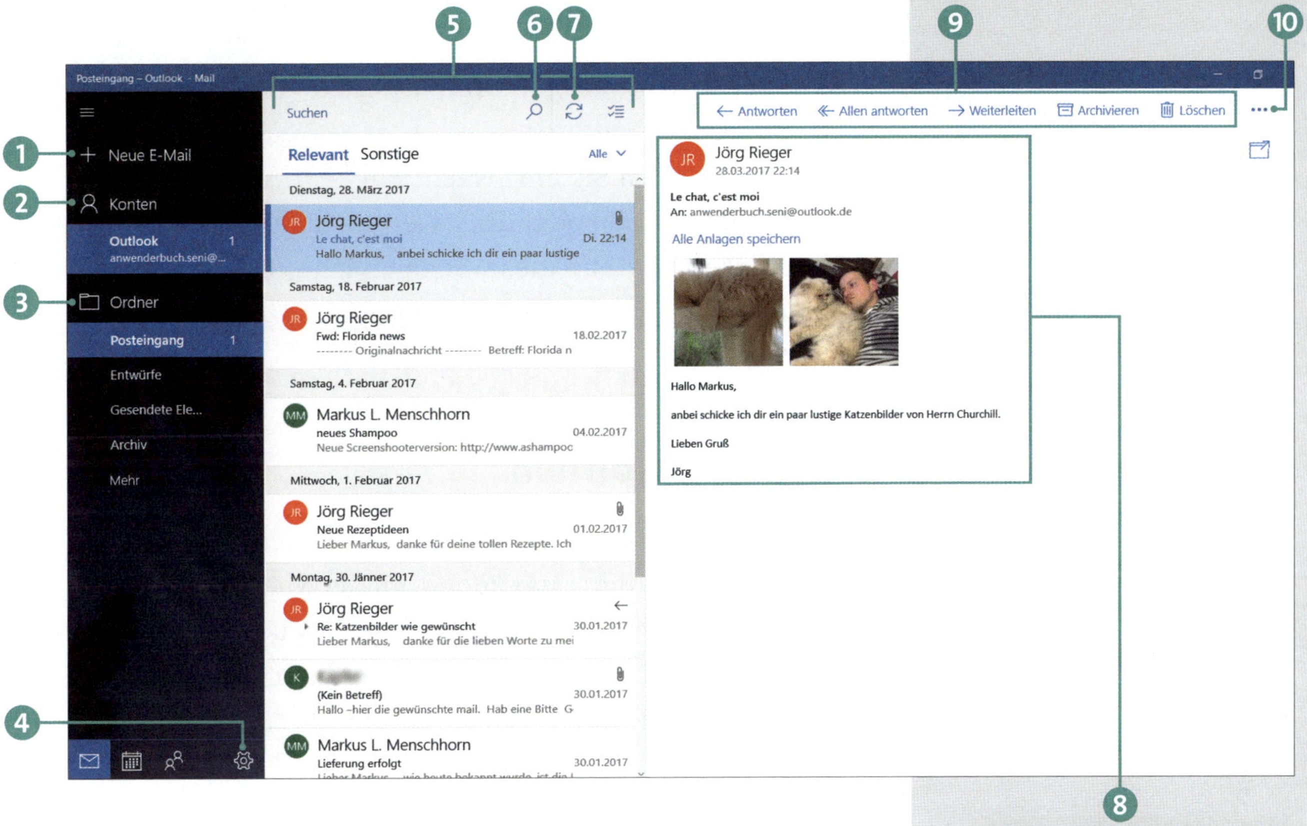

Folgende Funktionen weist die Mail-App auf:

1. Eine neue E-Mail verfassen
2. **Konten** – sollten Sie über mehr als ein E-Mail-Konto verfügen, werden diese hier alle angezeigt.
3. **Ordner** – hier werden alle verfügbaren Ordner (**Posteingang**, **Entwürfe**, **Gesendete Elemente**, **Archiv** etc. angezeigt).
4. Das Zahnradsymbol ermöglicht Ihnen einige Einstellungen wie das Einrichten einer Signatur.
5. In der mittleren Spalte werden die einzelnen E-Mails des jeweils angewählten Ordners, im Beispiel des markierten Ordners **Posteingang**, angezeigt.
6. Mit dem Lupensymbol können Sie nach einzelnen E-Mails und deren Inhalten suchen.
7. Mit dem kreisförmigen Pfeilsymbol können Sie überprüfen, ob neue E-Mails für Sie bereitstehen.

MERKE

Nutzen Sie diese Auflistung später, wenn Sie eine Funktion suchen.

8 Hier wird die ausgewählte Nachricht inklusive Anhang angezeigt.

9 Hier können Sie eine Nachricht beantworten, weiterleiten, löschen oder archivieren.

10 Klicken Sie auf diese Schaltfläche, öffnet sich ein Menüfeld mit weiteren Funktionen, z. B. der Druckfunktion.

Eine E-Mail öffnen

Wie erkennen Sie nun, dass Sie eine neue E-Mail erhalten haben? Dies wird im Startmenü auf der Kachel **Mail** angezeigt 1. Hier ist zu erkennen, dass **1** neue Nachricht 2 eingetroffen ist. Der Absender 3 und der Betreff 4 des digitalen Schriftstücks werden ebenfalls eingeblendet.

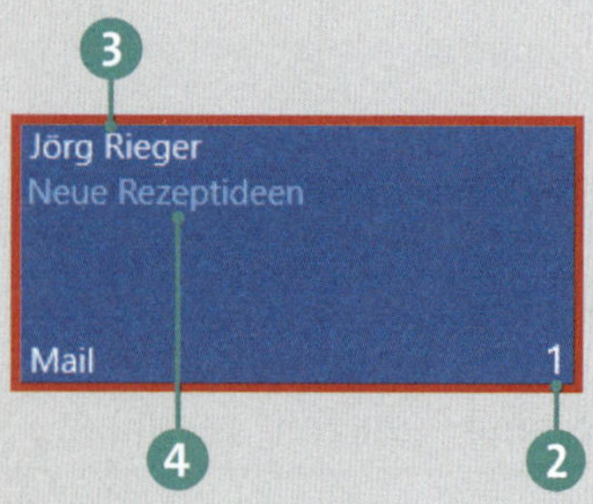

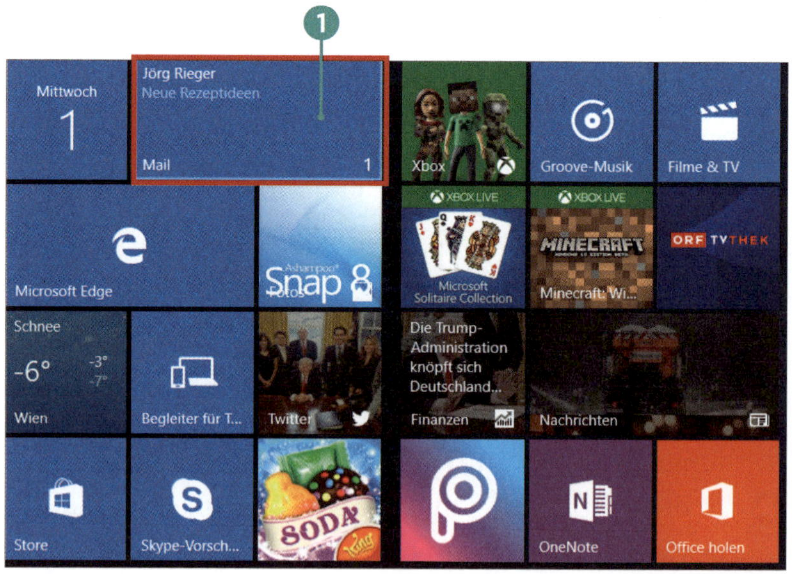

Wenn Sie die Kachel anklicken und damit die Mail-App öffnen, gelangen Sie direkt in den Posteingangsordner 5. Dieser ist unterteilt in **Relevant** und **Sonstige**. Hier versucht das Mail-Programm beispielsweise, Newsletter und wirklich wichtige Informationen von bekannten Kontakten schon ein wenig vorzusortieren. Falls **Relevant** nicht blau markiert ist, bitte einmal mit der Maus anklicken 6.

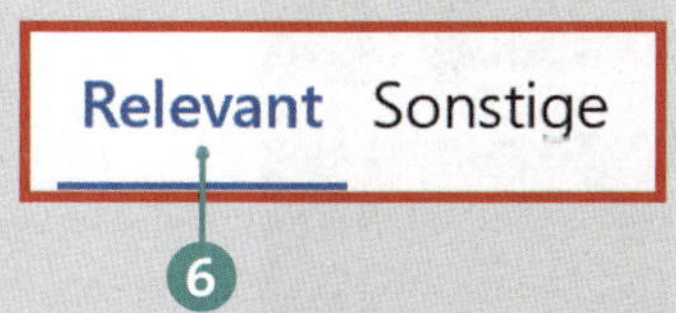

Darunter sehen Sie nun die eingegangenen E-Mails. E-Mails, die Sie noch nicht gelesen haben, sind links mit einem blauen Balken gekennzeichnet.

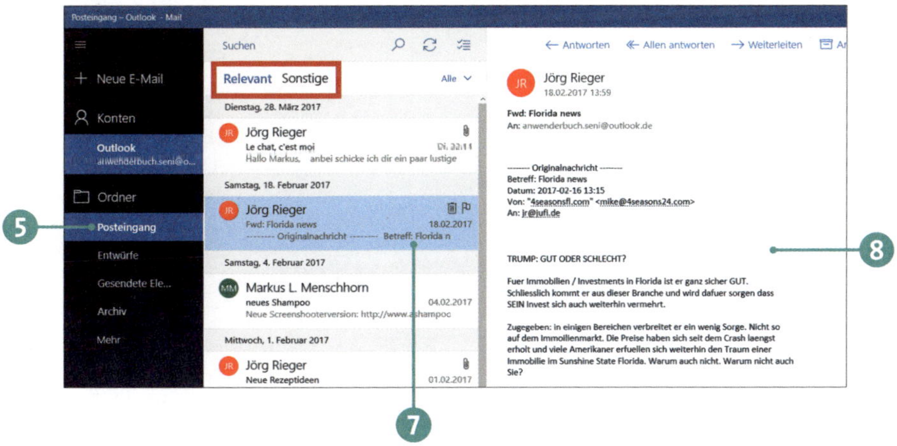

Um nun den Inhalt einer E-Mail zu lesen, fahren Sie mit dem Mauszeiger darauf 7 (sie wird blau unterlegt) und klicken sie an – nun können Sie den Inhalt rechts im Programmfenster 8 lesen. Nach diesem Prinzip öffnen Sie übrigens jede E-Mail im Posteingang. Egal, ob diese ganz neu oder schon gelesen und älter ist.

Eine E-Mail verfassen und beantworten

Gehen wir nun dazu über, eine eigene E-Mail zu verfassen.

1. Öffnen Sie zunächst die Mail-App durch Auswahl der Kachel im Startmenü, sofern sie noch nicht geöffnet ist.

2. Klicken Sie im Programmfenster zunächst auf das Feld **+ Neue E-Mail** in der Spalte links.

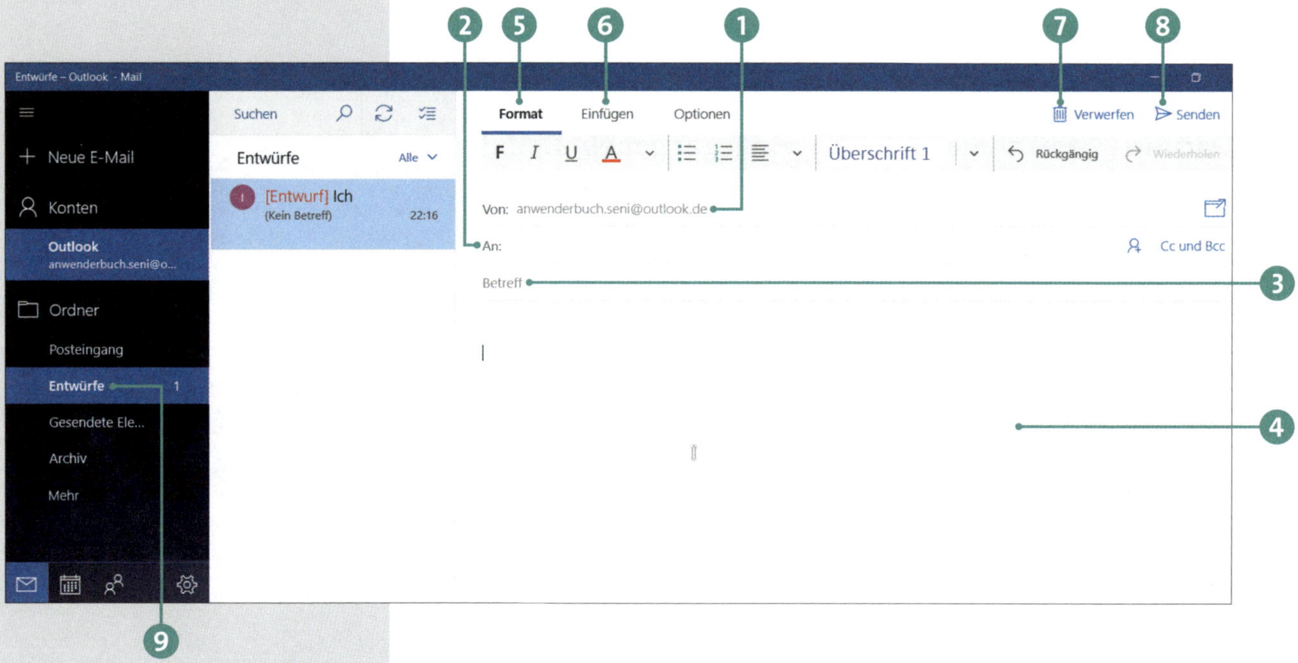

Im rechten Bereich der App öffnet sich nun die Vorlage für Ihre neue E-Mail. Folgende Bereiche sind für Sie nun wichtig:

1. Im Feld **Von** sehen Sie den Absender. In unserem Fall *anwenderbuch.seni@outlook.de* – bei Ihnen erscheint natürlich Ihre eigene Mail-Adresse.
2. In das Feld **An** geben Sie die Empfängeradresse ein.
3. An dieser Stelle wird ein **Betreff** eingetragen.
4. Das ist das Feld für Ihre Nachricht.
5. Bei **Format** können Sie Ihren Text formatieren.
6. **Einfügen** ermöglicht Ihnen beispielsweise, Ihrem Text einen Anhang, z. B. ein Bild, anzufügen.
7. Mithilfe des Papierkorbsymbols können Sie Ihre E-Mail wieder löschen.
8. Mit dem Papierflieger senden Sie Ihre E-Mail ab.

Nun zum praktischen Teil: Wir versuchen zunächst, eine E-Mail an uns selbst zu schicken, um zu testen, wie dieser Vorgang funktioniert:

1. Die Vorlage für Ihre erste E-Mail haben wir bereits geöffnet. Sofort wird diese Vorlage auch im Ordner **Entwürfe** (9 auf Seite 236) automatisch gespeichert, und dahinter ist eine **1** zu sehen, die für Ihren ersten Entwurf steht.

2. Die Absenderadresse 1 ist, wie gesagt, bereits eingetragen. Tippen Sie nun den Empfänger in die Zeile **An** 2 ein. Für unseren ersten praktischen Versuch also nochmals Ihre eigene Adresse. In unserem Fall lautet sie *anwenderbuch.seni@outlook.de*.

Sobald man einen Buchstaben 3 ins Empfängerfeld eingibt, schlägt die Mail-App bereits gespeicherte Adressen vor. (Wie Sie solche Adressen erstellen, lesen Sie im Abschnitt »Kontakte anlegen – das digitale Adressbuch« ab Seite 253.)

3. Nun füllen Sie die Betreffzeile 4 aus. Das ist sozusagen die große Überschrift für Ihre E-Mail. Der Empfänger sieht diese Zeile zuallererst. Sie sollte daher prägnant und sinnvoll formuliert sein.

4. Geben Sie in das Textfeld darunter die gewünschte Nachricht ein. Wir belassen es aktuell mal bei einem kleinen Text, später kann man sogar Dateien, Bilder und vieles mehr verschicken und den Text gestalten.

WAS TUN?

Ihre angefangene E-Mail ist nach einer Pause vermeintlich verschwunden? Sie finden sie dann in aller Regel im Ordner **Entwürfe**.

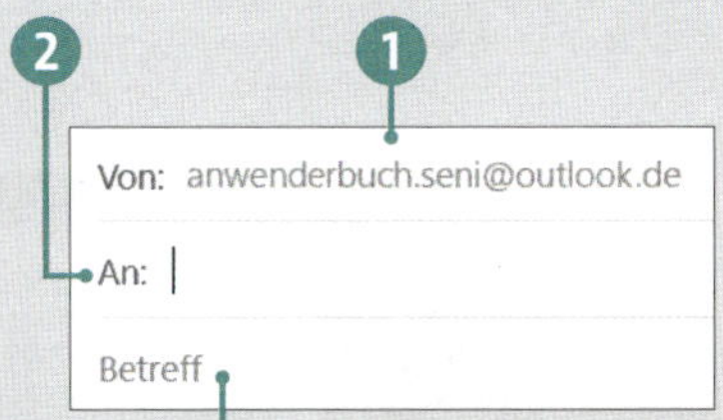

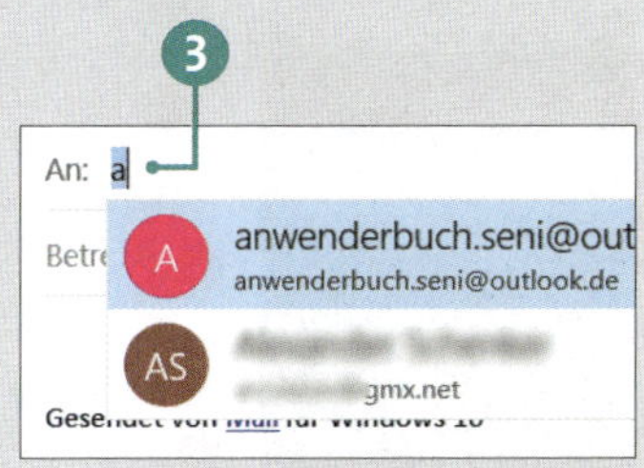

5. Damit ist unsere erste E-Mail fertig verfasst und kann auf die Reise geschickt werden. Das geht einfach mit dem Papierfliegersymbol im rechten oberen Bereich (8 auf Seite 236).

Die **1** neben dem Ordner **Entwürfe** (siehe Schritt 1 auf Seite 237) verschwindet, und wenige Sekunden später erscheint sowohl bei **Outlook** unter der Rubrik **Konten** als auch neben dem Ordner **Posteingang** unter **Ordner** eine **1**. Dies bedeutet, Sie haben Ihre soeben geschickte E-Mail erhalten. Wenn Sie auf den Ordner **Posteingang** klicken, erscheint sie auch gleich im mittleren Bereich als ungelesene E-Mail 1, was Sie, wie gesagt, an dem senkrechten blauen Balken neben der E-Mail erkennen. Wenn Sie diese E-Mail dort nun anklicken, erscheint sie sofort im Lesefeld rechts 2.

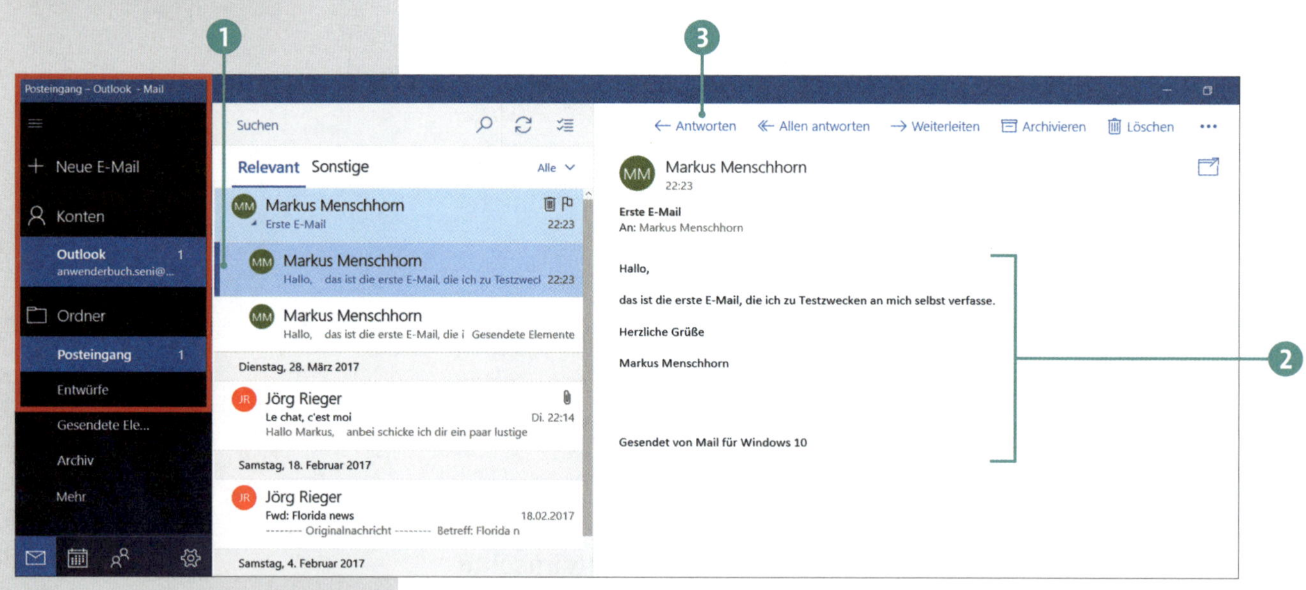

Viele Mails erfordern eine Reaktion, also eine Antwort. Entweder um sich zu bedanken oder um der Einladung zum Kegelabend zuzusagen. Das klappt auch in der Praxis ganz einfach.

1. Wählen Sie im Ordner **Posteingang** eine Mail aus. Wie bereits bekannt, erscheint sie sofort im Lesefeld rechts.

2. Klicken Sie nun auf **Antworten** ③ in der oberen Leiste. Sofort erscheint das Antwortfeld: Der Empfänger ist bereits eingegeben ④, als Betreff wird automatisch der ursprüngliche Betreff, zusätzlich mit **AW** gekennzeichnet (AW steht als Abkürzung für Antwort), angefügt ⑤, und im unteren Bereich des Textfeldes ist die ursprüngliche Nachricht zu lesen ⑥. All das wird automatisch gemacht und ist ganz schön hilfreich, da man so immer den gesamten Nachrichtenverlauf im Überblick hat.

Sie sehen auch sofort, dass die betreffende E-Mail mit dem roten Schriftzug **Entwurf** ⑦ versehen ist und dass der Ordner **Entwürfe** die Ziffer **1** ⑧ aufweist.

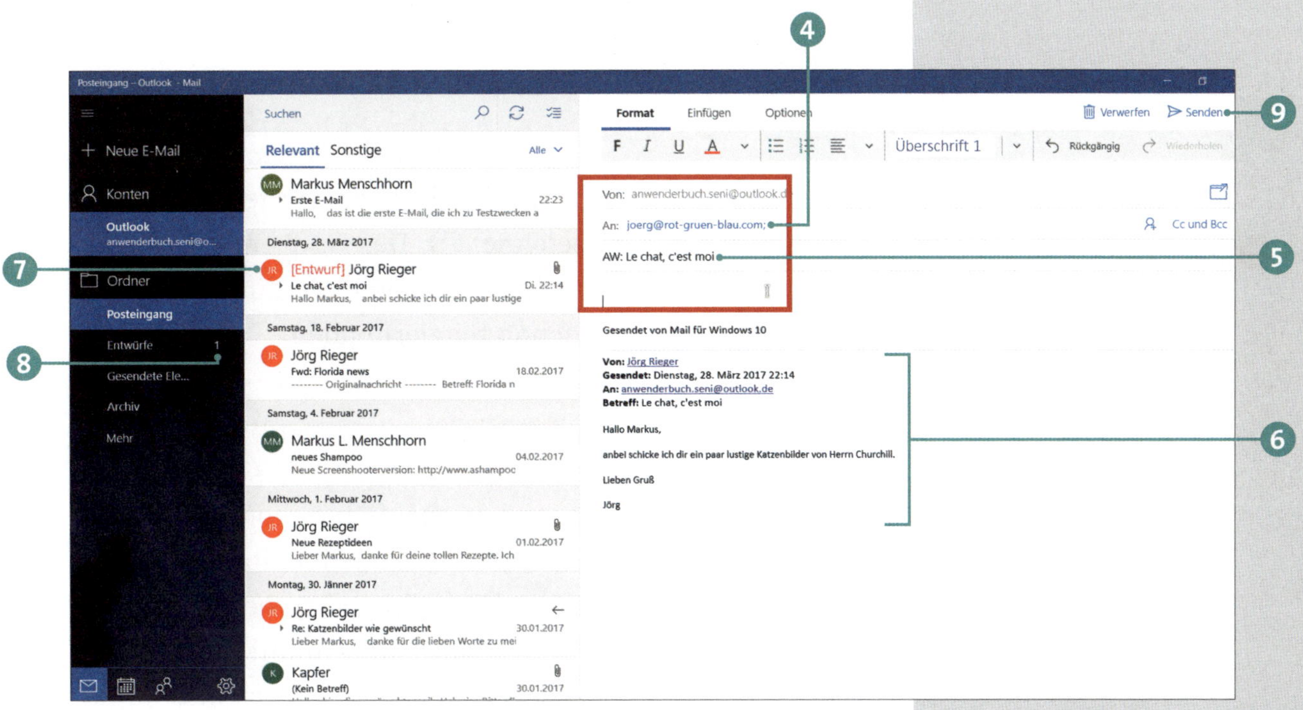

3. Schreiben Sie Ihre Nachricht nun in das Antwort-Textfeld oberhalb der ursprünglichen Nachricht, und klicken Sie, wenn Sie damit fertig sind, auf **Senden** (9 auf Seite 239). Die soeben gesendete E-Mail verschwindet aus **Entwürfe** und ist im Ordner **Gesendete Elemente** 10 gespeichert. Diese automatische Archivierung macht es für Sie einfach, später nach einer Mail zu suchen.

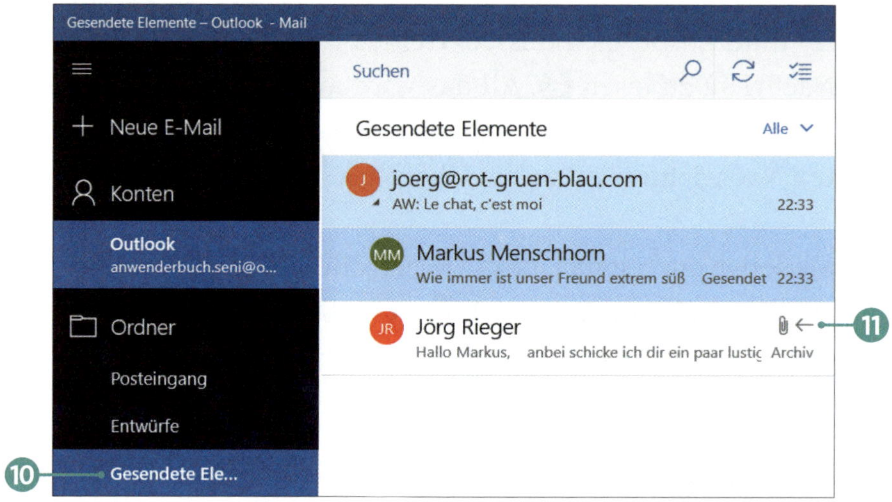

Im Ordner **Posteingang** wird die beantwortete E-Mail mit einem Pfeil gekennzeichnet 11. Das ist ebenfalls ein Service des Mail-Programms – so haben Sie direkt im Blick, ob Sie auf eine Mail schon reagiert haben.

E-Mails löschen

Ordnung muss sein, und tatsächlich bekommt man im Laufe der Zeit auch Nachrichten in den digitalen Postkasten, die man löschen kann. Das können Werbe-E-Mails sein oder Nachrichten, die Sie einfach nicht archivieren wollen. Hier zeigen wir Ihnen die ganz schnelle Methode:

1. Wählen Sie per Klick den gewünschten Ordner, z. B. **Posteingang**, und fahren Sie mit der Maus in der mittleren Spalte auf jene E-Mail, die Sie löschen wollen.

2. Sofort wird sie blau unterlegt, und es erscheint ein Mülleimersymbol ❶. Wenn Sie mit der Maus dieses Symbol berühren, wird es rot, und es erscheint der Text **Dieses Element löschen** ❷. Klicken Sie nun mit der linken Maustaste oder einem beherzten Fingertipp auf dieses Symbol, um die Nachricht zu löschen.

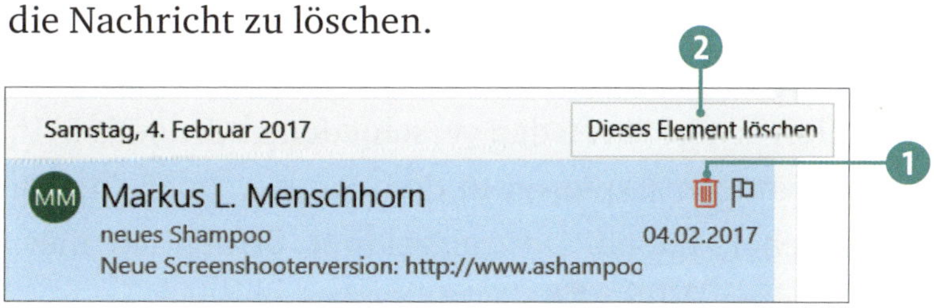

Eine weitere Möglichkeit zum Löschen einer Mail wird Ihnen im Lesebereich rechts geboten. Das ist dann praktisch, wenn Sie vor dem Löschen vielleicht doch noch den Inhalt prüfen wollen.

1. Klicken Sie die gewünschte E-Mail im Posteingang an, damit sie im Lesebereich erscheint.

2. Anschließend klicken Sie auf die ebenfalls mit einem Mülleimersymbol versehene Schaltfläche **Löschen** im rechten oberen Bereich, und auch damit ist die Mail gelöscht.

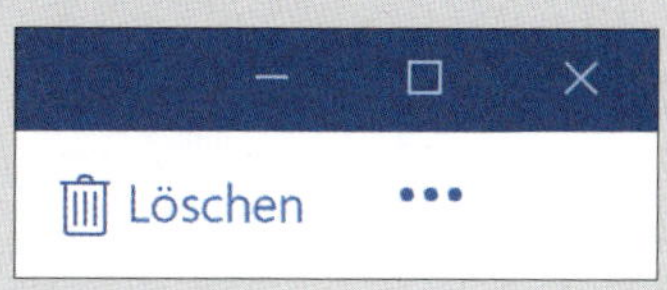

Eine E-Mail mit Anhang verschicken

Stellen Sie sich vor, Ihre beste Freundin, die 500 Kilometer von Ihnen entfernt wohnt, möchte einige Eindrücke von Ihrem letzten Urlaub bekommen. Kein Problem, Sie können ihr ein Foto per E-Mail schicken. So gehen Sie vor:

ACHTUNG!

Der digitale Briefkasten ist wie im normalen Leben nicht vor Werbung geschützt. Immerhin – am Haus wird der Hinweis »Keine Werbung« meistens befolgt, beim E-Mail-Postfach ist das aber leider nicht der Fall. Sprich, über kurz oder lang erhalten Sie Werbe-Mails. Auch dann, wenn Sie sie gar nicht angefordert haben. Da hilft nur eifriges Löschen.

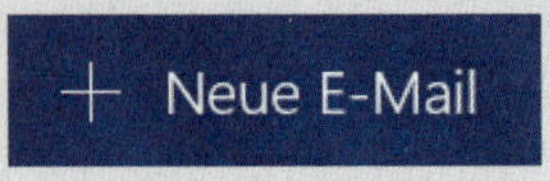

1. Öffnen Sie die App **Mail** im Startmenü, und klicken Sie auf das Feld **+ Neue E-Mail**. Geben Sie im sich öffnenden E-Mail-Formular wie gewohnt die E-Mail-Adresse Ihrer Freundin in die Empfängerzeile ein, finden Sie einen netten **Betreff**, und schreiben Sie ihr einige Zeilen im Textfeld darunter.

ACHTUNG!

Um Bilder in Ihre Mail einzufügen, wählen Sie nach einem Klick auf **Einfügen** unbedingt die **Dateien**-Schaltfläche (und nicht etwa **Bilder**) aus. Erst im Explorer wählen Sie Ihren **Bilder**-Ordner aus.

2. Wählen Sie per Klick das Feld **Einfügen** ❶ im oberen Bereich. Danach wählen Sie **Dateien** aus. Es gibt auch die Schaltfläche **Bilder**, diese ignorieren Sie bitte, auch wenn es logisch erscheint, sie auszuwählen. Nur die Schaltfläche **Dateien** bringt Sie zu den verschiedenen Ordnern in Ihrem Dateimanager Explorer, in dem Sie u. a. auch Ihre Bilder gespeichert haben. Dort angelangt, öffnen wir hier also den Ordner **Bilder** ❷ mit einem Doppelklick.

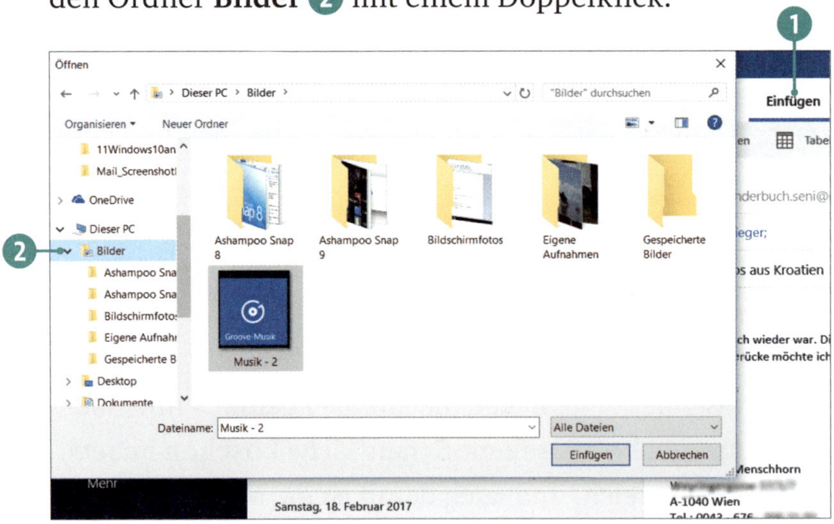

3. Öffnen Sie ggf. den gewünschten Unterordner im Verzeichnis **Bilder** gleichfalls mit einem Doppelklick, markieren Sie anschließend das gewünschte Bild mit einem Mausklick ❸, und klicken Sie auf **Öffnen** ❹.

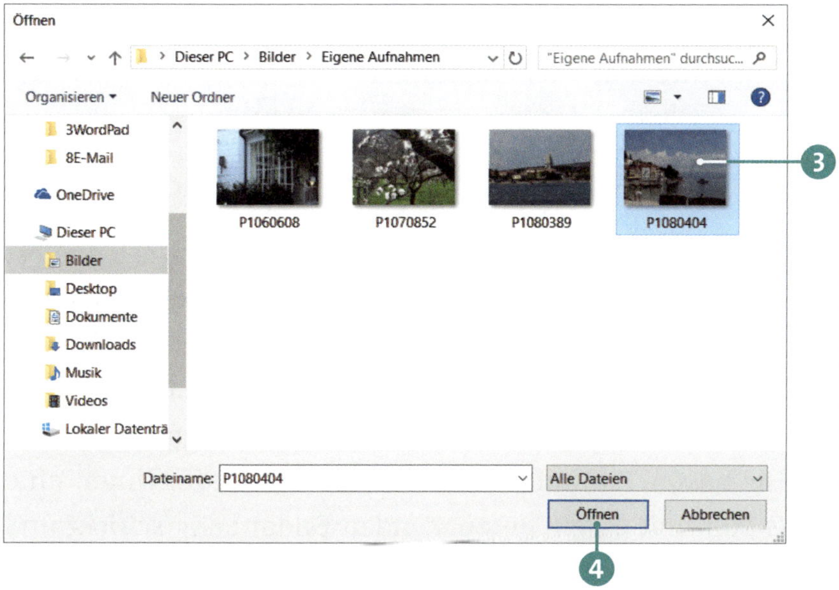

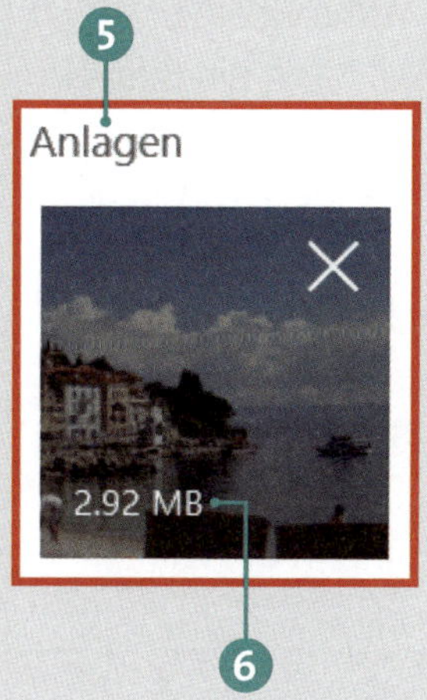

Sofort erscheint in Ihrer E-Mail ein Feld, das mit **Anlagen** 5 überschrieben ist und in dem sich das Bild mit Angabe der Dateigröße 6 befindet.

Achten Sie auf die Größe Ihrer Dateianhänge!

Hier ist es wichtig zu wissen, dass die Datenmenge insgesamt nicht mehr als 10 Megabyte (MB) betragen sollte, damit die Mail auch ankommt. Mehr als 10 MB sind für die meisten Postfächer einfach zu viel auf einmal. Das wäre ungefähr so, als wenn Sie dem Paketdienst ein 100-Kilo-Paket hinstellen würden.

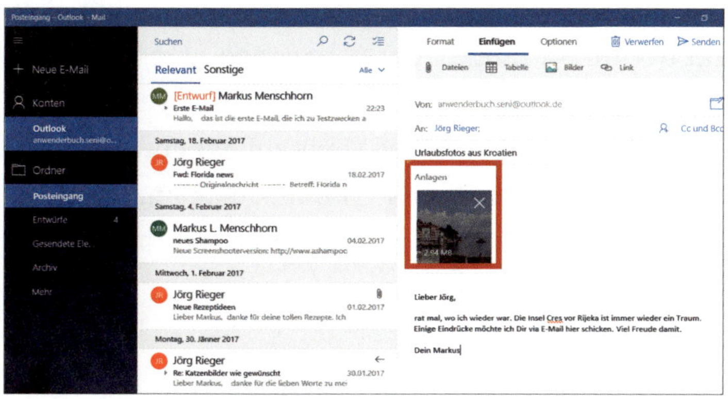

MERKE

Der Anhang einer E-Mail kann ein Bild, ein Textdokument oder auch andere Dateien wie z. B. eine Excel-Tabelle oder eine PDF-Datei enthalten. An der Büroklammer erkennen Sie, dass ein Anhang in der Mail steckt.

4. Ein Klick auf **Senden** verschickt Ihre Bilder-Mail dann direkt an den Empfänger.

Einen Anhang öffnen und abspeichern

Wir sehen uns jetzt noch die Möglichkeit an, wie Sie selbst Anhänge in E-Mails öffnen und abspeichern können, wenn Sie diese erhalten. Anhänge können Bilder, Textdokumente oder andere Dateien sein. Also alles, was sich nicht als Nachricht schreiben lässt. Sollte der Fall eintreten, dass Ihr bester Freund oder Ihre beste Freundin Ihnen eine E-Mail mit einem entzückenden Bildanhang schickt und Sie ihn speichern wollen, gibt es ein paar Dinge zu beachten. Prinzipiell müssen Sie wissen, dass E-Mails, die einen Anhang haben, immer mit einem Büroklammersymbol (1) gekennzeichnet sind.

Um einen Anhang lokal auf Ihrem Computer zu sichern, gehen Sie wie folgt vor:

1. Klicken Sie zunächst auf die gewünschte E-Mail, damit der Inhalt im Lesebereich erscheint.

2. Dann gehen Sie mit der Maus auf das gewünschte Bild und klicken es mit der rechten Maustaste an. Es erscheint ein kleines Fenster (Kontextmenü) mit den beiden Optionen **Öffnen** und **Speichern**.

3. Da Sie das Bild abspeichern möchten, wählen Sie nun **Speichern** (2) aus und gelangen sofort zu den Ordnern auf Ihrem Computer. Da es sich bei dem Anhang um ein Foto handelt, entscheiden wir uns hier für den Ordner **Bilder** (3) sowie **Eigene Aufnahmen** (4), die wir jeweils mit Doppelklick anwählen. Natürlich können Sie hier, im Explorer, jeden beliebigen Ablageort wählen, der Ihnen sympathisch ist und Ihrer Ordnung entspricht.

Speichern

↓

Bilder

↓

Unterverzeichnis und Bild auswählen

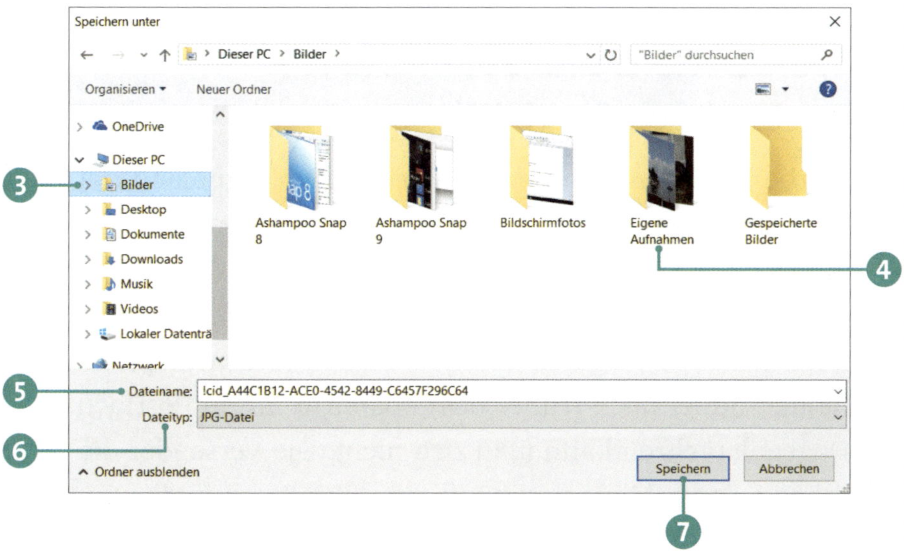

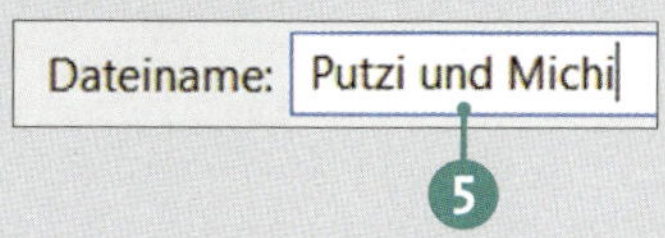

4. Geben Sie noch einen passenden Dateinamen ins dafür vorgesehene Feld (❺ auf Seite 245) ein, sofern das Bild nicht schon vernünftig benannt wurde. In unserem Fall ist der Name reinster Datensalat, der wenig Sinn macht – daher einfach wunschgemäß durch einen Klick in das Feld **Dateiname** überschreiben und damit umbenennen; der vorgeschlagene **Dateityp** im Feld darunter ❻ (hier: JPG-Datei) passt und sollte nicht geändert werden.

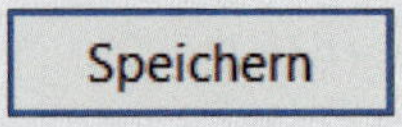

5. Schlussendlich gehen wir auf **Speichern** ❼, und schon ist unser E-Mail-Anhang gesichert. Danach gelangen Sie sofort in die Mail-App zurück.

Vorsicht beim Speichern unbekannter Anhänge!

Sichern und öffnen Sie nur Dateien, von denen Sie absolut sicher sind, dass sie von einem vertrauenswürdigen Absender stammen. Es werden auch viele sog. *Spam-Mails* versandt, die Anhänge mit schädlichen Dateien mitführen – mehr dazu im folgenden Abschnitt.

Werbe-Mails und Spam-Mails – so reagieren Sie richtig

Werbe-Mails sind ein lästiges Übel, das im digitalen Briefverkehr unvermeidbar ist. Noch nerviger sind bösartige Mails, die einen Virus mit sich tragen oder Ihre Kennwörter und Bankdaten herausfinden wollen. Diese E-Mails werden millionenfach ausgesendet, nach dem Zufallsprinzip, und landen daher auch früher oder später in Ihrem Postfach. Dagegen wehren kann man sich nicht. Die Versender dieser sog. Spam-Mails sind häufig im Ausland zu finden und damit auch durch den Verbraucherschutz nicht zu belangen.

Der Begriff *Spam* hat seine Wurzeln im Englischen. Spam war ein billiges Dosenfleisch, das besonders in den kargen Kriegszeiten allgegenwärtig war. Die Comedy-Truppe Monty Python parodierte dies in einem Sketch, bei dem fast jedes Wort aus »Spam« besteht – eine ziemlich lästige Angelegenheit für alle Beteiligten, und Jahrzehnte später wurde daher Spam zum Inbegriff für ausgesprochen lästige, unerwünschte Werbe-Mails.

Kleiner Exkurs ins Internet

Wollen Sie den Spam-Sketch sehen? Starten Sie das Internetprogramm **Microsoft Edge** (siehe Kapitel 4, »Das Internet entdecken«, ab Seite 111), und geben Sie in die Adresszeile »www.youtube.de« ein. In das Suchfeld des kostenlosen Videoportals geben Sie »Monty Python Spam« ein, und schon können Sie den Sketch in voller Länge genießen und darüber lachen.

Hier nun unsere Regeln für den Umgang mit dieser Art von E-Mails:

Nicht vertrauenswürdige E-Mails löschen, Anhänge nicht öffnen und nicht auf Links klicken!

Wenn Sie sich nicht sicher sind, ob eine E-Mail vertrauenswürdig ist, ab in den Papierkorb. Solange Sie keinen Anhang öffnen oder einen enthaltenen Link anklicken, kann nichts passieren. Nur das Lesen einer Mail kann keinerlei Schaden anrichten.

Werbe-Mails erkennen Sie an typischen Merkmalen:

- Sie erhalten eine E-Mail, deren Absender Sie nicht kennen, die eine seltsame Betreffzeile hat oder die nach dem Öffnen einen merkwürdigen Inhalt aufweist. Es gilt also: Direkt löschen!

ACHTUNG!

Mails, deren Absender Sie nicht kennen, die seltsame Inhalte haben oder zur »Verifizierung« Ihres Bankkontos auffordern, immer sofort löschen und weder den Dateianhang noch enthaltene Links anklicken!

- Sie erhalten eine Mail, die zwar von Freunden oder Bekannten stammt, die aber einen merkwürdigen Inhalt oder eine Aufforderung wie »Hier klicken, um meine Mail zu lesen« hat. Löschen Sie diese sofort, und klicken Sie keinesfalls den Link an. Auch eventuelle Anhänge niemals öffnen. Hier wurde meist die E-Mail-Adresse Ihres Bekannten von einem sog. *Hacker*, einem Internetkriminellen, in Besitz genommen, der dann den guten Namen Ihres Bekannten nutzt, um Werbe-Mails zu verschicken.
- Auch wenn Sie eine Mail bekommen, die angeblich von Ihrer Bank stammt: Ab in den Papierkorb damit, wenn Sie aufgefordert werden, auf einen Link zu klicken und dort Ihr Konto zu verifizieren. Zur Preisgabe Ihrer geheimen Daten würde Sie Ihre Bank in dieser Form nie auffordern. Hier versuchen Kriminelle mit dem sog. *Password-Fishing* , sich Ihre Zugangsdaten zu angeln. Diese Art von Angel-Mails werden auch gerne im Namen von Amazon, PayPal oder anderen bekannten Webseiten verschickt. Oft schon erkennbar am schlechten Deutsch. Also, niemals auf einen Link in der Mail klicken, sondern sofort löschen!
- Sie erhalten eine »anwaltliche« Mahnung per Mail über Waren? Oder eine Rechnung, die angemahnt wird, von der Sie aber gar nichts wissen? Das ist eine besonders raffinierte Taktik. Versender dieser Mails setzen auf den Schockeffekt, denn eine Mahnung über Telefongebühren von 200 € lassen schnell mal die Vernunft beiseiteschieben. Bitte Ruhe bewahren, solche E-Mails sind schlicht Bauernfängerei. Im Anhang ist meist eine als Dokument getarnte Datei, die von Ihrem Computer Daten abgreifen möchte. Daher – weg damit. Sollten Sie wirklich ver-

gessen haben, eine Rechnung zu bezahlen, kommt eine Mahnung immer per Post und nicht per E-Mail.

- Versuchen Sie niemals, sich von einer der unerwünschten Werbe-Mails »abzumelden«, denn dann gehen Sie erst recht in die Falle. Häufig findet sich ein Hinweis in diesen Mails: »Klicken Sie, um sich vom Newsletter abzumelden« – das hat bei den unseriösen Spam-E-Mails aber genau die gegenteilige Wirkung. Denn damit bestätigen Sie, dass es Ihre E-Mail-Adresse gibt – das freut den Versender, und Sie werden noch viel, viel mehr Spam erhalten. Daher: Finger weg von der Abmeldung. Das gilt natürlich nicht für Newsletter von seriösen News-Portalen oder Versendern, bei denen Sie sich selbst angemeldet haben. Hier kann man die Abmeldung, wenn man nicht länger an den Informationen interessiert ist, natürlich getrost vornehmen.

Gesundes Misstrauen schützt

Sie sehen – mit ein wenig Vorsicht und Misstrauen kann gar nichts schiefgehen in der digitalen E-Mail-Welt.

Ihr Mail-Programm in Windows 10 beherrscht es leider nicht direkt, solche »bösartigen« E-Mails zu erkennen und herauszufiltern. Sie müssen hier, wie gesagt, selbst diese Mails löschen. Immerhin, der *Windows Defender*, das Schutzprogramm in Windows 10, versucht im Hintergrund, das Ausführen von schädlichen E-Mail-Anhängen zu verhindern, und wird Sie dann davor warnen.

MERKE

Die App Mail filtert Spam leider nicht aus. Einen generellen Schutz bietet aber der Windows Defender, den Sie im Abschnitt »Der Windows Defender kämpft für Ihre Sicherheit« ab Seite 353 kennenlernen.

Mehr über den Windows Defender erfahren Sie im Abschnitt »Der Windows Defender kämpft für Ihre Sicherheit« ab Seite 353.

Eine E-Mail-Signatur anlegen oder ändern

Sicher haben Sie bereits gemerkt, dass beim Verfassen einer neuen E-Mail im Textfeld eine bereits vorgefertigte Nachricht steht. Diese rutscht mit der Eingabe Ihres Textes immer weiter nach unten. In unserem Fall lautet dieser Text *Gesendet von Mail für Windows 10* (1) und ist voreingestellt.

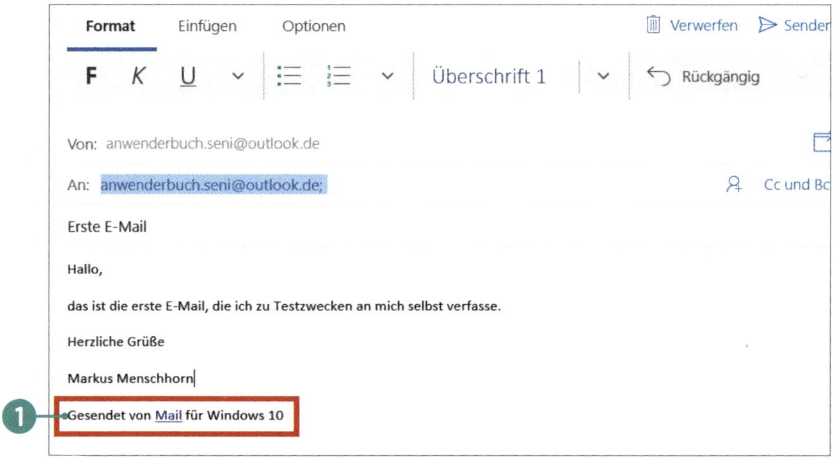

Dabei handelt es sich um die sog. *Signatur* – eine Art digitaler Stempel. Viel praktischer ist es aber, diese Signatur als Absenderinformation zu nutzen, damit der Empfänger auch über Ihre persönlichen Kontaktdaten wie z. B. die Postadresse oder Telefonnummer Bescheid weiß und Sie diese nicht immer erneut eintippen müssen. So erstellen Sie Ihre persönliche Signatur:

1. Klicken Sie in der Mail-App auf das Zahnradsymbol in der linken Spalte unten (2).

Am rechten Rand, im Bereich des Lesefeldes, öffnet sich nun ein weiteres Menüfenster mit der Bezeichnung **Einstellungen** (3).

2. Klicken Sie dort auf den Punkt **Signatur** ④.

3. Schreiben Sie Ihre gewünschten Daten einfach in das Feld, in dem zunächst nur **Gesendet von ...** steht ⑤. In unserem Fall haben wir dort bereits den Namen, die Adresse und Telefonnummer von einem der Autoren angegeben.

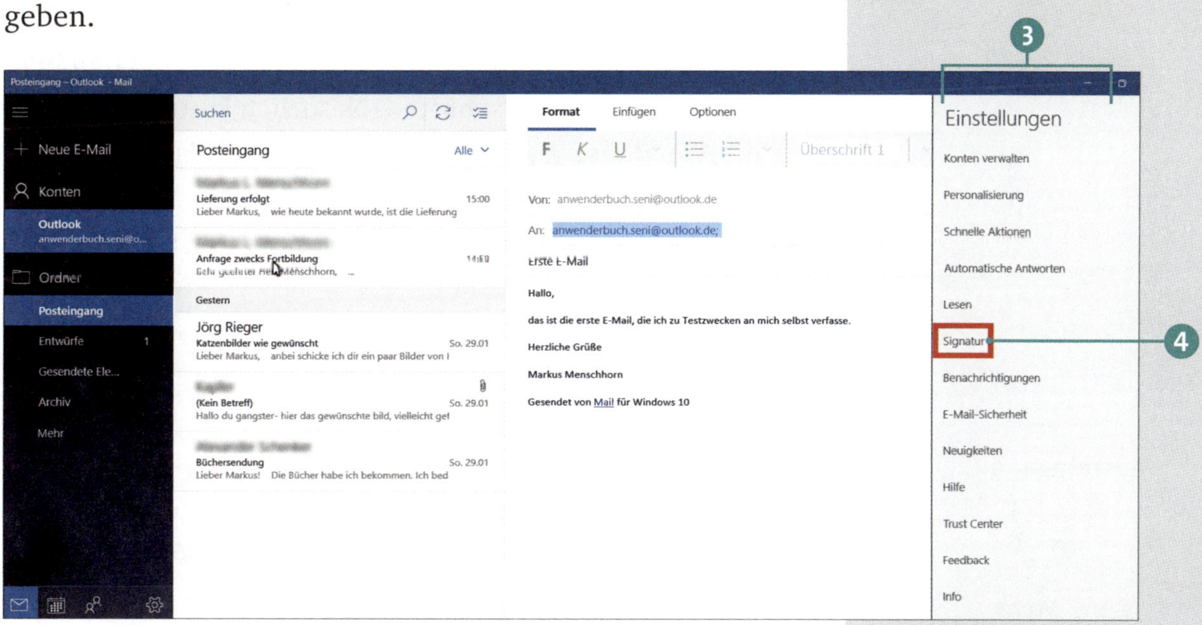

Sobald Sie nun eine neue E-Mail verfassen, erscheint Ihre gewünschte Signatur, die mit Ihrer E-Mail mitgesendet wird.

Wenn Sie die Signatur lieber gar nicht haben möchten, ziehen Sie im Einstellungsmenü für die Signatur den Schieberegler unter **E-Mail-Signatur verwenden** einfach nach links auf **Aus** ⑥; um sie wieder zu aktivieren, nach rechts auf **Ein**.

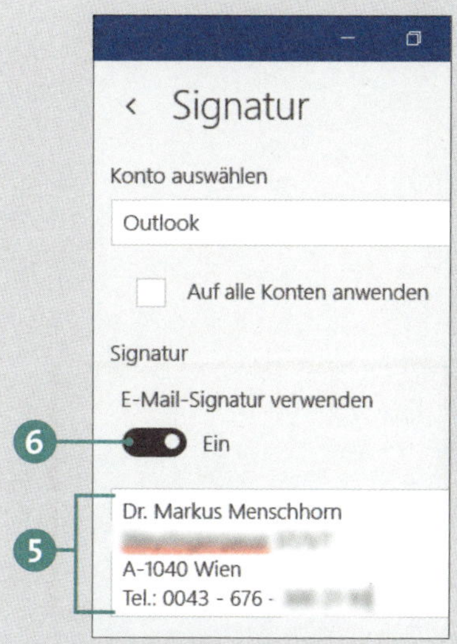

E-Mails zu Papier bringen

Da meint man, mit einem Computer und E-Mails braucht man keine Ausdrucke auf Papier mehr? Fakt ist – nie wurde so gern Papier bedruckt wie mit dem Computer. Und natürlich ist es durchaus angenehmer, das Kochrezept aus der Mail auf Papier zu bringen, statt das Notebook in die Küche zu zerren und womöglich im Eifer des Gefechts den Teig über die Tastatur zu schütten. Natürlich kann man in der Mail-App daher auch die Nachrichten zu Papier bringen. Letztlich ist die Vorgehensweise sehr ähnlich wie bei WordPad, so wie im Abschnitt »Ein Dokument ausdrucken« ab Seite 103 dargestellt.

So drucken Sie eine E-Mail aus:

Posteingang

↓

Menü **Mehr**

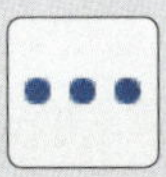

1. Klicken Sie die gewünschte Nachricht im Posteingang an, sodass sie im Lesebereich erscheint, und gehen Sie dann auf das ••• -Symbol rechts oben ❶. Hier steht fast ganz unten der **Drucken**-Befehl bereit ❷. Auch diesen klicken Sie an.

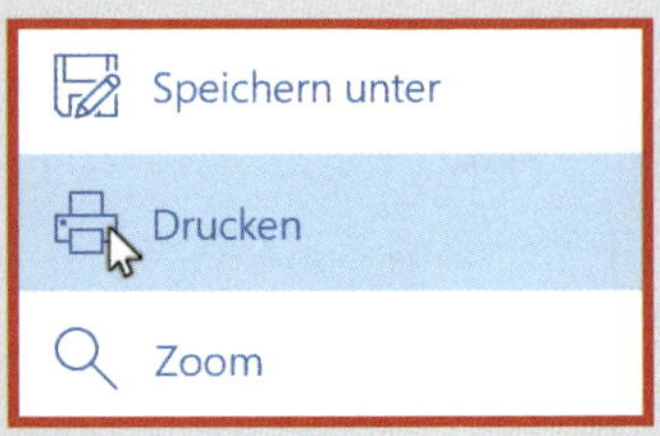

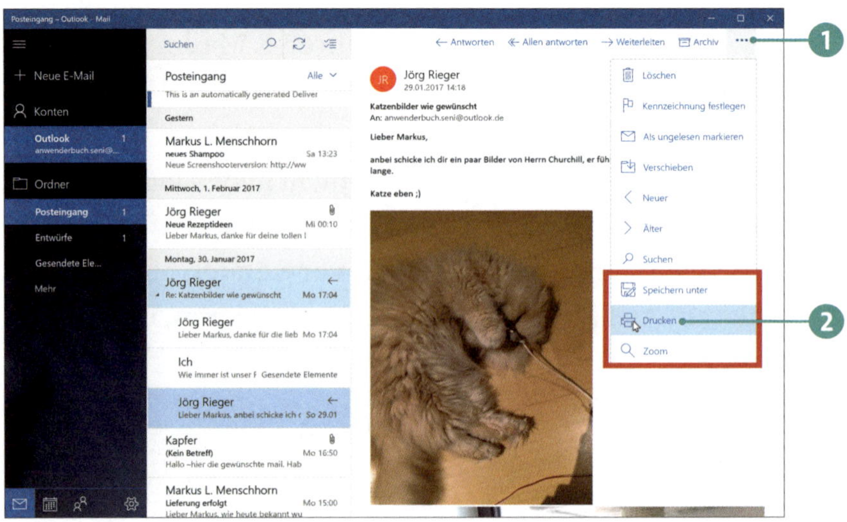

2. Es erscheint das aus dem Internetprogramm Edge bekannte Menü mit den Druckeinstellungen. Diese nehmen Sie auf Wunsch und wie gelernt vor. Allerdings – das Mail-Programm ist nicht sonderlich intelligent. Texte werden gedruckt, aber Bilder leider völlig ignoriert.

Richtig drucken leicht gemacht

Welche Einstellungen bei einem Ausdruck möglich und sinnvoll sind, erfahren Sie ausführlich in Kapitel 3, »Mit Windows 10 einen Brief schreiben und Dokumente gestalten«, ab Seite 107.

Der Druckdialog in der Mail-App sieht dabei nicht ganz so aus wie in WordPad, sondern wie derjenige im Internetprogramm Microsoft Edge (siehe den Abschnitt »Webseiten drucken« ab Seite 149).

Kontakte anlegen – das digitale Adressbuch

Windows 10 verfügt, im engen Zusammenspiel mit der Mail-App, auch über ein kleines Adressbuch, die App *Kontakte*, die Ihr herkömmliches Adressbuch komplett ersetzen kann und dazu noch jede Menge Zusatzfunktionen bietet. Zudem – jede E-Mail-Adresse merken, das kann doch kein Mensch.

Sie können die Kontakte-App entweder direkt aus der Mail-App mit einem Klick auf das Kontakte-Symbol unten links starten oder auch unabhängig davon durch einen Klick auf **Kontakte** in der alphabetischen Auflistung der Apps im Startmenü. Es erscheint beim ersten Aufruf der folgende Bildschirm. Hier wählen Sie **Konten hinzufügen** (1 auf Seite 254).

App-Kontakte starten:
Klick auf

in der Mail-App
oder

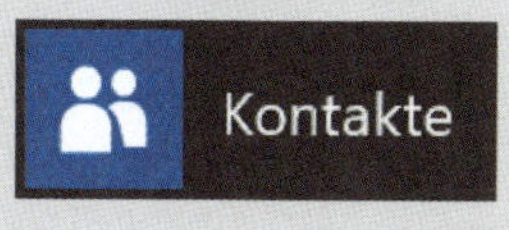

Konten hinzufügen

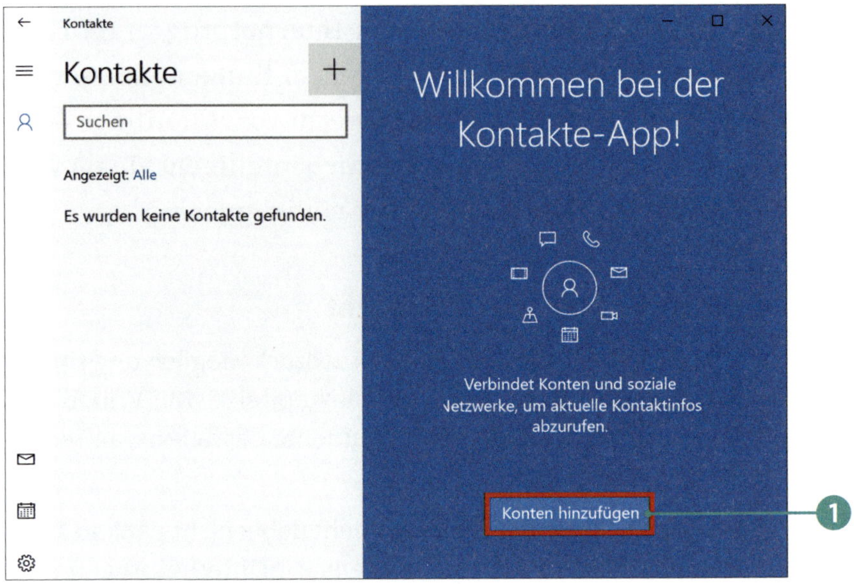

Im folgenden Bildschirm können Sie Ihre Kontakte entweder mit **Outlook** 2 (das ist das Konto, das Sie für die Mail-App eingerichtet haben) oder mit Ihrem **Microsoft-Konto** 3 verknüpfen. Wir empfehlen das Outlook-Konto, das Sie mit einem Klick markieren. Klicken Sie auf **Schließen** 4, um weitermachen zu können.

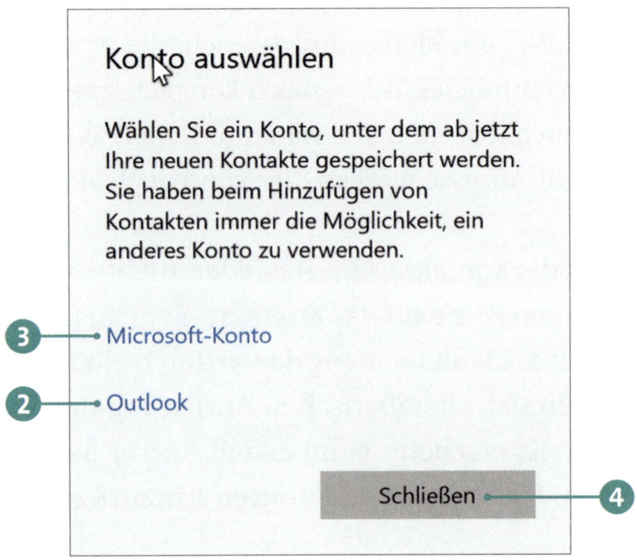

Einen neuen Kontakt anlegen

Das **Kontakte**-Fenster ist aktuell noch etwas leer. Ein neuer Kontakt wird folgendermaßen angelegt:

1. Über das +-Symbol ❶ öffnen Sie eine neue leere Karteikarte, wo Sie Schritt für Schritt die Daten der gewünschten Person eintragen. Also Name ❷, Telefon- bzw. Handynummer ❸ und die E-Mail-Adresse ❹.

2. Über die +-Symbole ❺ können Sie jederzeit weitere Daten hinzufügen, beispielsweise eine zweite E-Mail-Adresse oder die postalische Anschrift.

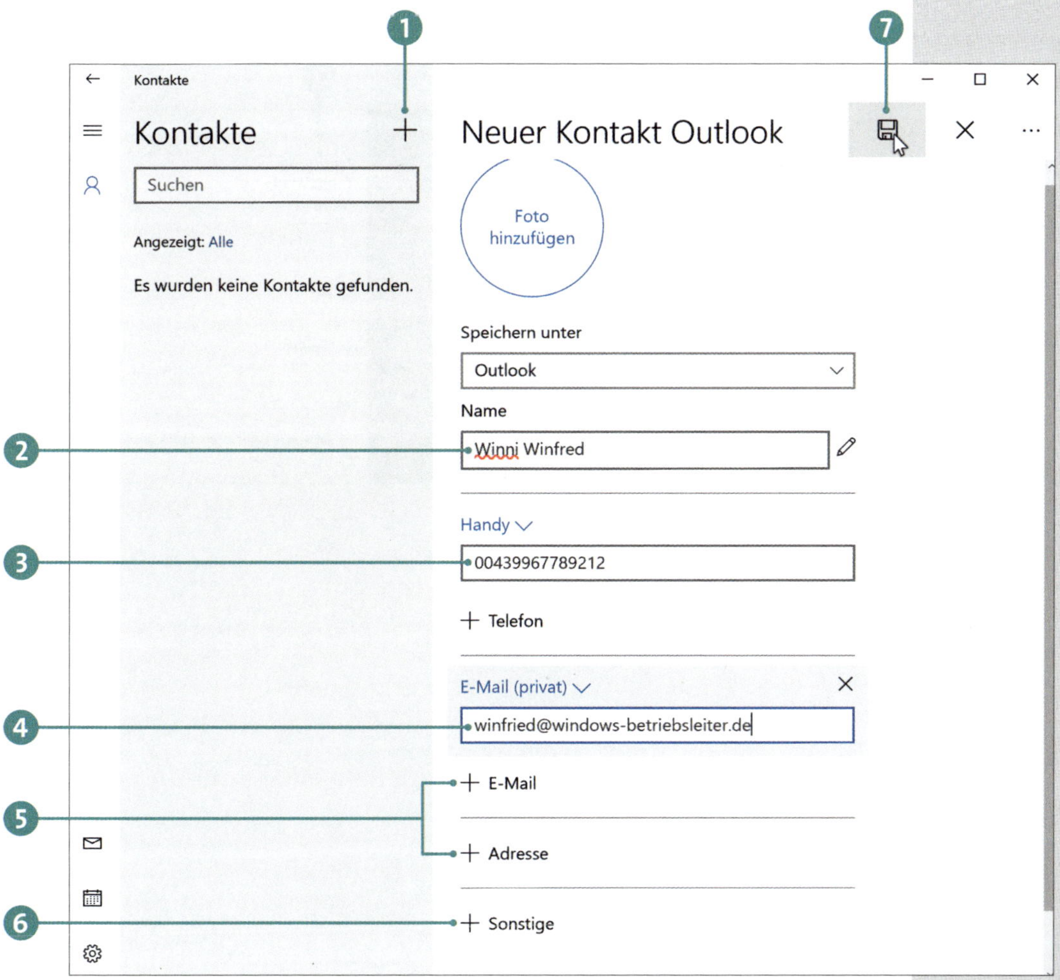

3. Klicken Sie nun auf **Sonstige** (6 auf Seite 255) – es erscheint ein Auswahlfeld, in dem Sie weitere Details wie beispielsweise den **Geburtstag** hinzufügen können. Ein Klick auf das Diskettensymbol (7 auf Seite 255) sichert den Kontakt.

Im Laufe der Zeit werden sich Ihre Kontakte füllen, und diese bieten einen zusätzlichen Mehrwert. Wenn ein Kontakt angewählt wird 1, sehen Sie in der rechten Spalte die zugehörigen Konversationen per E-Mail zum direkten Anklicken in der **Zeitachse** 2. Sie müssen also nicht mühselig in Ihrer Mail-App nach Nachrichten suchen.

MERKE

Alle mit einem bestimmten Kontakt getauschten E-Mails anzeigen: Kontakt auswählen → **Zeitachse**

KAPITEL 9

Musik hören mit Windows 10

Sie können mit Ihrem Computer natürlich auch Ihre Lieblingsmusik genießen, voll digital und ohne lästiges Wechseln einer CD. Dazu stellt Ihnen Windows 10 zwei Apps zur Verfügung. Einerseits ist das die App *Groove-Musik*, die es Ihnen ermöglicht, bereits digitalisierte Musiktitel zu hören bzw. über den *Windows Store* einzelne Musiktitel oder ganze Alben zu kaufen und auf Ihren Computer herunterzuladen. Für die Benutzung dieser App und vor allem für das Herunterladen der Musiktitel müssen Sie sich mit Ihrem Microsoft-Konto anmelden. Andererseits stellt Ihnen Windows 10 die App *Windows Media Player* zur Verfügung, mit der Sie CDs abspielen sowie einzelne Musiktitel von der CD auf Ihren Rechner kopieren und somit digitalisieren können. All diese Apps sind bereits auf Ihrem Computer vorinstalliert. Aufgrund der Möglichkeiten, die sie bieten, wird Ihre CD-Sammlung bestimmt ganz schnell zum alten Eisen gehören.

Zum Abspielen von Musik-CDs gibt es in Windows 10 den Windows Media Player.

Eine CD abspielen und auf den Computer kopieren

Wie einleitend schon erwähnt, bietet die App Groove-Musik leider keine Möglichkeit, CDs abzuspielen. Dafür gibt es

WAS TUN?

Sie haben an Ihrem Computer gar kein CD-Laufwerk mehr? Keine Sorge, man kann für kleines Geld ein sog. externes CD-Laufwerk im Computer-Fachhandel nachkaufen, das dann einfach über ein USB-Kabel angeschlossen wird.

aber bei Windows 10 die App Windows Media Player. Und damit werden wir einfach starten. Denn wahrscheinlich haben Sie auf Ihrem nagelneuen Computer noch gar keine Musik abgelegt. Das ändern wir hiermit!

1. Legen Sie eine beliebige Audio-CD in das CD-Laufwerk ein. Sobald die CD von Windows 10 erkannt wird, öffnet sich automatisch der Windows Media Player. Sollte das nicht funktionieren, können Sie die App auch manuell öffnen. Klicken Sie dazu auf den Start-Button, und blättern Sie mithilfe der Bildlaufleiste bis zum Buchstaben **W**. Ein Klick auf **Windows Media Player** (1) und schon öffnet sich die App.

2. Im Willkommensbildschirm wählen Sie zur Ersteinrichtung am besten **Empfohlene Einstellungen** (2). Sie erinnern sich? Ein solches Optionsfeld aktivieren Sie durch einen einfachen Mausklick.

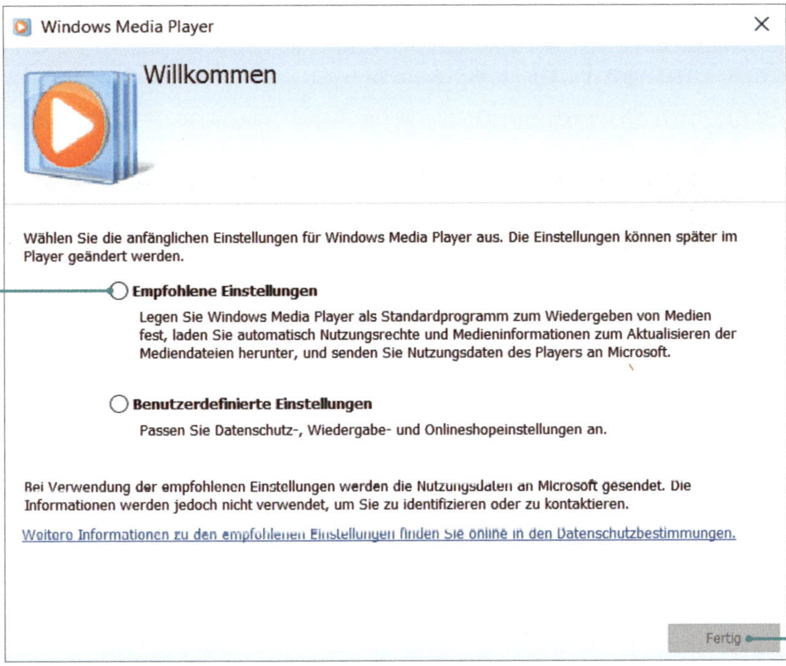

Nach einem Klick auf **Fertig** 3 erkennen Sie auch schon das Cover Ihrer CD 4 und hören bereits die ersten Klänge; in unserem Fall *Lang Lang – Piano Romance*.

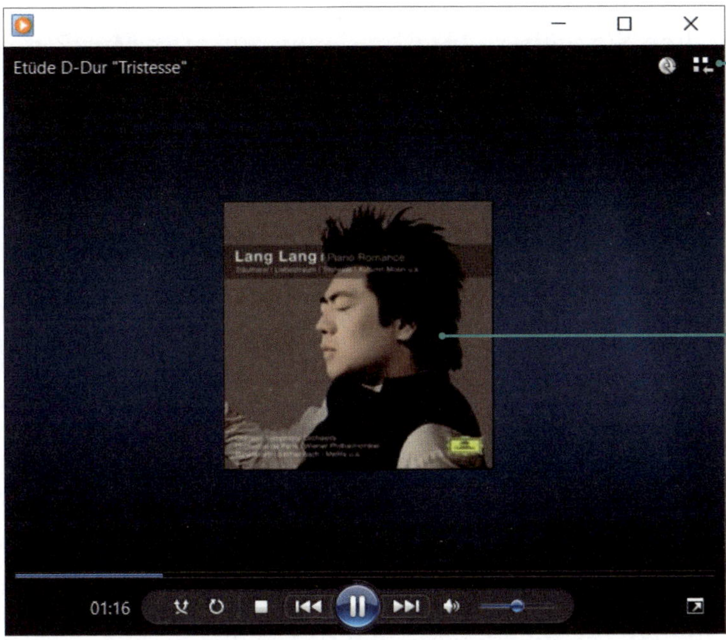

MERKE

Direkt nach dem Einlegen einer Musik-CD wird die Wiedergabe im Windows Media Player gestartet.

In der unteren Leiste sehen Sie die vom CD-Abspielgerät altbekannten Funktionstasten – manches allerdings gibt es nur am Computer:

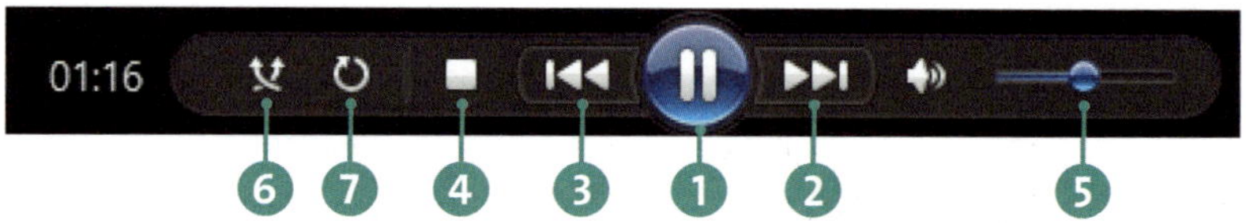

1. Wiedergabe- bzw. Pausetaste
2. Zum nächsten Titel auf der CD springen
3. Zum vorigen Titel wechseln
4. Stopptaste
5. Lautstärkeregler
6. Wiedergabe aller Musikstücke der CD in einer zufälligen Reihenfolge
7. Wiederholung eines gerade abgespielten Musikstücks

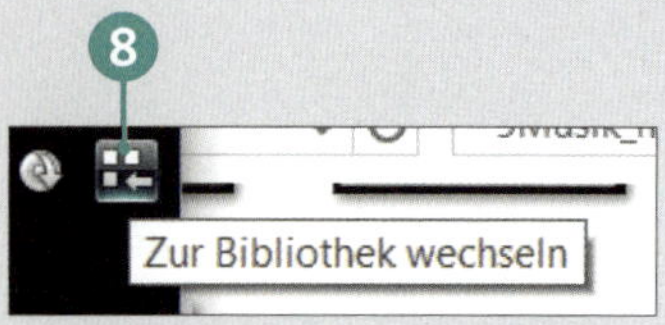

In der **Medienbibliothek** erhalten Sie – eine Internetverbindung vorausgesetzt – weitere Informationen zu Ihren Musiktiteln.

Mit einem Klick auf das Bibliothekssymbol 8 rechts oben im Programmfenster (siehe auch Seite 259) können Sie in die Titelübersicht Ihrer **Medienbibliothek** wechseln. Dort erhalten Sie weitere Informationen zu Ihren Musiktiteln, sofern Sie mit dem Internet verbunden sind.

In der Medienbibliothek werden die einzelnen Titel aufgeführt inklusive Lauflänge 1 und Interpret bzw. in unserem Fall Komponist 2. Der hellblau unterlegte Titel 3 wird gerade wiedergegeben. Woher Windows das alles weiß? Nun, bei einer vorhandenen Internetverbindung holt sich das System automatisch alle Informationen direkt aus dem Web und kann Ihnen daher für fast alle Musik-CDs die Titel liefern. Wenn Sie keine Internetverbindung haben, wird der Media Player die CD leider nicht erkennen können und sie als »unbekannt« und ohne Cover anzeigen. Abspielen kann man die Musik natürlich trotzdem.

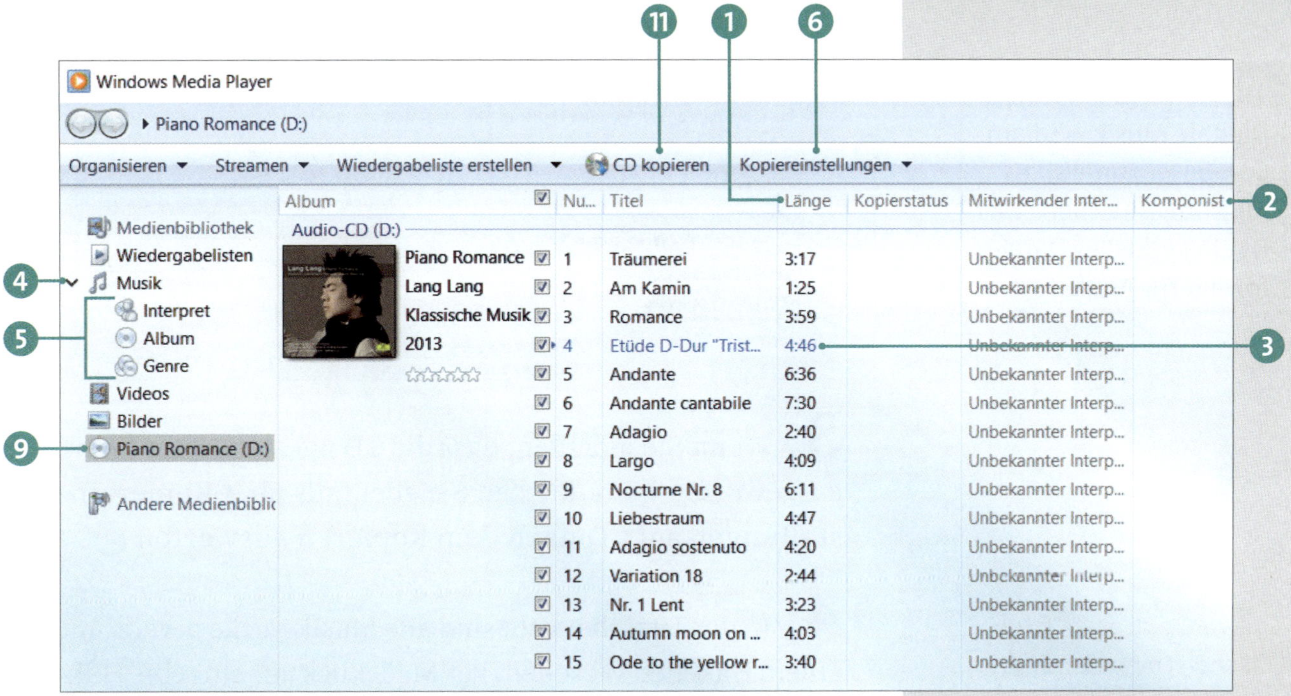

Wenn Sie im Bereich **Musik** ④ in der linken Leiste auf **Interpret, Album** oder **Genre** ⑤ klicken, sehen Sie immer all jene Titel bzw. Alben, die sich bereits in Ihrer Mediathek (kurz für Medienbibliothek) befinden – nur in einer jeweils anderen Ansicht. Und diese Mediathek können Sie mit von Ihrer CD digitalisierter Musik füllen und ein eigenes Musikarchiv aufbauen.

MERKE

Wenn Sie Ihre Musik auf den Computer übertragen, sparen Sie sich künftig das Wechseln von CDs.

So gehen Sie dafür vor:

1. Legen Sie eine beliebige Audio-CD ein, falls noch nicht geschehen.

2. Stellen Sie über das Menü **Kopiereinstellungen** ⑥ und Auswahl von **Format** (⑦ auf Seite 262) das Format am besten auf **MP3** ⑧. Achtung – dieses Menü sehen Sie nur, wenn Sie im linken Bereich des Media Players auch Ihre CD angeklickt haben (siehe ⑨ in der Abbildung oben).

MERKE

Digitale Musik wird am Computer zumeist als MP3 abgespeichert. Das ist ein spezielles Dateiformat für Audio.

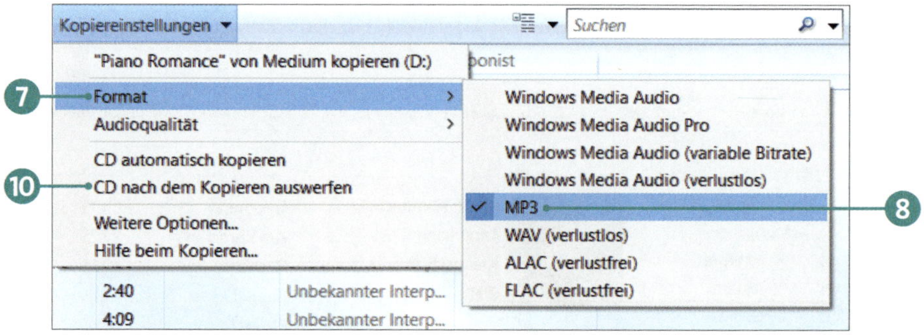

3. Wenn Sie möchten, dass die CD nach erfolgter Kopie ausgeworfen wird, klicken Sie ebenfalls über **Kopiereinstellungen** auf **CD nach dem Kopieren auswerfen** ⑩.

Auswahl einzelner Titel: Häkchen per Anklicken setzen bzw. wieder entfernen

4. In der Titelübersicht sind alle Musikstücke bereits mit einem Häkchen versehen. Per Mausklick auf einzelne Häkchen können Sie Musiktitel abwählen. So werden später nur Ihre gewünschten Titel kopiert.

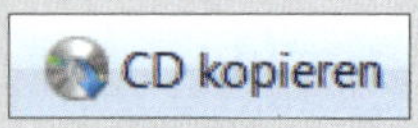

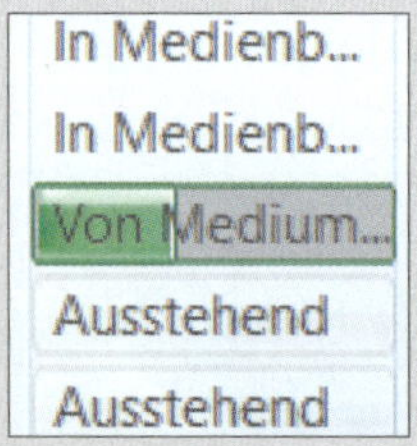

5. Klicken Sie nun auf **CD kopieren** (⑪ auf Seite 261) links von der Schaltfläche **Kopiereinstellungen**, legt der Media Player auch schon los. Übrigens können Sie den Kopiervorgang jederzeit mit **Kopieren beenden** abbrechen. Währenddessen zeigt Ihnen die App den Status des Kopiervorgangs an. Ist der Kopiervorgang abgeschlossen, erscheint Ihre kopierte CD im Bereich **Musik**.

Mit einem Doppelklick auf die Schaltflächen unterhalb der Menüleiste wie **Titel** oder **Interpret** bzw. **Komponist** öffnen Sie ein Eingabefeld ⑫, in dem Sie diese Daten selbst ändern oder ergänzen können.

Ein nettes Detail am Rande: Der Windows Media Player bietet Ihnen auch noch die Möglichkeit, Ihre Titel mittels Sternen 13 zu bewerten und so Ihre Lieblingstitel entsprechend zu sortieren. Klicken Sie dazu einfach die gewünschte Anzahl von Sternen an.

MERKE

Mit der Sternmarkierung einzelner Musiktitel finden Sie Ihre Lieblingshits auf einen Blick.

Wenn Sie mit der Zeit alle Ihre alten Lieblings-CDs digitalisiert haben, möchten Sie künftig vielleicht Musik direkt digital kaufen. Das geht nur mit der App *Groove-Musik*. Und dieses Windows-Programm stellen wir Ihnen nun vor. Ziemlich irritierend – beide Programme haben eine Medienbibliothek, die immer parallel sämtliche Musiktitel auf Ihrem Computer anzeigt. Lassen Sie sich dadurch nicht verwirren, es bleibt später Ihnen überlassen, wo Sie Ihre Musik anhören wollen.

MERKE

Der Windows Media Player ist zum Digitalisieren Ihrer CDs perfekt, Groove-Musik hingegen zum Kauf digitaler Musik. Ihre Musiksammlung organisieren und abspielen können Sie mit beiden Apps.

Groove-Musik starten und bedienen

Groove-Musik ist die App in Windows, die Ihnen die Welt der digitalen Musik zu Füßen legt. Die Wiedergabe von Musik ist unkompliziert gelöst, auch das Zusammenstellen eines eigenen Musik-Mix oder der Kauf von digitaler Musik sind möglich. In wenigen Schritten ist die digitale Musikbox startklar.

1. Um die App Groove-Musik zu öffnen, klicken Sie auf die entsprechende Kachel in Ihrem Startmenü.

Sollten Sie dort nicht fündig werden, finden Sie diese natürlich auch unter **G** in der alphabetischen Liste der Apps im Startmenü. Sie können sie natürlich auch wie immer über das Cortana-Suchfeld aufrufen.

2. Sobald Sie im Startbildschirm der App auf die Schaltfläche **Los geht's** ① klicken, wird Ihre App auch schon automatisch eingerichtet.

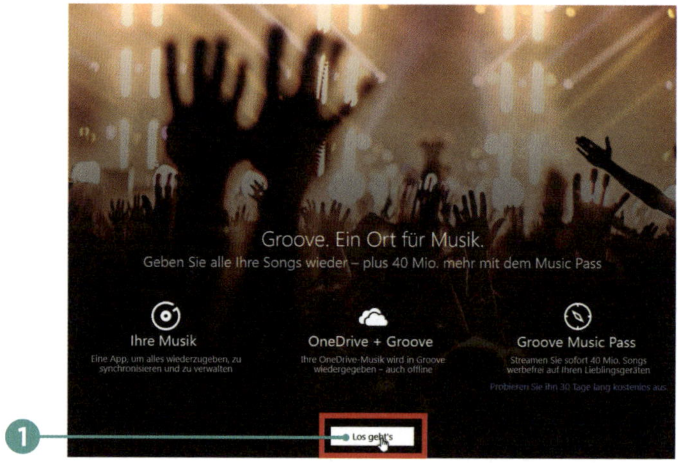

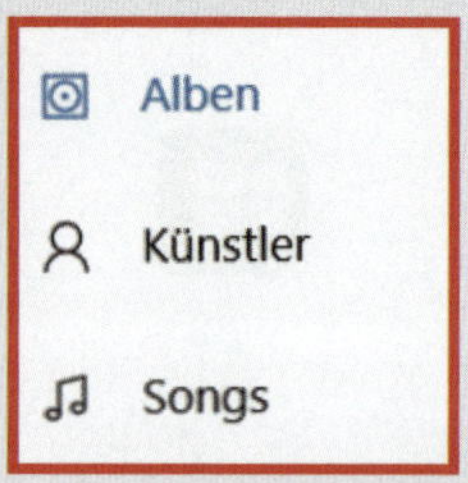

3. Nach Aktivierung der App durchsucht sie Ihren Computer nach eventuell bereits vorhandenen Musikdateien, die sofort in den Kategorien **Alben** ②, **Künstler** ③ und **Songs** ④ abgelegt und angezeigt werden.

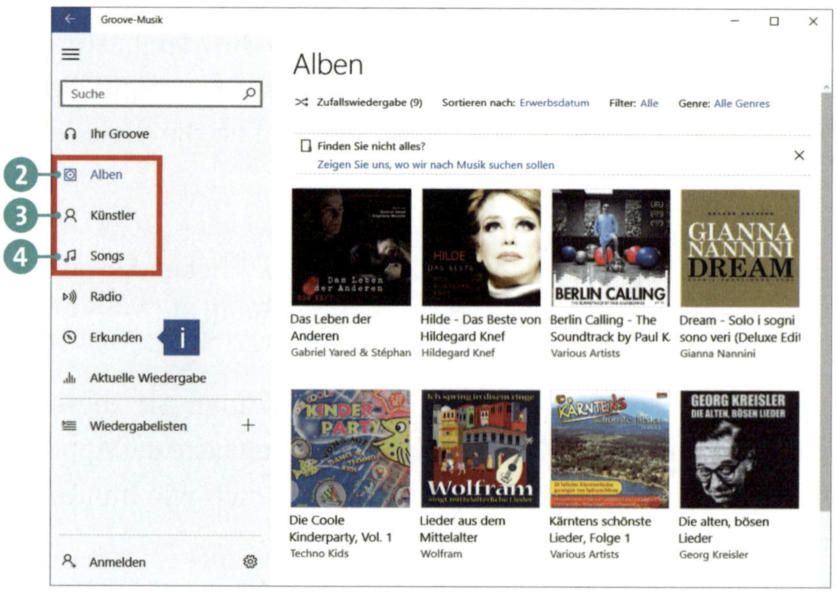

- Ein beherzter Mausklick auf den Punkt **Alben** ② zeigt Ihnen Ihre Musik sortiert nach dem jeweiligen Album, in dem alle entsprechenden Titel gespeichert sind.
- In **Künstler** ③ sind die einzelnen Titel dem entsprechenden Künstler zugeordnet – zwar alphabetisch, aber komplett unsinnig nach dem ersten Wort des Namens geordnet. Denn natürlich würde man wohl eher nach dem Nachnamen denn dem Vornamen des Musikstars Ausschau halten.

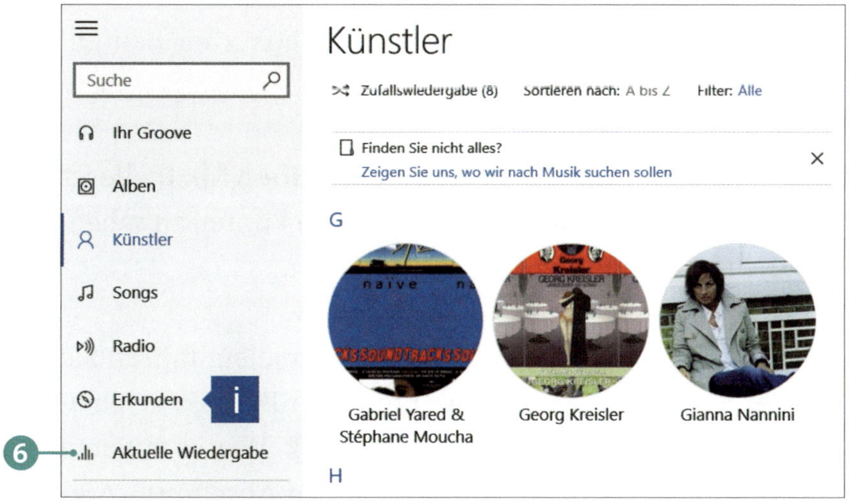

- In der Kategorie **Songs** ④ sehen Sie die einzelnen Musiktitel aufgelistet. Es erscheinen Titel, Interpret und Lauflänge des jeweiligen Musiktitels.

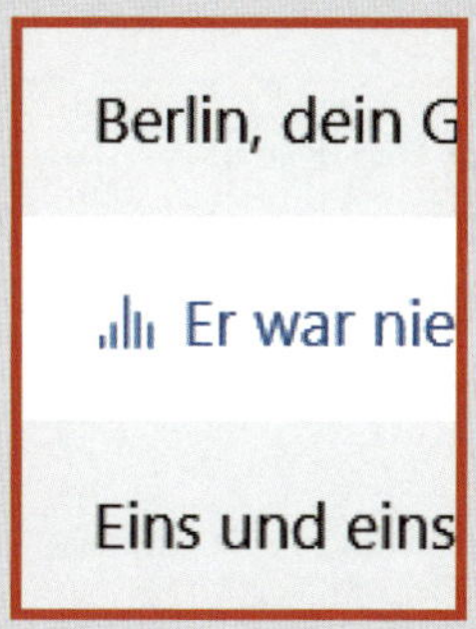

- Welcher Titel gerade aktiviert ist und läuft, zeigt Ihnen ein kleines Basssymbol an der linken Seite des Titels (5 auf Seite 265).
- Auch wenn Sie auf das Feld **Aktuelle Wiedergabe** (6 auf Seite 265) in der linken Leiste blicken, erkennen Sie dieses Symbol. Sollten Sie es anklicken, erscheint wiederum das gesamte Album mit dem gerade gespielten Titel.

Musiktitel mit Groove-Musik wiedergeben

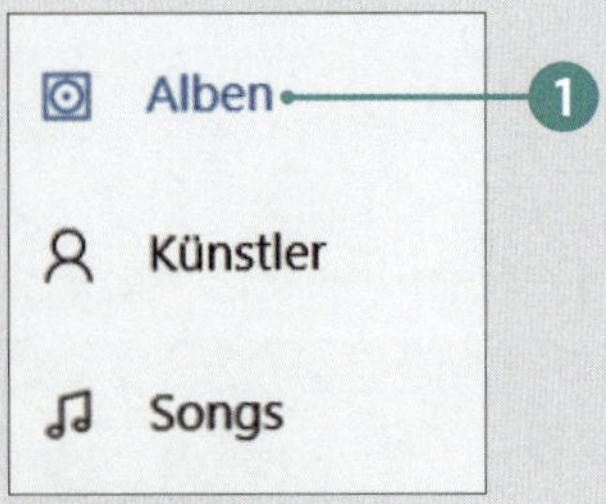

Und so bringen Sie Ihre digitale Jukebox zum Laufen, sprich, so spielen Sie Ihre Musik ab:

1. Klicken Sie links auf den Bereich **Alben** 1. In dieser Ansicht erscheinen nun, wie auf Seite 264 unten zu sehen, sämtliche Cover-Bilder Ihrer Musikalben.

2. Um die Lieder eines Albums abzuspielen, fahren Sie mit der Maus auf das gewünschte Cover-Bild. Es erscheinen ein Pfeil ▷ 2 und ein +-Symbol 3. Was es mit dem Plussymbol auf sich hat, erfahren Sie im Abschnitt »Wiedergabeliste in Groove-Musik erstellen« ab Seite 269.

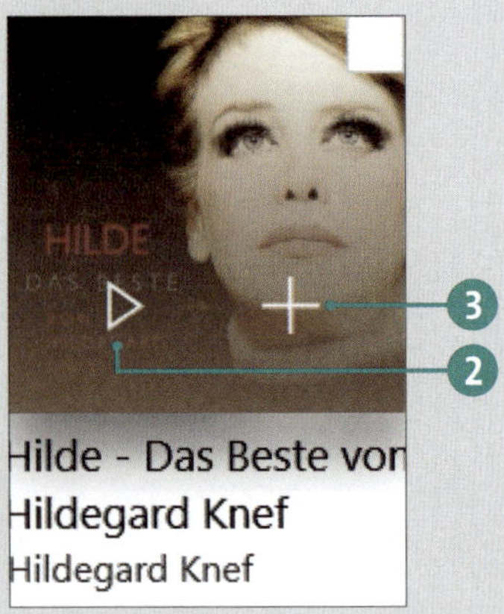

Über das Pfeilsymbol werden sämtliche Titel eines Albums abgespielt.

3. Klicken Sie hier nun auf den Pfeil 2, so werden sämtliche Titel dieses Albums nacheinander abgespielt. Gleichzeitig erscheint im unteren Bereich des Programmfensters ein Feld, in dem das Cover-Bild, der Titel und eine Zeitleiste eingeblendet sind.

Auf der rechten Seite dieses Feldes erkennen Sie einige Symbole, die Ihnen vom CD-Player und von der Musik-Steuerungsleiste des Windows Media Players bekannt vorkommen müssten.

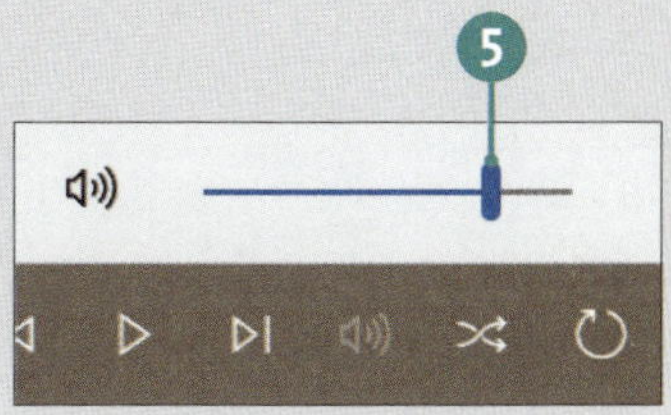

1. Hier stoppen und starten Sie den Titel.
2. Hier springen Sie zum nächsten Titel weiter.
3. Mit dieser Schaltfläche springen Sie zum vorigen Titel zurück.
4. Klicken Sie auf das Lautsprechersymbol, öffnet sich ein kleines Fenster, in dem Sie mit einem Schieberegler 5 die Lautstärke regeln können.

4. Wollen Sie sämtliche Titel des gerade abgespielten Albums sehen, so klicken Sie mit der linken Maustaste in das kleine Cover-Bild 6 hinein. Das Album öffnet sich, und sämtliche Titel werden angezeigt.

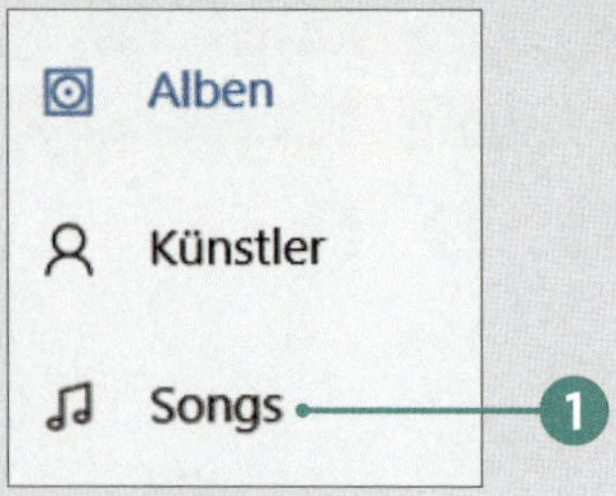

Bisher haben Sie sich in der **Alben**-Ansicht bewegt. Natürlich können Sie jeden beliebigen Song auch unter **Songs** 1 öffnen. Klicken Sie dieses Feld an, erscheint eine Liste aller verfügbaren Musiktitel. Wenn Sie mit der Maus einen Musiktitel ansteuern, so wird dieser dunkelgrau unterlegt, und es erscheinen ganz links ein Kästchen 2 und in der Mitte ein Pfeil- 3 sowie ein +-Symbol 4. Auf die Bewandtnis dieses Plussymbols kommen wir, wie gesagt, noch im nächsten Abschnitt zu sprechen. Im Moment sind die beiden anderen Symbole von Interesse.

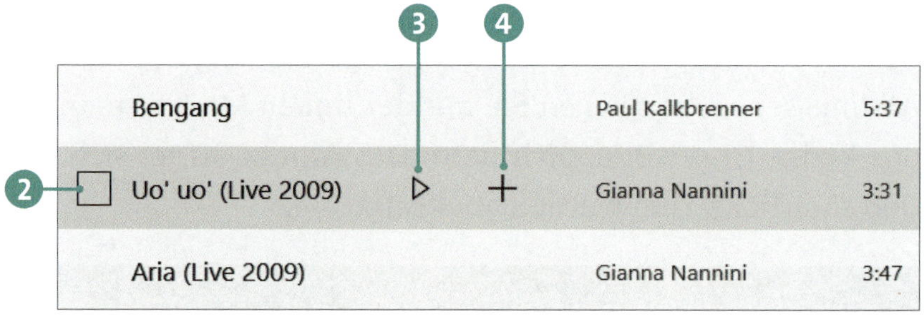

MERKE

Wenn Sie das Kästchen vor einem Titel mit einem Mausklick aktivieren, steht Ihnen eine zusätzliche Leiste mit Funktionen wie der erneuten Wiedergabe oder auch dem Löschen eines Songs zur Verfügung.

Die Funktionsweise ist exakt dieselbe wie oben beschrieben: Sobald Sie auf das Pfeilsymbol 3 klicken, wird das Lied gestartet. Versehen Sie das Kästchen 2 durch einen Mausklick mit einem Häkchen, erscheint im unteren Bereich der App ein Fenster mit unterschiedlichen Funktionen. Die einzelnen Schaltflächen sind im Grunde selbsterklärend. Unter anderem können Sie mithilfe dieser Leiste den Song nochmals starten 4, löschen 5, das Album anzeigen lassen 6 oder Informationen des Titels bearbeiten 7, also beispielsweise den Musiktitel selbst umbenennen. Mit erneutem Klick in das Kästchen 2 beenden Sie die Anzeige dieser Zusatzfunktionen wieder, und Ihre ganz normale Titelliste kehrt zurück.

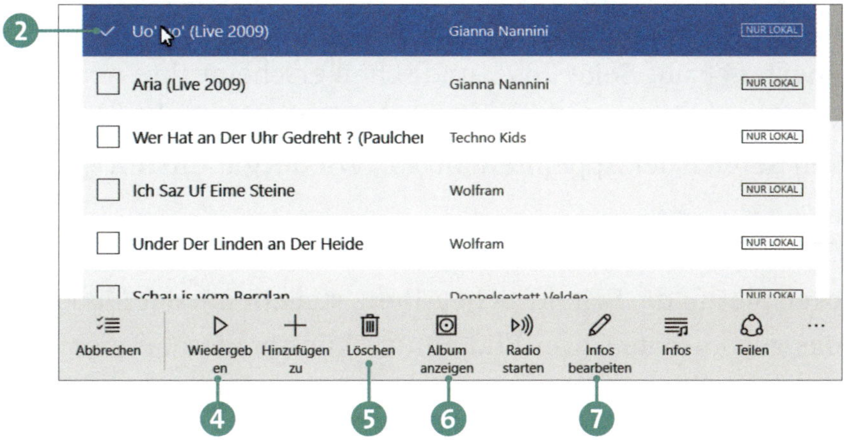

Wiedergabeliste in Groove-Musik erstellen

Groove-Musik bietet Ihnen auch die Möglichkeit, Ihre eigenen Musikwiedergabelisten zu erstellen. Dort können Sie all jene Alben oder jene Einzeltitel ablegen, die Sie am liebsten hören, und so Ihre ganz individuelle Musiksammlung für die passenden Momente zusammenstellen. Das klappt ganz einfach:

1. Klicken Sie im linken Bereich des geöffneten Programms auf das +-Symbol rechts neben **Wiedergabelisten**.

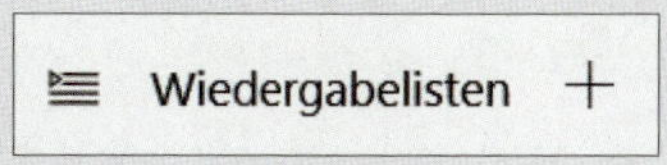

Neue Wiedergabeliste anlegen und benennen

2. Im folgenden Fenster tippen Sie den Namen der Wiedergabeliste ein, dieser kann frei gewählt werden. In unserem Fall ist es *Markus' Wiedergabeliste* 1.

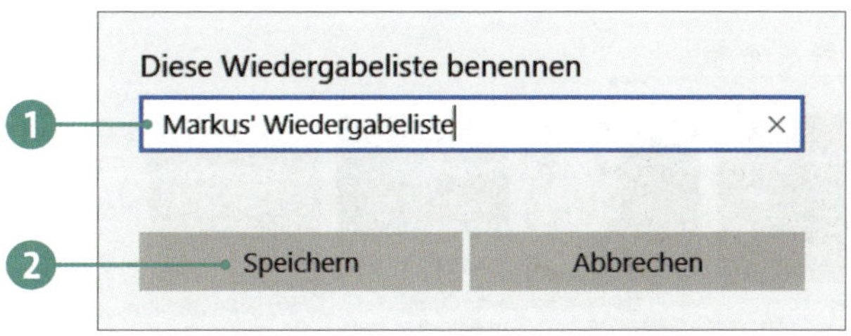

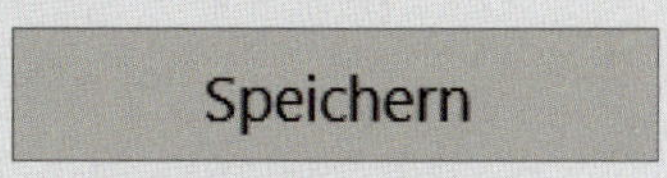

nicht vergessen!

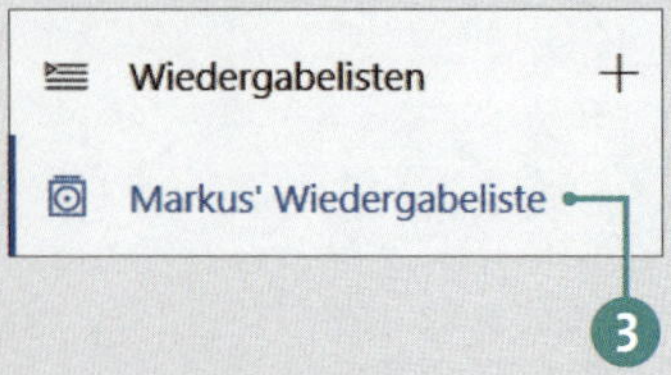

3. Klicken Sie anschließend auf die Schaltfläche **Speichern** (2 auf Seite 269), und schon erscheint Ihre neue Wiedergabeliste mit Ihrem Wunschnamen versehen im linken Bereich der App unterhalb von **Wiedergabelisten** 3.

Ein Album per +-Symbol hinzufügen

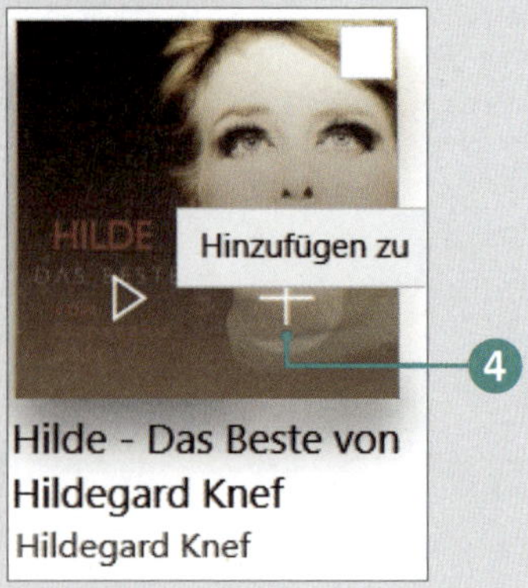

4. Um nun Ihre neue Liste mit Musiktiteln zu füllen, klicken Sie auf die Schaltfläche **Alben**, steuern mit der Maus das gewünschte Cover-Bild an und klicken diesmal nicht auf den Pfeil, sondern auf das erscheinende +-Symbol 4.

5. Es öffnet sich ein weiteres Fenster, das u. a. Ihre vorhin angelegte Wiedergabeliste anzeigt 5.

Entsprechende Wiedergabeliste auswählen

6. Klicken Sie diese Wiedergabeliste an, und schon werden sämtliche Titel des zuvor ausgewählten Albums in Ihrer Wiedergabeliste abgelegt. Ein entsprechender Hinweis erscheint im rechten oberen Bereich 6. In unserem Fall sind es sechs Musiktitel, die wir in die Wiedergabeliste übertragen haben.

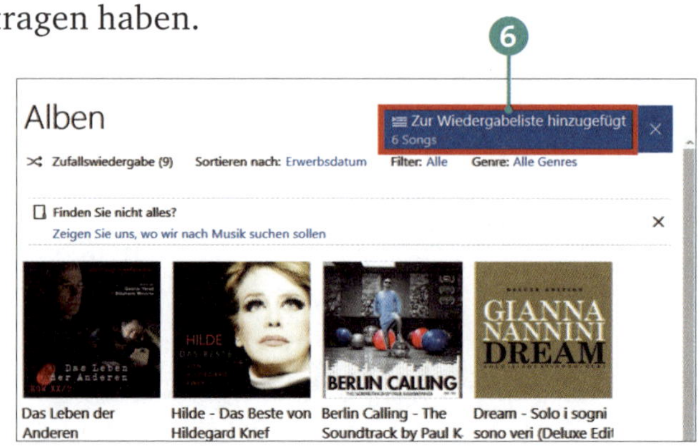

Möchten Sie kein Album, sondern nur ausgewählte Titel Ihrer Liste hinzufügen, ist die Vorgehensweise ganz ähnlich.

Einzelne Titel einer Wiedergabeliste hinzufügen

1. Öffnen Sie zunächst Ihr Wunschalbum. In unserem Fall ist es Gianna Nannini. Fahren Sie mit der Maus auf den gewünschten Titel, der dann dunkelgrau unterlegt wird.

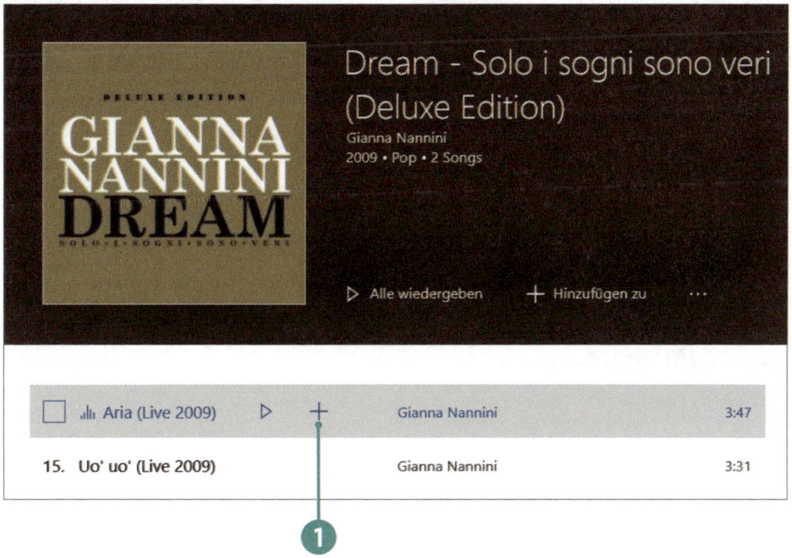

MERKE

Mit dem +-Symbol können Sie an verschiedenen Stellen in der App Groove-Musik Alben oder einzelne Songs Ihren Wiedergabelisten hinzufügen.

2. Klicken Sie hier auf das +-Symbol (1), öffnet sich ein Fenster, das die möglichen Speicherziele anzeigt.

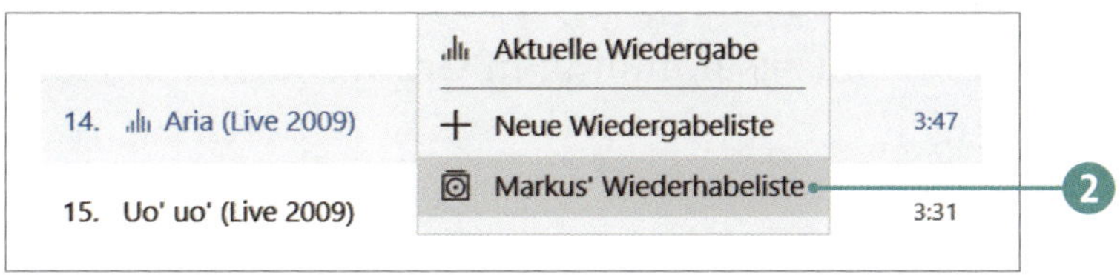

3. Wir klicken, wie vorhin, auf **Markus' Wiedergabeliste** (2), und schon gibt die App den Hinweis, dass **1 Song** in die Liste kopiert wurde. Natürlich können Sie jeden dieser Schritte auch über den Bereich **Songs** durchführen.

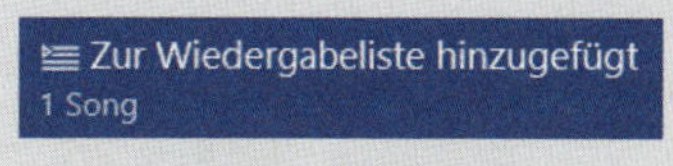

Wiedergabeliste abspielen

Um Ihre Wiedergabeliste zu starten, klicken Sie diese im linken Bereich der App an **3**. Mit einem weiteren Klick auf **Alle wiedergeben** **4** startet Ihre ganz private Musiksammlung.

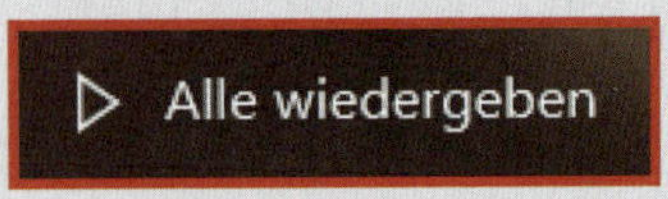

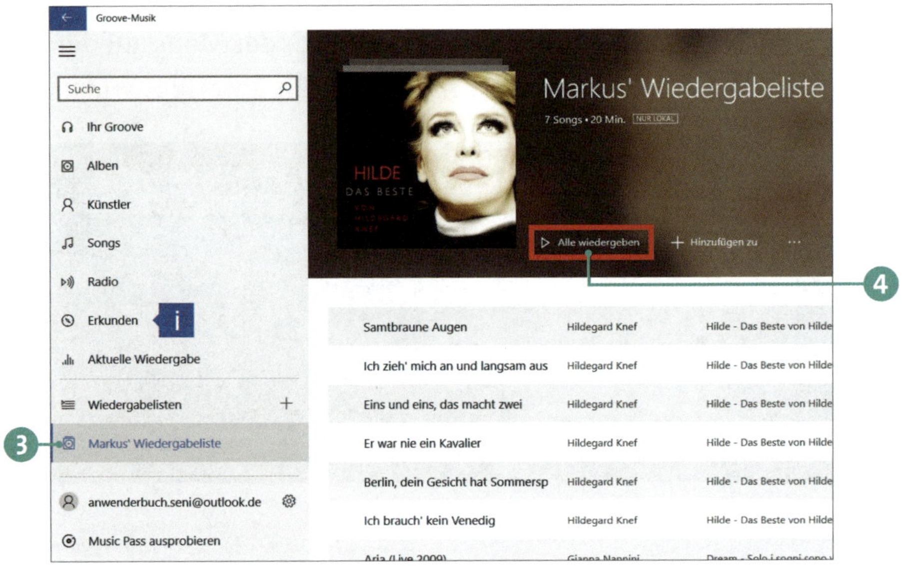

Digitale Musik im Store kaufen

ACHTUNG!

Um digitale Musik zu kaufen, benötigen Sie ein Microsoft-Konto.

Der Windows Store ist ein riesiges digitales Kaufhaus und bietet Ihnen die Möglichkeit, Ihre Wunschmusik zu finden und direkt zu kaufen. Im Angebot stehen Tausende einzelne Musiktitel und ganze Alben, die Sie erwerben und Ihrer Musiksammlung in Groove-Musik hinzufügen können.

Den Store starten Sie entweder mit einem Klick auf die stilisierte Einkaufstüte in Ihrer Taskleiste oder mit einem Klick auf die entsprechende Kachel im Startmenü. Nachdem der Store geöffnet ist, klicken Sie auf den Reiter **Musik** **1**. Sie sehen sofort, dass Ihnen eine Fülle von verschiedenen Interpreten, Musiktiteln und Genres geboten wird.

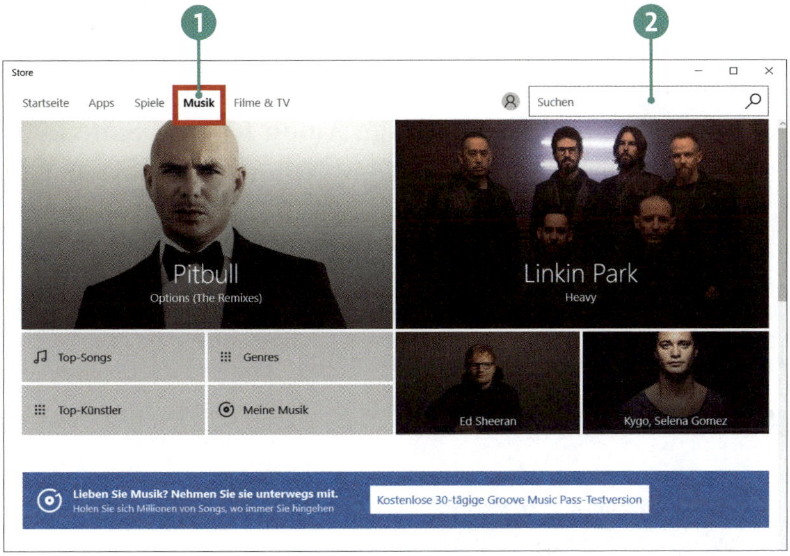

Musik

Jeden dieser Bereiche können Sie mit der Maus anklicken und in die unterschiedlichsten Musikkategorien hineinhören. Das ist völlig kostenlos.

Im Store finden Sie kostenlose Hörproben. Wie Sie diese aufrufen, lesen Sie auf Seite 274 unten.

Wenn Sie einen Musiktitel kaufen möchten, gehen Sie folgendermaßen vor:

1. In unserem Fall wissen wir bereits, welchen Interpreten wir wollen, und geben den Namen in die Suchleiste rechts oben ein 2.

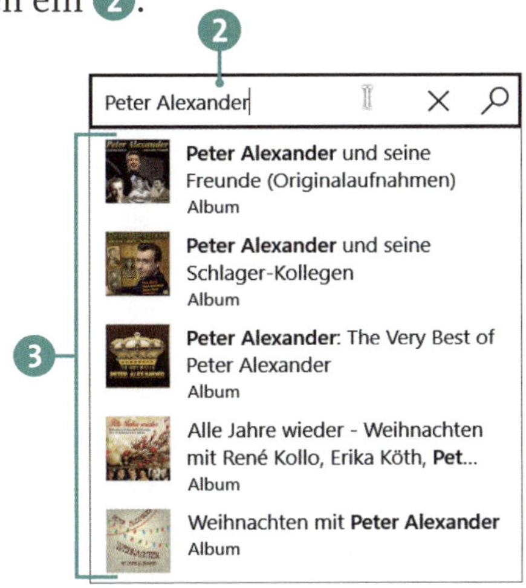

Wir wollen einen Titel von *Peter Alexander* kaufen. Der Store schlägt uns direkt einige Alben (3 auf Seite 273) vor. Wir suchen das gewünschte Album aus und klicken es an.

2. Das Album öffnet sich, und im unteren Bereich des Fensters werden die einzelnen Titel aufgelistet.

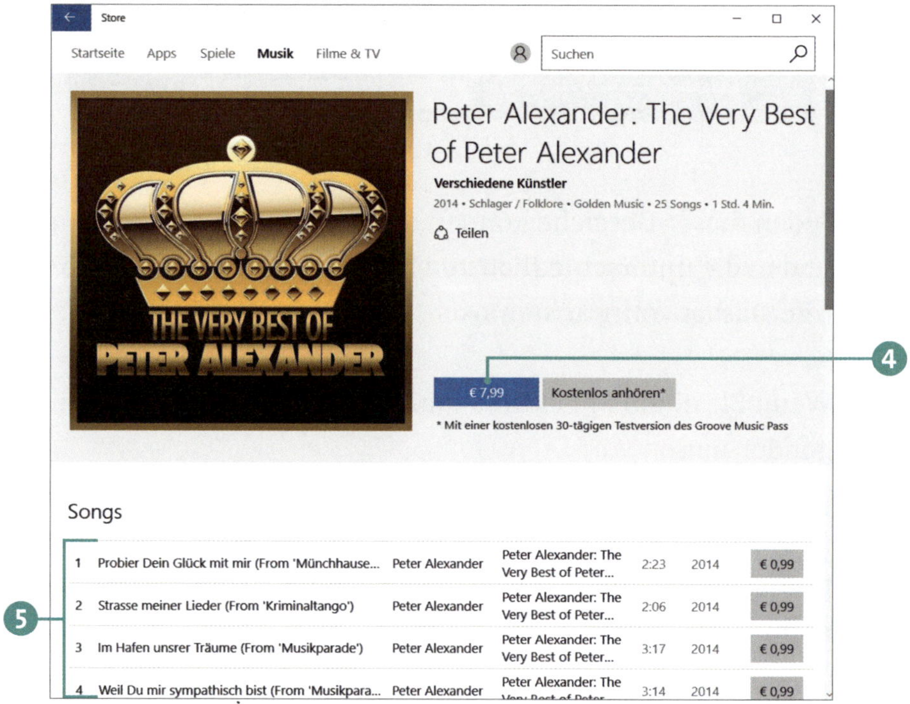

Beim Kauf hat man die Wahl zwischen einem ganzen Album und einzelnen Titeln.

Nun gibt es zwei Möglichkeiten: Sie kaufen entweder das gesamte Album, in unserem Fall zum Preis von 7,99 € 4, oder Sie wählen sich Ihren Wunschtitel aus 5, den Sie einzeln erwerben können.

MERKE

Mit dem Abspielsymbol (dem Pfeil) können Sie in einen Titel vor Kauf kostenlos hineinhören.

Sobald Sie einen Songtitel mit der Maus berühren, erscheint ein Pfeil 6. Damit können Sie in den Titel kostenlos hineinhören und prüfen, ob Sie den Titel wirklich kaufen möchten.

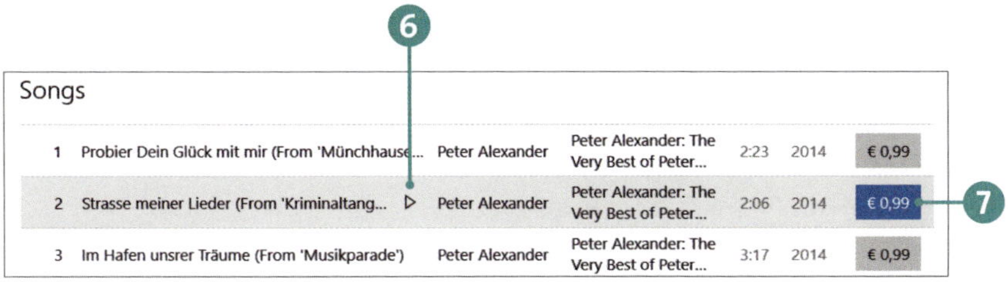

3. Wir entscheiden uns für den Titel *Strasse meiner Lieder* und klicken den Kaufpreis **7** auf der rechten Seite an.

Der Kauf wird mit einem Klick auf die Schaltfläche mit dem Preis eingeleitet.

4. Nun müssen Sie sich mit Ihrem **Kennwort** anmelden, das Sie für Ihr Microsoft- bzw. Outlook-Konto vergeben haben. Wenn Sie automatisch angemeldet bleiben und nicht mehr nach Ihrem Kennwort gefragt werden wollen, versehen Sie das Kästchen unter dem Kennwortfeld durch einen Klick mit einem Häkchen **8**. Allerdings aufgepasst – damit könnte jeder, der an Ihrem Computer und Ihrem Benutzerkonto arbeitet, im Windows Store einkaufen. Sollten Sie Ihr Kennwort einmal komplett vergessen haben, können Sie es mit einem Klick auf den Link **Ich habe mein Kennwort vergessen** **9** auch mit wenig Aufwand zurücksetzen, also neu vergeben. Abschließend klicken Sie auf **Anmelden** **10**.

ACHTUNG!

Auch für den Einkauf im Store ist ein Microsoft-Konto notwendig. Wie Sie dieses anlegen, haben wir Ihnen im Abschnitt »Ein E-Mail-Konto einrichten« ab Seite 225 gezeigt.

Nun erscheinen nochmals Ihr ausgewählter Musiktitel sowie der Preis.

5. Wählen Sie die Zahlungsmethode aus, indem Sie auf das +-Symbol ⑪ vor **Zahlungsmethode auswählen** klicken und anschließend auf **Neue Zahlungsmethode hinzufügen** ⑫, sofern die gewünschte nicht dabei ist.

Als Zahlungsoptionen stehen Ihnen das Bezahlsystem *PayPal*, die Sofortüberweisung, die Bezahlung mittels Kreditkarte oder per Guthabenkarte zur Verfügung.

- PayPal ist ein gängiger Zahlungsdienst im Internet. Nach einer Anmeldung unter »www.paypal.de« bezahlen Sie dort bequem und sicher per Mail-Adresse und Kennwort.
- Sofortüberweisung ist ein Service, mit dem Sie online mittels Ihrer Online-Banking-Daten bezahlen können. Es wird Ihre Kontonummer, Ihre PIN und eine TAN-Nummer benötigt. Eine Anmeldung oder Registrierung ist nicht notwendig.
- Kreditkartenzahlung ist im Internet eine gängige Zahlungsart und bei seriösen Anbietern eine sichere Methode.
- Die Möglichkeit, eine Guthabenkarte einzulösen, ist zum Einstieg eine einfache Möglichkeit zum Einkaufen – ganz ohne Bankdaten, Geheimnummern oder eine

komplizierte Anmeldung. In vielen Super- oder Drogeriemärkten können Sie solche Microsoft-Guthabenkarten zum Einkauf im Windows Store erwerben – meistens hängen diese im Kassenbereich bei den Guthabenkarten für Handys. Oder lassen Sie sich mit einem solchen Geschenkgutschein beschenken.

Doch welche Zahlungsmethode wählen? Damit Sie besser einschätzen können, was auf Sie »zukommt«, zeigen wir Ihnen das an zwei Beispielen: zunächst die Zahlung mit einer Guthabenkarte und im Anschluss diejenige mit einer Kreditkarte.

Mit einer Guthabenkarte im Windows Store bezahlen

1. Mit einem Klick auf die Schaltfläche **Geschenkgutschein einlösen** (13 auf Seite 276) im aktuell geöffneten Fenster kommen Sie direkt zu einem neuen Dialog, der Sie um die Eingabe des auf der Guthabenkarte abgedruckten Codes bittet.

2. Nach der Eingabe des Codes über die Tastatur im entsprechenden Feld 1 und einem Mausklick auf **Einlösen** 2 steht das Guthaben zum Einkaufen zur Verfügung, und der Titel kann direkt gekauft werden.

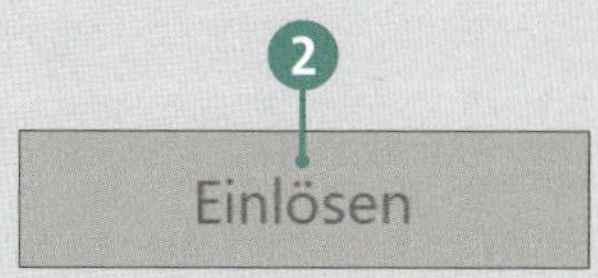

Das Restguthaben bleibt natürlich für nächste Einkaufstouren bestehen. Fahren Sie nun auf Seite 279 unten nach Schritt 3 fort.

Und so zahlen Sie alternativ per Kreditkarte:

Im Windows Store per Kreditkarte bezahlen

1. Wählen Sie im Fenster zu den Zahlungsoptionen per Mausklick die Option **Neue Zahlungsmethode hinzufügen** (12 in der Abbildung auf Seite 276) aus. Im folgenden Fenster klicken Sie auf **Kreditkarte oder Kundenkarte** 1.

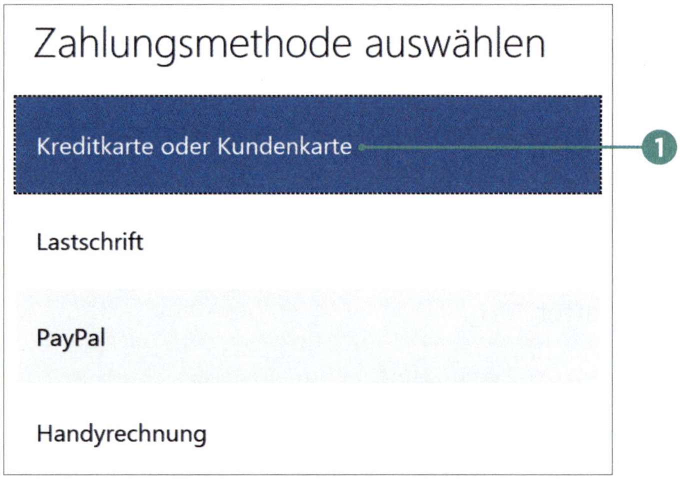

Die Zahlung per Kreditkarte ist bequem

Die Eingabe Ihrer Kreditkartendaten ist nur beim allerersten Kauf notwendig, für kommende Einkaufstouren werden die Daten gespeichert.

2. Nun sind die Auswahl Ihrer Kreditkarte 2 und die Eingabe der persönlichen Daten 3 notwendig. Achten Sie auf die korrekte Schreibweise. Mit einem Klick auf **Weiter** 4 bestätigen Sie Ihre Eingaben.

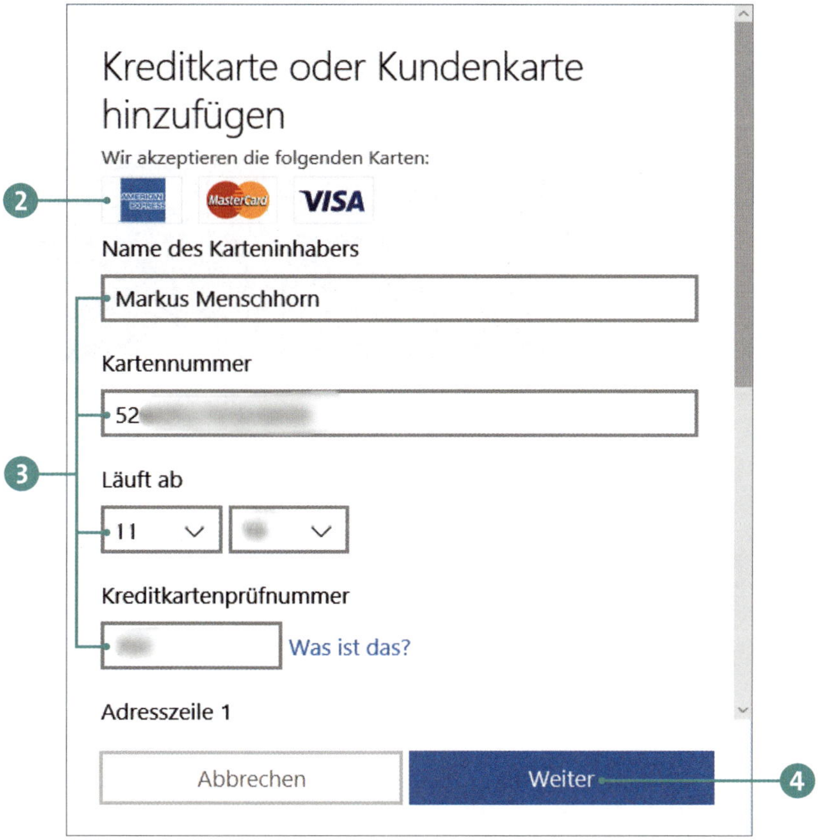

3. Im nächsten Fenster wird Ihr Einkauf nochmals zusammengefasst, und mit einem Klick auf die Schaltfläche **Kaufen** wird der Musiktitel endgültig erworben. Der Download, das Herunterladen des Musiktitels auf Ihren Computer, beginnt.

Sobald die Transaktion – ob nun per Guthabenkarte oder Bezahlung per Kreditkarte – abgeschlossen ist, verschwindet im Titelfeld der Betrag, und es erscheint **In Besitz** 5.

1	Probier Dein Glück mit mir (From 'Münchhause...	Peter Alexander	Peter Alexander: The Very Best of Peter...	2:23	2014	€ 0,99
2	Strasse meiner Lieder (From 'Kriminaltango')	Peter Alexander	Peter Alexander: The Very Best of Peter...	2:06	2014	In Besitz (5)
3	Im Hafen unsrer Träume (From 'Musikparade')	Peter Alexander	Peter Alexander: The Very Best of Peter...	3:17	2014	€ 0,99

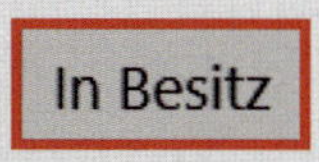

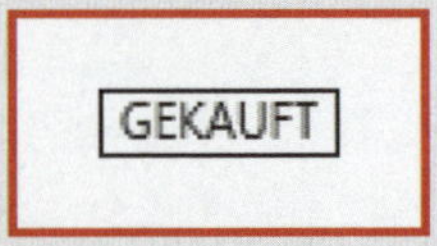

Wechseln Sie nun in die App Groove-Musik, erscheint dort bereits der erworbene Titel mit dem Hinweis **Gekauft** 6.

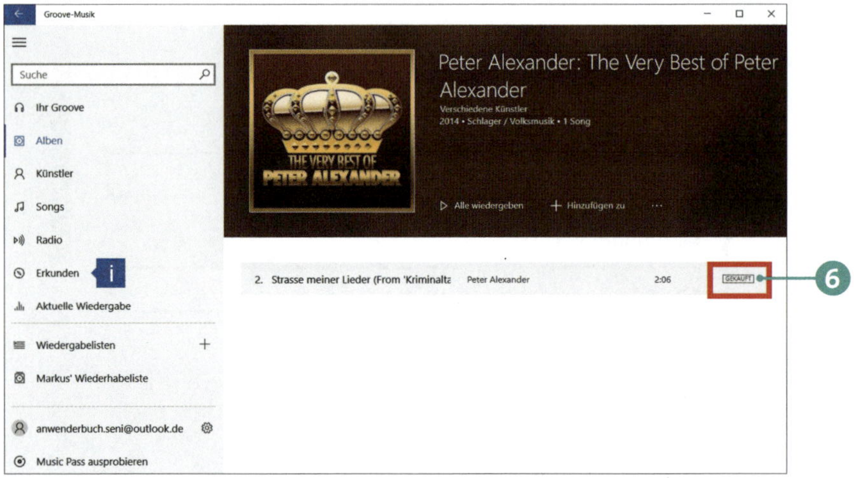

Nun können Sie ihn vollends genießen und vielleicht Ihrer individuellen Wiedergabeliste hinzufügen.

Kein Unterschied zwischen gekauften und selbst digitalisierten Musiktiteln!

Ob Sie nun die Musik in Groove-Musik über den Store gekauft oder über den Windows Media Player von einer CD digitalisiert haben, spielt keine Rolle. In Ihrer Medienbibliothek haben alle Titel den gleichen Status und können auch in einer Wiedergabeliste gemischt werden.

KAPITEL 10

Nützliche Apps für viele Gelegenheiten

Hilfe im Garten, Haushalt oder in der Küche ist immer gerne gesehen. Am Computer unterstützt Sie Windows 10 mit zahlreichen kleinen Helferlein, die Ihnen mit Rat und Tat zur Seite stehen und einen guten Dienst erweisen können. Konkret stellen wir Ihnen im Folgenden vier praktische Programme aus dem reichhaltigen Angebot von Windows 10 vor.

Zunächst ist hier die *Kalender*-App zu nennen, mithilfe der Sie Ihre Termine gut verwalten können. Dann bietet Windows auch noch eine *Nachrichten*-App an, die Sie über das neueste Weltgeschehen auf dem Laufenden hält und für Sie aus verschiedenen Zeitungen zusammenstellt. Auch die *Wetter*-App, die Ihnen die Wetterprognosen für alle Orte der Welt liefert, ist interessant und hat ihren praktischen Nutzen. Zudem bietet Windows Ihnen mit der *Rechner*-App einen digitalen Taschenrechner, mit dem Sie schnell etwas nachkalkulieren können. Alle Apps sind bereits auf Ihrem Computer vorhanden und können bequem über das Startmenü, in der Liste aller Apps, einige davon auch gleich im Kachelbereich aufgerufen werden.

Wie ein Puzzle – in Windows 10 stehen viele kleine Programme zur Verfügung, die alle zusammen genommen richtig viel können.

Kalender öffnen:

ein Klick auf die Kachel rechts im Startmenü

oder über

↓

K

↓

Mit der Kalender-App keinen Termin mehr vergessen

Zettelwirtschaft war gestern – der Kalender in Windows 10 ist ein wirklich praktischer Ersatz für einen Kalender aus Papier oder den sprichwörtlichen Knoten im Taschentuch. Die Erinnerungsfunktion ist Gold wert, Sie werden dieses kleine Werkzeug bald nicht mehr missen wollen.

Öffnen Sie das Startmenü mit einem Klick auf ⊞. Im Kachelbereich des Startmenüs rechts, unter **Auf einen Blick**, ist die Kalender-App ganz einfach zu erkennen. Sie zeigt Ihnen weiß auf blau den exakten Wochentag und das Datum an (1) – dieses Symbol sieht also täglich anders aus.

Sollte die Kachel dort irgendwann einmal von Ihnen oder einer anderen Person aus dem Startmenü entfernt worden sein, so finden Sie sie natürlich auch noch einmal in der Liste der Apps links unter dem Buchstaben **K**. Dort zeigt sie allerdings nicht das Datum, sondern das Symbol (das sog. *Icon*) der App an. Wie Sie von dort aus eine »verloren gegangene« Kachel wieder im Startmenü anheften, lesen Sie übrigens im Abschnitt »Programme im Startmenü als Kacheln anlegen« ab Seite 327.

Mit einem linken Mausklick auf die Kachel oder das App-Icon öffnen Sie die App, die beim ersten Start die Verbindung mit einem Microsoft- oder Outlook-Konto via **Konto hinzufügen** (2) verlangt.

Wie Sie so ein Konto anlegen, erfahren Sie im Abschnitt »Ein E-Mail-Konto einrichten« ab Seite 225. Ohne Konto klappt es aber auch – klicken Sie auf **Bereit** 3 oder ggf. auf den an dieser Stelle stehenden Link **Zum Kalender wechseln**. Egal, welchen Weg Sie wählen, es öffnet sich im Anschluss ein großer übersichtlicher Kalender.

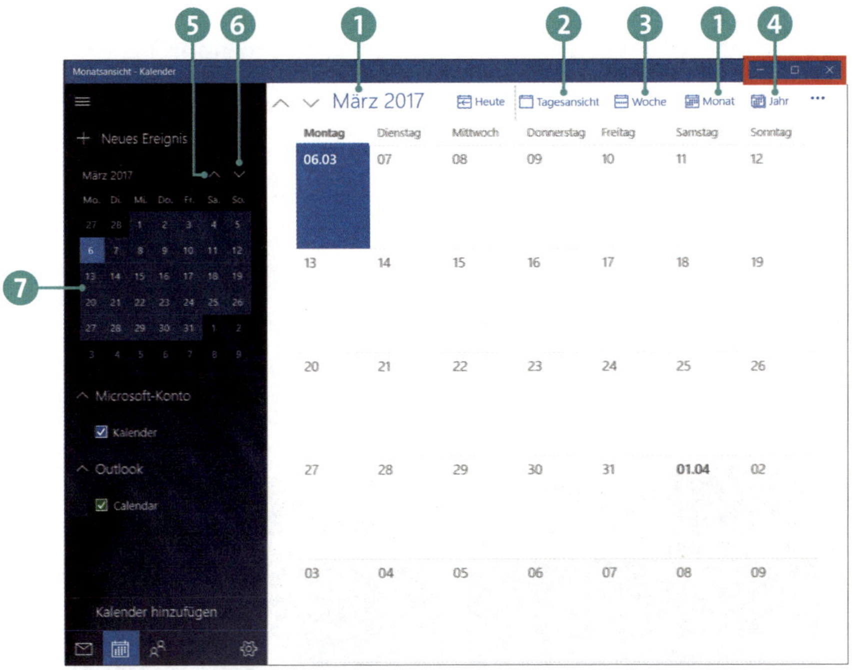

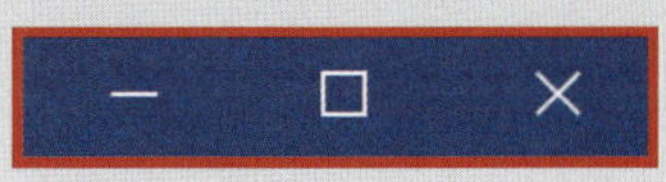

Rechts oben finden Sie auch hier die üblichen Schaltflächen, um das Programmfenster zu minimieren, zu verkleinern bzw. zu maximieren oder auch das Fenster und damit die App ganz zu schließen. Jetzt wollen wir aber die App

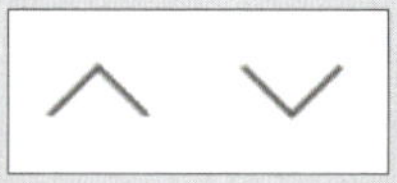

natürlich nicht gleich wieder schließen, sondern uns näher anschauen (siehe dazu die Abbildung auf der vorigen Seite).

Folgende Ansichten stehen Ihnen hier zur Verfügung und können per einfachem Klick gewechselt werden:

1. Monatsansicht – diese ist beim ersten Start des Programms immer aktiv
2. Tagesansicht
3. Wochenansicht
4. Jahresansicht

Mit dem Pfeil nach oben (5) bzw. dem Pfeil nach unten (6) wechseln Sie in der Monatsansicht in den vergangenen bzw. kommenden Monat, in den anderen Ansichten dann entsprechend zwischen den Jahren, Wochen oder Tagen.

Den kleinen Kalender links ((7) auf Seite 283) sehen Sie immer in der Monatsansicht. Der aktuell dort per Klick ausgewählte Tag (8) ist rechts in der großen Übersicht immer hellblau gekennzeichnet. An der blauen Unterlegung im kleinen Kalender können Sie zudem erkennen, welche Ansicht Sie gerade aktiviert haben: links im Beispiel **Monat**, rechts **Woche**.

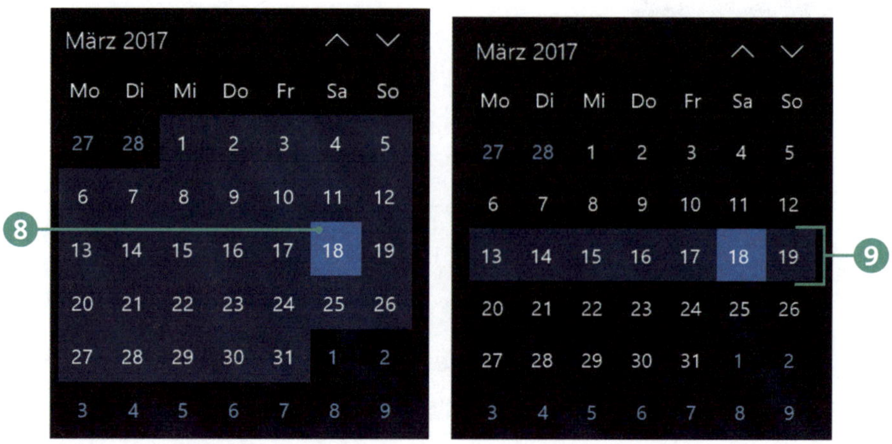

Klicken Sie beispielsweise auf **Woche**, wechseln Sie in die Wochenansicht, und nun ist die aktuelle Woche im linken Bereich der App blau unterlegt ❾.

Wechseln Sie mit einem Klick auf **Monat** nun wieder zurück in die Monatsansicht.

Wie geben Sie nun einen Termin ein? Am besten machen wir das gleich zusammen an einem Beispiel in der Praxis und zeigen Ihnen dabei, wie wir uns an ein Telefonat erinnern lassen. (Sie können bei Ihren Eingaben selbstverständlich etwas anderes, etwa eine Verabredung fürs Kino oder einen Friseurtermin, eingeben.)

Einen Termin mit allen Details im Kalender eintragen

1. Klicken Sie zunächst jenes Datum im Kalender an, an dem Sie einen Termin erstellen wollen. Wir wählen den 12. März 2017, der natürlich schon vergangen ist, wenn Sie dieses Buch in Händen halten.

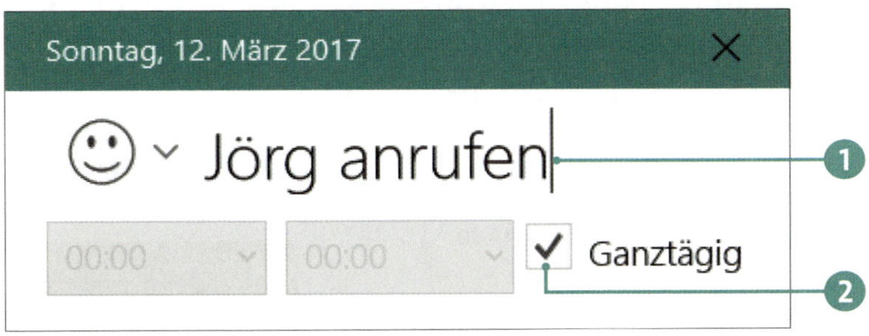

2. Klicken Sie nun in das Feld **Name des Termins** ❶, und benennen Sie den Termin; in unserem Fall geben wir »Jörg anrufen« über die Tastatur ein.

3. Da das vermutlich ein zeitlich begrenzter Termin ist, klicken Sie auf das Häkchen neben **Ganztägig** ❷. Sie sehen, dass es verschwindet und die beiden Felder dane-

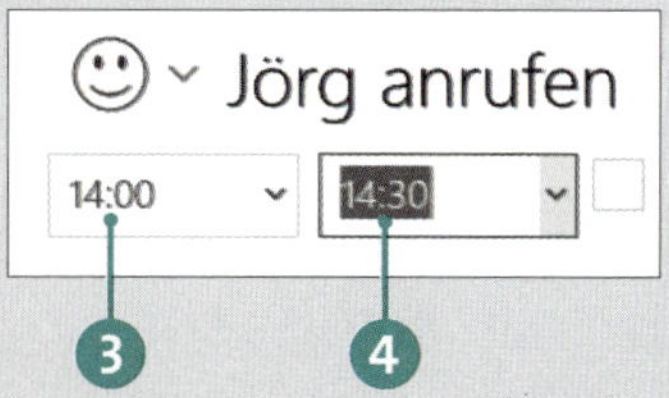

ben beschreibbar werden. Klicken Sie nun ins linke Feld **3**, und tippen Sie jenen Zeitpunkt ein, an dem der Termin starten soll. Mit einem Klick ins rechte Feld **4** gibt Ihr Computer schon automatisch einen Zeitpunkt an, bis wann der Termin dauert. Natürlich können Sie diesen »Vorschlag« ändern, indem Sie darauf klicken und die Zeit überschreiben.

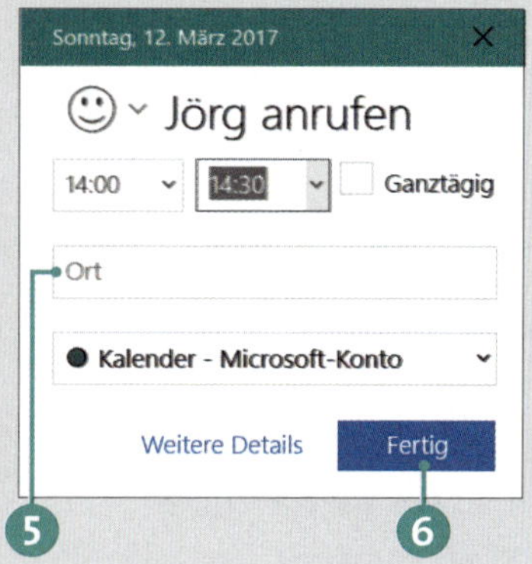

4. Bei **Ort** **5** tragen wir in unserem Beispiel nichts ein, weil das bei einem Telefonat ja keinen Sinn macht. Hier könnten Sie in Ihrem eigenen Beispiel nun etwa den Ort der Verabredung angeben. Wenn auch Sie einen Telefontermin eingetragen haben, können Sie das Feld **Ort** also ebenfalls frei lassen. Mit einem Klick auf **Fertig** **6** wird der Termin gespeichert und das Fenster geschlossen.

5. Fahren Sie nun mit der Maus in der Kalenderübersicht auf den angezeigten Termin **7**, so wird links davon ein weiteres Fenster **8** angezeigt, in dem Sie alle Details Ihres Termins sehen.

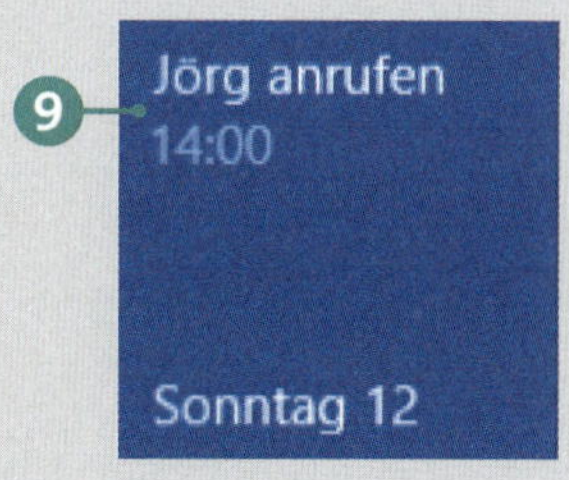

6. Wird der Termin fällig, erscheint er in der Kachel der App **Kontakte** im Startmenü **9**, wo sonst nur das aktuelle Datum angezeigt wird.

Angenommen, der Termin findet nun doch nicht statt. Wie löschen Sie in einem solchen Fall den Termin wieder aus Ihrem Kalender? Einfach herausstreichen geht hier ja nicht.

Einen Termin löschen

1. Öffnen Sie Ihre Kalenderübersicht, indem Sie die App **Kalender** aus dem Startmenü per Klick aufrufen. Fahren Sie nun mit der Maus auf den gewünschten Termin bzw. den Tag, an dem er eingetragen wurde (1). In unserem Fall ist es der Termin **14 Jörg anrufen.** Klicken Sie mit der rechten Maustaste darauf. Dadurch öffnet sich ein Kontextmenü.

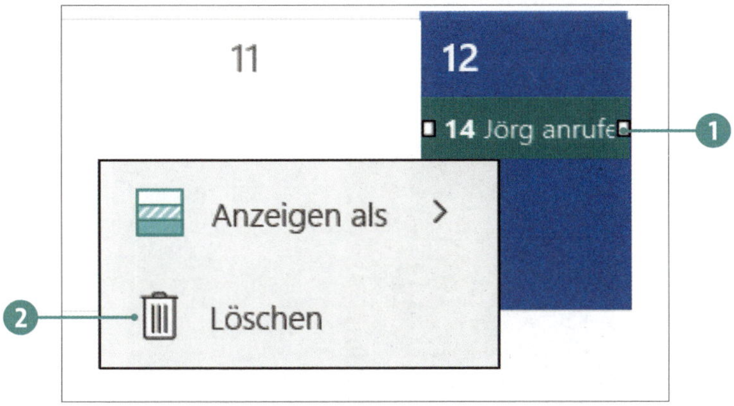

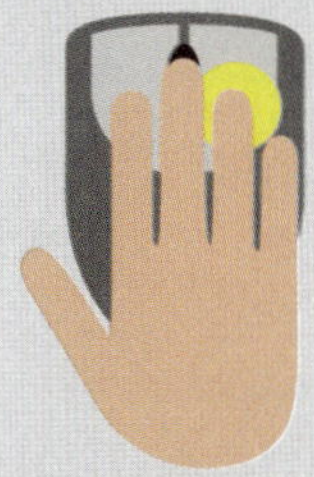

2. Klicken Sie in diesem Kontextmenü nun mit der linken Maustaste auf **Löschen** (2), und schon verschwindet der Termin aus Ihrem Kalender.

Eine recht nützliche Einstellungsmöglichkeit in der Kalender-App stellt der Feiertagskalender dar, und so aktivieren Sie ihn:

Den Feiertagskalender aktivieren

1. Falls Sie die Kalender-App nicht mehr geöffnet haben sollten, holen Sie dies nun wie üblich über das Startmenü

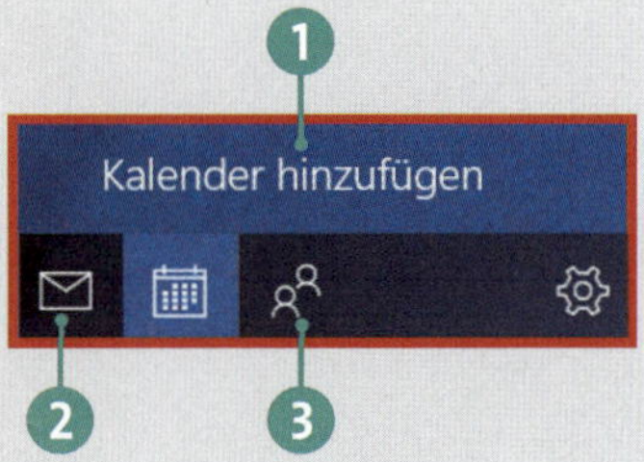

mit einem Klick auf die Kachel bzw. den Eintrag in der Liste der Apps nach.

2. Klicken Sie im geöffneten Programmfenster ganz unten links auf den Schriftzug **Kalender hinzufügen** ①. Darunter sehen Sie übrigens noch einige Symbole, mit denen Sie direkt aus der Kalender-App zur Mail-App ② und zu Ihrem Kontaktverzeichnis ③ per Mausklick wechseln könnten. Alle drei Apps, also Kalender, Mail und Kontakte, arbeiten unter Windows 10 eng zusammen und sind daher miteinander verbunden.

3. Nach einem Klick auf **Kalender öffnen** öffnet rechts daneben ein Feld, das mit **Feiertagskalender** überschrieben ist und eine Liste von Ländern anzeigt ④.

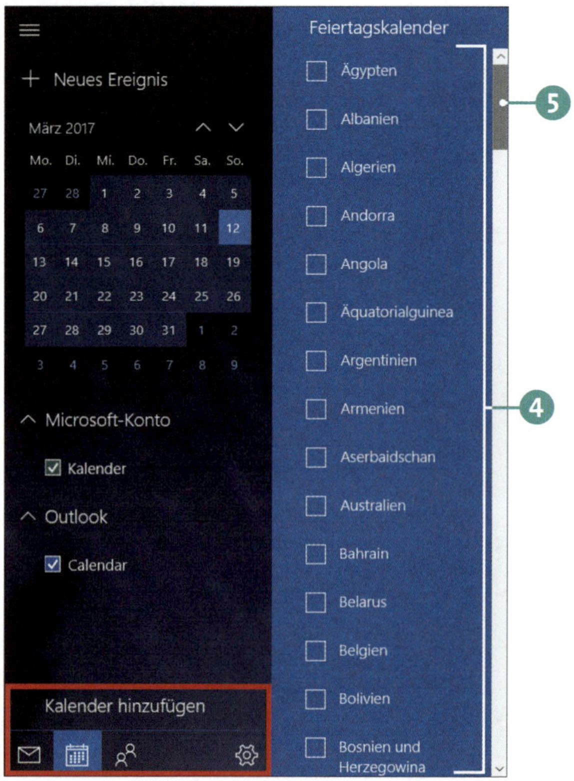

4. Schieben Sie die Bildlaufleiste am Rand der Liste **5** mit gedrückter linker Maustaste so weit nach unten, bis Ihr Land erscheint. Lassen Sie nun die Maustaste wieder los, und setzen Sie in dem Kästchen vor dem gewünschten Land per Klick ein Häkchen.

Schon erscheinen die einzelnen Feiertage in Ihrem Kalender.

WAS TUN?

Sie möchten Ihre Termineinträge gleich nach dem Einschalten des Computers auf dem Sperrbildschirm sehen? Wie das funktioniert, erfahren Sie im Abschnitt »Der Sperrbildschirm nach Wunsch« ab Seite 325.

Mit der Nachrichten-App immer gut informiert

Windows 10 verfügt über eine verblüffende Nachrichten-App, die Ihnen sicher Freude bereiten wird. Das Interessante daran ist, dass sie auf zahlreiche Nachrichtenseiten im Internet zugreift und Ihnen immer die neuesten Nachrichten verschiedenster Quellen übersichtlich präsentiert. Sie können die App mit und ohne Microsoft-Konto nutzen. Zunächst zeigen wir den Start ohne Microsoft-Konto:

Nachrichten-App **ohne** Microsoft-Konto starten

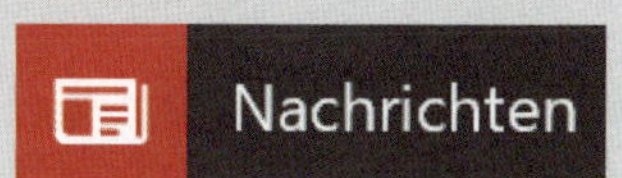

1. Öffnen Sie wie gewohnt mit einem Klick auf das Startmenü, und klicken Sie dort entweder im rechten Bereich auf die Kachel **Nachrichten**, oder blättern Sie, wenn Sie dort nicht fündig werden, in der Liste der Apps mit der Bildlaufleiste bis zum Buchstaben **N**. Mit einem Klick auf **Nachrichten** öffnen Sie die App. Es erscheint ein Willkommensbildschirm, der Ihnen zwei Möglichkeiten anbietet: **Starten** **1** und **Überspringen** **2** (siehe Seite 290).

2. Klicken Sie auf **Überspringen** 2, so gelangen Sie direkt in die App. Zuvor fragt Sie allerdings Windows 10 noch, ob Sie bei wichtigen Nachrichten benachrichtigt werden wollen.

3. Mit einem Klick auf **Ja** 3 erhalten Sie regelmäßig Hinweise, wenn neue Nachrichten vorliegen. Wer sich lieber selbst in seinen Quellen informieren möchte, klickt dagegen auf **Deaktivieren** 4.

Damit ist die Nachrichten-App startklart. Der Nachteil bei dieser Variante ist, dass der Willkommensbildschirm bei jedem Programmstart aufs Neue erscheint.

MERKE

Ohne Microsoft-Konto belästigt die Nachrichten-App bei jedem Start aufs Neue mit ihren Abfragen.

Nachrichten-App mit einem Microsoft-Konto starten

Daher versuchen wir nun Möglichkeit zwei, mit der Sie die App auf Ihre Interessen zuschneiden können.

1. Starten Sie das Programm, wie in Schritt 1 auf Seite 289 beschrieben. Klicken Sie im Willkommensbildschirm jetzt aber auf **Starten** 1.

2. Es erscheint ein Fenster, das Ihnen Ihr Outlook- bzw. Microsoft-Konto vorschlägt. Wählen Sie dieses 2 mit einem Klick aus.

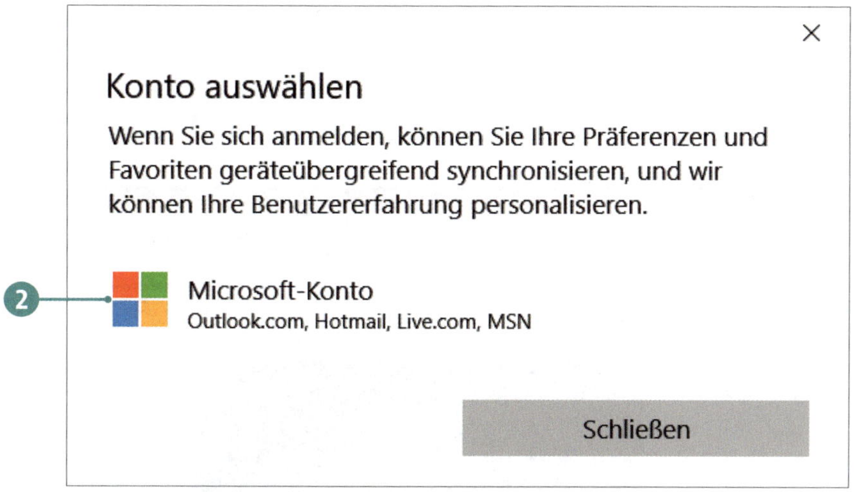

3. Damit gelangen Sie in einen Bereich, in dem Sie die Nachrichten nach Ihrem Geschmack zusammenstellen können (siehe die Abbildung auf der folgenden Seite). Mit einem Klick auf den Stern im jeweiligen Interessengebiet wird dieser aktiv (grün) 3 und somit künftig bei der Nachrichtenauswahl berücksichtigt.

Meine Themen

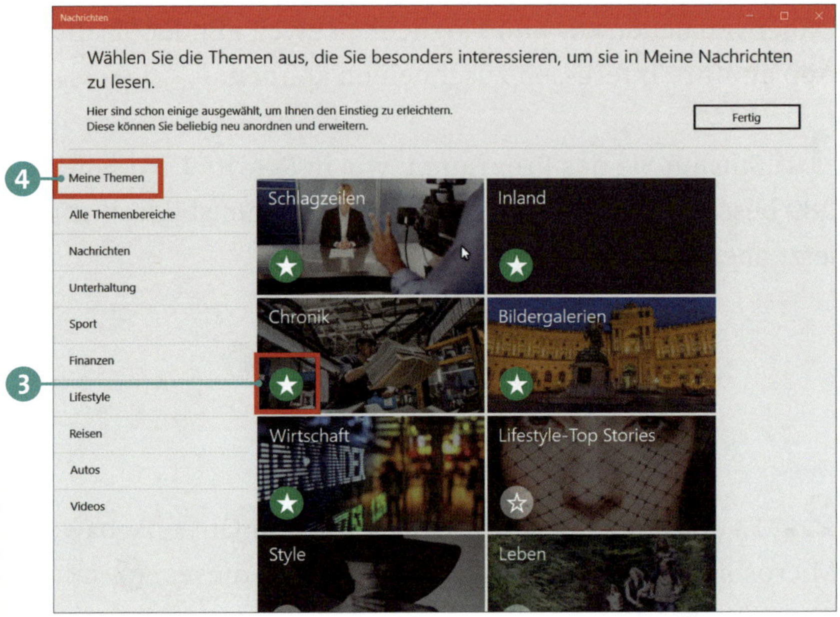

2. Klicken Sie in der linken Leiste auf **Meine Themen** 4, erscheinen nur noch die gewählten Interessengebiete. Mit einem Klick auf **Fertig** 5 bestätigen Sie Ihre Auswahl.

Fertig

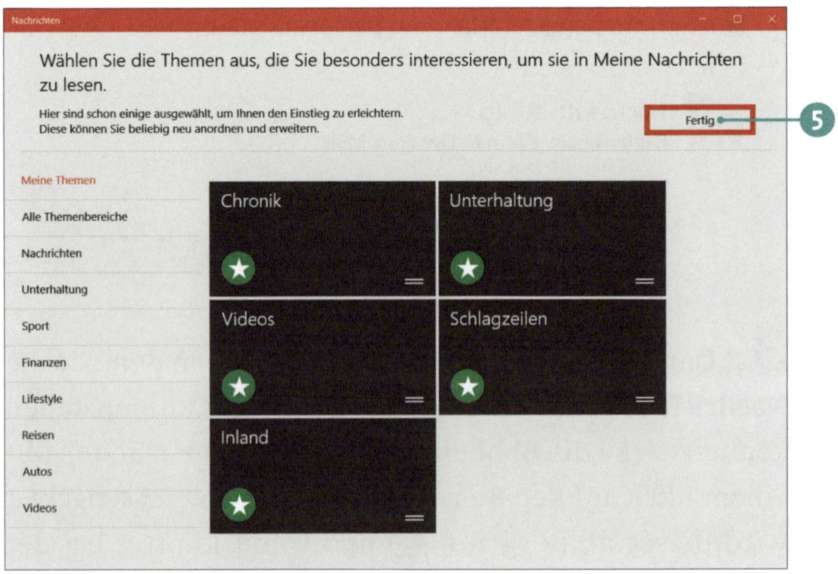

5. Nun erscheint wieder die Frage, ob Sie bei wichtigen Nachrichten benachrichtigt werden wollen. Bestätigen Sie mit einem Klick auf **Ja** 6, wenn Sie dies wünschen.

Gratulation – Ihr Nachrichtenportal steht Ihnen damit zur Verfügung.

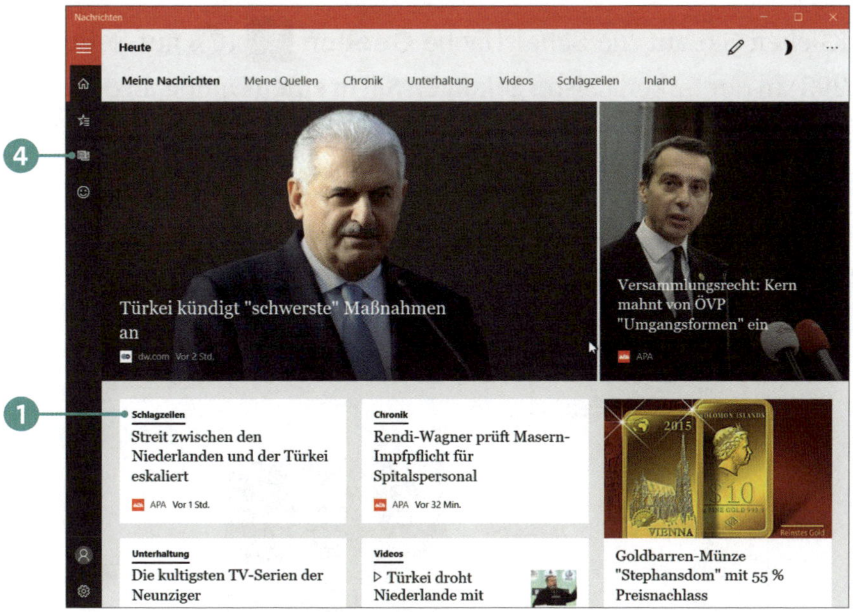

Die **Schlagzeilen** 1 finden Sie gleich oben; wenn Sie mithilfe der Bildlaufleiste nach unten scrollen (blättern), sehen Sie weitere Nachrichten, die jeweils mit dem Themenbereich 2 und der Quelle 3 (siehe Seite 294) versehen sind.

ACHTUNG!

Auch wenn Sie hier die Benachrichtigungsfunktion deaktivieren, erscheinen künftig auf der Kachel der Nachrichten-App im Startmenü die aktuellsten News in Kurzform.

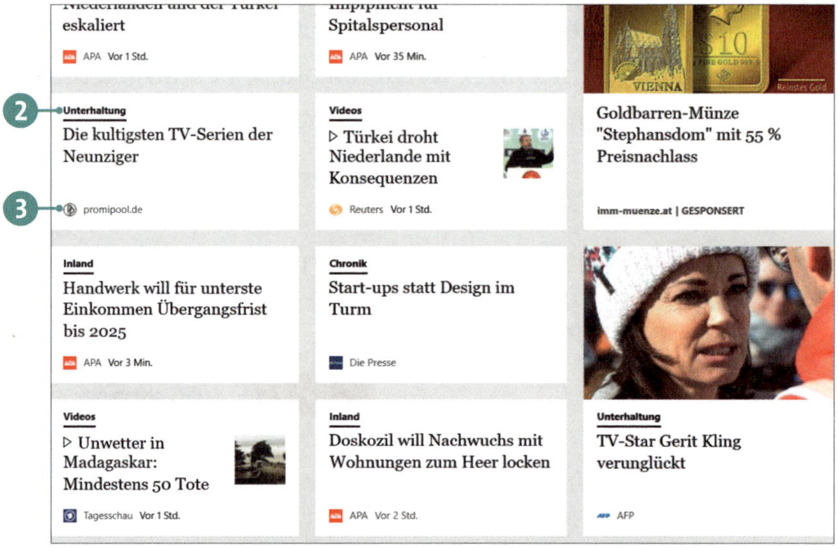

Klicken Sie auf die Schaltfläche **Quellen** (4 auf Seite 293) in der linken Leiste, gelangen Sie in einen Dialog, in dem Sie entscheiden können, aus welchen Quellen Ihre Nachrichten-App gespeist werden soll. Mit einem Klick auf den Stern 5 aktivieren oder deaktivieren Sie die gewünschte Quelle.

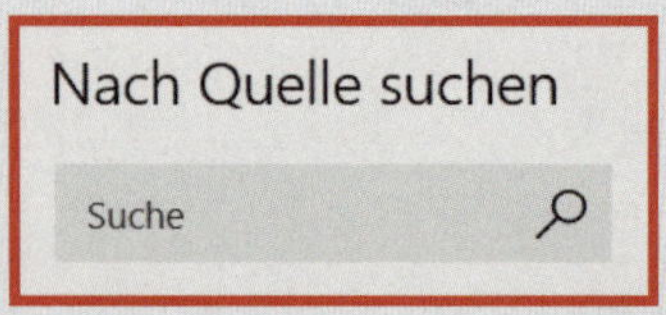

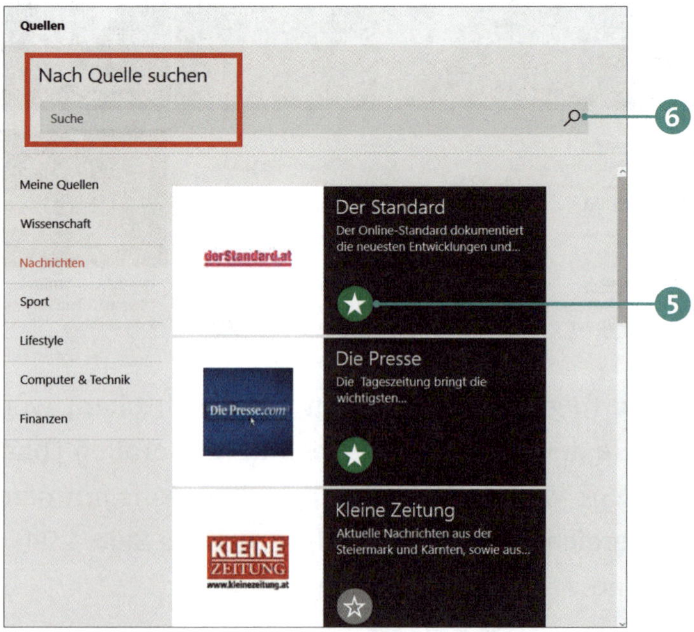

Alternativ können Sie im Suchfeld **6** nach Ihren gewünschten Quellen suchen.

Nie mehr ohne Schirm dank Wetter-App

Auch die Wetter-App finden Sie gleich nach einem Klick auf das Windows-Symbol im Kachelbereich des geöffneten Startmenüs rechts.

1. Öffnen Sie die App mit einem Klick auf die Kachel – ein Willkommensbildschirm erscheint.

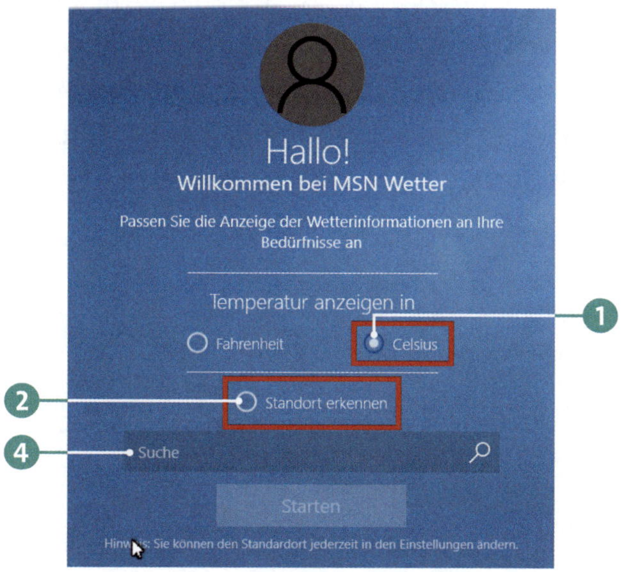

2. Die Temperaturanzeige **1** ist bereits in **Celsius** eingestellt. Daher geht es direkt damit weiter, Ihren Standort zu erkennen – damit Sie auch genau jene Wettervorhersage bekommen, die zu Ihrem Aufenthaltsort passt. Wenn Sie auf **Standort erkennen** **2** klicken, benötigt Microsoft aber Zugriff auf Ihre exakte Position. Wenn Ihnen das suspekt ist, dass Windows genau weiß, wo Sie sind, klicken Sie auf **Nein** und fahren mit Schritt 3 fort. Ansonsten

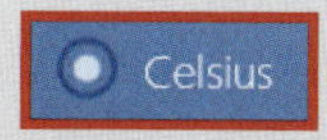

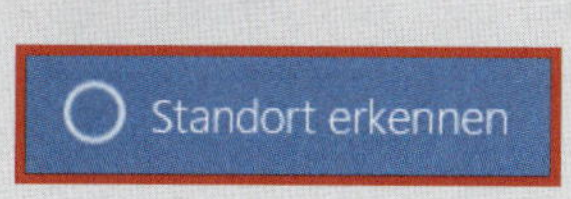

WAS TUN?

Sie sehen statt der hier abgebildeten Kachel bereits eine Kachel mit einer Ortsangabe und Temperaturanzeigen so wie auf Seite 300? Dann ist die Wetter-App auf Ihrem Computer bereits mit einem Konto verknüpft und die Standorterkennung bereits aktiviert. Wenn Sie die Wetter-App näher kennenlernen möchten, lesen Sie auf Seite 297 ab Schritt 5 weiter.

bestätigen Sie das Abfragefenster mit **Ja** 3, und es geht mit Schritt 4 weiter.

WAS TUN?

Sie möchten Microsoft nicht erlauben, Ihren Standort zu bestimmen, aber dennoch über das Wetter an Ihrem Ort informiert werden? Einfach das Feld **Suche** anklicken und dort den gewünschten Ort eingeben.

3. Haben Sie sich gegen eine automatische Standortbestimmung entschieden und also auf **Nein** geklickt, können Sie Ihren Aufenthaltsort nun aber auch über das **Suche**-Feld (4 auf Seite 295) selbst angeben. Klicken Sie hinein, und geben Sie den Namen Ihrer Stadt oder Ihres Ortes ein. Windows 10 schlägt Ihnen eine Liste von Möglichkeiten vor. In unserem Fall entscheiden wir uns für **Wien** in **Österreich** 5, das wir anklicken – es erscheint nun direkt im Eingabefeld 6.

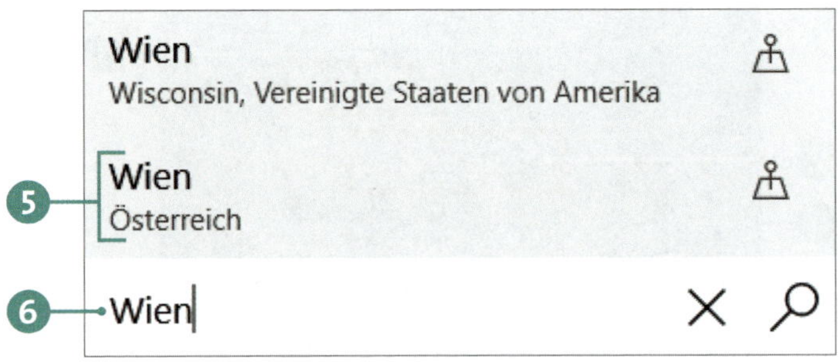

4. Klicken Sie abschließend auf das Feld **Starten** 7 darunter.

5. Damit ist es vollbracht – die App steht Ihnen mit Wetterprognosen und hoffentlich nur den besten Aussichten zur Verfügung.

Aufbau und Bedienung der Wetter-App

Der aktuelle Tag ist grau unterlegt **1**, und die Prognose geht über zehn Tage. Über einen Klick auf den Pfeil rechts **2** können Sie die im Bildschirm nicht sichtbaren Tage anzeigen lassen. Im unteren Bereich der App erhalten Sie zusätzliche Informationen zum jeweils per Klick ausgewählten Tag. Auch in diesem Programmfenster finden Sie zu diesem Zweck rechts eine Bildlaufleiste. Klicken Sie mit der linken Maustaste darauf, und halten Sie diese gedrückt, während Sie nach unten zu den **Tagesdetails** scrollen.

MERKE

Durch Scrollen mithilfe der Bildlaufleiste gelangen Sie zu weiteren Informationen unterhalb der Wetterprognosen.

Neben Ihrer Heimatstadt können Sie natürlich noch weitere Orte hinzufügen, beispielsweise den Ort, an dem Ihre Familie oder Ihre Freunde wohnen. Klicken Sie hierzu in der Leiste links auf die Schaltfläche Favoriten 1. Es erscheint ein blaues Feld mit einem +-Symbol, das Sie anklicken 2.

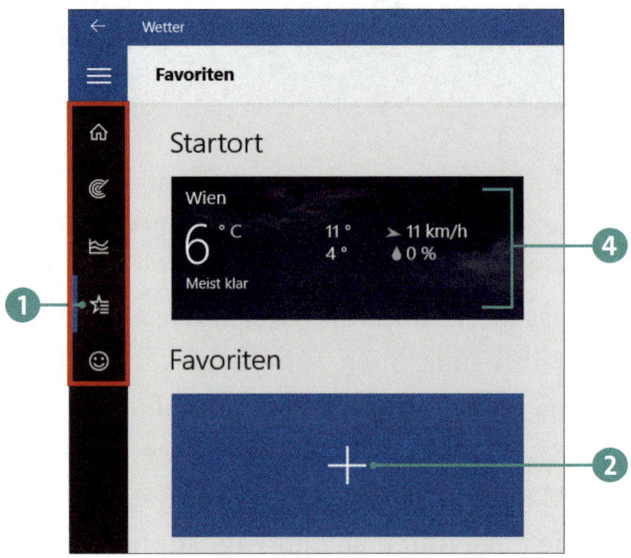

In das nun erscheinende Suchfeld geben Sie, wie schon vorhin, den gewünschten Ort ein und klicken diesen an – schon wissen Sie über das Wettergeschehen an diesem Ort gleichfalls Bescheid (3).

Einen weiteren Ort fügen Sie in den Favoriten mithilfe der **+**-Schaltfläche hinzu.

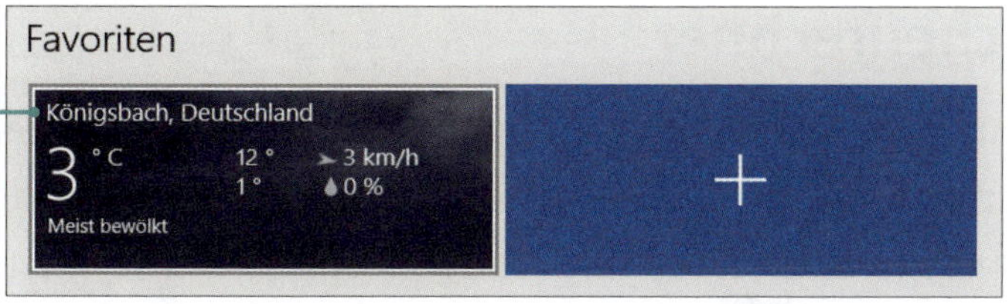

Mit einem Klick auf dieses Feld bekommen Sie ebenso wie für Ihren Ort eine detaillierte Prognose über den gesamten Bildschirm angezeigt. Über die **Favoriten** wählen Sie einfach wieder Ihren **Startort** (4) aus.

Zurück zu Ihrem Ortswetter geht es mit und Auswahl unter **Startort**.

Möchten Sie einen Ort aus den Favoriten wieder entfernen? Kein Problem:

Einen Ort wieder aus den Favoriten entfernen

1. Klicken Sie wiederum auf das Feld **Favoriten** in der linken Leiste, und fahren Sie mit der Maus auf den gewünschten Ort, in unserem Fall **Königsbach, Deutschland** (3). Klicken Sie nun auf die rechte Maustaste. Am Tablet drücken Sie etwas länger mit dem Finger auf den Ort.

2. Ein kleines Fenster mit **Aus Favoriten entfernen** (5) erscheint. Klicken Sie einfach mit der linken Maustaste darauf, und der Ort ist damit aus Ihrer Liste entfernt.

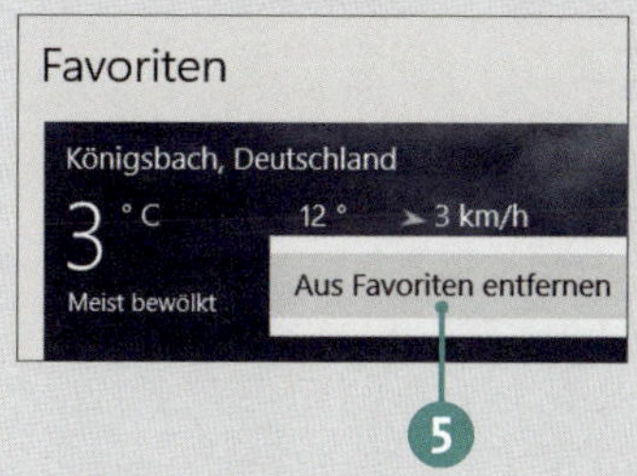

Haben Sie die Wetter-App auf diese Weise eingerichtet, verschwindet das allgemeine Symbol (die Sonne) aus dem Kachelbereich im Startmenü (siehe Seite 295). Stattdessen präsentiert sich die Wetter-Kachel nun mit dem aktuellen

Wetter – aber natürlich wird die Wetter-App weiterhin mit einem Klick darauf gestartet.

Die Rechner-App – der handliche Taschenrechner

Das nächste kleine Helferlein, das wir Ihnen kurz präsentieren wollen, ist die Rechner-App. Wie bei allen anderen hier vorgestellten Apps gelangen Sie mit einem linken Mausklick auf zur Liste aller Apps im Startmenü.

Zum Öffnen der App scrollen Sie bis zum Buchstaben **R** wie Rechner und klicken die App wie immer mit der linken Maustaste an ①.

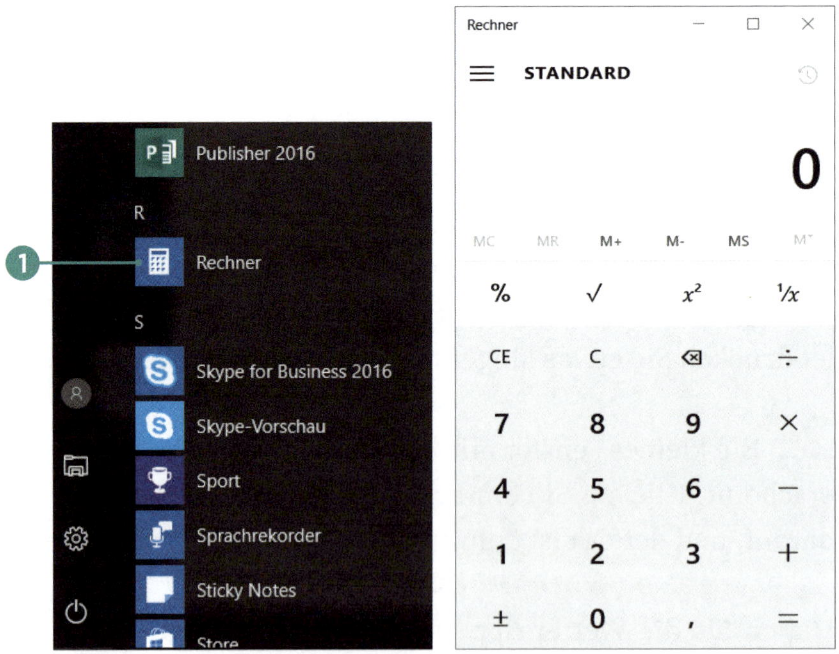

Sofort erscheint ein elegant aussehender Taschenrechner auf Ihrem Bildschirm.

WAS TUN?

Im Kachelbereich des Startmenüs ist diese kleine App nicht zu finden – es sei denn, Sie haben sie dort eingefügt. Wie das geht, lesen Sie im Abschnitt »Programme im Startmenü als Kacheln anlegen« ab Seite 327.

Die Eingabe erfolgt entweder mit einem Klick auf die gewünschte Zahl bzw. auf das gewünschte Zeichen auf dem Bildschirm, oder Sie tippen auf die entsprechenden Zeichen und Zahlen Ihrer Tastatur. Mit einem Touchscreen tippen Sie ganz lässig mit dem Finger gleich auf das Tastenfeld des Programms. Die Funktionsweise ist 1:1 wie beim Taschenrechner auf Ihrem Schreibtisch – einfach die Zahlen eingeben und die Rechenoperation durchführen.

MERKE

Die Rechner-App können Sie mit der Maus, aber auch über Ihre Tastatur steuern.

Die Funktionen des Rechners können Sie ganz einfach erweitern: Klicken Sie dazu auf das Symbol mit den drei Querbalken im linken oberen Bereich 2, und es öffnet sich ein Menü mit mehreren Rechnervarianten 3 – wählen Sie einfach das gewünschte Modell per Klick aus.

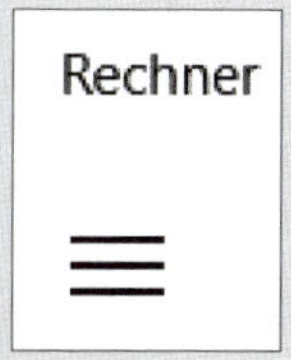

Hinter dem Menüsymbol verbergen sich viele weitere Zusatzfunktionen.

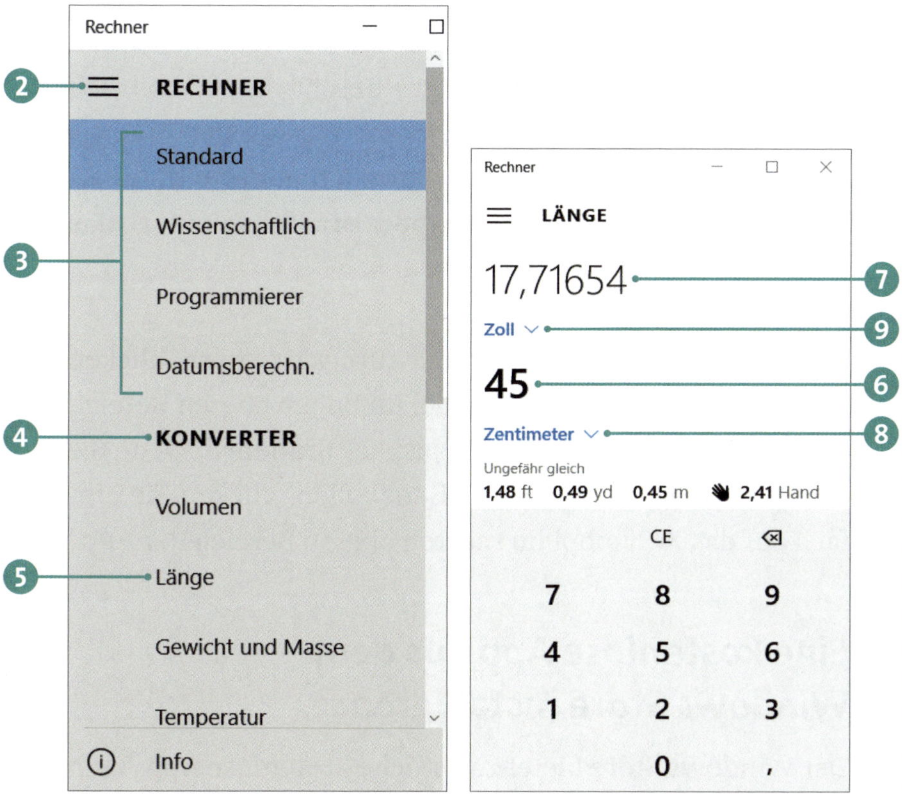

Darüber hinaus bietet der Rechner auch **Konverter** (④ auf Seite 301), mit deren Hilfe sich viele Mengenangaben, Gewichte und andere Maße umrechnen lassen. Das probieren wir gleich einmal an einem Beispiel aus:

1. Um z. B. Zentimeter in Zoll umzurechnen, klicken Sie im Menü links auf das Feld **Länge** (⑤ auf Seite 301).

2. Klicken Sie dann in das Feld über **Zentimeter** ⑥, und tippen Sie, wie vorhin beschrieben, die gewünschte Zahl ein.

3. Sowie Sie die Zahl eintippen, erscheint die Umrechnung sofort im Feld oberhalb von **Zoll** ⑦. Klicken Sie auf den Pfeil neben **Zentimeter** ⑧, so öffnet sich ein Fenster, in dem Sie weitere Maße auswählen können. Mit einem Klick darauf aktivieren Sie das gewünschte Maß. Natürlich können Sie auch bei **Zoll** mit einem Klick auf den Pfeil ⑨ ein anderes Maß auswählen. Bei allen anderen Konvertern, wie **Volumen** oder **Temperatur**, funktioniert das Ganze auf dieselbe Weise.

Ein Klick auf den Pfeil und Sie können ein anderes Maß auswählen.

Um zum ursprünglichen Rechner zurückzukehren, klicken Sie wieder auf das Balkensymbol im linken oberen Bereich der App und wählen dort per Mausklick **Standard**. Wenn Sie das Rechnerprogramm schließen wollen, klicken Sie einfach auf das **X**-Symbol im rechten oberen Bereich der App.

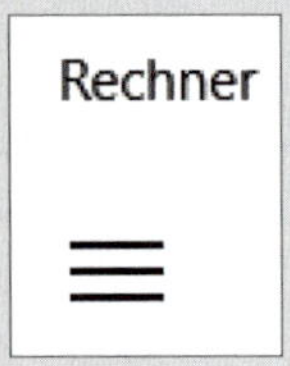

Eine kostenlose App aus dem Windows Store installieren

Der Windows Store bietet zahlreiche kostenlose Apps zum Herunterladen an; Apps für verschiedene Zwecke und zur

Unterhaltung – auch kostenlose Spiele können geladen werden. Wir werden Ihnen nun zeigen, wie ein solcher *Download* zu bewerkstelligen ist, und ein Spiel herunterladen.

Im Store gibt es viele kostenlose Apps zum Download (Herunterladen).

1. Klicken Sie in der Taskleiste auf das Store-Symbol mit der Einkaufstasche ❶.

2. Sobald der Store geöffnet ist, klicken Sie in der oberen Leiste auf den Reiter **Apps** ❷. Es erscheinen verschiedene Angebote und Kategorien.

WAS TUN?

Sollte das Symbol für den Store in der Taskleiste (versehentlich) entfernt worden sein, finden Sie den Store natürlich wie immer auch im Startmenü.

3. Blättern Sie mithilfe der Bildlaufleiste am rechten Rand des Programmfensters nach unten, um zur Kategorie **Kostenlose Top-Apps** ❸ zu gelangen. Klicken Sie dann, um in den Bereich der kostenlosen Apps zu gelangen, auf **Alle anzeigen** ❹ im rechten Bereich des Fensters.

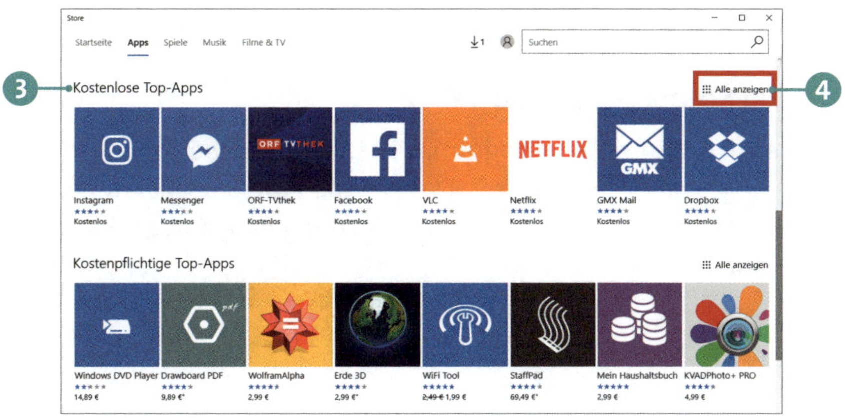

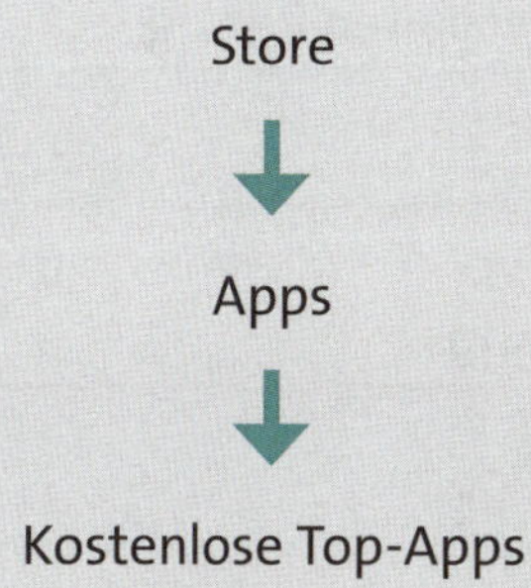

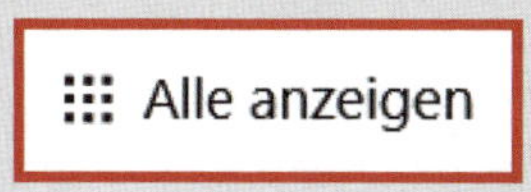

Es erscheinen drei Felder:

1. **Top Charts**, hier finden Sie die von anderen Windows-Nutzern am häufigsten heruntergeladenen Apps.
2. **Typ**, hier werden u. a. Spiele-Apps angeboten.
3. **Kategorie**, hier werden die Apps nach Kategorien wie Bildung, Bücher oder Dienstprogramme geordnet angeboten.

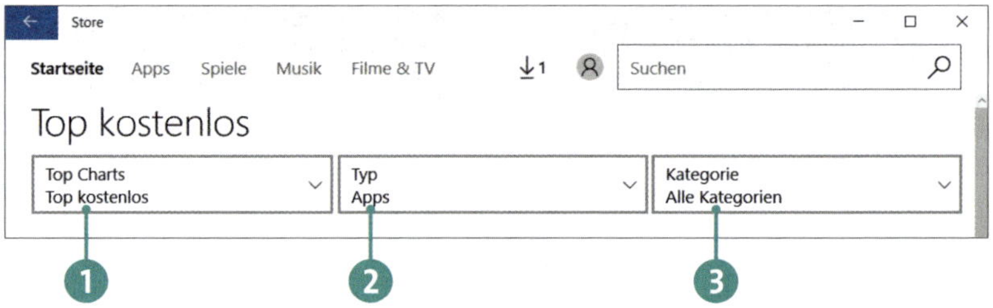

MERKE

Das Herunterladen einer kostenlosen App funktioniert immer nach dem gleichen hier gezeigten Prinzip.

Egal, für welche Kategorie und kostenlose App Sie sich entscheiden – der Vorgang des Herunterladens einer kostenlosen App erfolgt immer nach demselben Muster, das wir Ihnen im Folgenden an einem Beispiel zeigen:

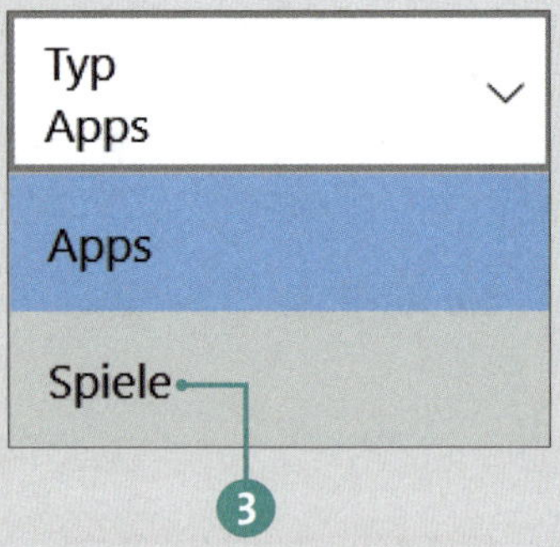

1. Klicken Sie in das Feld **Typ** (2), und wählen Sie in der aufklappenden Liste den Punkt **Spiele** (3) aus. Es erscheinen einige Angebote, die immer folgende Informationen enthalten: den Namen der App (4), die Bewertung in Form von Sternsymbolen (5) und den Hinweis **Kostenlos** (6).

Die Sterne weisen den Weg

Je mehr Sterne ein Programm hat, desto besser wurde es von Anwendern bewertet. Das ist eine gute Entscheidungsgrundlage – alles unter drei Sternen muss man erst gar nicht installieren.

2. Wir entscheiden uns für die Spiele-App **Das Schachspiel Lv.100**. Klicken Sie auf das Symbol, und Sie erhalten weiterführende Informationen. Wenn Sie sich für das Herunterladen entscheiden, klicken Sie auf die Schaltfläche **Herunterladen** 7.

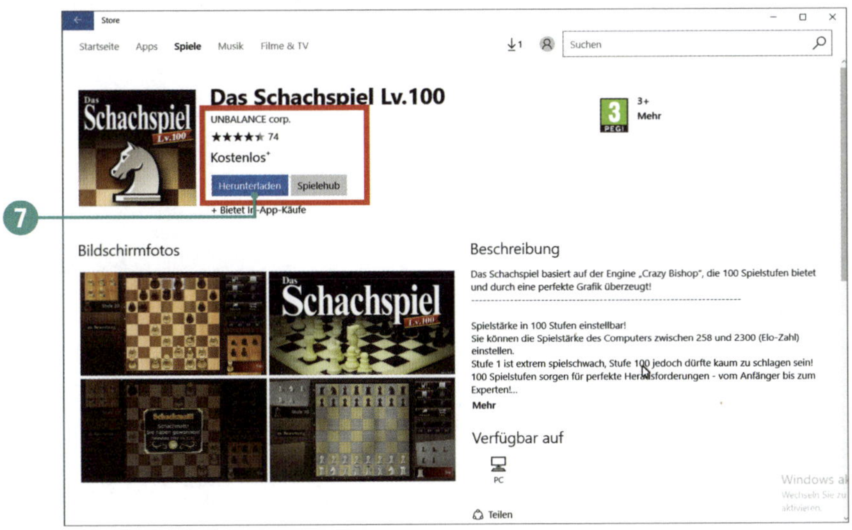

WAS TUN?

Sollten Sie dieses Spiel nicht im Store sehen, wählen Sie einfach ein anderes kostenloses Spiel aus. Da die Apps tagesaktuell geändert werden, sind hier immer wieder andere Zusammenstellungen möglich.

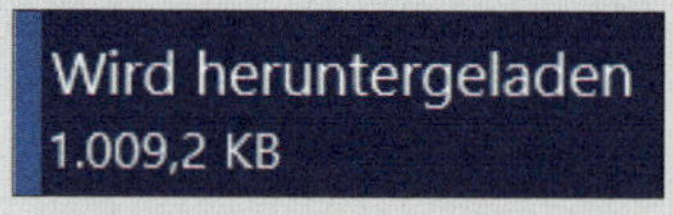

3. Sofort meldet die App, dass das Herunterladen in Arbeit ist, und gibt den Fortschritt des Ladens mittels eines Balkens an.

4. Nach Abschluss des Ladevorgangs erscheint die Schaltfläche **Spielen** 8, mit der Sie das Spiel bereits öffnen können. Viel Spaß beim Spielen!

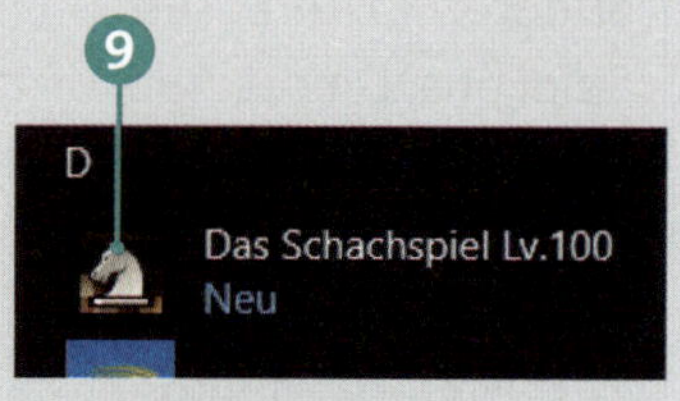

Von Ihnen installierte Apps erkennen Sie übrigens auch an der Kennzeichnung **Neu** in der Liste aller Apps im Startmenü.

Windows 10 legt für das von Ihnen installierte Programm automatisch einen Eintrag im Startmenü, in der Liste aller Apps, an, und zwar streng alphabetisch – in unserem Beispiel unter **D** wie **Das Schachspiel Lv.100** 9. So können Sie es, wann immer Sie das Spiel spielen möchten, dort finden und mit einem Klick öffnen. Ist doch wirklich einfach zu bewerkstelligen, oder?

KAPITEL 11

Windows 10 anpassen

»Individualität steht hoch im Kurs« und »Über Geschmack lässt sich streiten« – das sind Aussagen, die uns im Folgenden begleiten werden! Wer liebt es nicht, einen aufgeräumten und schön aussehenden Arbeitsplatz zu haben? In Windows 10 können Sie diesen so gestalten, wie Sie es möchten und wie er Ihnen gefällt. Sie können beispielsweise das Startmenü nach Ihren Wünschen anpassen oder dem Desktop ein eigenes Hintergrundbild hinzufügen. Auch die Schriftgrößen der Bildschirmanzeige sowie einzelner Elemente können Sie in der Größe so anpassen, dass sie für Sie auch gut lesbar sind. Wir werden Ihnen in diesem Kapitel also zeigen, wie Sie Ihre Windows-Oberfläche nach Wunsch gestalten.

Neue Akzentfarbe in allen Windows-Menüs

Zunächst sei die Frage erlaubt: Was meint Windows 10 überhaupt mit *Akzentfarbe*? Damit ist beispielsweise die Farbe der Kacheln und Symbole im Startmenü gemeint sowie die Farbe von Schaltflächen, also der einzelnen Felder, die Sie anklicken können. Und so ändern Sie diese Farben:

1. Öffnen Sie das Startmenü mit einem Mausklick auf , und klicken Sie dann auf das Zahnradsymbol in der Schnellstartleiste links. Damit gelangen Sie direkt in die **Windows-Einstellungen**.

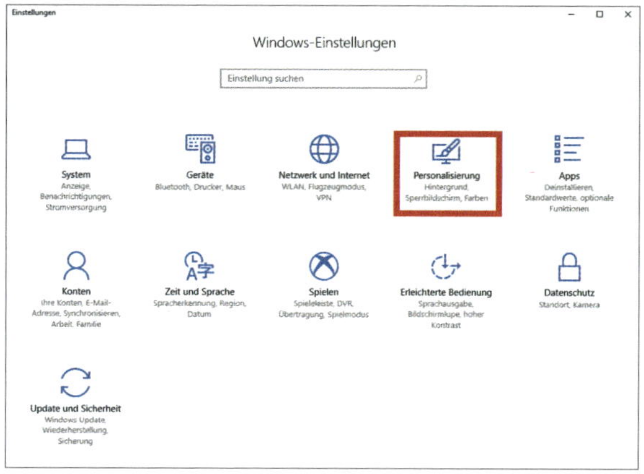

2. Wählen Sie hier die Kategorie **Personalisierung** per Mausklick aus, und klicken Sie im folgenden Bildschirm auf die Schaltfläche **Farben** 1. Es erscheint ein sehr buntes Fenster mit den Farbeinstellungsmöglichkeiten.

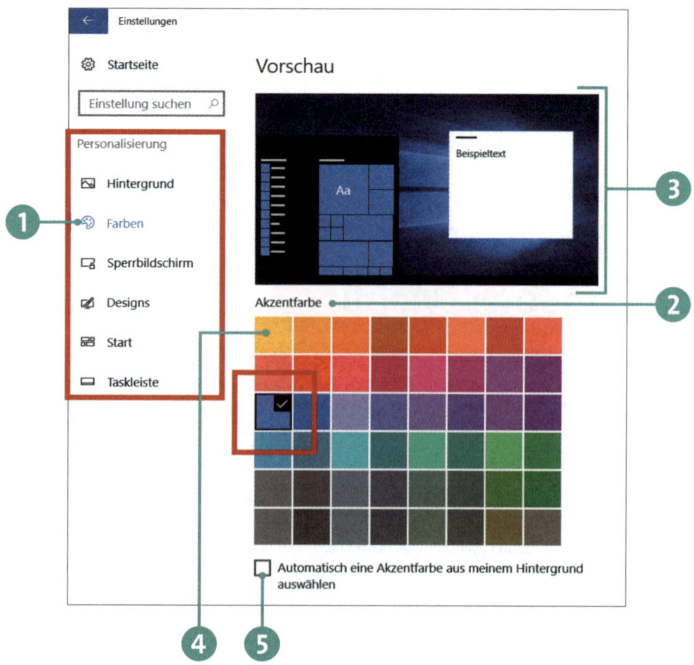

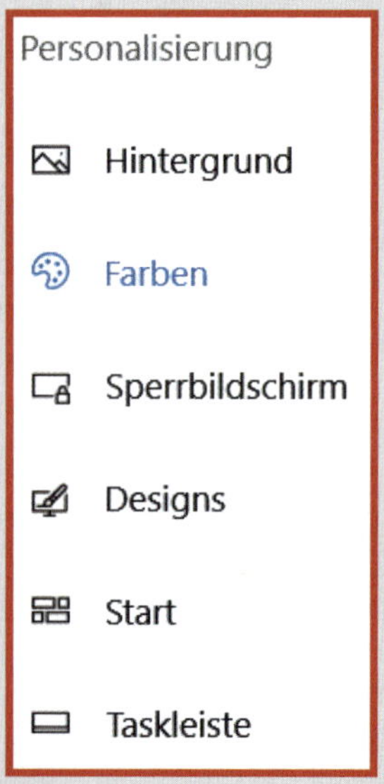

2. Wählen Sie aus der großen Farbpalette unter **Akzentfarbe** ❷ nun per Mausklick oder am Touchpad per Fingertipp eine neue Wunschfarbe aus. Die aktuell aktivierte Akzentfarbe erkennen Sie an dem gesetzten Häkchen im jeweiligen Farbfeld, zusätzlich zeigt Windows im Feld darüber, in der Vorschau ❸, wie sich das Startmenü und die Programmfenster dadurch verändern. Wir entscheiden uns für Gelb ❹. Sofort nach dem Anklicken der Wunschfarbe ist die Akzentfarbe geändert.

4. Wenn Sie sich unschlüssig sind, welche Farbe passt – setzen Sie durch einen Klick ein Häkchen in das kleine Quadrat (das sog. *Kontrollkästchen*) unterhalb der Farbauswahl ❺. Dann sucht sich Windows 10 automatisch einen zum Hintergrundbild passenden Farbakzent aus.

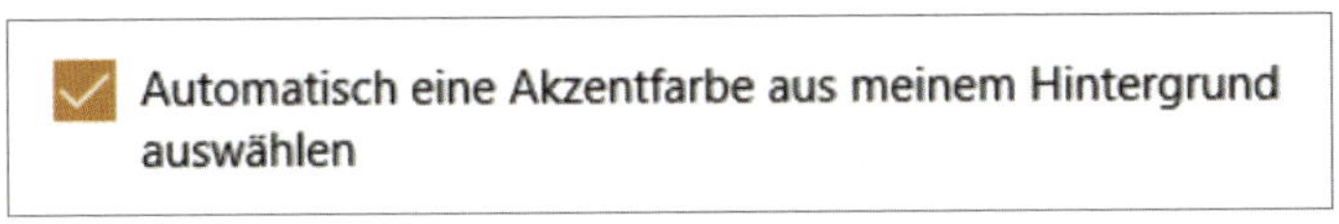

5. Zusätzlich können Sie im Bereich **Weitere Optionen** noch entscheiden, wo Ihre neue Farbe überall zum Einsatz

WAS TUN?

Um **Weitere Optionen** zu sehen, müssen Sie scrollen.

kommt. Diese zusätzlichen Möglichkeiten für Einstellungen sehen Sie an den meisten Computern erst, indem Sie ein wenig herunterscrollen.

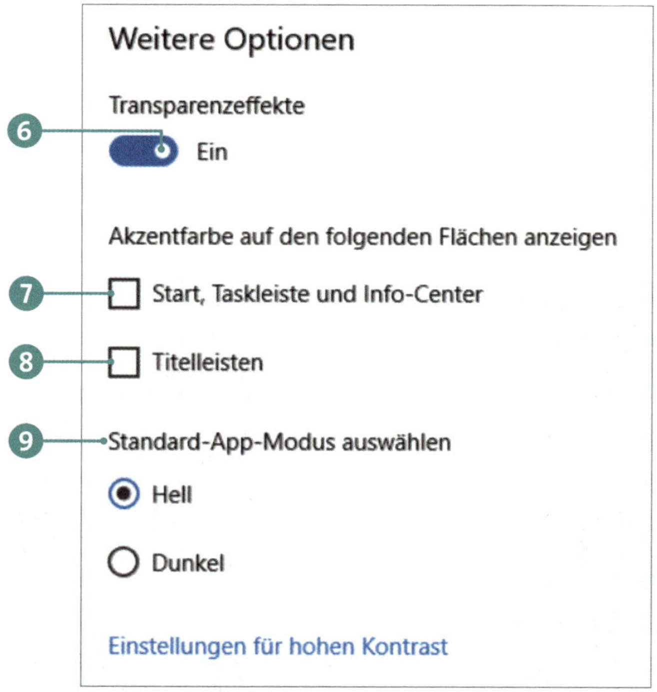

In Windows 10 sind die Transparenzeffekte standardmäßig aktiviert. Das können Sie aber abschalten.

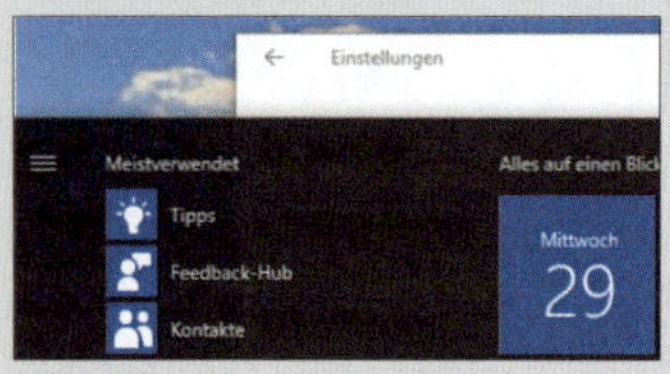

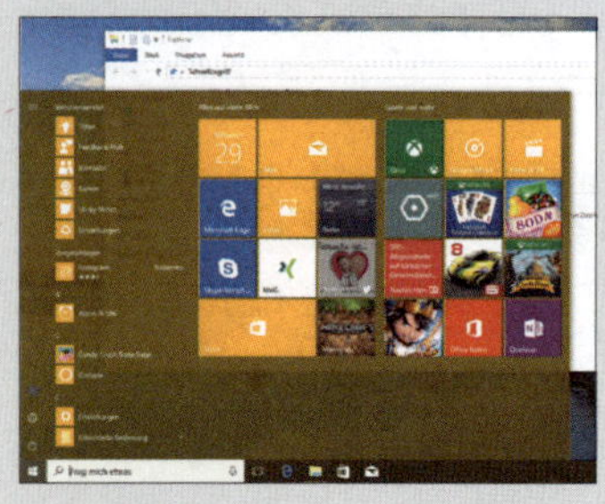

6. Die standardmäßig aktivierten **Transparenzeffekte** (6) haben gar nichts mit Farben zu tun, sondern machen beispielsweise das Startmenü und andere Fenster durchscheinend, sodass man dahinterliegende Elemente sieht. Wenn Sie den entsprechenden Regler mit der linken Maustaste nach links ziehen, deaktivieren Sie diesen Effekt, wenn Sie ihn nach rechts ziehen, aktivieren Sie ihn wieder.

7. Mit einem Klick und dem damit verbundenen Setzen eines Häkchens ✓ im Kontrollkästchen vor **Start, Taskleiste und Info-Center** (7) wird die neue Farbe also im Startmenü, für die Taskleiste und auch das Info-Center, das Sie mit der Sprechblase ganz rechts öffnen, verwendet.

8. Ähnlich sieht es beim Punkt **Titelleisten** ⑧ aus – wird hier ein Häkchen gesetzt, wird jedes aktive Programm- oder Dateifenster in Windows oben Ihre neue Farbe zur Schau tragen.

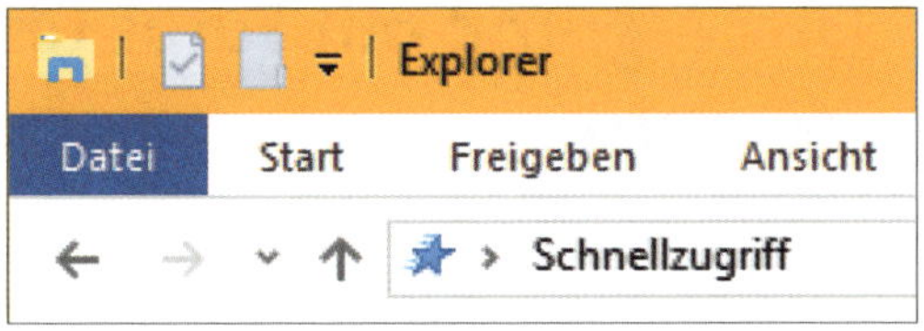

9. Zu guter Letzt noch ein Blick auf den Punkt **Standard-App-Modus auswählen** ⑨. Hier können Sie zwischen **Hell** (der Standardeinstellung) und **Dunkel** wählen. Ein beherzter Klick in den leeren Kringel bei **Dunkel** ⑩ aktiviert diese Art der Darstellung, bei der viele Elemente in Ihren Programmen nun nicht mehr schwarz auf weiß, sondern genau umgekehrt erscheinen. Dies soll einem besseren Kontrast dienen und die Augen schonen. Probieren Sie aus, ob Sie damit oder doch besser mit der klassischen Darstellung zurechtkommen. Sie können es ja jederzeit in den Windows-Einstellungen in der Kategorie **Personalisierung** wieder ändern.

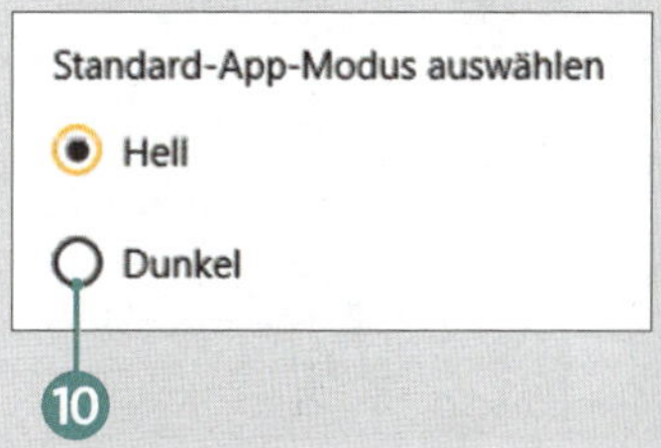

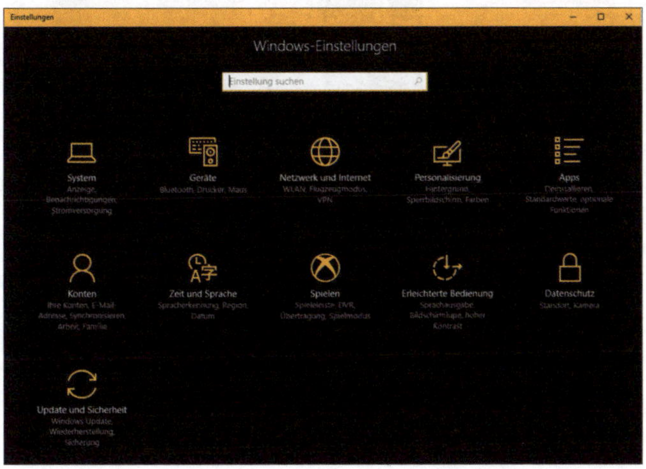

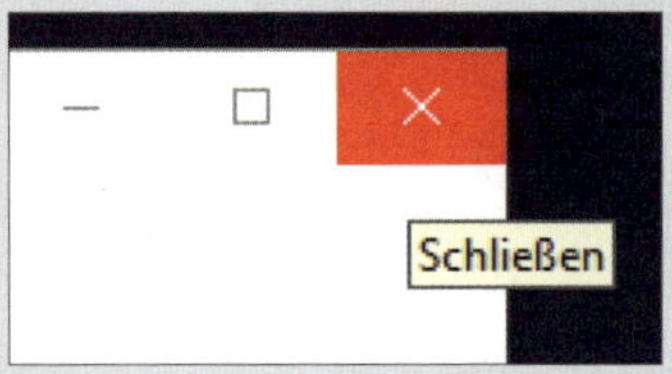

Wenn Sie Ihre Farben perfekt eingestellt haben, dann verlassen Sie das Fenster mit einem Klick auf das **X** rechts oben.

Desktop-Hintergrund mit Fotos und Farben verändern

Das voreingestellte blaue Hintergrundbild des Desktops ist nicht unbedingt jedermanns Sache. Praktischerweise kann man hier mit wenigen Handgriffen andere Motive oder sogar eigene Bilder laden:

1. Öffnen Sie, wie vorhin beschrieben, die Windows-Einstellungen im Startmenü mit einem Klick auf das Zahnradsymbol, und wählen Sie wieder die Kategorie **Personalisierung**. Gleich nach dem Öffnen der Einstellungen zu **Personalisierung** ist der Punkt **Hintergrund** (1) bereits ausgewählt.

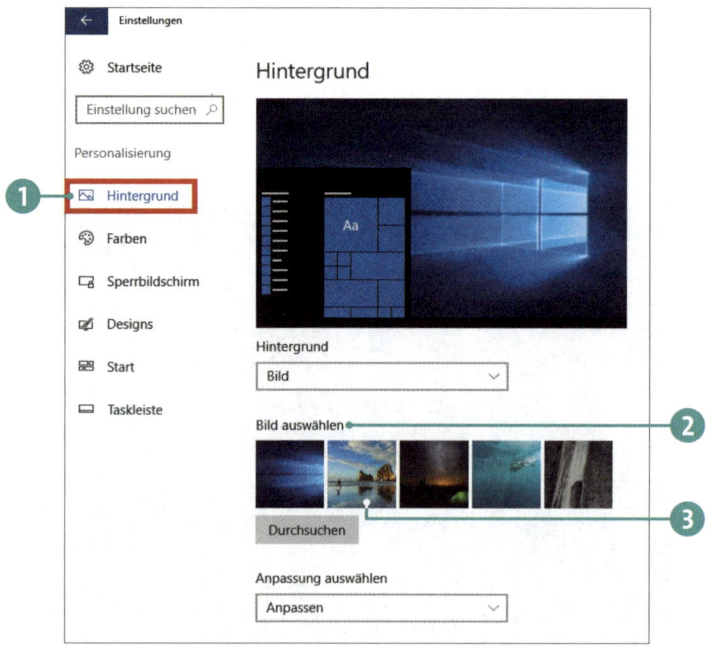

2. Unter **Bild auswählen** (2) können Sie eines der angebotenen alternativen Hintergrundbilder auswählen. Wir entscheiden uns für das romantische Strandbild (3), und mit einem linken Mausklick erscheint es auch schon als neuer Desktop-Hintergrund (4).

3. Über das **X**-Symbol rechts oben im Fenster können Sie die Einstellungen nun schließen.

Natürlich können Sie Ihrem Windows-Arbeitsplatz eine ganz persönliche Note geben, indem Sie ein eigenes Digitalfoto als Hintergrundbild wählen.

1. Öffnen Sie dazu, wie gerade gezeigt, die Einstellungen für den **Hintergrund**. Dort klicken Sie unterhalb des Bilderangebots von Windows 10 nun statt auf ein Bild auf die Schaltfläche **Durchsuchen**.

2. Damit gelangen Sie in den Explorer und die Ordnerstruktur Ihres Computers. Der Bereich **Bilder** (1) ist links schon ausgewählt und wird im Inhaltsbereich rechts direkt angezeigt. Hier sieht es auf jedem Computer ein wenig anders aus, abhängig davon, wie viele Fotos Sie schon abgespeichert haben.

Einstellungen
↓
Personalisierung
↓
Hintergrund

Durchsuchen

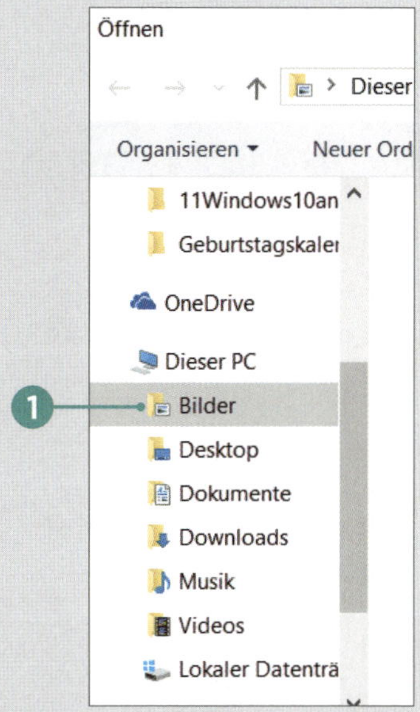

3. Doppelklicken Sie nun auf jenen Unterordner, in dem sich Ihre Lieblingsschnappschüsse befinden, und suchen Sie sich ein Foto aus; bei uns ist es der Ordner **Eigene Aufnahmen**. Wenn Sie Ihr Bild gefunden haben, klicken Sie es an, es wird damit blau markiert (2).

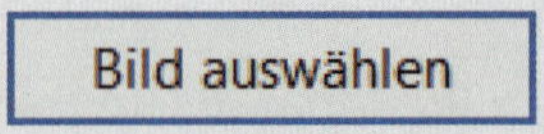

4. Anschließend klicken Sie auf die Schaltfläche **Bild auswählen** unten rechts im Fenster des Explorers.

5. Damit ist es schon geschehen, Ihr gewünschtes Lieblingsbild erscheint als Hintergrundbild – in unserem Fall eine Aufnahme der Marillenblüte in der Wachau.

Einen einfarbigen Hintergrund auswählen

Sie möchten lieber gar keine Fotos als Hintergrund haben? Dann geht es auch einfarbig.

1. Wir befinden uns noch immer im Bereich **Hintergrund** in den Einstellungen. Gleich unterhalb des Vorschaubereichs oben sehen Sie ein Feld, das mit **Hintergrund** überschrieben ist. Dort ist **Bild** ausgewählt. Um dies zu ändern, klicken Sie auf den Pfeil rechts im Feld 1.

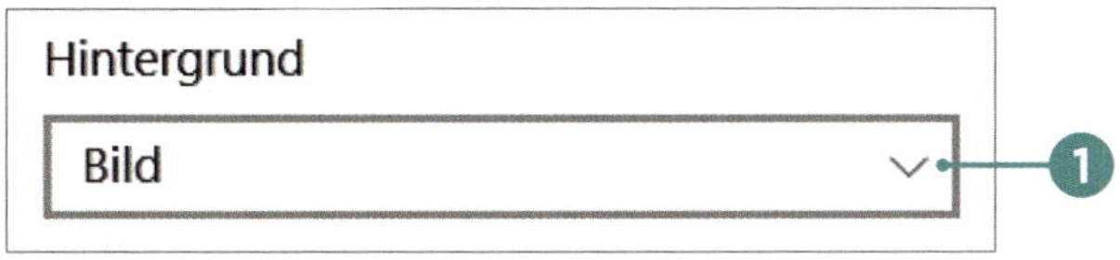

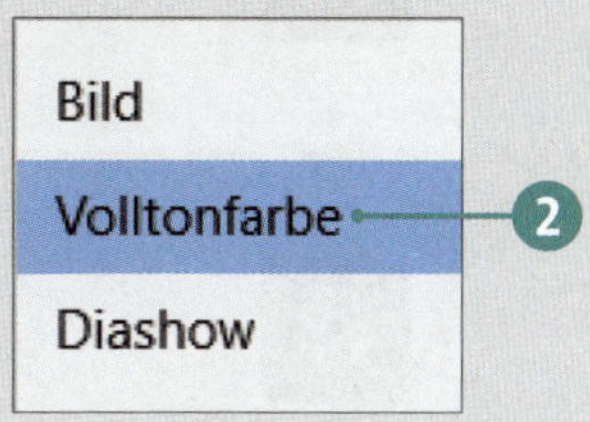

2. Damit öffnen Sie ein kleines Menü, in dem Sie **Volltonfarbe** 2 mit einem Klick auswählen.

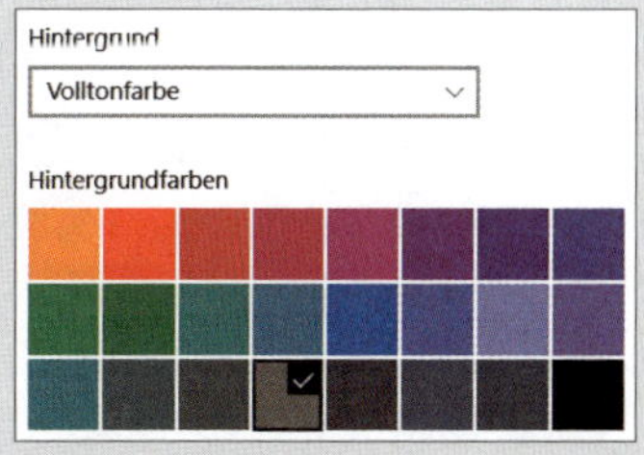

3. Es öffnet sich eine Farbpalette, mit der Sie nun den Hintergrund des Bildschirms einfärben. Voreingestellt ist Schwarz. Suchen Sie sich Ihre Wunschfarbe aus, klicken Sie diese wie gewohnt mit der linken Maustaste an, und schon erscheint Ihr Bildschirm in der gewünschten Farbe. Wir entscheiden uns für einen Grauton 3.

Das Ergebnis ist zwar zugegebenermaßen nicht spektakulär, aber der Versuch, die Farbe zu ändern, ist geglückt.

Wenn Sie doch lieber wieder ein Foto als Hintergrund haben möchten, schauen Sie einfach noch mal kurz in den Anleitungsschritten zu Abschnittsbeginn nach.

Maustasten und Mausklick einstellen

Nun werden wir Ihnen zeigen, wie Sie die Geschwindigkeit Ihrer Maus einstellen, den Doppelklickintervall und die Größe des Mauszeigers verändern können.

Zunächst schauen wir uns an, wie man die Tasten der Computermaus oder des Touchpads auf die eigenen Bedürfnisse einstellt:

1. Gehen Sie wieder, wie zuvor bereits beschrieben, in die Windows-Einstellungen und dort in den Bereich **Personalisierung**.

2. Klicken Sie nun **Designs** ❶ an und anschließend unter **Verwandte Einstellungen** die **Mauszeigereinstellungen** ❷.

Designs

↓

Mauszeiger-einstellungen

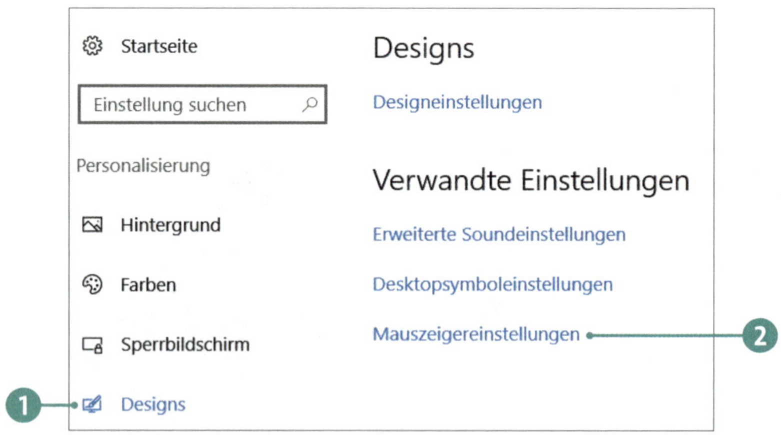

3. Hier stellen Sie die Maus oder das Touchpad auf Linkshänderbetrieb um. Etwas umständlich wird das **Primäre und sekundäre Taste umschalten** ❸ genannt. Klicken Sie in das leere Kästchen davor und setzen damit ein Häkchen, sind die Funktionen von rechter und linker

MERKE

Linkshänder stellen im Dialog **Designs** einfach die Maustasten um.

Maustaste auch schon vertauscht. Nun können Sie also bei Standardaktionen immer mit rechts klicken und etwa ein Kontextmenü mit der linken Maustaste aufrufen.

4. Wenn es Ihnen Schwierigkeiten macht, den Doppelklick in der von Windows erwarteten Geschwindigkeit zu schaffen, beispielsweise um Ordner im Explorer zu öffnen, passen Sie das ebenfalls im Dialog **Eigenschaften von Maus** (siehe oben) an. Bewegen Sie dazu einfach den Schieberegler unter **Doppelklickgeschwindigkeit** (4) mit gedrückter Maustaste nach links, um die geforderte Geschwindigkeit herabzusetzen, oder auch wieder nach rechts, um sie zu erhöhen.

MERKE

Auch die Doppelklickgeschwindigkeit kann individuell angepasst werden.

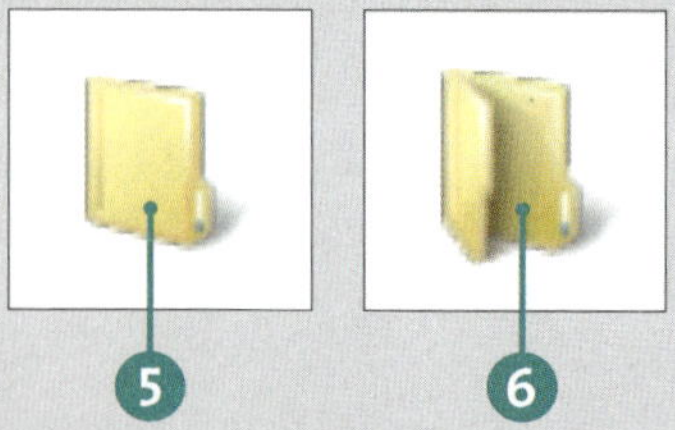

Einstellungen
↓
Personalisierung
↓
Designs
↓
Mauszeiger-einstellungen

5. Direkt testen können Sie Ihre neue Einstellung an dem rechts daneben im Dialog abgebildeten Ordner 5. Probieren Sie hier den Doppelklick aus. Öffnet sich der Ordner 6, ist alles prima.

Mausgeschwindigkeit einstellen

Jetzt geht es darum, selbst zu bestimmen, wie schnell der Mauszeiger über den Bildschirm huscht. Wenn Sie Schwierigkeiten damit haben, den Mauszeiger an einer Stelle des Bildschirms exakt zu positionieren, dann wäre eine langsamere Einstellung ratsam.

1. Öffnen Sie, wie oben gezeigt, erneut den Dialog **Eigenschaften von Maus**.

2. Wechseln Sie hier vom Reiter **Tasten** mit einem Mausklick zum Reiter **Zeigeroptionen** 1, und Sie sehen gleich den Bereich **Zeigergeschwindigkeit auswählen** 2.

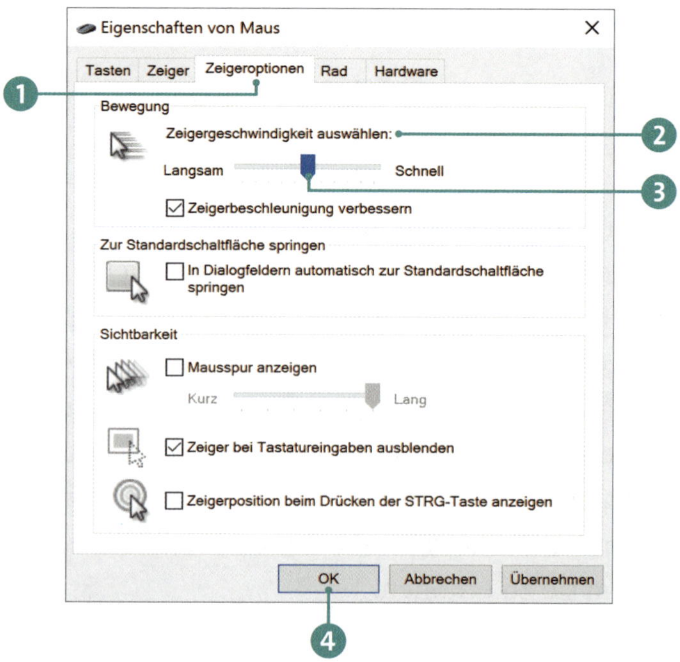

3. Unter **Zeigergeschwindigkeit auswählen** ② ziehen Sie nun den Schieberegler ③ mit gedrückter linker Maustaste nach links, um die Bewegung des Mauszeigers am Bildschirm zu verlangsamen, bzw. wieder nach rechts, um sie zu beschleunigen. Ihre individuelle Einstellung bestätigen Sie mit einem Klick auf **OK** ④.

MERKE

Die Geschwindigkeit des Mauszeigers kann ganz nach Wunsch eingestellt werden.

Mauszeiger größer darstellen

Gerade sehr gute Computerbildschirme haben eine unangenehme Eigenschaft – der Mauszeiger ist geradezu winzig dargestellt. Selbstverständlich können Sie auch das ändern.

1. Wir starten wieder in den **Windows-Einstellungen**. Jetzt wählen wir aber die Kategorie **Erleichterte Bedienung** per Mausklick aus.

2. Der vorletzte Punkt in der Liste links heißt **Maus** ① – und diesen klicken Sie an, um den hier folgend gezeigten Bildschirm einzublenden.

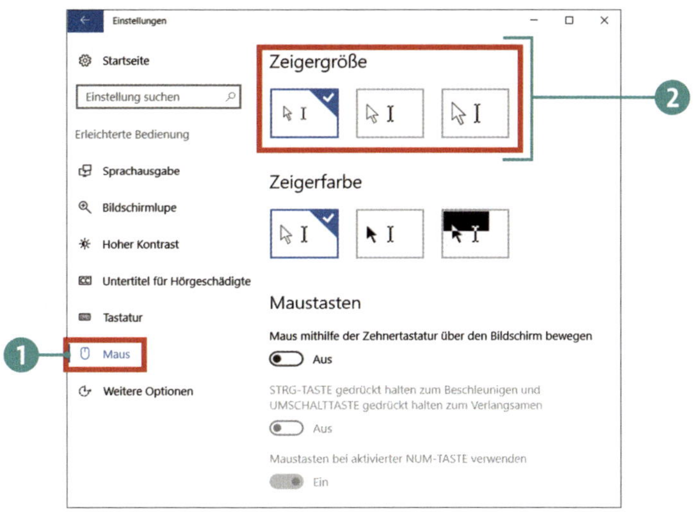

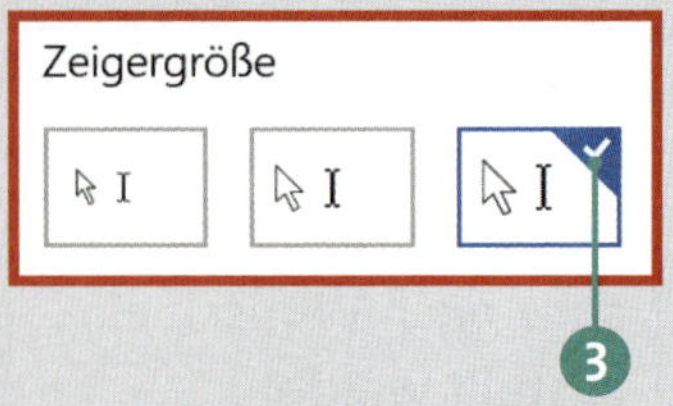

3. Unter **Zeigergröße** (siehe auch 2 in der Abbildung auf Seite 319) können Sie den Mauszeiger (den Cursor) in drei Größenstufen anzeigen lassen. Rechts befindet sich die maximal mögliche Größe, die Sie anklicken und damit aktivieren können. Ihre Auswahl wird blau umrahmt und mit einem Häkchen versehen 3. Die Wirkung Ihrer Einstellung sehen Sie sofort am Bildschirm mit einem deutlich vergrößerten Mauszeiger.

4. Sind Sie damit zufrieden, schließen Sie einfach den Einstellungen-Dialog über das **X**-Symbol rechts oben – wie bei vielen Einstellungen in diesem Bereich ist ein Speichern nicht nötig.

Die Größe von Schrift und Bildschirmelementen einstellen

Leider sind viele Symbole und die Schrift am Computer recht klein. Viele Menschen, gerade im höheren Alter, haben daher Schwierigkeiten, die Symbole zu erkennen und entsprechend auszuwählen. Windows schafft hier Abhilfe. Sie können die Größe der Symbole und der Schrift von Menüs und Programmen ganz nach Ihren Bedürfnissen einstellen:

1. Öffnen Sie dazu wieder mit einem Klick auf das Windows-Symbol und anschließend auf das Zahnradsymbol die **Windows-Einstellungen**.

2. Dort wählen Sie gleich die erste Kategorie oben links, **System**, aus.

3. Im folgenden Fenster klicken Sie in der Liste links auf **Bildschirm** ①. Die Einstellung der Größe ist nun keine Hexerei mehr.

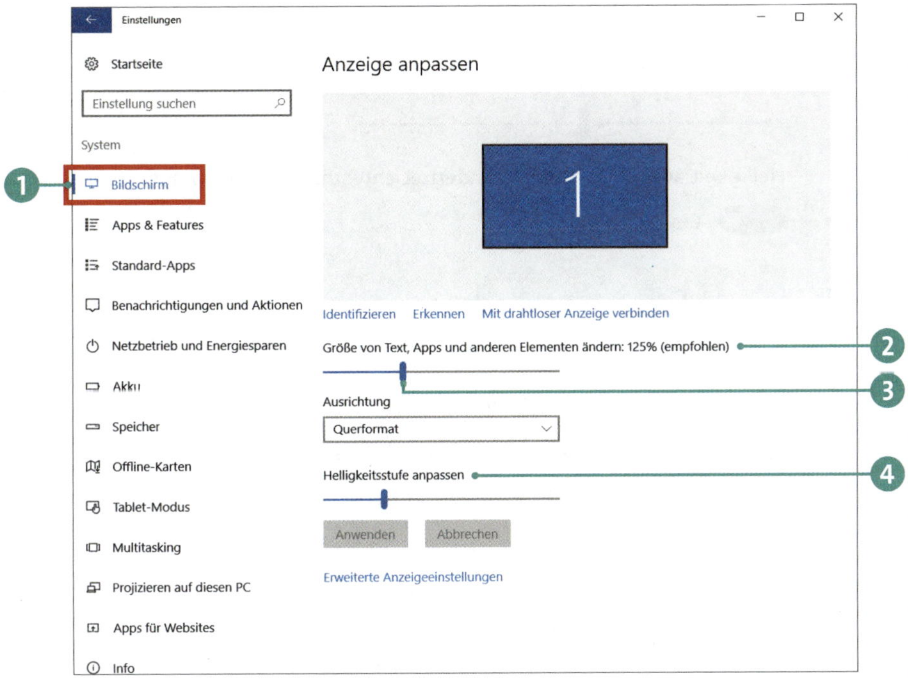

4. Unterhalb von **Größe von Text, Apps und anderen Elementen ändern** ② finden Sie einen Schieberegler ③.

5. Ziehen Sie diesen Schieberegler ③ mit gedrückter linker Maustaste in jene Position, die Ihnen von der Größe her am angenehmsten erscheint. Sobald die gewünschte Größe erreicht ist, lassen Sie die Maus wieder los. Schrift und Elemente erscheinen jetzt direkt größer und damit besser lesbar. Beachten Sie, dass manche Programme erst nach einem Neustart diese Änderung übernehmen.

WAS TUN?

Wenn Sie nicht mehr genau wissen, wie ein Neustart funktioniert, schauen Sie bitte auf Seite 54 nach.

6. Um die Helligkeit Ihres Bildschirms einzustellen, nutzen Sie den Schieberegler im Bereich **Helligkeitsstufe**

anpassen (siehe auch ④ auf Seite 321). Mit gedrückter linker Maustaste ziehen Sie den Regler nach rechts, um den Bildschirm heller zu machen, nach links, um ihn dunkler zu machen.

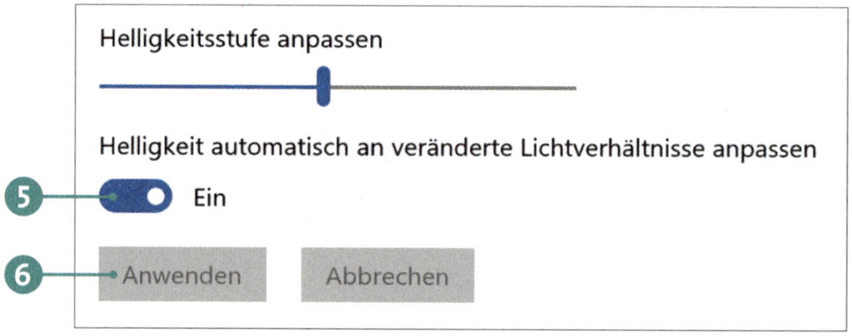

ACHTUNG!

Die Option zur Regulierung der Helligkeit steht nicht bei jedem Computer zur Verfügung, sondern ist hauptsächlich Tablets und Notebooks vorbehalten.

Für die Anpassung der Bildschirmhelligkeit an das Umgebungslicht gibt es einen Schalter.

7. Je nach Gerät regelt Windows zudem die Bildschirmhelligkeit entsprechend dem Umgebungslicht. Grob gesagt: Bei Dunkelheit wird die Bildschirmhelligkeit automatisch reduziert, im Sonnenschein auf das Maximum gedreht. Wenn Sie das nicht möchten, schieben Sie den entsprechenden Schalter ⑤ mit der Maus von **Ein** nach links auf **Aus**.

8. Auch wenn die Schaltfläche **Anwenden** ⑥ den Anschein hat, Sie müssten Ihre Einstellungen bestätigen – dem ist nicht so. Haben Sie den idealen Helligkeitswert gefunden, schließen Sie das Fenster einfach über das **X**-Symbol rechts oben.

Der Sperrbildschirm nach Wunsch

Wenn Sie den Computer nach einer Pause mit einem Klick auf den Bildschirm oder der Betätigung einer Taste aus seinem Nickerchen (dem sog. *Energiesparmodus*) aufwecken, um Ihre Arbeit fortzusetzen, erscheint der Sperrbildschirm, den Sie bereits im Abschnitt »Der Sperrbildschirm – der Pförtner für Ihr Windows« ab Seite 47 näher kennengelernt haben. Diesen füllt Windows 10 standardmäßig mit hübschen Bildern. Welche Informationen Sie dort sehen wollen bzw. welche Bilder erscheinen sollen, können Sie aber selbst festlegen. Und so funktioniert das:

1. Öffnen Sie über das Startmenü wieder die **Windows-Einstellungen** und dort die Kategorie **Personalisierung**.

2. Klicken Sie nun links in der Liste auf **Sperrbildschirm** 1. Im rechten Bereich unter **Vorschau** sehen Sie das derzeit aktuelle Bild Ihres Sperrbildschirms 2. Voreingestellt ist bei **Hintergrund** die Option **Windows-Blickpunkt** 3.

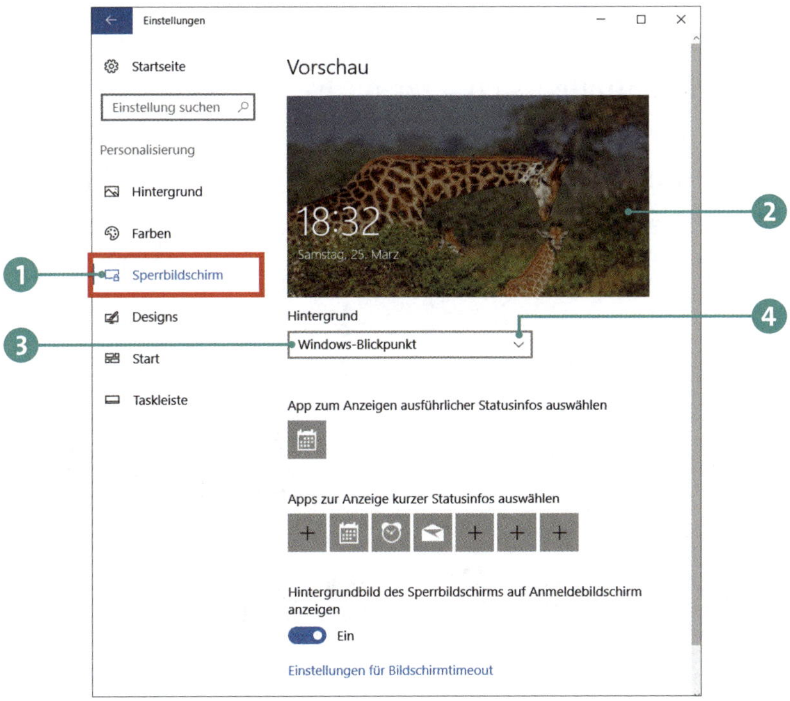

Das bedeutet, dass Windows immer wieder neue Bilder für Sie auswählt und Ihnen als Sperrbildschirm-Bild präsentiert. Daher kann es sein, dass Sie auf Ihrem Computer gerade ein völlig anderes Foto abgebildet sehen.

MERKE

Windows wählt in der Voreinstellung immer selbst passende Bilder für den Sperrbildschirm. Daher sieht er täglich anders aus.

3. Um ein eigenes Bild in den Sperrbildschirm zu laden, klicken Sie auf den Pfeil neben **Windows-Blickpunkt** (4 auf Seite 323). Es öffnet sich ein Auswahlfeld.

4. Klicken Sie hier nun auf **Bild** 5 und anschließend auf **Durchsuchen** 6.

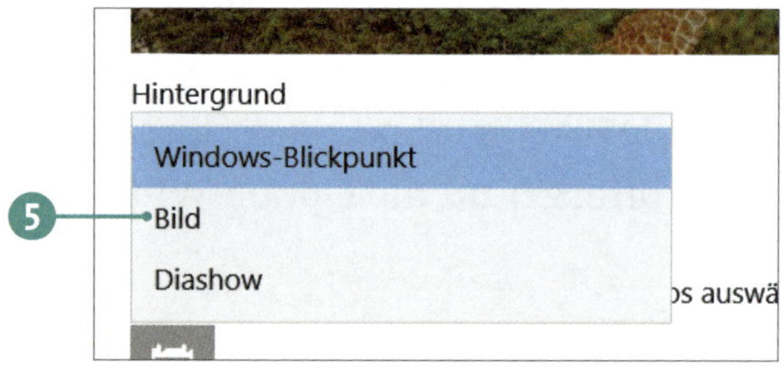

5. Sie befinden sich jetzt im Explorer mit der Ihnen sicher mittlerweile wohlvertrauten Ordnerstruktur, und zwar direkt in Ihrem Ordner **Bilder**. Suchen Sie Ihr Lieblingsbild aus, und wählen Sie es mit einem Mausklick an, es ist dann blau markiert 7.

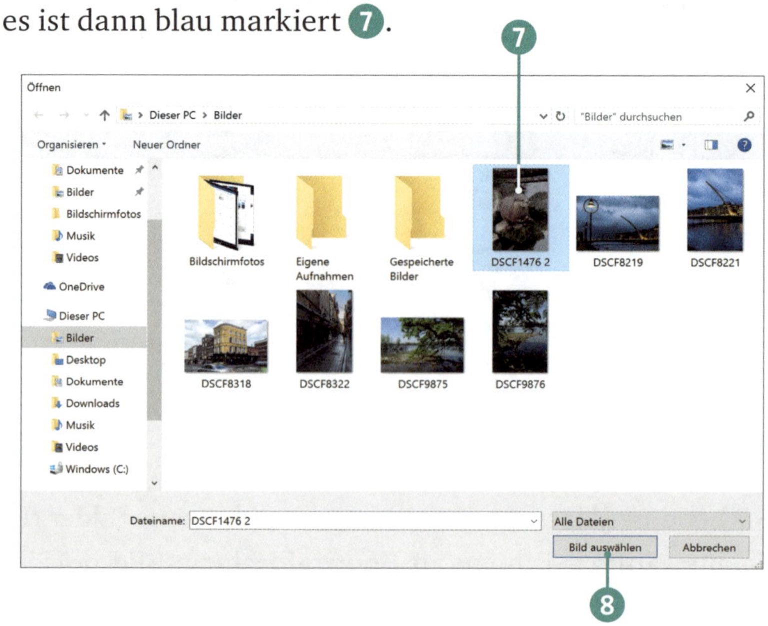

WAS TUN?

Sie haben nicht alle Kapitel in diesem Buch der Reihe nach bearbeitet? Schlagen Sie einfach in Kapitel 7, »Dateien, Ordner und der Explorer«, ab Seite 193 nach. Dort erklären wir u. a. auch, wie man auf dem Computer gespeicherte Bilder auswählt.

6. Mit einem weiteren Klick auf **Bild auswählen** 8 haben Sie das Bild direkt aktiviert und sehen es in der Vorschau 9 im Einstellungen-Dialog und später dann natürlich auch auf Ihrem Sperrbildschirm.

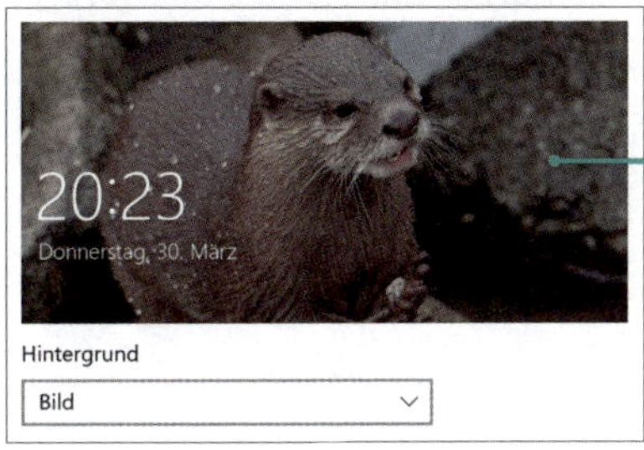

Sie möchten dieses Bild auch auf Ihrem Anmeldebildschirm sehen?

Nichts leichter als das. Standardmäßig ist im Einstellungen-Dialog zum Sperrbildschirm unten der Regler unter **Hintergrundbild des Sperrbildschirms auf Anmeldebildschirm anzeigen** schon auf **Ein** eingestellt (siehe 1 in der folgenden Abbildung auf Seite 326). Möchten Sie hier ein anderes Bild haben, stellen Sie den Regler einfach auf **Aus**.

MERKE

Der *Anmeldebildschirm*, in dem Sie Ihr Kennwort zur Anmeldung eingeben, erscheint nach dem Start des Computers und immer dann, wenn Sie den Sperrbildschirm mit einem Klick oder Tastendruck überwinden.

Jetzt wollen wir noch festlegen, ob im Sperrbildschirm Informationen wie Kalendereinträge oder das Wetter angezeigt werden sollen. Eine App können Sie hier zur dauerhaften Anzeige auf dem Sperrbildschirm auswählen, die anderen dürfen Ihnen nur kurze Statusinfos geben.

Wir wählen mit einem Klick auf das Plussymbol unter **App zum Anzeigen ausführlicher Statusinfos auswählen** (2 auf Seite 326) im sich öffnenden Dialog die App **Kalender** 3 mit einem Klick aus. Damit sehen Sie nun künftig Datum und Uhrzeit und, sofern Sie im Kalender Termine eingetragen haben, auch diese gleich auf dem Sperrbildschirm.

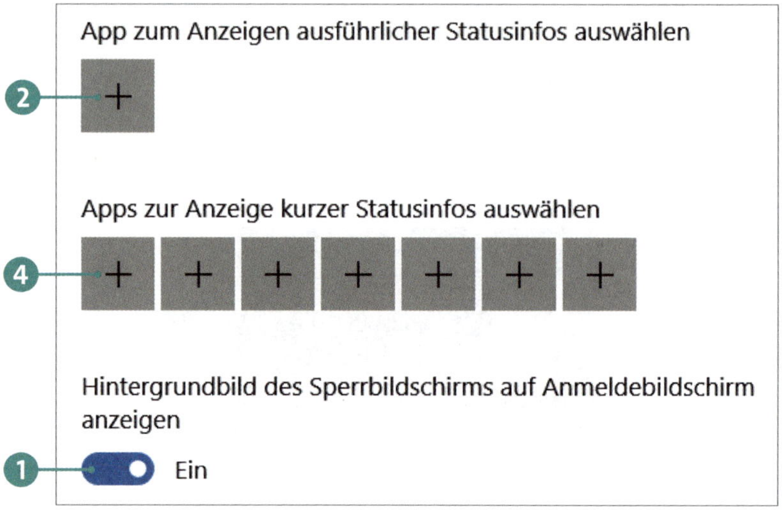

Nun können wir im Bereich **Apps zur Anzeige kurzer Statusinfos auswählen** 4 mit einem Klick auf die Plussymbole verschiedene weitere Apps auswählen, die aber, wie gesagt, nur kurze Hinweise auf dem Sperrbildschirm einblenden. Wir haben hier die Apps **Wetter**, **Alarm & Uhr** sowie **Mail** 5 ausgewählt. Über die Plussymbole können Sie jeweils weitere Apps, insgesamt bis zu sieben, hinzufügen. Möchten Sie später die ein oder andere App wieder daraus entfernen, dann wählen Sie nach einem Klick auf das App-Symbol in der sich öffnenden Liste einfach den Punkt **Kein** 6 – und schon steht hier wieder ein Plussymbol.

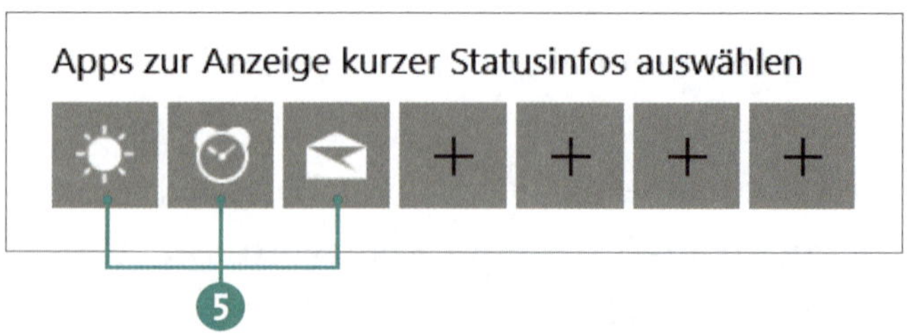

Alles angepasst? Dann auf das **X** rechts oben im Einstellungen-Fenster geklickt und beim nächsten Mal, wenn der Sperrbildschirm aktiviert wird, die Änderungen bestaunen.

Wenn Sie die App **Kalender** zum Anzeigen ausführlicher Statusinfos ausgewählt haben, sehen Sie Uhrzeit, Datum und Ihre Termine auf dem Sperrbildschirm.

Programme im Startmenü als Kacheln anlegen

Wie vorangehend gezeigt – in Windows 10 bestimmen Sie mit, wie das System aussieht. Sie können daher auch das Startmenü nach Ihren Wünschen neu einrichten. Wir zeigen Ihnen jetzt, wie Sie ein Programm als Kachel im Startmenü platzieren, beispielhaft an der Ihnen aus Kapitel 3, »Mit Windows 10 einen Brief schreiben und Dokumente gestalten«, ab Seite 79 bekannten WordPad-App. So haben Sie sie immer griffbereit und müssen nicht über die alphabetische Liste suchen.

1. Öffnen Sie das Startmenü, blättern Sie mithilfe der Bildlaufleiste in der alphabetischen App-Liste bis zum Buchstaben **W**. Öffnen Sie den Ordner **Windows-Zubehör** mit einem Klick, und scrollen Sie (etwa mithilfe des Scrollrades Ihrer Maus) bis zu **WordPad** (1 auf Seite 328). Nun klicken Sie mit der rechten Maustaste auf das Symbol der App, womit Sie das Kontextmenü 2 aufrufen. Am Touchscreen genügt es wie immer, etwas länger mit dem Finger auf das Symbol zu drücken.

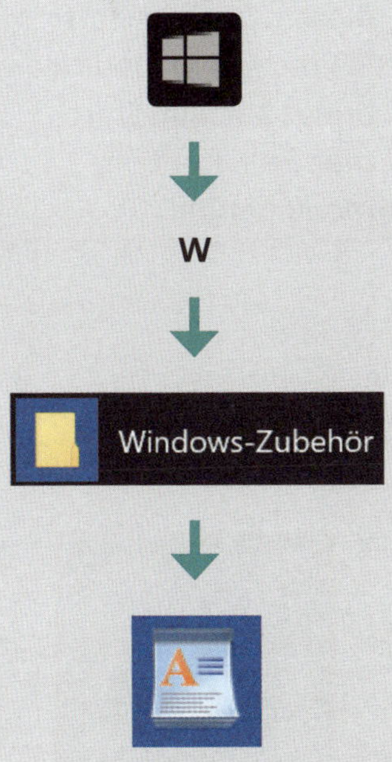

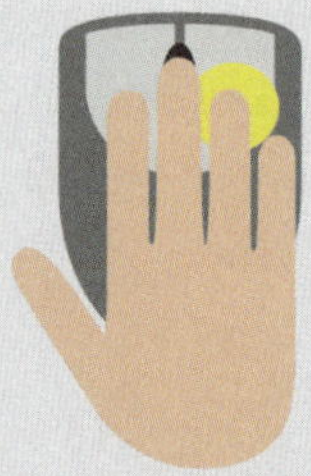

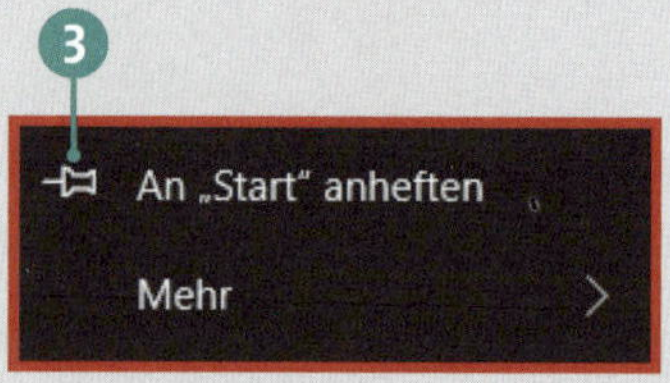

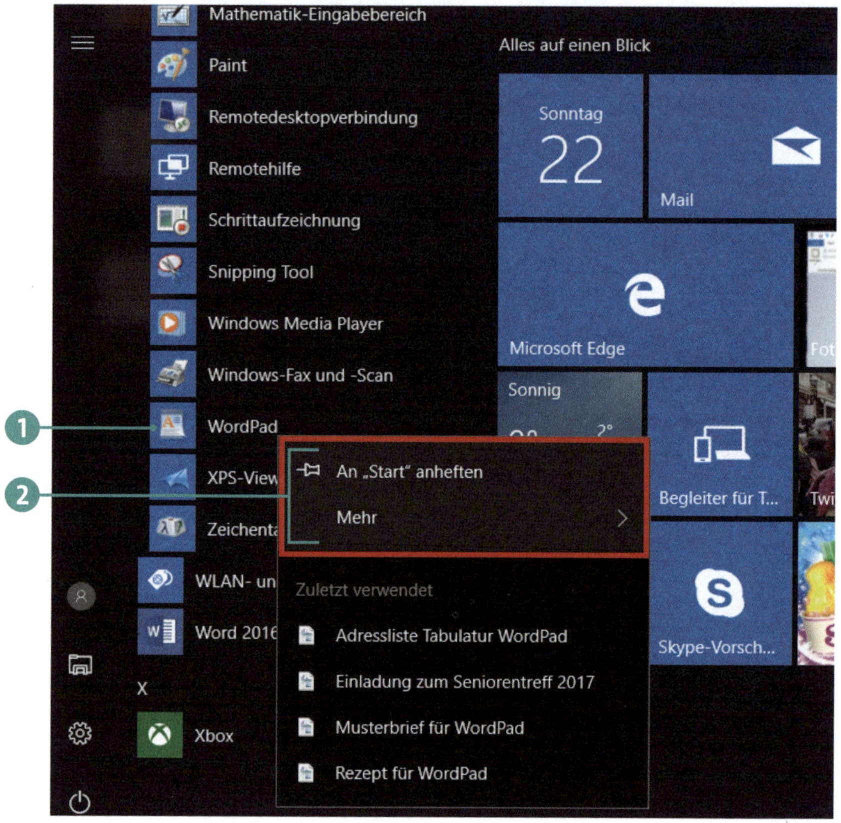

MERKE

Wie schon häufig in diesem Buch gelernt: Ein rechter Mausklick bringt auch im Startmenü ein Kontextmenü hervor.

2. Klicken Sie mit der linken Maustaste auf **An „Start“ anheften** ❸, und schon erscheint das Symbol als neue Kachel im Startmenü ❹, dort, wo Windows 10 dafür Platz gefunden hat.

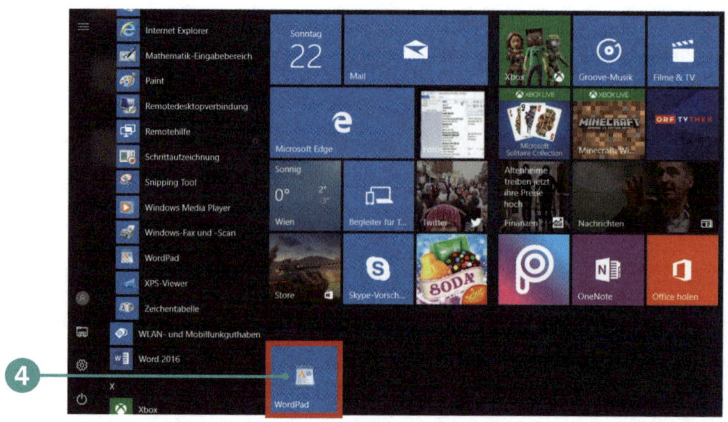

3. Da es recht unwahrscheinlich ist, dass diese Platzierung Ihren Wünschen entspricht: Klicken Sie die WordPad-Kachel mit der linken Maustaste an, halten Sie diese gedrückt, und schieben Sie die Kachel dorthin, wo Sie sie haben möchten **5**. Die anderen Programme bzw. Kacheln machen automatisch Platz. Wenn Sie am Bestimmungsort angekommen sind, lassen Sie die Maustaste einfach los.

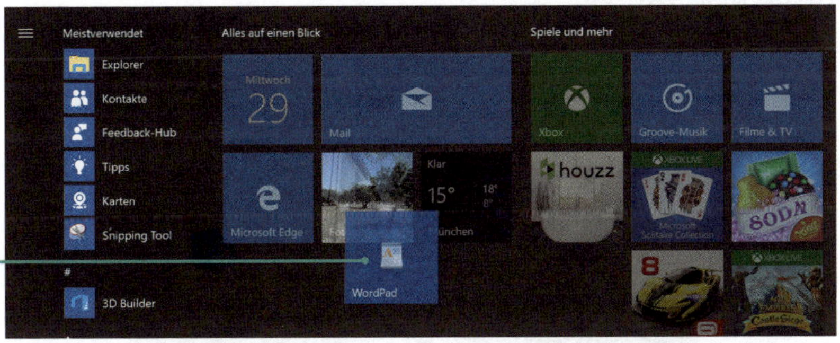

Mit jeder Ihrer Lieblings-Apps können Sie nach diesem Schema verfahren und das Startmenü befüllen.

Wie Sie eine App aus dem Startmenü entfernen, zeigen wir Ihnen im folgenden Abschnitt. Denn klar ist – jetzt muss Platz geschaffen werden.

MERKE

Kachel mit gedrückter linker Maustaste an einen neuen Platz verschieben und an Ort und Stelle die Maus loslassen

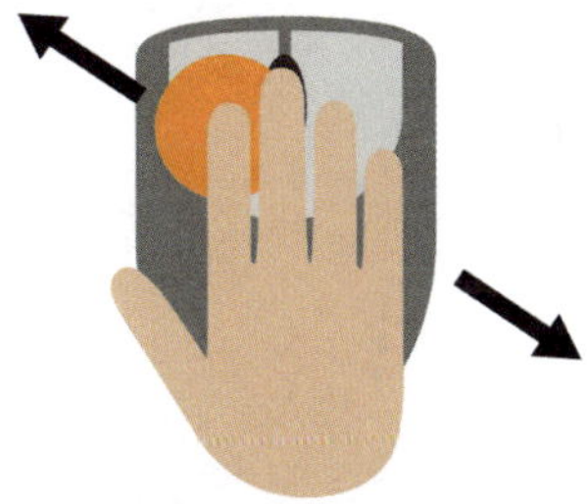

Kacheln im Startmenü löschen

In der bunten Vielfalt des Startmenüs, die von Windows 10 standardmäßig bereitgestellt wird, sieht es ziemlich wild aus, oder? Das »Kachel-Chaos« ist wirklich Geschmackssache. Aber prima, dass Sie hier selbst Hand anlegen und aufräumen können – auf gut Deutsch gesagt: überflüssige Kacheln löschen. Ganz wichtig hierbei: Sie löschen damit lediglich einen »Wegweiser« (eine Verknüpfung) zu der jeweiligen App, nicht aber die App selbst. Sie kann also

ACHTUNG!

Mit der Kachel wird niemals das Programm selbst, sondern nur die Verknüpfung gelöscht. Es kann beim Ausprobieren und »Umarrangieren« nix passieren. Sie finden die Programme nach wie vor in der alphabetischen Liste der Apps.

jederzeit wieder über den vorher gezeigten Weg als Kachel erneut im Startmenü angeheftet werden.

Und so löschen Sie eine Kachel aus dem Startmenü:

1. Öffnen Sie das Startmenü wie gewohnt über einen Klick auf [Windows-Symbol] in der Taskleiste oder über die Taste [Windows-Taste] auf Ihrer Tastatur.

2. Suchen Sie sich nun eine unerwünschte Kachel (1) aus. Ein rechter Klick darauf öffnet auch hier ein Kontextmenü. Wählen Sie dort mit einem linken Mausklick den Befehl **Von „Start" lösen** (2).

Damit verschwindet die Kachel und lässt Freiraum für Ihre eigenen Kacheln.

Wie vorhin am Beispiel von WordPad gezeigt, können Sie jedes beliebige Programm zum schnellen Aufruf in den Kachelbereich einfügen und somit auch einmal entfernte Kacheln dort wieder platzieren.

WAS TUN?

Sie haben eine Kachel entfernt und bereuen es nun? Kein Problem, im Abschnitt »Programme im Startmenü als Kacheln anlegen« ab Seite 327 haben wir Ihnen gezeigt, wie Sie dort eine Kachel wieder aus der Liste der Apps hervorzaubern.

Sollte nach Ihrer Aufräumaktion ordentlich Platz sein, können Sie das Startmenü sogar verkleinern. Zeigen Sie hierzu mit der Maus auf den rechten Rand des Startmenüs – es erscheint ein Doppelpfeil 3. Nun können Sie das Startmenü mit gedrückter Maustaste nach links ziehen, sodass es nun deutlich kompakter ist. Ziehen Sie es mit der Maus nach rechts, ist es wieder breiter.

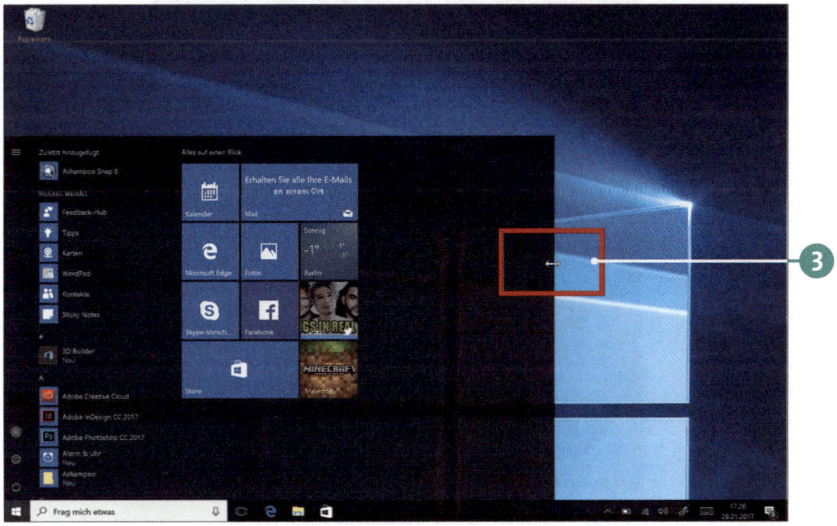

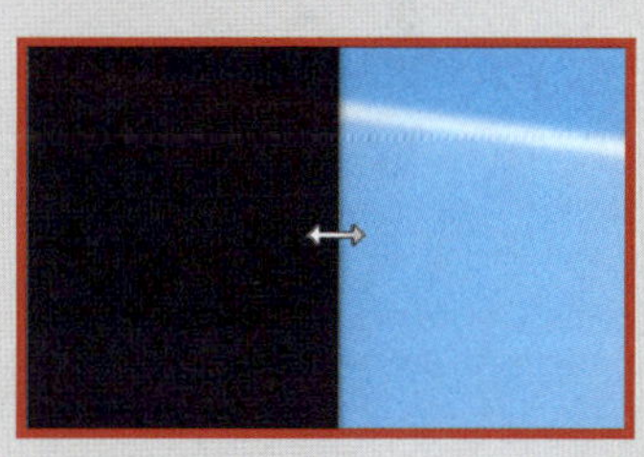

Das Startmenü kann mit der Maus vergrößert und verkleinert werden.

Programme in der Taskleiste ablegen

Sie können WordPad und jede andere App auch in der Taskleiste, am unteren Rand des Bildschirms, verankern.

1. Öffnen Sie wie gewohnt die gewünschte App über das Startmenü. Sofort erscheint das Symbol in der Taskleiste 1.

MERKE

In der Taskleiste können beliebige Programme zum Schnellstart »angeheftet« werden.

MERKE

Mithilfe der *Jumplist*, der »Sprungliste«, zu einem Programm wie WordPad gelangen Sie direkt zu Ihren Dokumenten.

2. Klicken Sie mit der rechten Maustaste darauf, und es öffnet sich ein Kontextmenü. Bei WordPad sehen Sie hier eine Besonderheit (2) – die zuletzt bearbeiteten Dokumente stehen hier in einer Liste (einer sog. *Jumplist*) und können dort per Mausklick direkt geladen werden.

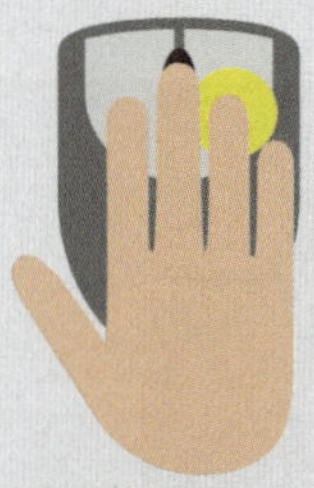

auf

An Taskleiste anheften

3. Klicken Sie hier nun aber auf **An Taskleiste anheften** (3). Schon steht die App ständig in der Taskleiste zum direkten Aufruf bereit.

4. Haben Sie in der Taskleiste nach und nach sehr viele Apps angeheftet, wird es unübersichtlich. Wenn Sie eine App nicht mehr alltäglich benötigen: Mit einem rechten Mausklick auf das Symbol (4) und der Auswahl von **Von Taskleiste lösen** (5) im Kontextmenü verschwindet WordPad wieder aus der Taskleiste. Auch hier steht Ihnen das Programm natürlich weiterhin im Startmenü zur Verfügung.

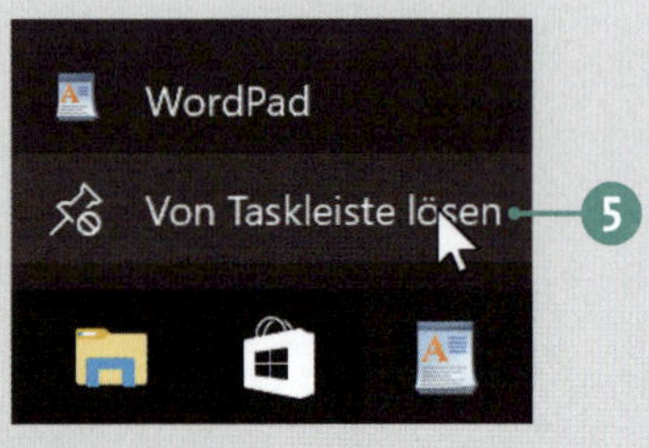

KAPITEL 12

Daten am Computer sichern

Wie im richtigen Leben kann man auch am Computer Dinge verlegen, oder sie rutschen, bildlich gesprochen, unter den Tisch oder das Sofa. Hier besteht mit etwas Geduld und Fleiß noch immer die Möglichkeit, die Sachen wiederzufinden.

Etwas problematischer ist es, wenn Daten versehentlich in den Papierkorb wandern oder gar in den Aktenvernichter. Ganz zu schweigen davon, wenn in Ihrer »Firma« in einer Abteilung das Feuer ausbricht. Dann hilft auch Cortana nicht weiter.

Am Computer ist so ein Datenverlust durch versehentliches Löschen möglich. Aber auch Teile des Computers, die wie die Festplatte für die Datenspeicherung zuständig sind, können kaputtgehen und Ihre Daten damit vernichten. Man sollte sich daher bewusst sein, dass Fotos, Dokumente und alle anderen Daten am Computer nicht »für ewig« sicher sind.

ACHTUNG!
Die Festplatte mit Ihren Daten ist letztlich ein Verschleißteil, das irgendwann einmal kaputtgehen kann.

Eine kleine Ausnahme bilden hier Ihre E-Mails – diese sind immer zusätzlich auf einem externen Computer Ihres Mail-Anbieters gesichert. Auch Kontakte und Termine sind, sofern Sie diese mit einem Microsoft-Konto angelegt haben, sicher in einer sog. *Daten-Cloud* aufgehoben. Auch das ist nichts anderes als ein großer Computer, der allerdings extern bei Microsoft steht und Ihre Daten sicher verwahrt.

MERKE

E-Mails sind in der Regel immer zusätzlich auf einem Server des Mail-Anbieters sicher gelagert.

Für den Fall der Fälle zeigen wir in diesem Kapitel außerdem, wie Sie mit einfachen Mitteln eine sog. *Datensicherung* anlegen, damit wirklich alle Ihre wertvollen Dinge doppelt abgelegt und zurückgeholt werden können.

Verlorene Dateien wiederfinden mit Cortana und dem Explorer

WAS TUN?

Sie finden eine Datei nicht an dem Ort, an dem Sie diese vermuten? Möglicherweise ist sie umbenannt oder unbeabsichtigt verschoben worden. Hier hilft die Suche weiter.

Sollten Sie eine Datei vermissen, egal, ob Foto, Dokument oder Video, dann gilt es erst einmal, Ruhe zu bewahren. Zunächst kann man hier die verschiedenen Suchfunktionen von Windows 10 bemühen – diese assistieren dabei, versehentlich umbenannte oder verschobene Daten wieder aufzufinden. Was diese Suchfunktionen alles können, zeigen wir in der folgenden Anleitung. Vorbereitend wäre es wichtig, dass Sie das eine oder andere Textdokument mit WordPad schon angelegt haben und auch über den Inhalt Bescheid wissen. Denn wir wollen ja nun danach suchen.

1. Cortana steht neben dem Startmenü in der Taskleiste für Sie bereit (1). Tablet-Anwender sehen hier nur einen Kreis (2). Durch Antippen öffnet sich aber auch hier das Suchfeld von Cortana.

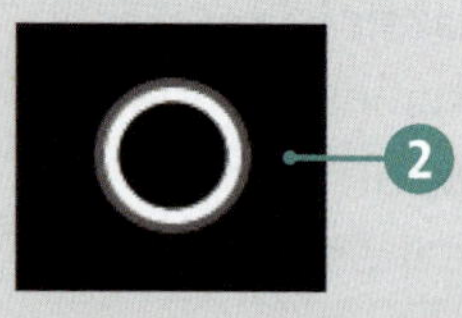

Auf dem Tablet öffnen Sie das Cortana-Suchfeld durch Antippen des Kreissymbols.

2. Auf der Tastatur (der echten oder der virtuellen) tippen Sie nun einen Suchbegriff ein, also z. B. einen Teil des Dateinamens, an den Sie sich erinnern.

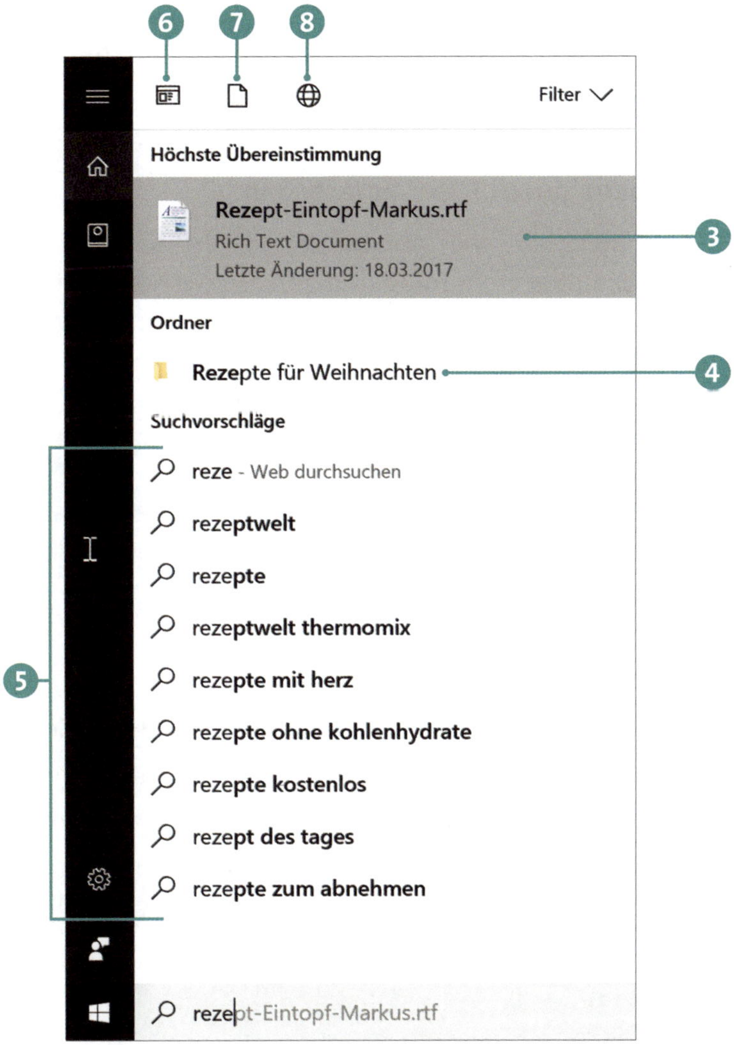

Schon während der Eingabe legt Cortana los und zeigt verschiedene Ergebnisse an: Unter **Höchste Übereinstimmung** befindet sich hier gleich das gesuchte WordPad-Dokument 3, was bei einer allgemeinen Suche und vielen Dateien aber keine Selbstverständlichkeit ist (siehe den Kasten »Die Suche durch Filter eingrenzen« auf Seite 336).

Darunter schlägt Cortana noch einen Dateiordner mit dem Suchbegriff im Namen vor (4 auf Seite 335). Ob sich das Dokument hierin befindet, ist aber keineswegs sicher. Die Suchvorschläge, die sich auf das Internet beziehen 5, können Sie ganz ignorieren, da Sie ja etwas suchen, das lokal auf Ihrem Computer gespeichert ist.

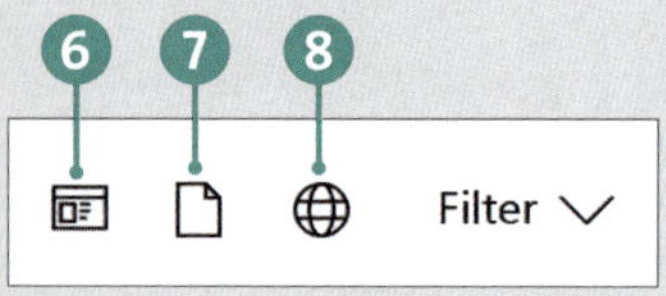

Die Suche durch Filter eingrenzen

Sie können die Suchergebnisse von vornherein eingrenzen, indem Sie die Filter am oberen Rand verwenden. Mit dem Symbol ganz links suchen Sie nur in den Apps auf Ihrem Computer 6, mit dem in der Mitte beschränken Sie die Suche auf Dokumente 7, und mit dem Symbol rechts wird nur das Internet 8 durchsucht. Wenn Sie eine Textdatei auf dem Computer suchen und sicher sind, dass sie sich in diesem Verzeichnis befindet, wäre also der Suchfilter für Dokumente 7 eine gute Wahl. Sie aktivieren und deaktivieren ihn jeweils mit einem einfachen Klick.

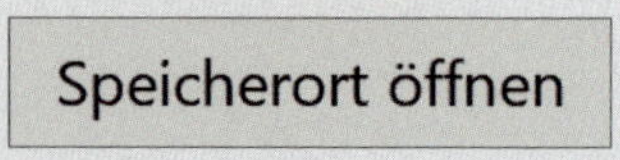

3. Handelt es sich, wie in unserem Beispiel, bei Cortanas Vorschlag um das gewünschte Dokument, dann bewegen Sie den Mauszeiger auf das Suchergebnis (3 auf Seite 335) und klicken es mit der rechten Maustaste an – es erscheint ein Kontextmenü mit **Speicherort öffnen**. Klicken Sie darauf.

4. Es öffnet sich ein Explorer-Fenster, in dem die gesuchte Datei angezeigt wird. In der Adressleiste sehen Sie, dass das Dokument tatsächlich versehentlich völlig falsch, nämlich im Ordner **Bilder**, einsortiert wurde.

Mit dem Wissen aus Kapitel 7, »Dateien, Ordner und der Explorer«, ab Seite 193 können Sie die Datei nun nach Wunsch an den richtigen Ort verschieben.

Cortana kann man noch intelligenter machen, denn die standardmäßig angezeigte Suche berücksichtigt nicht unbedingt den Inhalt Ihrer Dokumente. Danach kann die Suche aber auch Ausschau halten, was sehr praktisch ist, wenn Sie den Dateinamen nicht mehr wissen, aber ein Wort oder einen Satz, der im Dokument selbst vorkommt.

1. Tippen Sie in das Cortana-Suchfeld nun einen Begriff ein, der in einem von Ihnen geschriebenen Dokument vorkommt. Wir nehmen noch einmal »Rezept«.

2. Oberhalb der Ergebnisliste klicken Sie nun auf den Suchfilter für Dokumente (1), und siehe da, es erscheint noch ein ganz anders benanntes Dokument (2), das aber offensichtlich das Wort »Rezept« im Inhalt hat. Sie können das Dokument jetzt per Linksklick direkt öffnen oder mit einem Rechtsklick wieder den Speicherort anzeigen lassen.

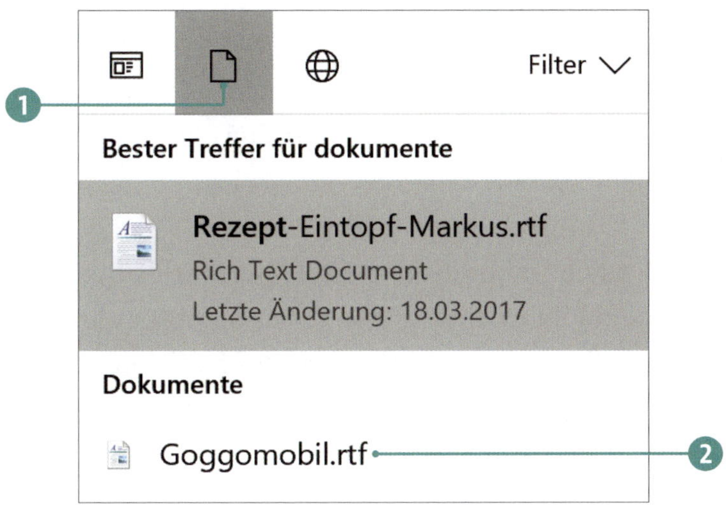

WAS TUN?

Wie man Dateien verschiebt, zeigen wir im Abschnitt »Dateien verschieben, kopieren oder löschen« ab Seite 207.

MERKE

Cortana kann auch den Inhalt von Dokumenten durchsuchen.

Datensicherung leicht gemacht

Um Ihre Daten vor Verlust zu schützen, benötigen Sie etwas Zubehör. Eine *externe Festplatte* ist die beste und günstigste Wahl. Diesen Datenspeicher, der wie ein zweites Gehirn agiert, schließen Sie einfach mit einem USB-Kabel an Ihren Computer an.

Eine externe Festplatte wird per USB-Kabel an den Computer angeschlossen. *(Bild: Seagate)*

Auf so einem kleinen kompakten Extralaufwerk kann Windows dann Ihre Daten zusätzlich sichern. Der Nutzen liegt auf der Hand: Ist etwas mit dem Windows-PC nicht in Ordnung, hat man alles nochmals auf einer zusätzlichen Festplatte abgelegt.

Legen Sie sich unbedingt so eine Speicherlösung zu – im Fachhandel gibt es diese schon für unter 100 €. An technischen Details ist nur wichtig, dass der Speicherplatz mindestens 1 Terabyte umfasst, denn damit sind Sie für lange Zeit gut ausgerüstet.

Die Datensicherung selbst nennt sich unter Windows 10 etwas hochgestochen *Dateiversionsverlauf*. Im normalen Sprachgebrauch redet man eigentlich eher von *Backup* (engl.) oder eben von *Datensicherung*. Dateiversionsverlauf ist eigentlich eine technische Beschreibung, denn wenn die Funktion aktiviert ist, zeichnet Windows tatsächlich die Änderung jeder Datei auf – also den »Verlauf«. Doch genug der Worte, jetzt geht es ab in die Praxis.

1. Öffnen Sie die **Windows-Einstellungen** über das Zahnradsymbol in der Schnellstartleiste des Startmenüs, und wählen Sie dort die Kategorie **Update und Sicherheit**.

2. Im folgenden Fenster klicken Sie in der linken Leiste auf **Sicherung**.

3. Schließen Sie jetzt Ihre externe Festplatte mit einem USB-Kabel an den Computer an, und schalten Sie sie, sofern sie über einen separaten Schalter verfügt, zusätzlich ein. Ignorieren Sie den oberhalb des Infobereichs erscheinenden Hinweis, dass ein Wechseldatenträger gefunden wurde ①, klicken Sie den Hinweis also nicht an.

4. Klicken Sie stattdessen im geöffneten Einstellungen-Fenster rechts unter **Mit Dateiversionsverlauf sichern** (③ auf Seite 340) auf **+ Laufwerk hinzufügen** ④. Im nun

MERKE

Mit dem *Dateiversionsverlauf* wird in Windows die Datensicherungsfunktion bezeichnet.

WAS TUN?

Bei Ihnen steht ein anderer Name vor dem Laufwerksbuchstaben ② (hier im Beispiel D:)? Die Bezeichnung der Festplatte ist von Hersteller zu Hersteller unterschiedlich.

eingeblendeten kleinen Fenster sehen Sie Ihre externe Festplatte. Wählen Sie diese mit einem Mausklick aus.

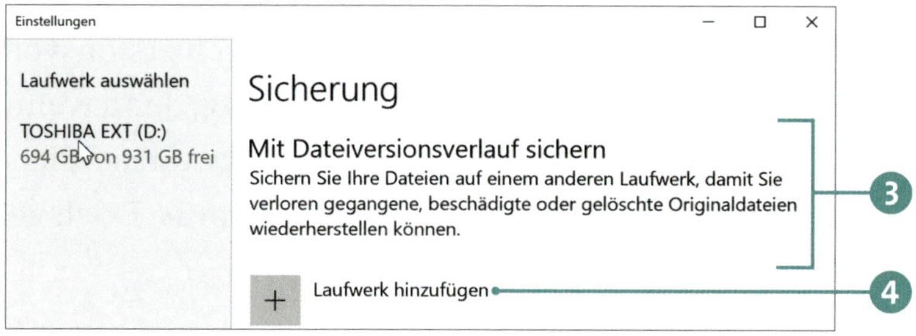

5. Im folgenden Dialog sehen Sie, dass der Regler unterhalb von **Meine Dateien automatisch sichern** auf **Ein** steht.

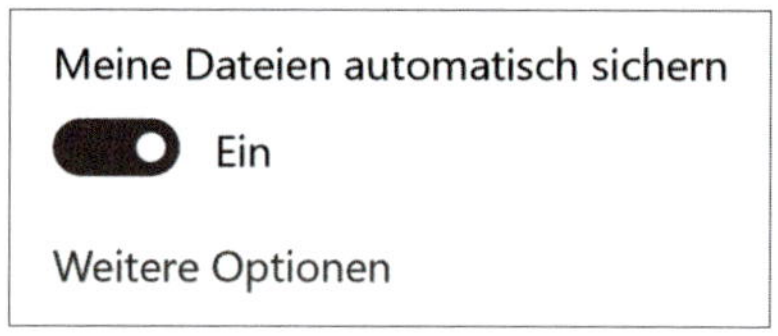

Und damit ist Ihre Datensicherung sofort aktiv. Im Hintergrund werden alle vorhandenen Dateien in Ihren Ordnern abgespeichert. Je nach Datenmenge kann das etwas dauern, wird aber ohne Ihr Zutun erledigt. Sie können das Fenster der Einstellungen nun über das **X**-Symbol rechts oben schließen. Dauert Ihnen die Sicherung zu lange, können Sie diese auch pausieren, indem Sie die externe Festplatte sicher entfernen. Die Datensicherung wird dann einfach so lange unterbrochen, bis Sie die Festplatte wieder anschließen.

Eine Festplatte sicher entfernen – wie geht das?

Wie Sie eine externe Festplatte ohne Datenverlust sicher entfernen, lesen Sie im Kasten »USB-Stick sicher entfernen« auf Seite 216. Dort wird das Verfahren, das bei jedem Wechseldatenträger gleich ist, am Beispiel eines USB-Sticks erklärt.

Datensicherung regelmäßig durchführen

Immer wenn Sie Ihre externe Festplatte am Computer angeschlossen haben, sichert Windows 10 jede Stunde alle jene Dateien, die verändert oder neu hinzugekommen sind.

Daten wiederherstellen mit dem Dateiversionsverlauf

Explorer öffnen
↓
Ordner öffnen
↓
Verlauf einblenden
↓
Daten wiederherstellen

Ist es tatsächlich passiert, dass eine Datei überschrieben wurde oder abhandengekommen ist, ist diese mit dem Dateiversionsverlauf schnell wiederhergestellt. Denn dieser hat ja noch eine ältere Version der Datei vor ihrem Verschwinden für Sie automatisch gesichert.

1. Öffnen Sie den Explorer  über das entsprechende Symbol in der Taskleiste. Navigieren Sie zu jenem Ordner, in dem Sie Ihre vermissten Dateien zuletzt gesichtet hatten (1). In unserem Beispiel sind im Ordner **Bilder** aktuell allerdings nur Unterverzeichnisse zu sehen.

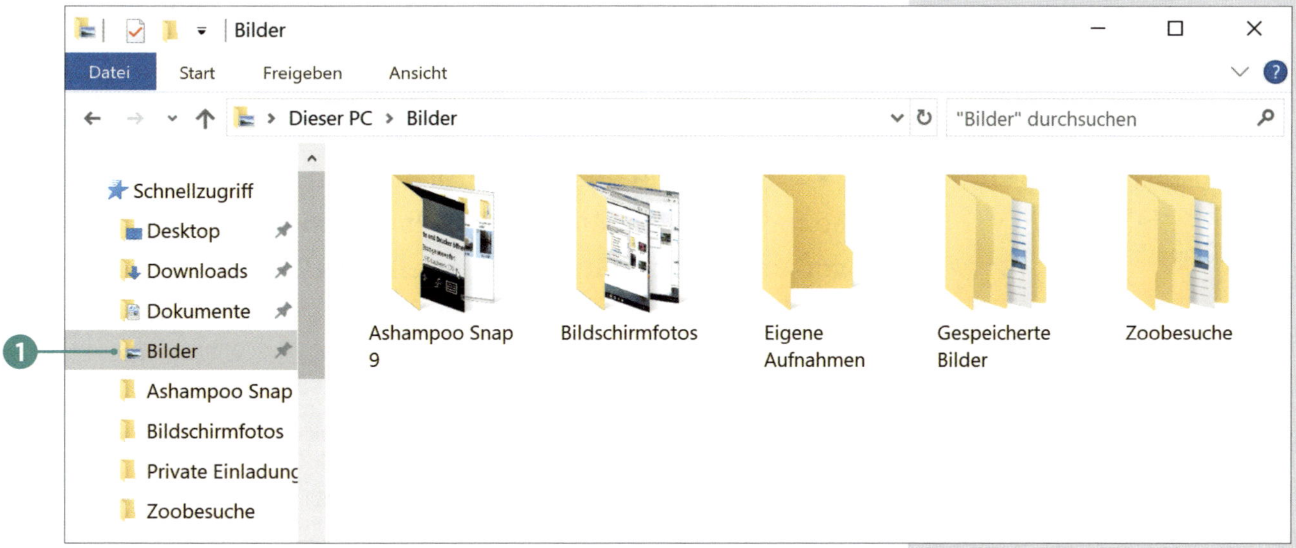

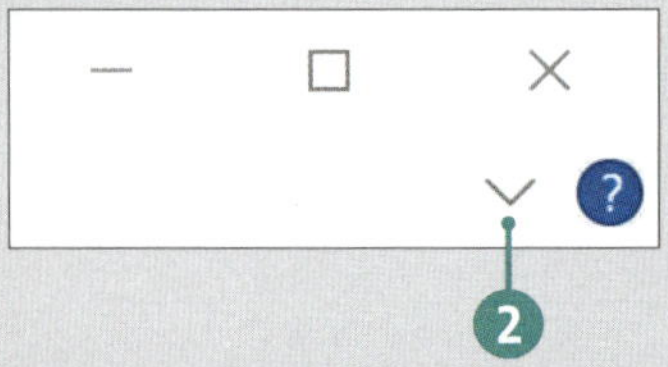

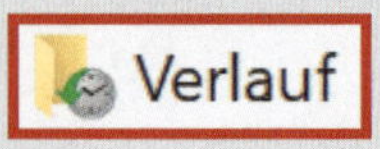

2. Blenden Sie das Menüband mit einem Klick auf das kleine Dreieck rechts 2 ein. Markieren Sie das Register **Start** 3 mit einem Mausklick, sofern es noch nicht aktiviert ist. Hier sollte nun im Menüband der Punkt **Verlauf** 4 in der Gruppe **Öffnen** erscheinen. Klicken Sie darauf.

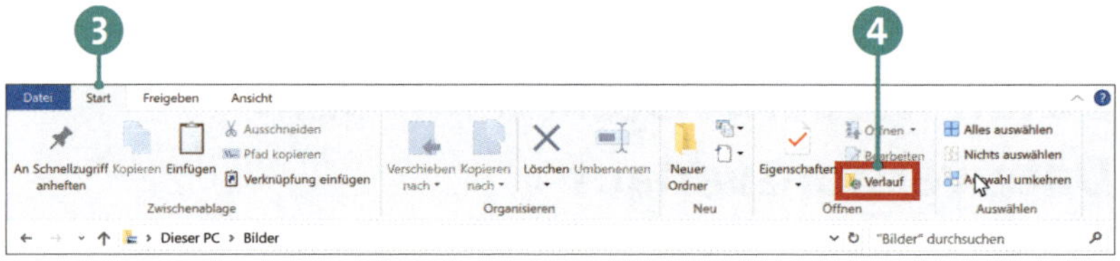

Siehe da, der Dateiversionsverlauf zeigt eine Reihe von Bildern an, die zuvor verschwunden waren.

3. Es öffnet sich ein neues Fenster mit dem Dateiversionsverlauf. Im oberen Bereich sehen Sie das jeweilige Sicherungsdatum 5 sowie die Anzahl der zu diesem Zeitpunkt verfügbaren Sicherungen 6.

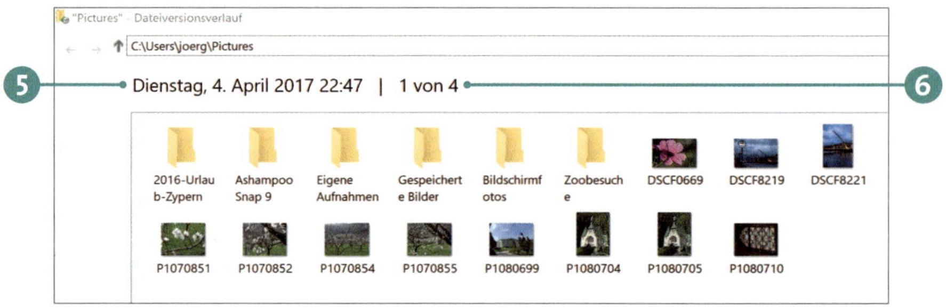

Mit den Pfeilen wechseln Sie zu einem anderen Sicherungsdatum.

4. Mit den kleinen Steuerpfeilen am unteren Rand 7 können Sie durch die verschiedenen Sicherungszeitpunkte vor- und zurückblättern. Im jeweiligen Hauptfenster sehen Sie damit die zu diesem Zeitpunkt vorhandenen Dateien.

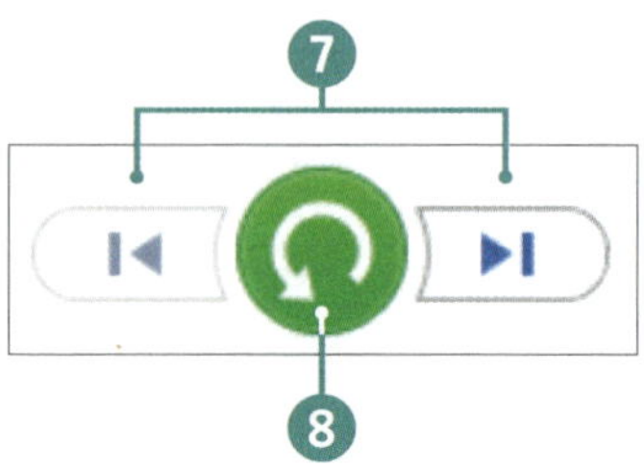

5. Haben Sie dort Ihre Dateien wiedergefunden, markieren Sie diese mit einem Mausklick. Sie sind dann blau unterlegt und weisen ein Häkchen auf. Mit einem Klick auf den grünen Pfeil ganz unten im Bildschirm 8 starten Sie die Wiederherstellung. Die Dateien werden an ihrem ursprünglichen Ort abgelegt. Dieser wird im Anschluss auch automatisch im Explorer geöffnet.

Erinnern Sie sich? Vor der Wiederherstellung (siehe Schritt 1 auf Seite 341) waren hier nur die Ordner zu sehen. Nun sind dort auch die »verlorenen Bilder« zurückgekehrt.

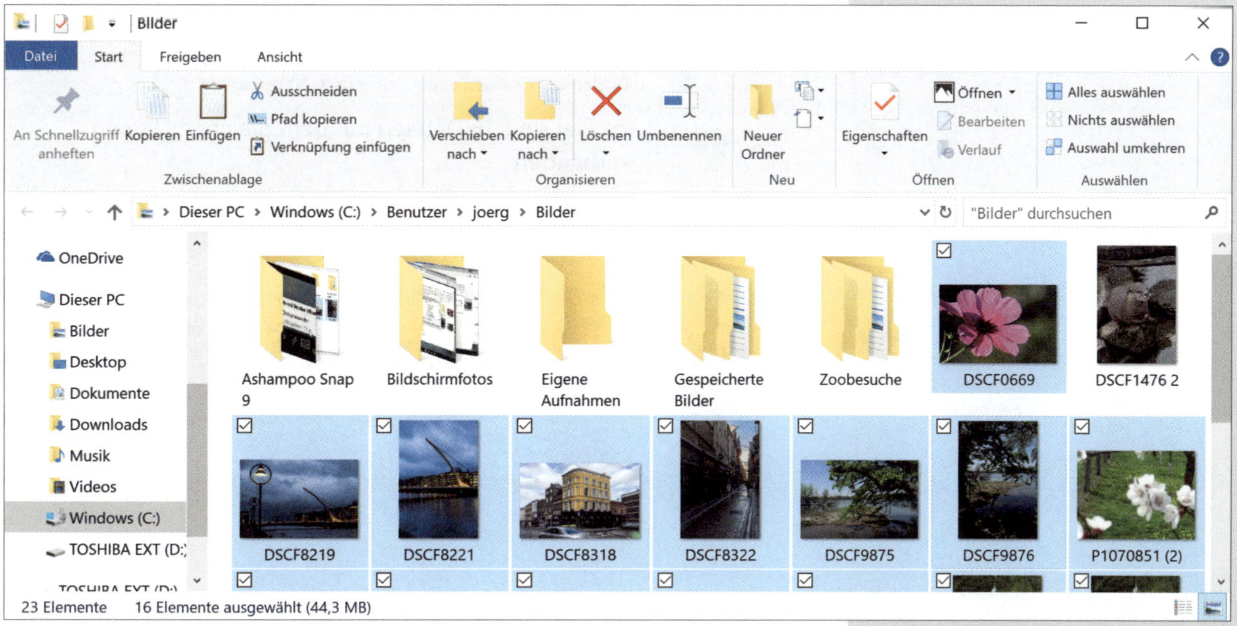

6. Schließen Sie nun den Dateiversionsverlauf (er liegt hinter dem Explorer-Fenster) mit einem Klick auf das **X**-Symbol rechts oben. Und damit ist die Rettung Ihrer wertvollen Daten abgeschlossen.

Originaldaten werden nicht überschrieben

Windows 10 wird mit diesem Vorgang keine Dateien überschreiben, die vielleicht doch noch vorhanden sind. Ist dies der Fall, erhalten Sie vor einer Wiederherstellung einen entsprechenden Hinweis (1). Entscheiden Sie selbst mit einem Mausklick, ob die Dateien im Ziel ersetzt werden sollen (2), ob vorhandene Dateien übersprungen und somit erhalten werden sollen (3) oder ob Sie das für jede Datei einzeln entscheiden möchten (4). In letztem Fall werden die fraglichen Dateien in einer Übersicht gegenübergestellt, und Sie können dort durch Setzen eines Häkchens entscheiden, welche Dateiversion Sie jeweils behalten möchten.

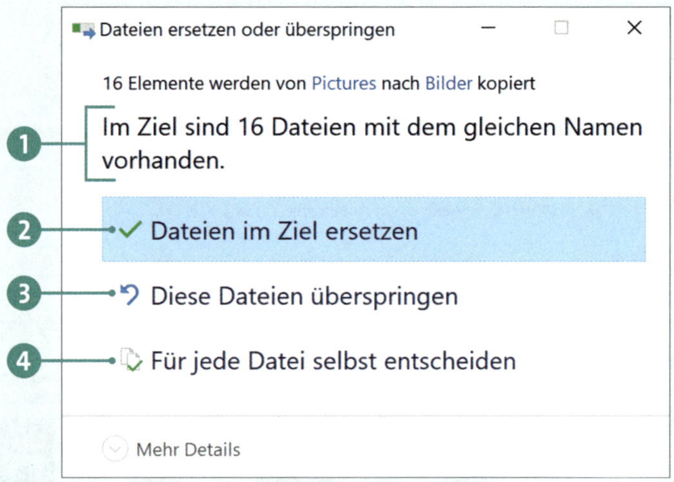

KAPITEL 13

Daten schützen & Sicherheit am Computer

Sicherheit am Computer ist ein wichtiges Thema, das mit der Beachtung einiger Grundregeln aber auch schnell erledigt ist. Was in einem Unternehmen zum Schutz ganz normal ist – Türen abschließen, Alarmanlage scharf schalten, eine Empfangsdame an den Eingang setzen und einen fleißigen Hausmeister für die Wartungsarbeiten engagieren –, wird für Sie bald auch am Computer zur Routine. Wir zeigen Ihnen, wie Sie ein zusätzliches Benutzerkonto für Ihre Partnerin oder Ihren Partner anlegen, Ihr Passwort ändern und die Bordmittel von Windows 10 nutzen, um durch Bedrohungen aus dem Internet bestmöglich gewappnet zu sein. Und natürlich lernen Sie, wie Ihr Computer allzeit auf dem neuesten Stand in Sachen Software (also Apps und Programme) ist.

Ein weiteres Benutzerkonto anlegen

In einem Großraumbüro wird es schnell ungemütlich: Der Locher fehlt, Stifte verschwinden, Ordner stehen nicht mehr am gewohnten Platz, und der Kollege hat einem seine schmutzige Tasse wieder auf dem Schreibtisch abgestellt. Daher ist ein eigenes, abschließbares Büro natürlich erstrebenswert. Auch am Computer zu Hause können Sie

MERKE

Wird der Computer von mehreren Personen genutzt, sollte für jede ein eigenes Benutzerkonto angelegt werden.

praktischerweise für jeden Benutzer eigene »Büros« anlegen. Dort kann jeder ungestört arbeiten. Diese Bereiche sind strikt getrennt, egal, ob Dokumente, E-Mails oder Bilder, es gibt keinen gleichzeitigen Zugriff. Hier zeigen wir Ihnen nun, wie Sie für Ihren Partner oder Ihre Partnerin mit wenigen Schritten ein eigenes *lokales Benutzerkonto* in Windows 10 einrichten.

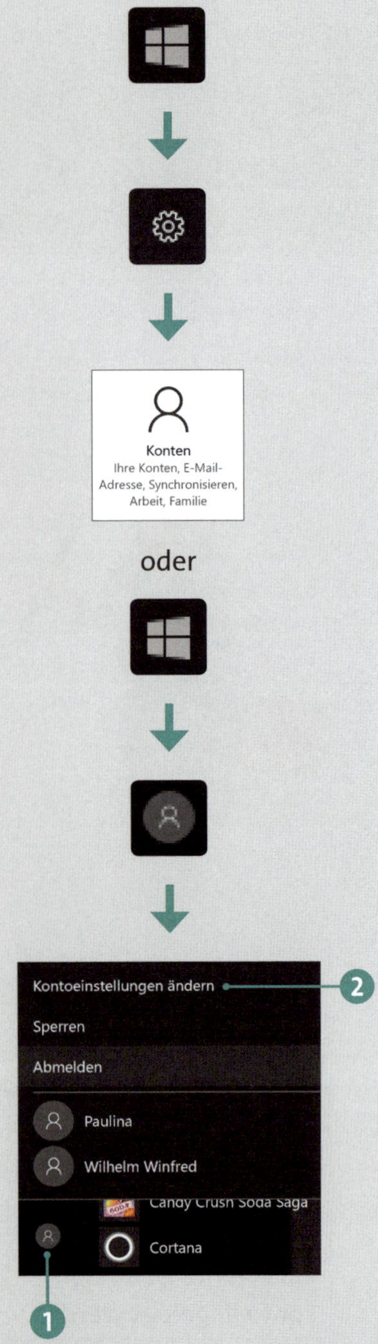

Um den dafür zuständigen Bereich **Konten** in den Windows-Einstellungen zu öffnen, haben Sie zwei Möglichkeiten. Zunächst die klassische, die Sie schon kennen:

1. Klicken Sie im geöffneten Startmenü in der Schnellstartleiste links unten auf das Symbol für die Einstellungen ⚙. Es öffnet sich die Übersicht **Windows-Einstellungen**.

2. Wählen Sie in der Übersicht zu allen Einstellungen mit einem Klick die Kategorie **Konten** aus.

Alternativ und schneller: Öffnen Sie das Startmenü, und klicken Sie in der Schnellstartleiste links auf das Symbol für Ihr Benutzerkonto (1). Darüber öffnet sich ein Auswahldialog, in dem Sie auf **Kontoeinstellungen ändern** (2) klicken. Damit landen Sie in demselben Einstellungen-Dialog wie mit der ersten Methode.

3. Dort wählen Sie in der linken Spalte mit einem Klick den Punkt **Familie & weitere Kontakte** aus.

4. Im folgenden Fenster ist man natürlich versucht, direkt auf **Familienmitglied hinzufügen** (3) zu klicken.

Wir raten allerdings davon ab, weil Sie dazu zwingend eine eigene E-Mail-Adresse sowie ein Microsoft-Konto benötigen. Wir klicken daher weiter unten auf das **+ Diesem PC eine andere Person hinzufügen** 4, dort können wir diese ganzen Anforderungen elegant umgehen.

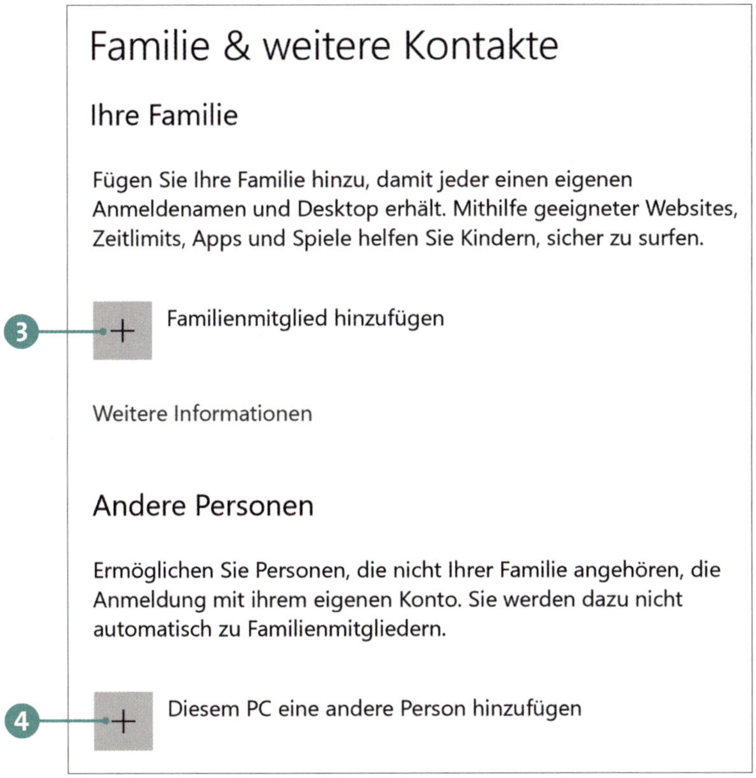

5. Jetzt sind dennoch einige Angaben zur Person erforderlich, und natürlich fordert Microsoft wieder einmal ein Microsoft-Konto. Genau das wollten wir ja vermeiden – und das können wir auch: Wir klicken nämlich einfach auf **Ich kenne die Anmeldeinformationen für diese Person nicht** (siehe auch 5 auf Seite 348).

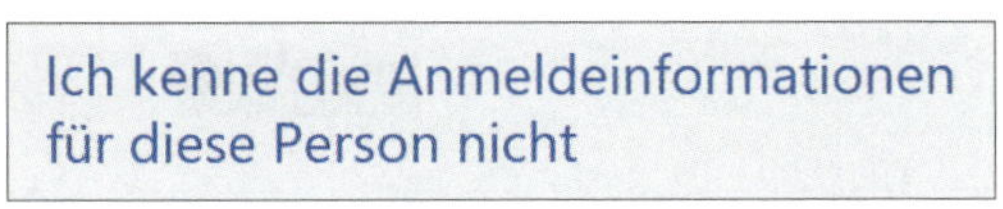

WAS TUN?

Sie wissen nicht genau, mit welchem Kontotyp Sie angemeldet sind? Der Bereich **Konten** in den Windows-Einstellungen gibt darüber Aufschluss (siehe Seite 350 oben).

ACHTUNG!

Auch wenn es sich bei der Person, die Sie hinzufügen möchten, um ein Familienmitglied handelt, wählen Sie besser die anderslautende Möglichkeit.

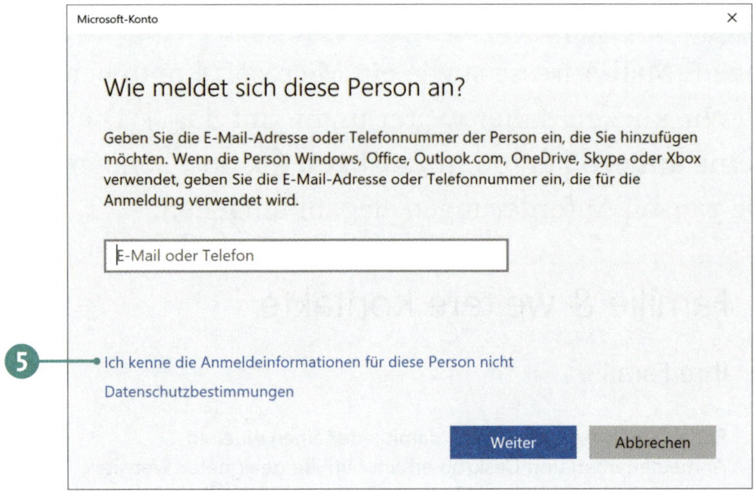

MERKE

Microsoft ist sehr hartnäckig, was das Microsoft-Konto betrifft. Lassen Sie sich davon nicht irritieren. Letztlich versucht das Unternehmen natürlich, über das Microsoft-Konto Daten zu sammeln und den Weg in den Windows Store und zu seinen anderen Diensten zu ebnen. Für einen weiteren Benutzer am Computer ist das aber meist eben gar nicht notwendig.

6. Windows 10 lässt aber nicht locker und will im folgenden Bildschirm **Erstellen Sie Ihr Konto** für den neuen Benutzer direkt ein neues Microsoft-Konto anlegen (6). Das wollen wir aber nicht. Daher klicken Sie hier mutig auf den kleinen blauen Hinweis **Benutzer ohne Microsoft-Konto hinzufügen** (7).

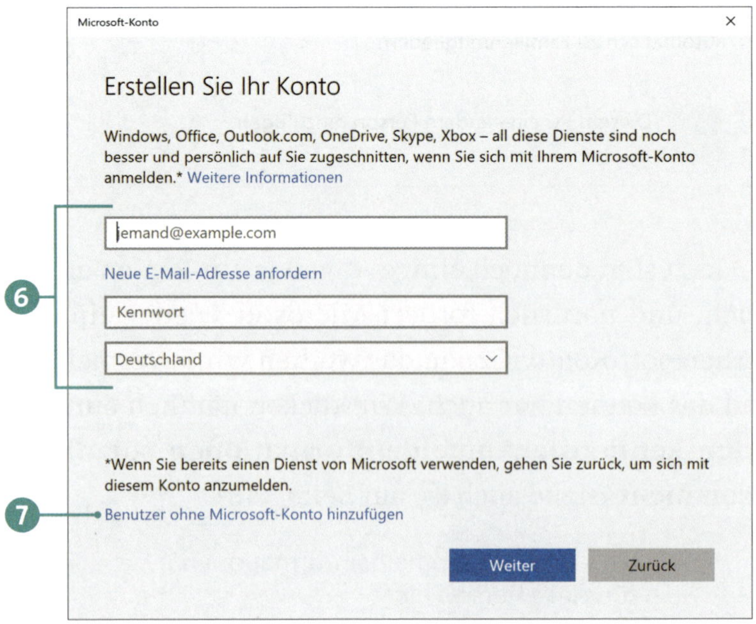

7. Jetzt endlich dürfen Sie ein normales lokales Benutzerkonto erstellen. Tippen Sie mit der Tastatur einen Benutzernamen ein, in unserem Beispiel »Paulina« 8, und vergeben Sie ein Kennwort 9. Zur Sicherheit müssen Sie es erneut eintippen 10. Der Kennworthinweis 11 ist sinnvoll, damit man sich ggf. daran erinnern kann. Haben Sie das Kennwort bei der Anmeldung mehrfach falsch eingegeben, erscheint diese Erinnerungshilfe. Ein Klick auf **Weiter** 12 schließt das Anlegen des neuen Benutzers ab.

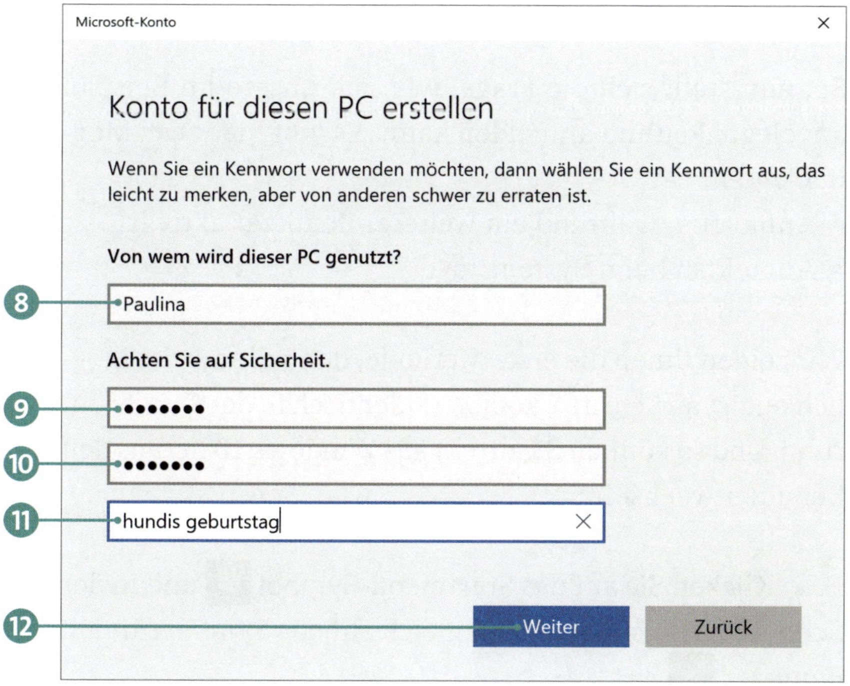

Sie werden direkt wieder in den Bereich **Familie & weitere Kontakte** gebracht. Im unteren Bereich, ggf. müssen Sie ein wenig nach unten scrollen, sind alle Benutzer für diesen Computer aufgelistet (siehe die Abbildung auf der folgenden Seite). Hier finden Sie nun also außer Ihrem eigenen auch das neu angelegte Benutzerkonto.

MERKE

Im Bereich **Familie & weitere Kontakte** werden alle Benutzer am Computer aufgelistet. Hier können Sie auch sehen, mit welcher Art von Benutzerkonto (lokal oder Microsoft-Konto) Sie angemeldet sind.

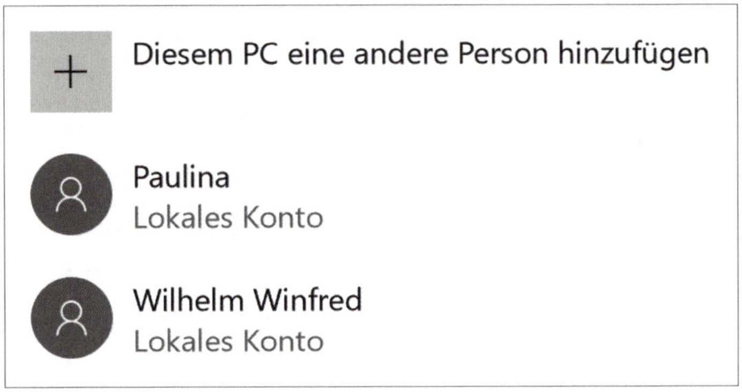

Zwischen Benutzern wechseln

So, nun stellt sich die Frage, wie sich unsere im Beispiel angelegte Paulina anmelden kann. Es gibt hier zwei Möglichkeiten:

- Anmelden, während ein weiterer Benutzer aktiv ist
- Anmelden beim Systemstart

Wir zeigen Ihnen die erste Methode, denn die zweite Möglichkeit ist ab Schritt 2 komplett identisch in der Durchführung. Und so können Sie direkt aus Windows 10 heraus den Benutzer wechseln:

1. Klicken Sie auf das Startmenü-Symbol und in der Schnellstartleiste links nun gleich auf das Symbol für den Benutzer.

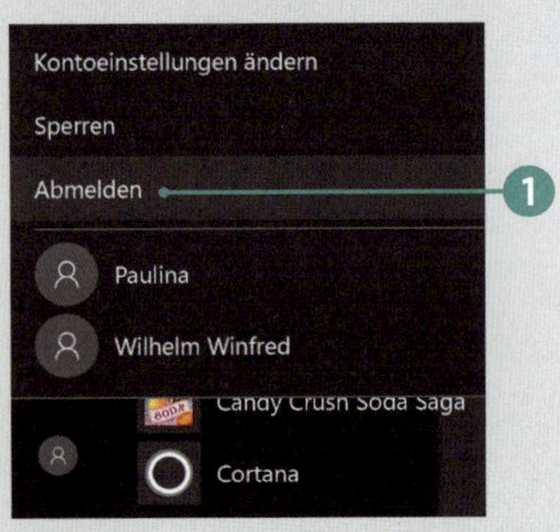

2. Im nun erscheinenden Menü wählen Sie **Abmelden** (1). Das bedeutet, dass Windows mit all Ihren persönlichen Dateien und Anpassungen (z. B. im Startmenü oder auch beim Sperrbildschirm) sowie eventuell noch geöffneten Programmen komplett geschlossen wird und sich ein anderer Anwender anmelden kann. Haben Sie vergessen,

noch geöffnete Programme und Dateien zu schließen, gibt Ihnen Windows dazu einen Hinweis.

3. Es erscheint der Sperrbildschirm. Mit einem Mausklick oder einem Fingerwisch auf dem Touchscreen wechseln Sie zum Anmeldebildschirm, in dem Sie unten links nicht nur Ihr eigenes Benutzerkonto 2, sondern auch die von Ihnen neu angelegten Konten für andere Benutzer 3 vorfinden. Wählen Sie das gewünschte Konto mit einem Klick aus.

ACHTUNG!
Beim Abmelden werden auch alle Programme geschlossen. Dateien in diesen Programmen sollten Sie also zuvor speichern und am besten auch selbst schließen.

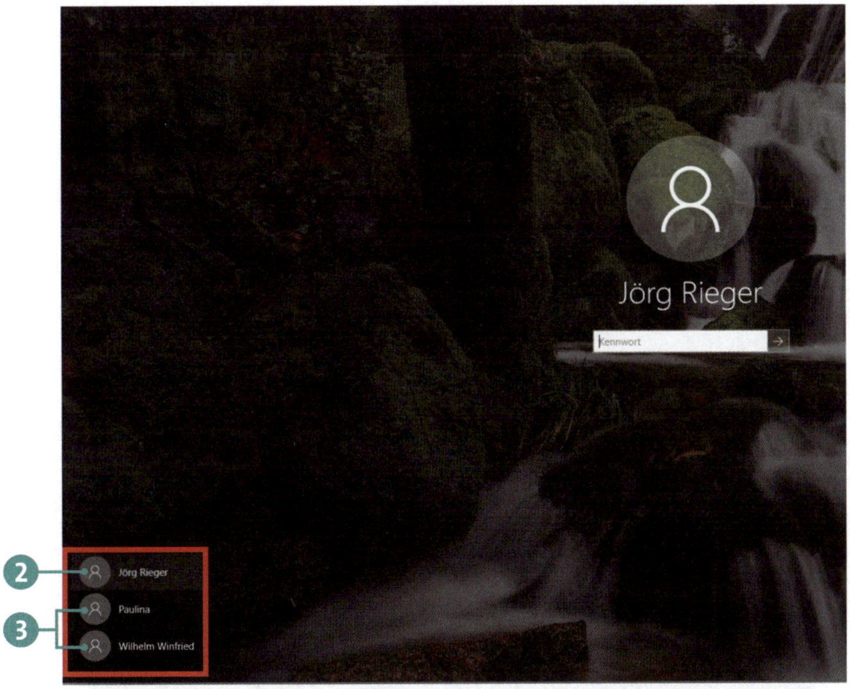

4. Sie gelangen nun zur Anmeldemaske für diesen neuen Benutzer. Hier geben Sie das entsprechende Kennwort (4 auf Seite 352) ein und bestätigen mit der Taste [↵] oder klicken auf die Pfeil-Schaltfläche 5, um die Anmeldung zu starten.

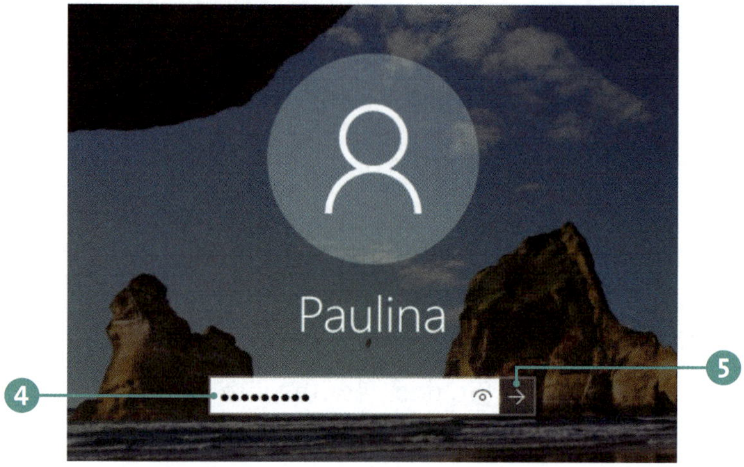

5. Beim ersten Start wird das Konto angelegt und eingerichtet, was einen kurzen Moment dauern kann. Dann präsentiert sich dem neuen Benutzer auch ein neues Windows 10, etwa ohne die Programmsymbole, die Sie persönlich in der Taskleiste hinzugefügt haben. Lediglich von Ihnen zusätzlich installierte Programme stehen auch dem neuen Benutzer zur Verfügung.

6. Um wieder zu Ihrem eigenen Benutzerkonto zu wechseln, wiederholen Sie einfach die gerade gezeigten Schritte.

Das eigene Kennwort ändern

Um das Kennwort eines lokalen Benutzerkontos zu ändern, rufen Sie über das im Startmenü **Kontoeinstellungen ändern** auf. Gehen Sie in der linken Spalte auf **Anmeldeoptionen**, und wählen Sie anschließend rechts unter **Kontokennwort ändern** die Schaltfläche **Ändern**. Bei einem lokalen Benutzerkonto geben Sie zunächst Ihr aktuelles Kennwort ein und tippen nun wie sonst auch üblich Ihr neues Kennwort zweimal ein und vergeben einen Kennworthinweis. Mit Klicks auf **Weiter** und **Fertig stellen** haben Sie es auch schon geschafft.

Bei einem Microsoft-Konto wird vor der Änderung noch einmal überprüft, ob auch wirklich Sie am Computer sitzen – etwa mithilfe des PIN-Codes, den Sie bei der Anmeldung am Microsoft-Konto hinterlegt haben. Ist die Eingabe der PIN korrekt, gelangen Sie auch hier in den Bereich zum Ändern des Kennwortes.

Mit der Änderung Ihres Kennwortes zur Anmeldung am Computer haben Sie also in diesem Fall auch das Kennwort Ihres Microsoft-Kontos geändert, das Sie etwa zum Einkaufen im Windows Store verwenden. Dort müssen Sie nun also künftig auch das neue Kennwort angeben. Wie Sie im Windows Store einkaufen, haben wir Ihnen übrigens an einem Beispiel im Abschnitt »Digitale Musik im Store kaufen« ab Seite 272 gezeigt.

ACHTUNG!

Das Kennwort für ein Microsoft-Konto darf nur einmal verwendet werden.

Der Windows Defender kämpft für Ihre Sicherheit

Windows 10 hat mit dem *Windows Defender* (Defender bedeutet »Verteidiger«) einen wackeren Kämpfer an Bord, der sich rund um das Thema Sicherheit kümmert. Die App ist standardmäßig auf Ihrem Computer installiert und

aktiviert. Wir werfen trotzdem einen Blick hinein, um uns anzuschauen, um was sich der Defender so alles kümmert.

1. Öffnen Sie im Startmenü die Einstellungen, und wählen Sie dort die Kategorie **Update und Sicherheit**.

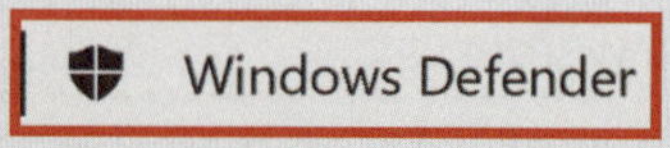

2. Klicken Sie in der linken Spalte unter **Update und Sicherheit** auf den Eintrag **Windows Defender** (1), um den gleichnamigen Dialog zu öffnen.

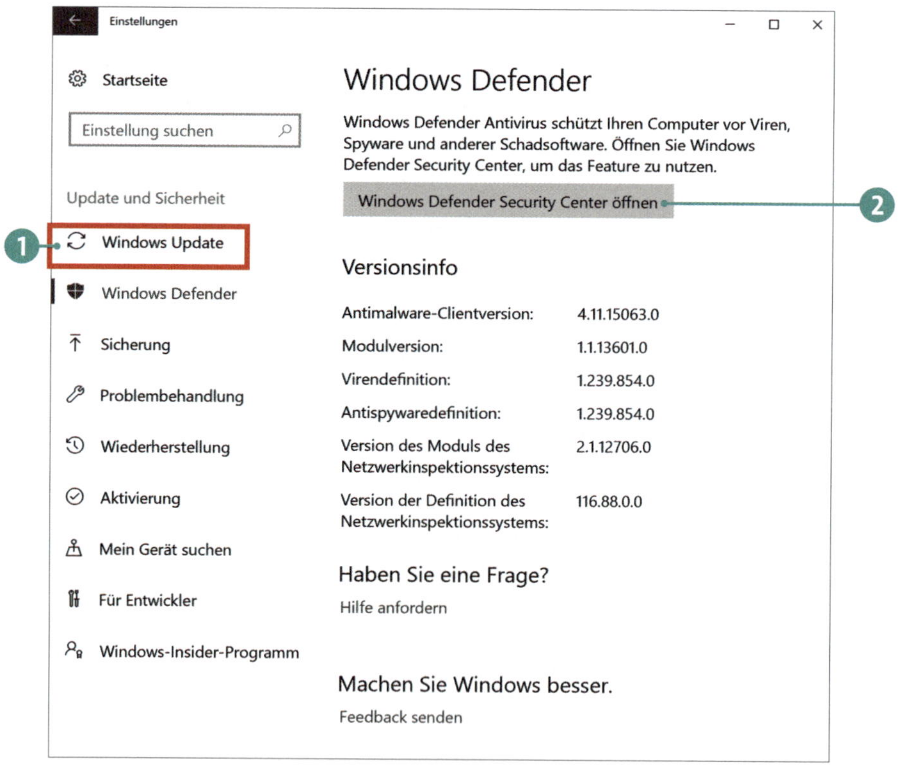

3. In diesem Dialog klicken Sie rechts auf die Schaltfläche **Windows Defender Security Center öffnen** (2). Hier erhalten Sie nun Auskunft, wie es um die Sicherheit rund um Windows 10 bestellt ist.

1. Im oberen Bereich sehen Sie: Alles ist gut, **Ihr Gerät ist geschützt**, und es gibt keinerlei Probleme. Das verraten zudem die grünen Häkchen bei den einzelnen Bereichen.
2. **Viren- & Bedrohungsschutz**: Digitale »Schädlinge« können sich in Mails und Dateien verstecken und an Ihrem Computer vom Lahmlegen einzelner Funktionen bis zum Totalausfall des Systems verschiedenste Probleme verursachen. Daher sorgt der Defender mit einer Früherkennung dafür, dass es zu keiner Vireninfektion kommt. Das grüne Häkchen bedeutet: Alles in Ordnung.
3. **Geräteleistung & -integrität:** Hier werden Probleme angezeigt, die Windows 10 selbst oder die Hardware betreffen, beispielsweise ein schwacher Akku am Notebook oder Ähnliches.

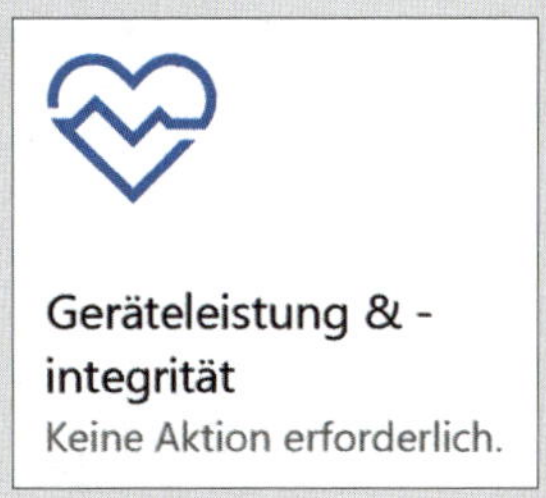

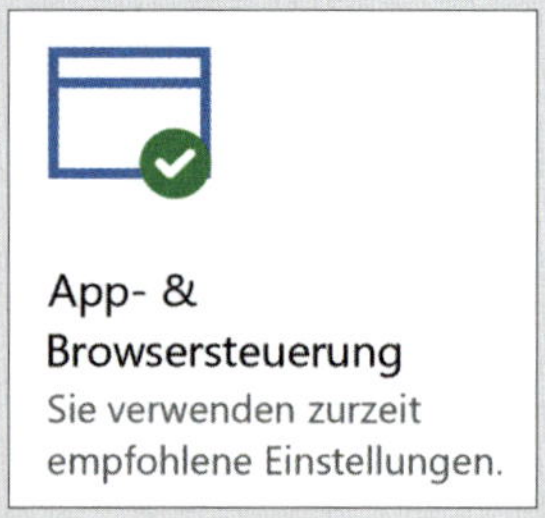

4. **Firewall- & Netzwerkschutz:** Durch Ihre Verbindung ins Internet könnten Kriminelle Zugriff auf Ihren Computer erhalten, indem sie den Weg einfach zurückverfolgen. Die Firewall, auf Deutsch »Feuermauer«, blockiert solche Angriffe effektiv und führt Kontrollen durch, damit nur autorisierte Daten wie von Ihnen gestartete Downloads den Weg auf Ihren Computer finden.
5. **App- & Browsersteuerung**: Standardmäßig sind die Einstellungen hier so angelegt, dass unbekannte Programme vor einer Installation mit einer Warnmeldung aufwarten. Zudem wird im Internetprogramm *Edge* ebenfalls gewarnt, wenn man versehentlich potenziell schädliche Daten herunterladen möchte oder gefährliche Webseiten besucht.
6. **Familienoptionen**: Windows 10 kann den Zugriff für die Enkel ziemlich effektiv einschränken. Gerade was die Nutzung des Internets angeht, kann man hier, sofern man ein Familienkonto eingerichtet hat, mit einer Art Kindersicherung dafür sorgen, dass die lieben Kleinen nur das anschauen können, was sie auch anschauen sollen, inklusive Nutzungszeit. Für solch ein Familienkonto ist aber, wie im Abschnitt »Ein weiteres Benutzerkonto anlegen« ab Seite 345 erklärt, ein Microsoft-Konto erforderlich.

Tatsächlich gibt es hier aktuell nichts zu tun – daher schließen wir über einen Klick rechts oben auf das **X** dieses Fenster zum Windows Defender Security Center und anschließend auch dasjenige der Einstellungen.

Windows Update – immer aktuell

Kümmert man sich nicht um seine Firma, dann wird sie irgendwann baufällig – und ganz so ist es auch bei Ihrem Windows 10, das regelmäßig erneuert wird. Darum kümmert sich aber Ihr Betriebsleiter Windows 10 ganz ohne Ihr Zutun – vorausgesetzt, Sie stellen ihm die dafür notwendigen Mittel zur Verfügung. Damit Ihr Windows 10 nämlich regelmäßig die sog. *Updates* erhält, die Systemfehler beheben, Programme aktualisieren und Sicherheitslücken stopfen, ist eine Internetverbindung Grundvoraussetzung. Ohne diese läuft nix.

MERKE

Sie benötigen eine Internetverbindung, um die automatischen Updates von Windows 10 zu erhalten.

Auch wenn Sie die automatischen Updates nicht beeinflussen, d. h. nicht abschalten können, sollten Sie eines bitte beachten: den Computer nicht einfach während seiner Renovierungsarbeiten abschalten. Da anstehende Aktualisierungen nicht nur beim Systemstart, sondern häufig auch beim Beenden bzw. Herunterfahren von Windows ausgeführt werden, müssen Sie also manchmal ein wenig Geduld aufbringen.

MERKE

Sie können die Updates nicht deaktivieren.

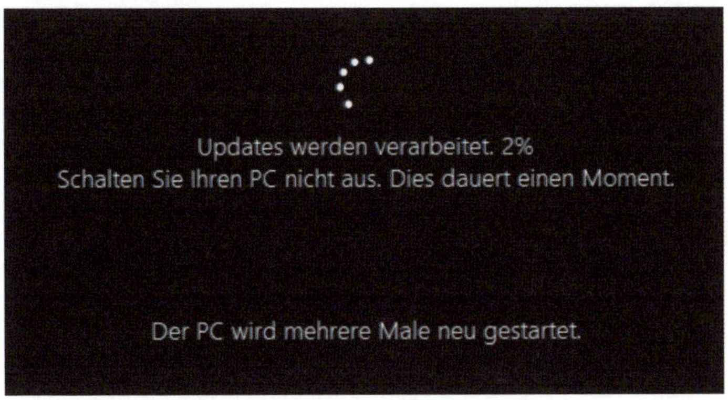

Wenn Sie selbst nachschauen möchten, ob Ihr Computer auf dem neuesten Stand ist, geht das folgendermaßen:

1. Öffnen Sie mit einem Klick auf das Startmenü, und klicken Sie in der Schnellstartleiste links auf das Symbol für die Einstellungen.

2. Wählen Sie in den **Windows-Einstellungen** den Bereich **Update und Sicherheit** aus.

3. Im Dialogfenster ist links bereits **Windows Update** ① ausgewählt. Rechts sehen Sie, dass Windows 10 und damit Ihr Computer auf dem neuesten Stand sind ②.

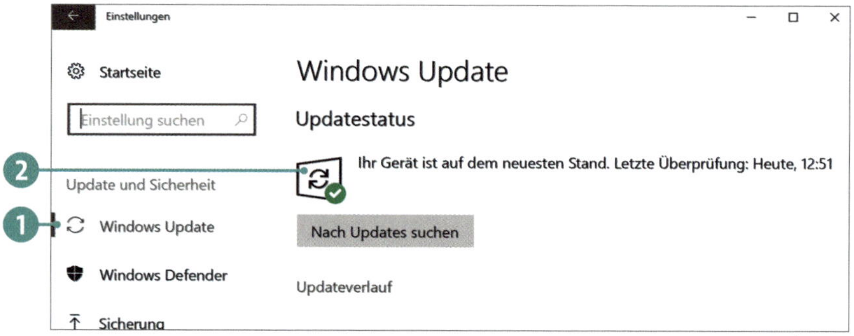

Sie können nun also das Fenster mit einem Klick auf das **X** rechts oben einfach schließen.

KAPITEL 14

Probleme beheben

Ihr Windows-10-Computer ist eigentlich ein zuverlässiges Gerät. Trotzdem kann es sein, dass er seinen Dienst verweigert. Das kann viele Ursachen haben, ebenso vielfältig sind die Lösungen.

Um wieder das Bild Ihres Computers als Firma zu bemühen – von einem kaputten Dach über einen Aufstand aller Mitarbeiter bis hin zu einem Erdbeben ist alles möglich. Wir haben bewusst etwas »verrückte« Beispiele gewählt. Denn prinzipiell ist es eher unwahrscheinlich, dass Windows 10 den Dienst so versagt, dass gar nichts mehr zu retten ist.

Auf den folgenden Seiten geben wir Ihnen für die gängigen Problemchen die passenden Lösungen an die Hand.

Erste Hilfe mit Reset und dem Task-Manager

Vielleicht haben Sie den Begriff schon einmal bei Freunden und Bekannten gehört, meist in Verbindung mit kräftigem Fluchen, dass sich ein Programm »aufgehängt« hat. Damit wird, zugegebenermaßen nicht ganz fachmännisch, der

Zustand bezeichnet, wenn eine App am Computer nicht mehr funktioniert, im laufenden Betrieb »einfriert« und keine Eingabe mehr möglich ist. Das kann aus den verschiedensten Gründen passieren, wie z. B. durch einen Fehler im Programm selbst oder durch einen Fehler in der Zusammenarbeit mit anderen Apps. Nicht immer ist nachvollziehbar, warum ein Programm nicht mehr arbeitet. Ebenso unterschiedlich sind die »Symptome« – es kann sein, dass das Programm einfach gar nichts mehr macht oder sogar ein kleines Fenster erscheint, das auf ein Problem hinweist, aber meist keine Lösung liefert (1).

Dabei besteht erst einmal kein Grund zur Sorge, denn es gibt eine Möglichkeit, solch ein Programm mit einem Trick zu beenden, ohne Windows 10 und andere geöffnete Programme zu beeinträchtigen. Windows hält mit dem *Task-Manager* eine Art Erste-Hilfe-Koffer bereit, der Ihnen zur Seite steht. Bitte beachten Sie – ist ein Programm während der Bearbeitung eines Dokuments oder Bildes »hängen geblieben«, gehen bei dieser Vorgehensweise noch nicht gesicherte Änderungen verloren. Der letzte Sicherungsstand Ihrer Arbeit bleibt aber erhalten.

ACHTUNG!

Wenn ein Programm über den *Task-Manager* zwangsweise beendet wird, gehen nicht gesicherte Änderungen an geöffneten Dateien verloren.

Und so aktivieren Sie den Task-Manager:

1. Drücken Sie die Tasten Strg + Alt + Entf – gleichzeitig oder nacheinander.

2. Es öffnet sich ein grauer Bildschirm. Hier wählen Sie mit einem Mausklick den **Task-Manager** 2 aus.

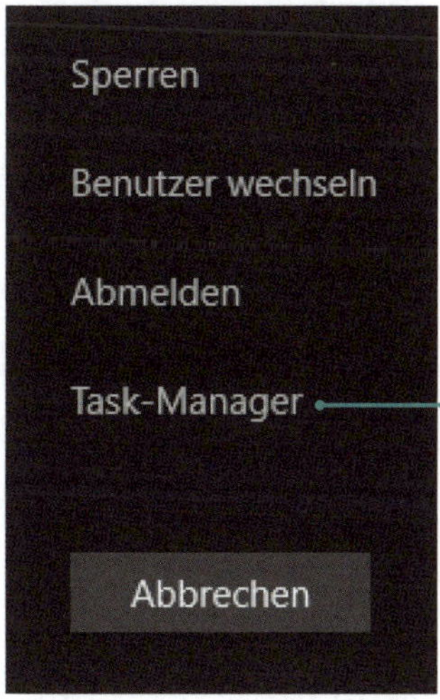

3. Der graue Bildschirm verschwindet, und es öffnet sich ein kleines Fenster, der **Task-Manager**. Hier sind alle gerade aktiven Programme aufgelistet 3.

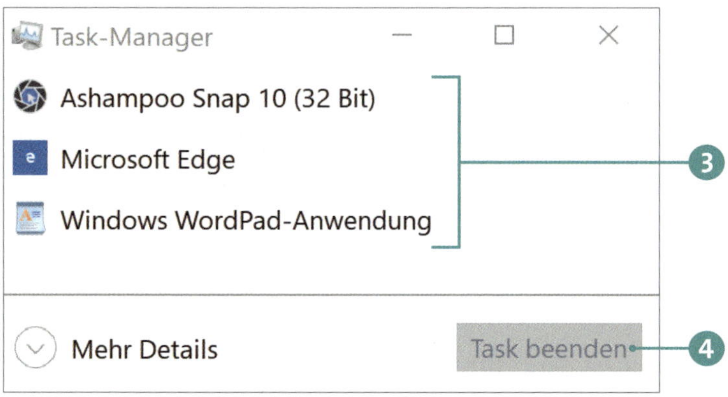

ACHTUNG!

Drei Tasten auf einmal drücken? Das ist nicht wörtlich zu verstehen, denn Sie können die Tasten auch der Reihe nach betätigen, dürfen die zuerst gedrückten dabei aber nicht mehr loslassen: Also Strg drücken und halten, dann Alt dazu und gedrückt halten und dann noch Entf betätigen.

4. Wählen Sie jenes Programm mit einem Mausklick aus, das nicht mehr richtig funktioniert, und klicken Sie einmal auf **Task beenden** (4 auf Seite 361).

5. Das gewählte Programm wird sofort und ohne Rückfrage zwangsweise beendet, nicht gesicherte Dateien gehen dabei verloren.

Sie können nun das betroffene Programm im Anschluss wieder starten, es sollte nun einwandfrei funktionieren. Falls es wieder hängen bleibt, dann lohnt ein Neustart von Windows 10.

Neu starten

Öffnen Sie das Startmenü, klicken Sie links auf **Ein/Aus**, und wählen Sie im sich öffnenden Menü mit einem erneuten Mausklick **Neu starten** aus. Dieser Neustart wird auch *Warmstart* genannt.

MERKE

Der sog. Warmstart, also der erneute Start bei laufendem Computer, hilft oft bei Problemen mit Programmen weiter.

Sollte weder die gezeigte Maßnahme im Task-Manager weiterhelfen (etwa auch, weil Sie erst gar nicht dorthin gelangen konnten) noch ein Neustart von Windows 10 eine Wirkung zeigen, gibt es ein letztes, recht effektives Wundermittel: den *Neustart* des Computers selbst, ein sog. *Hard Reset*. Zwar wird dabei Windows 10 nicht ordnungsgemäß heruntergefahren, wie Sie das im Abschnitt »Praktische Übung im Startmenü – den Computer abschalten« ab Seite 52 gelernt haben und im Normalfall auch immer tun sollten, doch in einem solchen Ausnahmefall verzeiht einem das der Computer.

- Bei Desktop-Computern halten Sie den Einschaltknopf mehrere Sekunden gedrückt, bis der Computer wirklich ausgeschaltet ist. Warten Sie einige Sekunden, und schalten Sie den Computer wieder ein, er sollte dann ganz normal starten und wieder funktionieren. Manche Desktop-Computer haben für diesen Neustart sogar einen separaten Knopf, der mit *Reset* beschriftet ist. Das bedeutet »zurücksetzen« und macht nichts anderes, als den Computer aus- und direkt wieder einzuschalten.

- Bei einem Notebook funktioniert es nach dem gleichen Prinzip – einfach den Einschaltknopf so lange gedrückt halten, bis das Display schwarz wird. Mehrere Sekunden warten und dann nochmals den Computer einschalten.
- Tablets haben seitlich oder oben den Einschaltknopf – auch hier heißt es, ihn so lange gedrückt zu halten, bis das Display schwarz ist, um dann nach mehreren Sekunden das Gerät mit einem erneuten Druck wieder einzuschalten.

Über den Einschaltknopf können Sie den Computer notfalls im laufenden Betrieb abschalten (*Hard Reset*) und anschließend einen richtigen Neustart (Kaltstart) durchführen.

(Bild: Fotolia.com)

Wenn auch diese eher radikale Maßnahme nicht dazu führt, dass Ihr Computer im Anschluss wieder reibungslos und ohne Murren funktioniert, dann hilft der nächste Abschnitt weiter. Hier geht es darum, die Windows-Systemdateien durch das sog. Auffrischen zu reparieren.

Wenn nichts mehr geht: Windows 10 auffrischen

Bleiben Programme oder sogar das gesamte Windows-System öfters hängen, dann macht das keine Freude mehr. In diesem Fall lohnt es sich, Windows 10 eine Frischzellenkur zu verpassen. Das geht erfreulicherweise mit wenigen Mausklicks und ein wenig Geduld. Sogar die persönlichen Daten aller Benutzer bleiben hierbei erhalten, wenn die richtige Option gewählt wird. Wir zeigen Ihnen nun, wie Sie dazu vorgehen.

ACHTUNG!

Die hier erläuterte Vorgehensweise ist mit unserer Schritt-für-Schritt-Anleitung zwar gut nachvollziehbar. Ziehen Sie jedoch, wenn möglich, zur Sicherheit jemanden zurate, der Ihnen dabei hilft.

MERKE

Wird der PC zurückgesetzt, bleiben die persönlichen Daten erhalten.

Den Vorgang nennt man *PC zurücksetzen*. Obwohl das in der Regel sehr sicher funktioniert, empfehlen wir Ihnen, wie im Abschnitt »Datensicherung leicht gemacht« ab Seite 338 beschrieben, von vornherein eine Datensicherung einzurichten, die Ihre persönlichen Dokumente zusätzlich auf eine zweite Festplatte kopiert.

1. Öffnen Sie das Startmenü, und klicken Sie in der Schnellstartleiste links auf das Zahnradsymbol.

2. Im Dialog **Windows-Einstellungen** klicken Sie auf die Kategorie **Update und Sicherheit**.

3. Wählen Sie links den Punkt **Wiederherstellung** (1), und klicken Sie anschließend rechts unter **Diesen PC zurücksetzen** auf **Los geht's** (2).

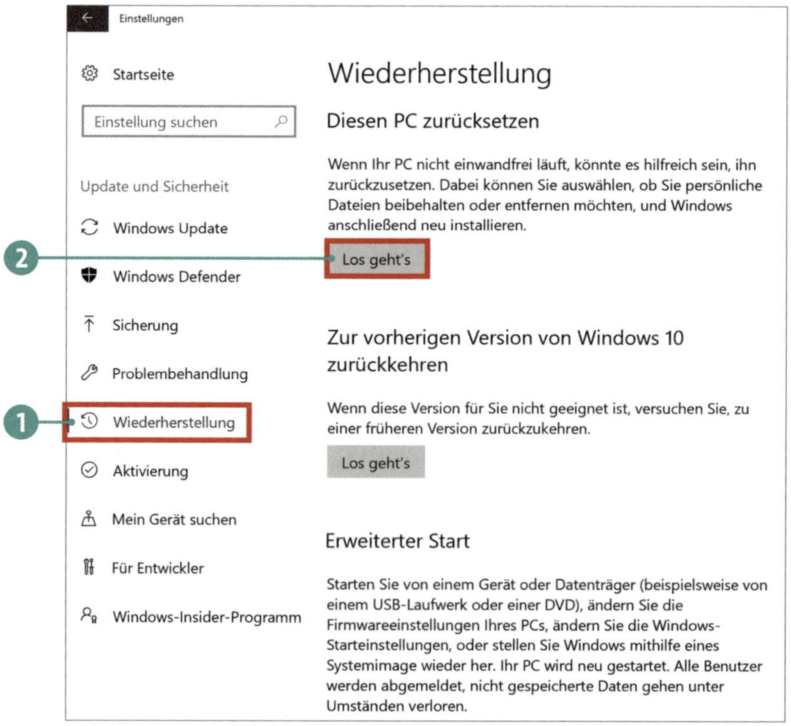

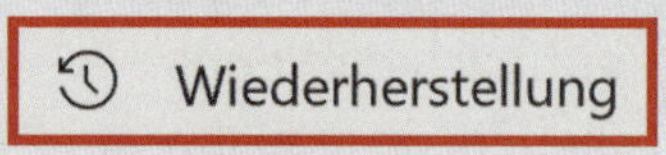

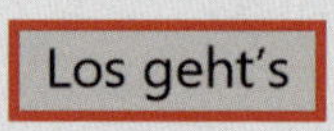

4. Jetzt wird es ernst – die folgende Auswahl bietet die Möglichkeit, dass Ihre Dateien erhalten bleiben oder aber dass alles gelöscht wird. Wir wollen ja nur Windows 10 auffrischen, also wählen wir die erste Option **Eigene Dateien beibehalten** ③ mit einem Mausklick aus.

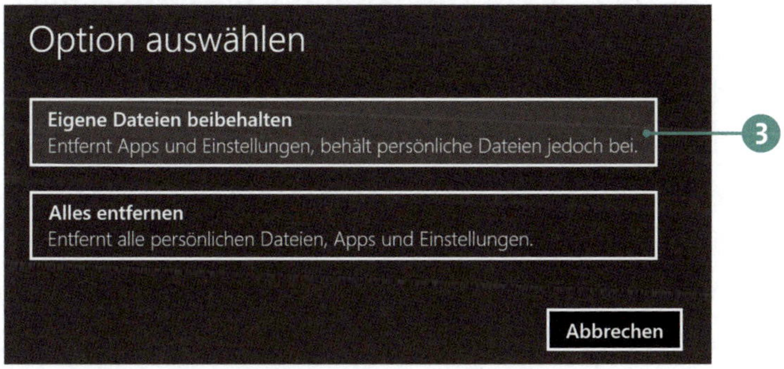

5. Windows 10 benötigt nun einen Moment, um alles vorzubereiten. An dieser Stelle können Sie die Zurücksetzung des Systems noch immer mit einem Klick auf **Abbrechen** beenden.

6. Im folgenden Fenster erhalten Sie eine Auflistung all jener Programme, die im Zuge der »Windows-Sanierung« mit entfernt und später von Ihnen wieder selbst installiert werden müssen. Das betrifft aber nur Apps, die Sie selbst installiert haben. Alles, was wir hier im Buch angeschaut haben, ist in jedem Fall wieder automatisch mit an Bord.

ACHTUNG!

Auch bei der Option **Eigene Dateien beibehalten** werden die von Ihnen zwischenzeitlich selbst auf dem Computer installierten Apps und alle Ihre Anpassungen, wie z. B. ein eigenes Hintergrundbild, nicht erhalten. Mit dem Zurücksetzen finden Sie also Windows 10 wieder in seinem Originalzustand vor.

Notieren Sie sich ggf. die Liste, um später alles nachinstallieren zu können. Klicken Sie dann unten auf **Weiter** (4 auf Seite 365).

7. Sind noch Benutzer im Hintergrund angemeldet, wird eine Meldung 5 angezeigt mit dem Hinweis, dass dort eventuell noch geöffnete Dateien nicht mehr gespeichert werden. Möchten Sie den oder die Benutzer, die zusätzlich noch angemeldet sind, sauber beenden, müssen Sie hier auf **Abbrechen** 6 klicken und, wie im Abschnitt »Zwischen Benutzern wechseln« ab Seite 350 beschrieben, zum anderen Benutzerkonto wechseln, dort alle Programme schließen und dann wieder hierher zurückkehren. Ansonsten klicken Sie auch hier auf **Weiter** 7, Windows meldet die anderen Benutzer dadurch automatisch ab.

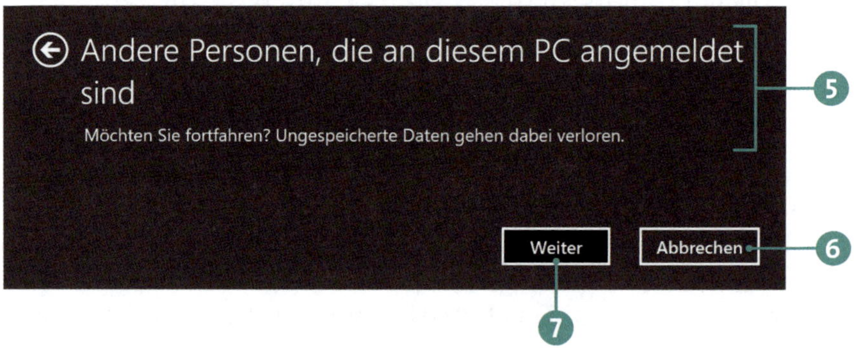

8. Danach folgt die finale Zusammenfassung. Was Windows Ihnen mit **Schließen Sie Ihren PC an, bevor Sie starten** 8 eigentlich sagen will: Haben Sie ein Notebook oder Tablet, schließen Sie es bitte an die Stromversorgung an, denn es sollte während der Zurücksetzung nicht zu einer unerwünschten Unterbrechung kommen. Ein letzter Klick auf **Zurücksetzen** 9 startet die Auffrischung von Windows.

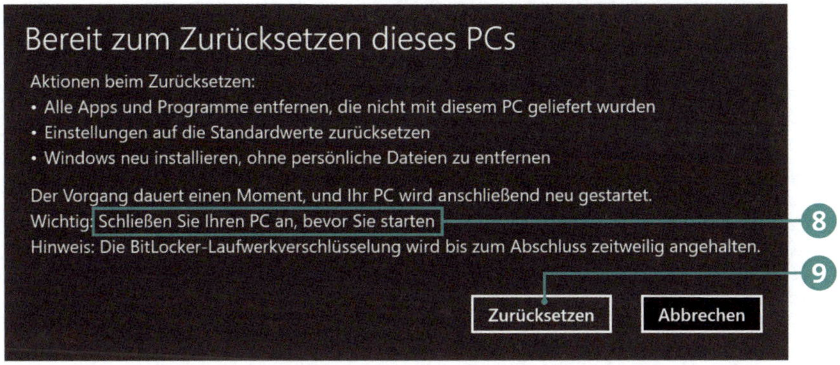

Je nach Computer-Geschwindigkeit kann dieser Vorgang schon eine Zeit lang dauern, mehrere automatische Neustarts inklusive. Danach steht er wieder voll leistungsfähig und mit all Ihren persönlichen Dateien und Benutzerkonten zur Verfügung.

Mit allen Dateien und Windows 10 auf einen neuen Computer umziehen

Gerade haben wir gezeigt, wie Sie Ihren Computer auffrischen, also Windows 10 neu installieren, aber Ihre persönlichen Dateien und Benutzerkonten behalten. Möchten Sie Ihren Computer weitergeben, vielleicht weil Sie sich ein neues Gerät gekauft haben, sollte man aber natürlich diese Daten vorab löschen. Praktischerweise gibt Windows hier ein Hilfsmittel an die Hand, welches den Computer komplett zurücksetzt. Bei dieser Vorgehensweise werden aber sämtliche Daten gelöscht. Daher zeigen wir Ihnen Schritt für Schritt, wie Sie Ihre Dateien auf einen neuen Computer übertragen und dann erst mit dem Löschen des alten Computers loslegen. Bei dieser Anleitung gilt: Wenn Sie sich an irgendeiner Stelle unsicher fühlen, lassen Sie sich durch jemanden helfen, der sich mit Computern gut auskennt.

ACHTUNG!

Die hier gezeigte Vorgehensweise löscht sämtliche Daten Ihres Computers. Bitte exakt nach Anleitung durchführen. Lassen Sie sich im Zweifelsfall dabei helfen.

1. Alle Ihre Daten auf dem alten Computer sichern (siehe Abschnitt »Datensicherung leicht gemacht« ab Seite 338)

2. Alle Daten auf Ihrem neuen Computer wiederherstellen und prüfen, ob wirklich alle Daten übertragen wurden (Schritt 2 bis 11 dieser Anleitung)

3. Die Daten auf dem alten Computer löschen und Windows 10 neu installieren (siehe die Anleitung ab Seite 372)

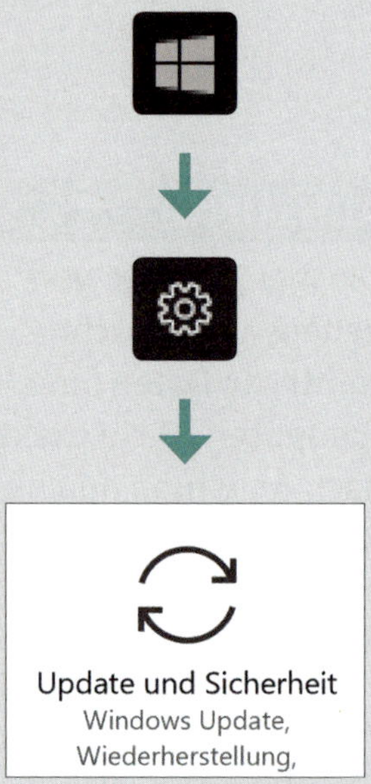

Und so klappt das im Detail:

1. Sichern Sie zunächst alle wichtigen persönlichen Daten mit dem Dateiversionsverlauf auf einer externen Festplatte. Wie das funktioniert, haben wir Ihnen in Kapitel 12, »Daten am Computer sichern«, ab Seite 333 gezeigt.

2. Richten Sie danach Ihren neuen Computer ein, wie im Detail in Kapitel 2, »Den Computer mit Windows 10 starten«, ab Seite 33 erläutert. Natürlich fehlen nun noch Ihre persönlichen Daten. Schließen Sie dazu Ihre externe Festplatte mit dem Dateiversionsverlauf mithilfe des USB-Kabels an Ihren neuen Computer an. Es erscheint rechts unten ein Hinweis über der Taskleiste, dass das externe Laufwerk gefunden wurde. Sie müssen hier nichts anklicken, warten Sie einfach, bis der Hinweis wieder von selbst verschwindet.

3. Klicken Sie nun auf die Startmenü-Schaltfläche und anschließend auf das Symbol für die **Einstellungen** in der Schnellstartleiste links. Öffnen Sie hier, in den **Windows-Einstellungen**, den Bereich **Update und Sicherheit**.

4. Im Dialog **Update und Sicherheit** finden Sie links den Punkt **Sicherung** ➊, den Sie bitte einmal anklicken. Es werden im rechten Bereich neue Auswahlmöglichkeiten geladen.

5. Klicken Sie hier unter dem Eintrag **Laufwerk hinzufügen** auf **Weitere Optionen** ➋.

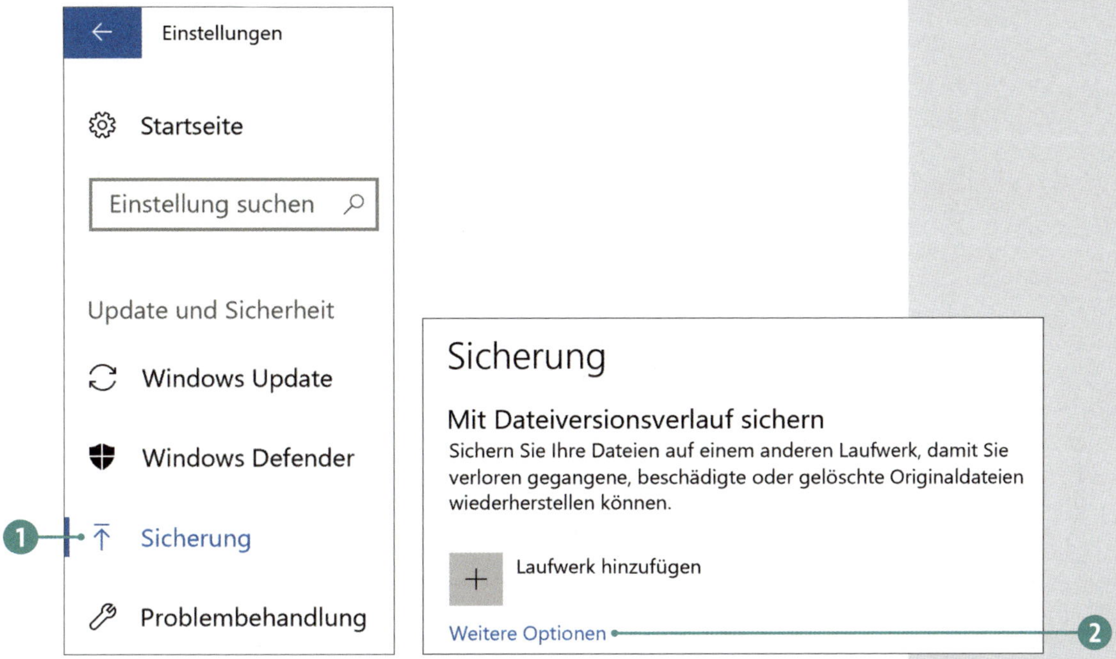

6. In diesen **Sicherungsoptionen** klicken Sie jetzt auf den Eintrag **Dateien von einer aktuellen Sicherung wiederherstellen** 3.

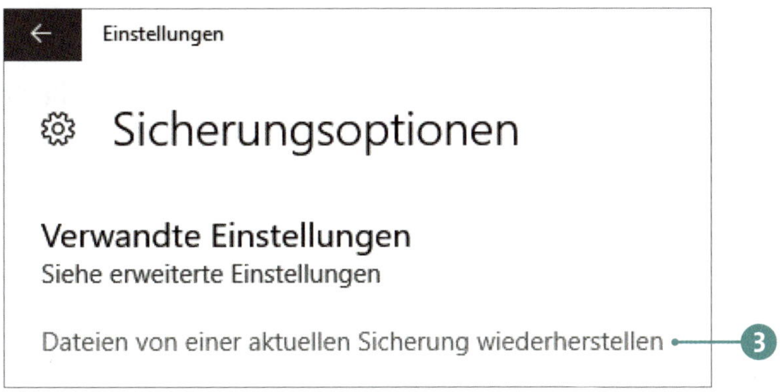

Erneut öffnet sich ein Fenster. Aber keine Sorge, wir haben es bald geschafft. Hier, im »Herzen« des Dateiversionsverlaufs, sollte bei **Ich möchte eine vorhandene Sicherung auf diesem Dateiversionsverlauf-Laufwerk verwenden**

4 ein Häkchen gesetzt sein. Falls nicht, einfach mit der linken Maustaste in das Kästchen klicken. Ihre vorhandene Sicherung wird erkannt und automatisch aktiviert. Nun klicken Sie noch abschließend auf die Schaltfläche **Einschalten** 5 und schließen alle geöffneten Programmfenster über das **X**-Symbol rechts oben.

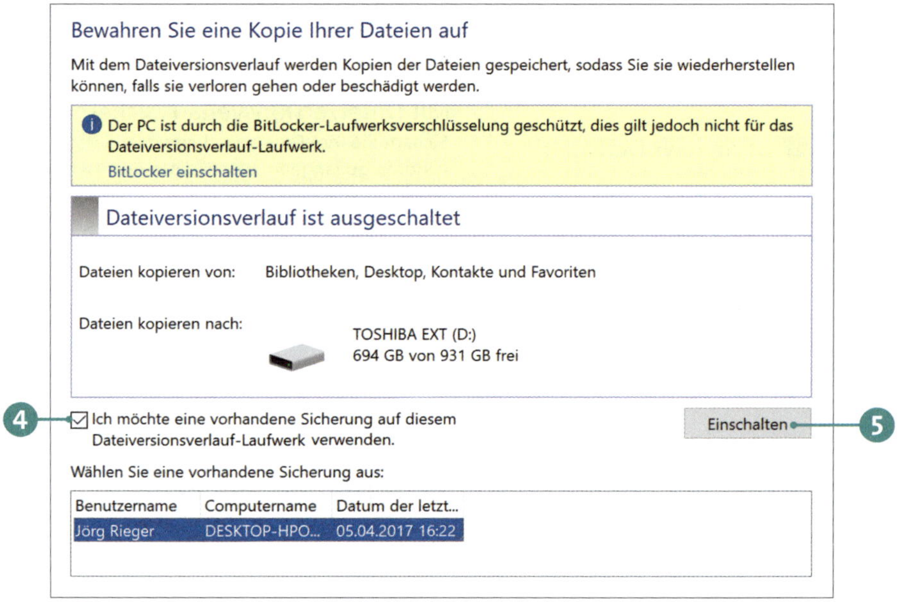

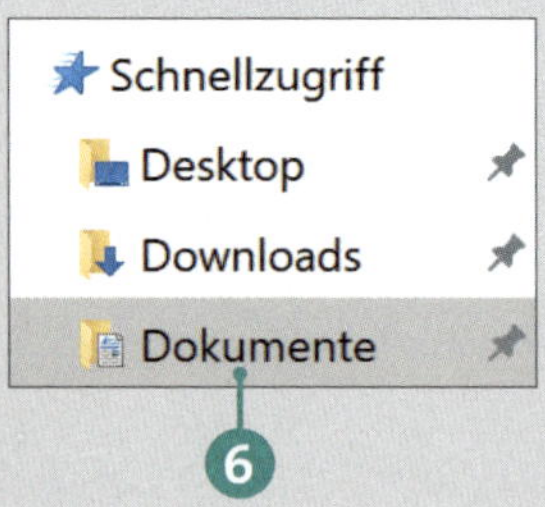

7. Öffnen Sie den Explorer über einen Klick auf das Symbol in der Taskleiste. Wechseln Sie im Navigationsbereich links in einen beliebigen Ordner, beispielsweise den Ordner **Dokumente** 6 oben im **Schnellzugriff**.

8. Blenden Sie das Menüband über einen Klick auf das kleine Dreieckssymbol 7 ein, und wählen Sie hier die Schaltfläche **Verlauf** 8.

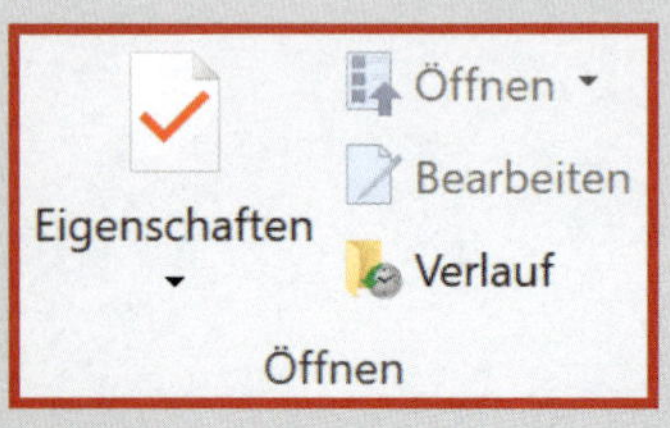

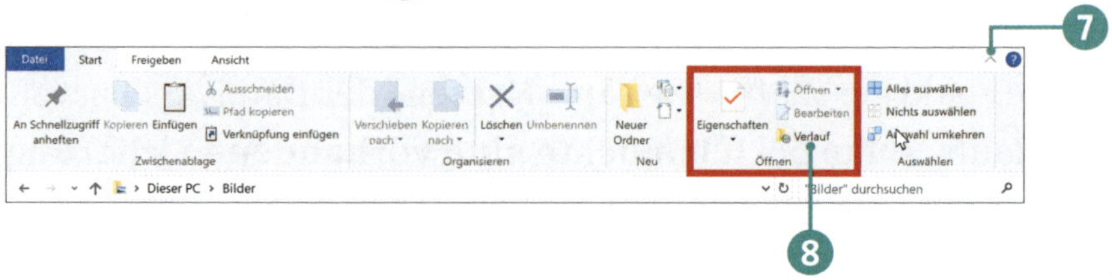

9. Klicken Sie nun so lange auf den nach oben weisenden Pfeil neben dem Adressfeld (9), bis dort das Wort **Startseite** erscheint und der Dialog **Dateiversionsverlauf** bei Ihnen in etwa so aussieht wie in der folgenden Abbildung. Dann sind Sie auf der obersten Ebene Ihrer Benutzerdaten angelangt.

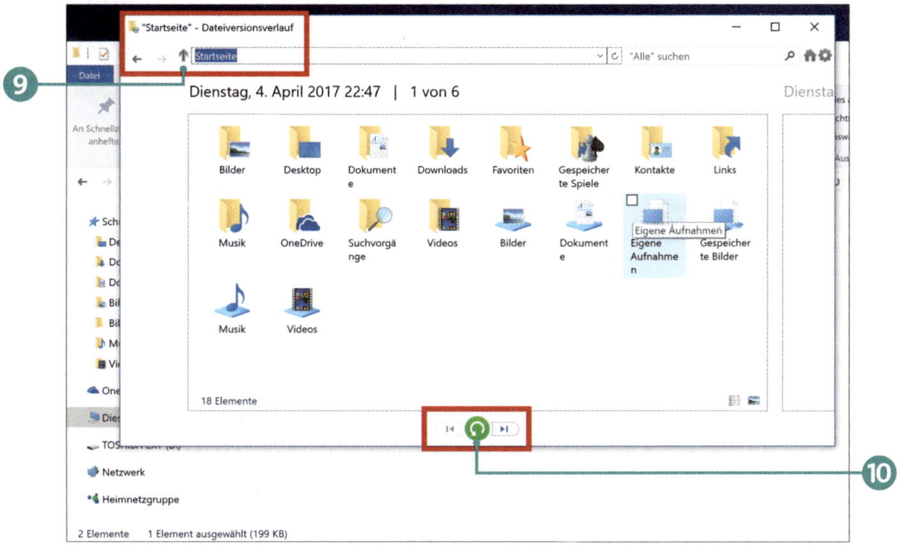

10. Mit einem Klick auf den grünen Knopf unten im Fenster (10) werden sämtliche Ihrer persönlichen Daten wiederhergestellt.

11. Leider hat Windows 10 hier (zum Zeitpunkt der Drucklegung dieses Buches) einen Programmfehler eingebaut. Nachdem ungefähr 50 % der Daten wiederhergestellt wurden, kann es vorkommen, dass auf Ihrem Bildschirm der Hinweis erscheint, dass bereits viele Duplikate vorhanden sind. Aus einem unerfindlichen Grund will das System hier die Dateien doppelt kopieren. Sie können aber getrost auf **Überspringen** klicken, Ihre Dateien sind zu diesem Zeitpunkt vollständig übertragen.

Die Wiederherstellung überprüfen

Unser Tipp: Im Explorer können Sie nach der Wiederherstellung in den einzelnen Dokumente- und Bilderverzeichnissen prüfen, ob alles vorhanden ist.

Daten auf dem alten Computer löschen

Ihre Daten sind gut auf dem neuen Computer angekommen? Dann fahren wir damit fort, den alten Computer zu löschen.

1. Rufen Sie per Mausklick im Startmenü die Einstellungen auf.

2. Öffnen Sie die Kategorie **Update und Sicherheit**, und wählen Sie in der linken Spalte **Wiederherstellung** (1).

3. Klicken Sie im Dialog **Wiederherstellung** rechts unter **Diesen PC zurücksetzen** auf die Schaltfläche **Los geht's** (2).

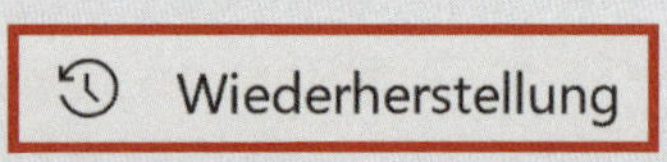

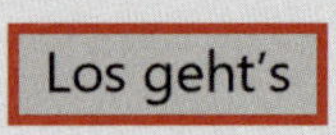

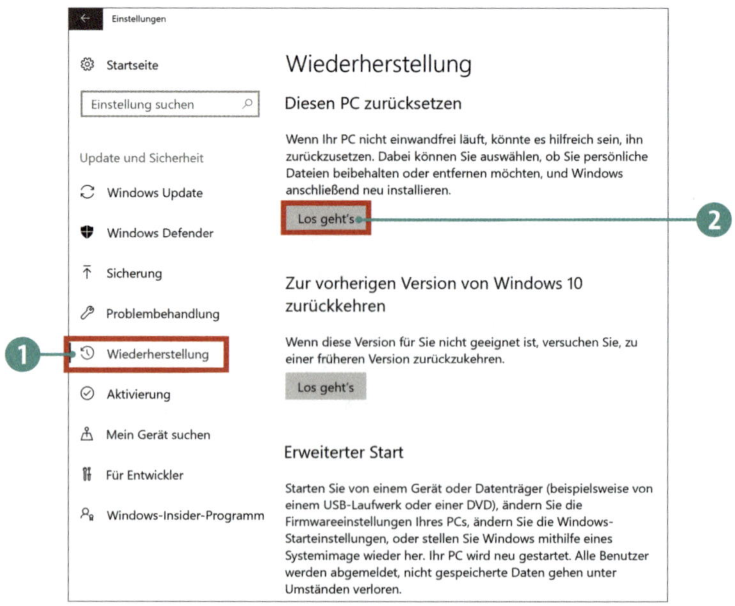

4. Im folgenden Auswahlfeld klicken Sie diesmal auf **Alles entfernen** ❸.

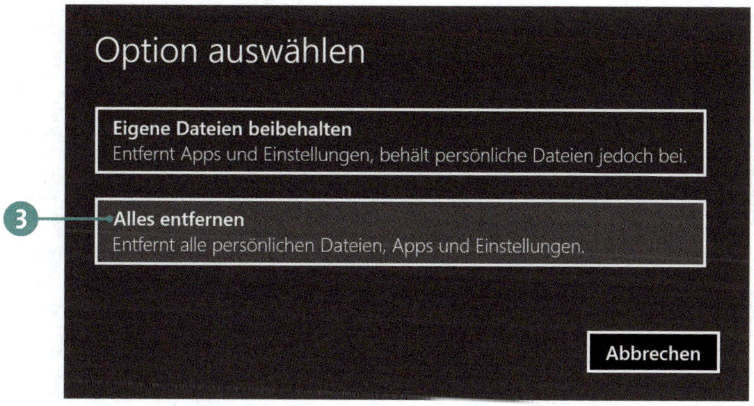

MERKE

Sie haben es sich anders überlegt? Sie können bei den folgenden Abfragen über einen Klick auf **Abbrechen** jederzeit den Vorgang beenden.

5. Die folgende Abfrage bietet Ihnen die Möglichkeit einer einfachen Löschung oder einer Bereinigung. Einfache Regel: Bleibt der Computer bei Ihnen, genügt ein Klick auf **Nur Dateien entfernen** ❹. Verkaufen Sie den Computer bzw. geht er in fremde Hände, wählen Sie **Dateien entfernen und Laufwerk bereinigen** ❺.

MERKE

Je nachdem, ob Ihr Computer im Haus bleibt oder verkauft wird, kann man die Datenlöschung noch sicherer machen.

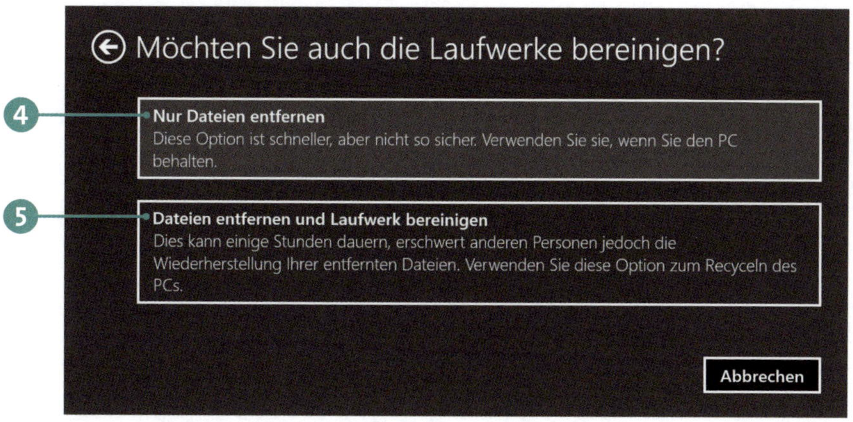

6. Es folgt nun eine Zusammenfassung. Mit einem Mausklick auf **Zurücksetzen** (❻ auf Seite 374) wird das

»Gedächtnis« von Windows 10 gelöscht und das Betriebssystem komplett neu auf dem Computer installiert.

Zurücksetzen

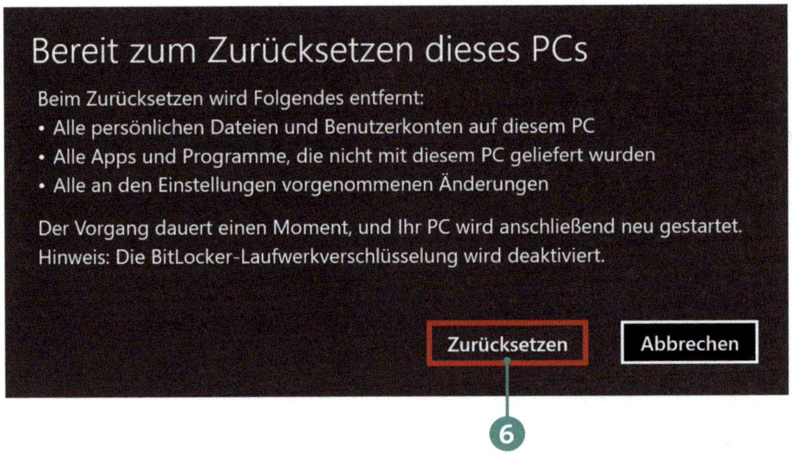

Nach diesem Vorgang ist Ihr Computer bereit, in neue Hände gegeben zu werden.

Stichwortverzeichnis

E